新课程课堂教学案例开发策略

xin kecheng ketang jiaoxue anli kaifa celüe

杜复平／主编

中原出版传媒集团
大地传媒

大象出版社
·郑州·

图书在版编目(CIP)数据

新课程课堂教学案例开发策略 / 杜复平主编.— 郑州 : 大象出版社, 2017. 8
ISBN 978-7-5347-8972-4

Ⅰ. ①新… Ⅱ. ①杜… Ⅲ. ①课堂教学—教学研究—中小学 Ⅳ. ①G632. 421

中国版本图书馆 CIP 数据核字(2016)第 189689 号

主　编:杜复平

副主编:陆水东　杜岸政　杨会萍

新课程课堂教学案例开发策略
XINKECHENG KETANG JIAOXUE ANLI KAIFA CELÜE
杜复平　主编

出 版 人　王刘纯
责任编辑　郭一凡
责任校对　钟　骄
书籍设计　王晶晶

出版发行　大象出版社(郑州市开元路 16 号　邮政编码 450044)
发行科　0371-63863551　总编室　0371-65597936
网　　址　www.daxiang.cn
印　　刷　新乡市电科印务有限公司
经　　销　各地新华书店经销
开　　本　787mm×1092mm　1/16
印　　张　22.25
字　　数　408 千字
版　　次　2017 年 8 月第 1 版　2017 年 8 月第 1 次印刷
定　　价　48.00 元
若发现印、装质量问题,影响阅读,请与承印厂联系调换。
印厂地址　新乡市荣校路 195 号
邮政编码　453003　　电话　0373-3713559 3712457

目录

第一章 绪 论

如果要问自20世纪90年代以来，我国教育领域发生的最大事件是什么，那答案一定是新课程改革。新课程改革方案中所倡导的教育目标、教育理念及方法论原则是教育专家在综合国内外教育发展理论与实践基础上构建的，对我国教育整体水平的提升具有重要意义。20年来，新课程改革在我国教育领域中的推行取得了有目共睹的成就，然而，在感慨成就的同时，新课程改革的实施也出现了这样那样的问题。其中亟待解决的问题之一是理论与实践的结合问题。新课程改革方案是由教育专家设计的，具有理论前瞻性。要实施新课程改革方案就必须由理论走入实践，必须让广大的一线教师充分领会新课程改革方案中倡导的精神，并在领会精神实质的基础上实践新课程，才能最终推动我国教育事业向前发展。怎样使广大一线教师深刻理解新课程改革倡导的先进教育教学理念，并把新课程改革变成自己的自觉行动，需要深入探讨新课程改革的实施途径。为此，我们申请了全国教育科学规划课题“新课程课堂教学案例开发的研究与实践”。希望以课堂教学案例开发为途径，把新课程改革方案中的前瞻性理论和实际教学工作有机结合起来。

课题获批以后，课题组组织广大的一线教师撰写了大量课堂教学案例，并组织典型课堂教学案例的研讨。对研究中获取的定性和定量资料进行了深入分析，得到如下研究成果：首先，研究揭示了课堂教学案例对于推动课程改革所特有的潜在价值，课堂教学案例开发与应用，为新一轮课程改革开辟了一条理论与实践结合的途径。其次，课堂教学案例开发与实践更新了教师的教育教学理念，定性与定量分析结果表明，参与案例撰写和研讨的教师能够更好地领会新课程改革的理念，这一点主要体现在“学生观”“课程观”和“教师观”的转变上。就“学生观”来说，参与课堂教学案例开发的教师普遍增强了学生本位意识、学生主体意识和学生个体意识，突破和超越了学科本位的观念，把学生看成是有思想、有感情、有权利、有尊严，正在成长中的人，活生生的有血有肉的人。就“课程观”来说，参与案例开发与应用的教师不再把课程简单理解为知识的载体，而是在思想意识中重新建构课程，认为课程是专家、教师、学生三者互动合作的平台，课程是一个动态的、逐步构建与实施的过程。就“教师观”来说，教师不仅是知识的传授者，还应该是课堂教学的研究者、课程的积极建构者、学生学习的促进者；在教学过程中，学生与教师是一种合作关系、互动关系、知识建构关系等。再次，课堂教学案例开发与实践丰富并提升了教师的课堂教学技能。具体表现为教学设计与评价能力、启发与引导能力、组织教学能力、教学反思能力方面的提高。最后，课堂教学案例开发与实践使课堂教学过程有了明显改变。具体表现为课堂教学目标的重新定位和课堂教学活力增强两个方面。就教学目标的重新定位来看，传统课堂教学只关注知识的接受和技能的训练，过程与方法、情感态度与价值观受到了冷落和忽视，从而失去了对人的生命存在及其发展的整体关怀，学生成为被“肢解”甚至被“窒息”的人。在研究过程中，参研教师对新课程以人为本的核心理念有了更深刻的认识，关注每一个学生整体的和谐发展成为教学目标的基本追求。突出表现在以下两方面：一是把过程方法视为课堂教学的重要目标，从课程目标的高度突出了过程方法的地位；二是尽量让学生通过自己的阅读、探索、思考、观察、操作、想象、质疑和创新等丰富多彩的认识过程来获得知识，使结论和过程有机融合起来，知识和能力和谐发展。就课堂教学活力增强来说，在传统课堂教学中，“闷课”是较为普遍的现象，其主要特征是：课堂气氛沉闷，教师照本宣科满堂灌，学生缺乏活力，课堂无欢声笑语，无思想交锋，思维呆滞。在课堂教学案例开发过程中，新课程理念的接受和探索性实践逐渐转变了教师落后的思想观念和传统的教学行为方式，课堂逐渐成为师生彰显生命活力的场所，双方呈现出生机勃勃的精神状态，思维环境自由、宽松，学生活动丰富、有趣。

研究结论证明，课堂教学案例开发与实践有助于教师更新理念，重构目标和组织高效的课堂教学。但在研究中也发现了一些问题：首先，案例的撰写需要教师投入时间和精力，需要变成教师的自觉行动，需要突破小范围的案例撰写，在更大的范围撰写案例，研讨案例，而怎样才能激发教师参与案例研究的积极性，这一点还需要进一步研究。其次，课堂教学案例撰写过程中，教师撰写的案例的典型性、对案例分析的深度和广度，不同教师间存在差距，能详细描述事件经过和结合理论分析案例的教师还只是少部分。教师撰写及分析案例的能力有待进一步提高。最后，教师撰写的案例中充满着智慧的火花，是教师教育技能及理念的承载，应该好好保存。但如何归类保存，并使其成为教师教育培训的材料，需要进一步探讨。基于课题“新课程课堂教学案例开发的研究与实践”研究中存在的问题，我们对“新课程课堂教学案例开发的策略”，进行了研究，本书正是这一课题研究成果的结晶。

一、教学案例开发

从目前国内已发表的有关教学案例开发的论文看，对“案例开发”大致有两种看法。一种认为使用“案例”这一特殊材料，将学习者引入教学实践情境之中，就是“案例开发”，仔细推究一下，这显然与传统的“案例教学”没有什么本质的区别。另一种认为，所谓案例开发，就是指有关教学案例编制的标准以及教学案例写作的策略、知识、技能等，显而易见这是将案例开发看成了案例编制的别称。我们认为，上述看法都未能触及教学案例开发的本质，究其原因在于它们都未能充分认识到教学案例的功能和作用，换言之，它们都低估了教学案例本身所蕴含的能量。基于我们对教学案例的认识，教学案例开发应该是指教学案例能量的充分释放。因此，“新课程课堂教学案例开发”应定义为“以充分释放案例的能量为特征的、教师为主体的、旨在为新课程创生新的教学经验的过程”。下面就此再具体地阐述一下。

（一）教学案例开发的目标

定义对此给出的答案是“为新课程创生新的教学经验”，这一目标突出体现了教学案例开发在推进新一轮课程改革中的功能和作用。这里尤其需要厘清的问题是，这个新的教学经验其价值何在？为什么要将它置于如此重要地位？众所周知，新一轮课程改革是在国家颁布的《基础教育课程改革纲要（试行）》的指导下进行的，它提出了一系列新的教育理念，表达了全体教育工作者在长期的教育实践中形成的对“教育应然”的理性认识和美好理想。为了阐释新理念，专家学者向我们介绍了不少来自域外的教育理论及教学模式，诸如建构主义、多元智能理论、后现代主义，等等。且不说这些理论是否适应中国国情，单就理论的特征而言，它所把握的只是一般的普遍的真理，而在实践的领域里，不仅要了解一般的原理、规则，还要知道如何在特定的环境中运用它，换言之，不仅需要理论的指导，还需要实践的智慧。对此，古希腊哲学家亚里士多德为我们留下了一段精辟的论述：实践的智慧不只关注普遍的东西，还必须了解特殊的东西，因为它是实践的，而实践总是和特殊相关的。教师的专业生活方式正是如此，他每时每刻都必须面对变动不居的教育情景，要胜任教师的工作，就不能不借助于教育实践的智慧，而实践智慧的获得，关键就在于经验。因此，完全可以说课程实施的本质就是教师创生新的教学经验的过程。这就是教学案例开发之所以要将创生新的教学经验作为其达成目标的理论根据。

（二）教学案例开发的特征

从专业理论的角度看，教学案例的价值或者说它的功能和作用，只是为教育理论及案例教学提供鲜活的事实依据，而本定义则认为教学案例的功能和作用远大于此，案例开发的特征就在于重新评价教学案例所拥有的价值，将教学案例的能量充分释放出来。

其一，教学案例是以呈现个体经验为特征的教育叙事，与教育理论相比，它所展现的往往是教学中的某一局部或片段，缺乏系统的抽象和概括，一般不能回答普遍的问题。它所要告知的是教师本人在教学过程中曾经遇到过的难题以及为此而采取的策略和行动。这里没有概念的诠释，也没有理论的推导，不需要承受学习、理解、领会等任何认知的负担。案例交流的过程就是教学经验分享的过程，也是相互启发、出谋划策的过程，任何人都可以根据各自的特点从中获取各自所需要的实践智慧，并进一步将其用于教学改革的实践中去。由此可见，新的教学经验的创生和积累就是从交流教学案例开始的，教学案例在从理论变为实践、从理念变为现实的道路上承担着开拓创新的重任。

其二，撰写教学案例的过程就是教学反思的过程，在这个过程中，教师不仅要对自己亲历的教学过程进行真切的回顾，而且必定会用新的教育理念来重新审视自己的教学策略和教学行为，并做出客观的评价。教学过程中的是非曲直、正确错误，将因此由模糊变得清晰，对教学问题的认识和处理能力也将因此日趋成熟起来。由此可见，要进行卓有成效的教学反思，对教师来说，撰写教学案例不失为一种最易驾驭且又便捷有效的方式和方法。以此推论，如果教学反思被认为是教师专业成长的核心要素，那么教学案例便是教师专业成长的阶梯。

其三，教学案例所反映的内容都是含有问题情景的事件，一旦进入交流研讨的过程，往往会成为共同关注的热点话题。基于教师职业生涯中的共同遭遇，这些问题情景往往令教师产生感同身受的情感体验，甚至将自己置身其中，设想可能遇到的挑战以及处理问题的种种方案。深入思考一下这样的研讨过程，便能发现它至少具有两大特点：一是从人际关系上看，参与者是平等的伙伴关系，甚至可以将其视为命运的共同体；二是从研讨的方向上看，不管认识有无分歧，也不管对策何其多样，其研讨的目标却是完全一致的，参与者无一例外地将研讨的方向锁定在问题的解决上。一般来说，教师的劳动具有明显的个体特征，如何加工教学内容、选择教学方法等，都是教师个人的意志和行为，因此教育往往被认为是一项“孤独”的事业。而教学案例的交流研讨却能使教师体验到交流对话的价值，不仅能培养教师合作分享的意识和能力，而且基于上述研讨的两大特点，还为构建教师学习共同体创造了条件。

总之，教学案例所蕴含的能量是巨大的，这里不过举其一二。苏联著名教育家苏霍姆林斯基博大精深的教育观念和理论的建立，其基石就是他通过日积月累而写下的2700多个教育案例。我们所界定的教学案例开发特征，之所以要在“释放能量”前特别加上“充分”二字，正是出于这个缘由。

（三）教学案例开发的方法

如何才能将教学案例的能量充分地释放出来呢？这是教学案例开发方法需要回答的问题。为了便于操作，这里将教学案例开发的方法按运作的程序依次表述如下。

1. 开发准备。这个程序主要包括制定案例开发方案，组织教师重温课程改革与教学改革的新理念等。如果进入了新一轮的开发过程，还要对上一轮的开发进行总结、反馈，调整和改进新一轮开发的布署。

2. 征集案例。所谓征集，是指针对课堂教学中亟待解决的热点、难点问题，组织动员教师撰写教学案例。这一程序的关键在于引导教师充分认识教学反思对于写好教学案例的意义，其他有关规范教学案例写作的培训工作也要提上日程。

3. 交流研讨。这是案例开发中关键的一环。这一环的工作要领是培育教师合作分享意识，调动教师参与教改的热忱，为回归教学实践做好准备，为教师学习共同体的构建奠定基础。其中工作的重点是研讨主持人的培训，如同组织学生的讨论课一样，要求主持人既是一个善于调动研讨兴趣的鼓动者，又是一个为教师营造平等参与讨论环境的协调者；既是一个能够把握研讨方向的引导者，又是一个高屋建瓴的总结者。

4. 实践回归。这个程序是对研讨效果的检验，也是案例开发的目的所在。所谓“实践回归”，就是指将从交流研讨中收获的新认识、新设想再实践一次，它充分体现了“基于实践——升华实践——回归实践”这一教学案例开发的内在逻辑。进入这一程序，要求案例开发的组织者和全体教师都要深入课堂，考察案例开发对课堂教学实践产生了怎样的影响，教师和学生都发生了怎样的变化。

以上四个程序，前后相接，依次展开；而其中的每一个过程都是前者的延伸和后者的准备，从而构成了一个旨在持续改进教学实践的循环推进系统。所谓“循环推进”，其实就是按照“实践——认识——再实践——再认识”的规律而设计的新课程课堂教学实践经验产生与积累的过程，显而易见其设计的理论依据就是辩证唯物主义认识论。

二、教学案例开发策略

组织教学案例开发，对学校来说，不仅可以为教育改革积累经验，而且对于激励教师的工作热情，挖掘教师创新潜能，建设教师学习共同体，乃至形成良好的学风和校风都将产生积极的影响。完全可以说，组织案例开发其实就是为学校的持续发展储备软实力。因此，如何广泛、深入、持续地推进教学案例开发，是学校必须解决的管理课题。

系统论认为，世间一切事物都是以系统的形式存在的。所谓系统，是指由若干相互联系、相互作用的部分组成的具有特定功能的有机整体。组成系统的各部分被称为要素或子系统。教学案例开发就是一个系统，构成它的要素就是案例开发的四个程序——开发准备、征集案例、交流研讨和实践回归。这四个程序前后相接、依次展开，其中的每一个程序都是前者的延伸和后者的准备，这种按时间顺序组合而成的结构方式，在系统论里被称为时间结构。系统论强调，系统都不是孤立存在的，无论是系统内部各要素之间，还是系统与外部环境之间，都是相互联系、相互制约的关系。

所谓“开发策略”，其实就是指推进教学案例开发的支撑条件。要探索教学案例开发的策略，就要对案例开发内部各要素之间以及与外部环境之间相互联系、相互作用的特点和规律进行分析，从中发现足以对案例开发产生重要影响的动力因素。发现了动力因素，也就找到了支撑条件；找到了支撑条件，教学案例开发策略的提出也就水到渠成了。

（一）教学案例开发的内部支撑条件

对教学案例开发的影响，首先来自教师自身。教师自身的专业发展水平，直接影响着教学案例开发的质量。我们不妨将这种影响因素称之为教学案例开发的内部支撑条件。

1. 教育理论修养

教师的教育理论修养是一个涉及面很广的话题，这里围绕案例开发扼要谈几点基本看法。第一，教育理论修养重视教师的读书学习，鼓励教师既学习专业知识，又学习教育理论，广涉百科，潜心阅读。对于教师而言，读书学习是教育理论修养中的一项基础工程，不仅能丰富知识储备，开阔认识视野，而且有助于改善和增强思维的条理性、灵活性、深刻性和创造性。自觉地把读书与教学改革结合起来，学以致用，这是理论修养坚守的原则。素质教育是20多年来中国教育教学改革理论和思想的高度概括和总结，实施素质教育是时代赋予的教育主题，自然也应当是教育理论修养的主题。第二，关注教学实践，改进教学实践，这是教师教育理论修养的依归。这里所说的“实践”，不是要求教师充当理论的搬运工，只会对理论简单地套用或机械地模仿，而是要求教师做理论的主人，将自己的智慧和精力聚集于课堂教学的改革与创新上。从哲学的角度看，任何理论都是一个有限的封闭系统，不管理论的覆盖面如何大，终究无法表达具体对象的一切属性。素质教育作为教育理念及其相关的理论自然也包含其中。因此，教育理论修养的使命就是倡导有思想深度的实践：且行且思，坚持不懈地在教学实践中进行反思，敏锐地把握教学实践中存在的问题，揭示其中深层次的矛盾；激励教师做一个有思想有追求的反思性实践者，在锲而不舍的探索与思考中创造出真正属于自己的教学经验。第三，强调理性思考能力，这是教师教育理论修养的重要特色之一。美国职业培训专家凯普在他所著的《没有任何借口》一书中指出：“对事物的认识越透彻，你所站的角度就越高。当你站得越高，就越能发挥自己的执行力。”将这段话用于探讨教育理论与教育实践的关系，一个显而易见的规律是，对教育理论理解得越透彻，站的角度就越高，教学实践能力就越强。而理性思考能力正是透彻理解教育理论的锁钥。这种思考是具有质疑精神和批判能力的思考，是严格遵循逻辑规律的思考。

总之，以上所述不仅可以看到教育理论修养对教师专业发展的意义，而且可以看到它对教学案例开发的影响和作用。无论是撰写案例、合作研讨，还是回归实践、创生经验；无论是要求案例和探讨达到一定的思想深度和理论高度，还是要求通过分析、综合、归纳、概括，将经验升华为具有规律性的教学实践智慧，无不渗透着教育理论修养的因素。由此足以证明教育理论修养是支撑教学案例开发不可或缺的条件。

2. 教学反思能力

教学反思能力对推动教学案例开发有什么意义？深入考察一下二者之间的互

动关系，就能找到答案。

教学案例都包含有特定的情景问题，当它进入合作研讨的程序后，摆在教师面前的至少有两个必答题：一是案例对特定情景问题的分析和认识对不对？二是案例为此而采取的应对策略和处理方法是否妥当？有没有可进一步改进的地方？这是来自于教学实践的问题，研讨的目的也很明确，就是要求问题的圆满解决。显而易见，理论在这里是不可能与这个来自特定情景的教学实践问题简单地对接的。唯一的办法是求助于教师的教学经验，而经验却又与案例一样是产生于特定情景的个性化的经验，对实践并不具有普遍的指导意义。面对如此两难处境，要求参与研讨教师不得不对各自的经验重新进行严格的审视和检验，教师的教学反思意识和反思能力就是在这样的背景下生成的。

对于上述“生成”，与其说它是案例开发引发的结果，倒不如说这恰恰反映了案例开发对教师的教学反思能力提出了强烈的要求和期待。在教学反思能力的作用下，不仅促进了教学经验的交流，而且为从中提取具有规律性的教学实践知识创造了条件。尤其需要指出的是，这种教学反思是以共同的价值取向为特征的，这不仅为教师参与合作研讨提供了思想动力，也为问题的解决创造了一个和谐宽松的研究环境。这样的环境极易激发创新的欲望和灵感，许许多多针对案例特定情景而设计的富有创意的应对策略和处理方案就是因此而涌现出来的。

审视案例开发结构，还需要对“开发准备”一环补充说明一下。表面上看，它与案例的撰写、研讨以及案例的回归实践似乎没有太多联系，其实它行使的是一项特殊的使命。它随时都在观察着案例开发的进展状况，随时都在总结着案例开发的经验得失，并及时地做出反馈和调控，可见它所承担的是管理责任，管理的方法是教育科研的行动研究法，而行动研究的最大特点就在于它十分强调教学反思的作用。这里之所以要作出这点补充，除了要澄清对“开发准备”的质疑外，更想申明这样一个结论：教学反思能力是贯穿于案例开发始终的动力因素。

（二）教学案例开发的外部支撑条件

系统论把世界看成是相互联系的整体，每个系统都是某一个更大系统的一部分。因此，系统的功能和性质不能不受环境的影响和制约。这里要探讨的是外部环境对案例开发的影响。

1. 学校管理

这里所说的学校管理是指学校对案例开发的管理。在推进教学案例开发的过程中，学校管理拥有特殊的优势。

首先，学校拥有组织人才资源的优势。对于学校来说，教师既是学校管理的对象，又是学校管理的资源。一个有远见卓识的教学管理者，不仅从来不会放过任何一次从教师中发现人才的机会，而且随时随地都在为他们施展抱负、实现梦想创造条件。如前所述，所谓教学案例开发，其实就是教学实践创新；案例开发的过程，其实就是造就创新人才的过程；案例开发队伍，其实就是培养创新人才的摇篮。为了建设一支堪当教学改革重任的教师队伍，学校理所当然要凭借其所拥有的人才资源优势，源源不断地向案例开发输送人才，为案例开发提供组织保障。其次，学校还要为案例开发营造良好的环境。案例开发是一个新生事物，它所承担的工作是教学创新的工作，它的组织又是学校行政序列编外的组织，可以说这是一个在创新教学实践的同时又创新了自己的课程改革的"别动队"。它的成长过程必然是一个艰难的过程。因此，它需要一个良好的发展环境，不仅需要在实践、信息等诸多方面为其提供研究条件，而且需要越来越多的教师接触它、认识它、理解它，直至自觉地参与到案例开发的队伍中来。而对此能够大有作为的就是学校的组织决策，学校可以为案例开发建立必要的制度和激励机制，还可以凭借它的组织、协调、教育、导向等特有职能，为案例开发创造良好的人际环境和舆论环境。再次，学校在案例开发中发挥精神引领作用。案例开发是一个艰巨的劳动过程，不仅要求参与者奉献热情和智慧，而且也是对参与者的意志和毅力的挑战。因此，做好对案例开发的精神引领工作，是学校领导不得不面对的一个重大课题。这里仅说两点，借以抛砖引玉。其一，将学校发展与案例开发联系起来。根据学校远期和近期的发展目标，向教师描绘学校值得憧憬的未来。这个目标一旦成为大家的共识，它就化成了案例开发明确的价值取向，也就等于为案例开发安装了思想动机的引擎。其二，将自己的学习思考与案例开发联系起来。一个勤于学习、善于思考的有思想的领导，其榜样的力量是不可低估的。也许领导并不直接参与案例开发的具体工作，但这种学风、这种人格魅力却正是案例开发的精神财富，足以启发和引领大家去深入思考课程改革中的难点和热点问题，足以促使案例开发向深度和广度发展。

2. 学习共同体

这里所说的学习共同体，是教学实践研究志愿者的组合。具体地说，它是指以教学实践问题为研究对象、以创生新的教学经验为研究目标的由教师自愿组建而成的群体。它具有自主性、同一性、互补性三大特点，这些特点也恰恰是它在案例开发中的优势所在。

所谓自主性，是就其与学校行政的关系而言的。学习共同体与传统的备课组、教研组不同，它并不隶属于学校行政序列。学校鼓励它独立自主地开展工作：自主设定研究目标、自主策划研究方略、自主组织研究活动。学校的责任是为学习共同体做好服务工作，比如提供保障措施、创设激励机制等。发挥学习共同体的自主性，能充分彰显学校对教师的信任和期待，从而增强教师的责任感和使命感。所谓同一性，是指学习共同体是一个志同道合的群体，大家都是为推进课程改革走到一起来的，有共同的理想、共同的志趣。这一超脱个人私利的特点很容易形成一种简单、透明的人际关系。为了解决教学中遇到的难题，大家既坦诚相见，又合作分享。这正是案例开发所必需的研究氛围。所谓互补性，是说学习共同体不仅有教师与专业研究人员共处其中，而且二者各以其“实践”与“理论”的优势，通过交流互动实现了优势互补。与校本教研理论倡导的“专业引领”认识不同，二者的互动并非单向输出的过程，而是相互学习、相互造就的过程。教师从中拓展了理论视野，提高了理性思维能力；专业研究人员从处于实践第一线的教师的鲜活经验中寻找到了新的理论生长点。这就是教师共同体的一大优势，凭借这一优势不仅为案例开发造就了人才，同时也提高了案例开发的水平。

由此可见，学习共同体其实就是一个开发教学案例的“智库”，谁拥有了这个“智库”，谁就能持续不断地将教学改革推向一个又一个新的高度。

第二章
教师教育理论修养与课堂教学案例开发

第一节　教师教育理论修养的内涵与内容构成

一、教师教育理论修养的内涵

教育理论是通过一系列教育概念、教育判断或命题，借助一定的推理方式构成的关于教育问题的系统性的陈述。它具有三个基本特性：由教育概念、教育命题和一定的推理方式构成；是对教育现象或教育事实的抽象概括；具有系统性。修养指经常修习涵养。《辞海》中注释：修养指思想、理论、知识、艺术等方面所达到的一定水平，即修养是在经过一定的研修学习后形成的一种能力。理论修养则是指在熟练掌握某一理论的基础上，对有关理论的一种敏感、自觉，能够以该理论的视角审视、批判整个情境，并试图在理论观点和方法的指导下来解决问题。

据此，我们认为，教师教育理论修养实质上就是教师在复杂的教育教学实践活动中长期积累形成的根深蒂固的、内隐的、系统的、独具个性的有关学生观、课程观、教师观、评价观等一系列观念的系统化梳理和凝结。教师教育理论修养是教师以个人的教育理想和教育追求为逻辑起点和终点，以个人的教育教学实践活动为载体，以个人持续不断、循环往复的反思琢磨为基本方法而形成的观念系统。这种观念系统是任何外力在短时间内难以改变的，它经久不衰地规定和调控着教师的教育教学实践活动，影响着教育教学实践的效果。

教师教育理论修养不仅对教师的教育教学实践活动起着重要的规范、优化与调控作用，而且对教师自身的专业化成长起着重要作用。教师的专业化成长包括教师的专业情感的不断增强、专业知识的不断拓展、专业能力的不断提升、专业智慧的不断培育。由于教师教育理论修养的形成在很大程度上是基于教师个人的主动建构过程，因此，教师教育理论修养是教师对教学问题反复思考与打磨的结果，是教师对专业知识与实践知识有机整合的结果，从而使得教师教育理论修养通常是隐性地存在于教师综合素质的背后，成为教师专业素养提升的重要理论保障。教师教育理论修养体系的持续更新，对于教师提高教育教学质量，形成个性化的教学风格，成为一名科研型、专家型的教师具有决定性的作用。

二、教师教育理论修养的内容构成

作为一种观念系统，教师教育理论修养的内容主要包括教育目的论、教育内容论、教育方法论、教育评价论四个部分。具体来说，主要是指教师对教育教学中四个基本问题“为什么教”“教什么”“如何教”“教得怎么样”的回答。

作为教师所要掌握的教育理论有很多，但不可能没有主次。有选择、有针对、有突破地进行掌握，是提升教师教育理论修养取得实效的重要保证。选择性、针对性和突破性的核心就是要抓主要矛盾。抓住了主要矛盾，就抓住了解决问题的根本方法和根本方向。我们认为，教师需要对以下几个方面的问题进行深入、系统的研究，从整体上提升自身的理论修养。

（一）学生的学习与发展问题

学生的学习与发展是每所学校教育的出发点和归宿，也是教师提升教育理论修养、进行课堂教学案例开发的终极价值追求。

1. 关于学生学习与发展的本质问题

第一，学生的学习与发展是实现人的社会化和个性化过程，这一过程因受到主客观许多因素的影响，形成了不同的理论观点。“遗传决定论”“环境决定论”“教育万能论”和“意志决定论”（或“人定胜天论”），是教育史上最具代表性的四种不同的发展观。问题的关键是，我们如何认识和理解这四种不同的观点。

第二，学生的学习与发展是个体心理不断发展的过程，教师必须研究相关的心理学理论问题，特别是学习科学的理论问题。学习科学不仅重视学习策略的研究，而且更注重学习机能的研究。以往我们关注的是人的智力因素与非智力因素对个体发展的重要性，而现在学习科学以脑科学的研究成果来丰富自身的理论，把情商和智商作为学习科学的两大支柱理论。情绪脑的开发成为学习科学和脑科学共同探索的新领域。

2. 关于学生学习与发展的动力问题

人的所有行为都是一定动力驱动的结果。内部动力是基于个体本身各种“先天遗传的、种的经验”和后天的需要而产生的，也叫“内驱力”。它由需要、动机、目的三个要素构成。需要、动机、目的三者有机结合、依次互动，从而对人的活动产生不同层次、不同力度的系统作用，便构成个体内部动力系统。内部动力系统的结合状态、发展层次、驱动方向及系统调整功能对个体的学习与发展产生更直接的影响。

外部动力是在外部各种因素作用下产生的，也叫“外驱力”。构成外部动力的各种因素，如社会激励、社会规范、社会监督等对人的系统作用，便是外部动力系统。外部动力系统是通过各种社会手段，对个体施加有目的的影响，从而促使个体形成某种思想和某种行为。其活动特点表现在社会性引导、社会性规范、社会性监督三个方面。社会性引导是外部动力系统活动的一个基本特性，也是社会对其成员的思想和行为进行培养和塑造的有效手段。社会性引导主要是通过教育活动来完成的。社会性规范是指对社会成员的思想和行为进行必要约束和规定的一系列行为准则。社会性规范分为基本的道德规范和特殊的法律规范两大类。社会性监督是依据社会规范，通过各种监督工具、手段对个体行为进行评价和矫正的各种社会调节方式。社会性监督的重点是行为过程和行为结果。

学习作为个体发展的重要形式和标志，是中外研究者关注的重要内容。一个人如何获得发展，什么样的力量影响或是决定人的发展，也是研究者们一直争论不休的理论问题。我们可以把所有的争论分为“外因论”和“内因论”两大体系来加以了解和认识，这对激活学习动力、选择有效的动力激活策略是十分必要的，并且，这本身也是一种学习。

3. 关于学生学习与发展的引领问题

引领性是教育的本体论特点。教师的教学效果如何，就看教师会不会引领。这里要重点研究三个方面的问题：兴趣的培养问题、习惯的养成问题、学习的策略问题。

兴趣是个性心理倾向的范畴。对于学生的学习与发展来讲，兴趣是一个极其关键的心理要素。对学习有没有兴趣，直接决定学生的学习效果，也决定教师的教学效果。这一点是许多教师都非常清楚的。但是，问题就出在这里。非常清楚的问题，在意识活动中往往最容易被边缘化；非常清楚的问题，在更多的时候又是很难解决的问题。因此，如何培养学生的兴趣，成为一个具有永恒价值的问题。

兴趣的培养要明确三个层次上的理论内涵：其一，兴趣与个体需要、动机和目的的关系，或在内部动力系统中，兴趣到底占据什么地位。研究这个问题，就要真正关注学生的内在需要。学生的内在需要具有多样性，也具有可变性。教师要从学生需要的可变性和多样性中去寻求学生兴趣的踪影。其二，兴趣与学生的年龄、性别、家庭环境等内外因素的关系。兴趣不是天生的，而是后天形成的。后天形成的东西，就离不开个体生活和学习的环境。因此，研究这一问题的核心是从环境中找答案。有一个问题是非常有意思的，也是很有理论价值的，即对没有兴趣的东西，学生就会自然回避，越回避越没兴趣，越没兴趣就越不想学；对有兴趣的东西，学生就会主动接近，越接近越有兴趣，越有兴趣就越想学。从这一问题或现象中，我们可以得出结论：兴趣与最初的生活环境有关，兴趣的强化或弱化与学生的自我效应感有关。由此而论，兴趣的培养要重在环境改造，要重在强化学生内心积极的体验。其三，兴趣的广泛性与专一性的关系。兴趣的多样性和可变性是广泛性的表现。兴趣的广泛性是随着年龄的增长而逐渐淡化的。这一淡化的过程会出现两种结果：一是使兴趣变得更加专一，形成核心性的兴趣，这时的兴趣是以信念或某种价值追求形态反映出来的，具有深刻性、稳定性和持久性，对个体的行为具有强大的精神动力作用；二是没有专一兴趣，也没有广泛的兴趣，兴趣的燃点逐渐枯燥或退化，个体表现出对什么都无所谓的心态。这两种发展态势的形成过程也有规律，值得研究。

兴趣本身就蕴含着一种意识指向和行为指向。学习习惯与学习兴趣有着内在联系。一方面，兴趣一旦成为信念或某种价值追求，就会成为意识的灵魂，就会成为一种强大的精神力量，从而使人的思维活动处于一种深刻而活跃的状态。这种状态是理性的兴奋，是兴奋的理性。学生学习习惯的形成离不开这种思维状态。从某种意义上讲，一个人意识中知道自己应该做什么，行为就会指向什么。这种理性的思考和选择，本身就是学习习惯的隐性特征。学习习惯不单是外在的行为方式，也包含着内在的思维方式或思维习惯。培养学生的学习习惯一定要重视学生思维方式或思维习惯的训练。这种训练对外在的良好的学习习惯的养成具有重要意义。另一方面，从行为方式来讲，学习习惯往往是通过某种规范化或自觉性的行为特性表现出来的。规范化强调行为是按一定的规则进行的，而不是随意的或无规则的；自觉性强调行为是按自己的意愿主动积极进行的，而不是被动的或是消极的。同时，需要明确的是，规范化意味着一种行为习惯的形成，规范化也反映着思维方式的规律性。规范化的行为或思维方式，是以自主性和创造性为基础的。有了自主性，才有了思维层次上的选择性和主动性，才有了意识活动中的主体概念，即知道自己应该做什么和不应该做什么。自主性决定着个体对行为方式及行为效果的判断和调控意识。学习习惯的精神内涵就是个体的判断和调控意识。这种判断和调控意识，不仅具有主动性，而且还具有创造性。创造性使自主性的发展空间大大拓展，使自主性的实际效应得到充分的显现。有自主性，才有创造性；创造性又张扬着自主性。自主性与创造性的有机结合，是学习习惯形成的重要力量源泉和精神保证。这里又引出了一个很有价值的问题，即习惯的东西不是一成不变的东西，习惯本身也是具有可变性的，这种可变性是有规则的，是以自主性和创造性为基础的有规则的变化。因此，我们强调习惯的重要，但不能把习惯定格为一种永远不变的行为模式，习惯中也蕴含着创新。

学习的策略问题，主要是解决学生如何学的问题，这是教学改革的突破口。这里有三个层次上的问题值得研究：其一，什么样的教师是好教师或优秀教师？能够以最少的时间和最有效的方法，使学生掌握更多的知识，并使学生学会自主学习和科学学习的教师，就是好教师或优秀教师。让学生学会自主学习和科学学习的根本问题，是教师引导学生自觉掌握学习策略，自觉运用学习策略。其二，学习策略要解决的主要问题。学生的学习，当然也包括教师的教学，始终都在围绕着一个主要矛盾进行。这一矛盾就是个体的经验世界和社会的精神世界之间的融合问题。经验是个体实践的产物，经验是个体发展的重要财富，也是个体认识客观世界的条件。换言之，个体的经验世界是认识社会的精神世界的基础。但是，人类的精神文化世界，从其构成的内涵来论，也是人类共同的经验或共有的精神财富。个体的经验补充或丰富着人类的精神文化世界，人类的精神文化世界也丰富和指导着个体的经验世界，并不断克服个体经验世界的局限性。因此，如何实现这两个世界的转化和融合，关键在于教师如何认识和把握个体经险和人类共有经验的关系。需要强调的是，人类共有的经验是人在实践活动中不断形成和完善的宝贵的精神财富，人类为此付出了巨大的代价。学生的学习和发展，无论如何不应该拒绝或否定人类已有的并经过实践验证的精神财富或共有经验。个体只有借鉴和学习人类共有的经验，才能继承和发展人类的精神文化财富，在这一过程中，个体也才能得到真正的发展。同时，要理解和掌握人类已有的精神文化财富，必须解决三个方面的问题：一是加强个体实践，注重个体实践中的经验，在不断实践中不断改造和丰富自己的经验。这是促进人类精神文化财富不断丰富和不断创新的重要前提。二是加强系统知识或书本知识的真实感，特别是教师要善于发掘书本知识背后的精神价值要素，要以真实感向学生呈现书本知识作为人类共有精神财富形成的过程和这一过程中所蕴藏的探索和创新精神。这是知识的内在价值，知识就是力量，更多地体现在一个人把握或精通了知识的内在价值。三是处理好个体经验的不断改造和学习系统的书本知识的关系，即学和用的关系。学是为了用，用是为了更好地学。学与用的结合，就是实现个体经验世界和人类共有的精神世界不断融合的有效途径和方法。个体只有在用（实践）的过程中，才知道知识的价值（经验），才激发起学的动力（愿望）；个体只有在学的过程中（理性地思考和接受），才知道自己的无知（理性地自我评价），才知道学习的价值（认可人类共有的精神文化财富）。由此而论，学习策略中最重要的精神要素，就是感悟：来自个体自主探索的感悟和来自理性学习的感悟。而自主探索和理性学习的结合，必将实现感悟的新形态——觉悟和理性认识的提升。

（二）学校教育资源的开发利用问题

在实际的教育教学过程中，在进行教育教学改革时，人们习惯上把注意力集中到教育教学的外部环境，更多地强调教育体制的不利因素，而忽视了学校内部教育资源的开发利用。学校教育资源的浪费，特别是教师和学生资源的浪费现象是相当触目惊心的。因此，进行校本教研，或要真正提高校本教研的绩效，就必须对现有可开发利用的教育资源进行重新估价。

1. 第一课程资源的整合提升问题

教材或教科书是第一课程资源。尽管当代课程理论对课程类型进行了新的诠释，但是教材或教科书的主体地位是不可动摇的。因此，第一课程资源的整合提升问题，依然是教育教学改革必须集中解决的核心性问题，也是校本教研必须重点解决的问题。

第一课程资源的整合提升，首先要掌握课程设计的背景，全面、准确把握课程设计者的价值取向。这一点对整合课程资源是十分必要的。教师不能只凭自己的爱好或理解来代替课程专家的思想。我们强调教师是课程的开发者和设计者，并不是完全排斥课程专家的思想。从现实性来看，绝大多数教师还不能成为真正的课程开发者和设计者；教师要成为课程开发者和设计者，必须首先学习和理解课程专家的意图，特别是课程专家设计课程的理论背景。只有先学懂了，才能进行自主性的开发和设计。

在第一课程资源的整合提升过程中，教师面临的最普遍的问题就是如何重新构建属于自己的新的知识结构。这个结构的构建是一个深加工的过程。它有三个重要环节：其一，整体把握教材的学科知识结构体系，不能把完整的学科知识结构体系打破或打乱，要把所教的每一个具体内容放在学科知识结构体系当中来理解来讲授。这个过程，实际上是教师把课程专家的设计思想进行内化，并形成新的学科知识链。其二，要在把握学科知识结构的过程中，不断寻找构建学科知识体系或构成学科知识链的关键环节。每个关键环节，就是一个学科知识的重点或难点。每个重点和难点之间都存在着相互依存和相互诠释的关系，解决了一个重点和难点就会为解决前后任何一个重点和难点提供知识基础和方法论基础。优秀的教师，不是只见树木而不见森林，不是只顾某一个知识点，而是强调知识点之间的内在联系，并善于把握知识点之间内在联系的基本规律和基本方法。其三，依据学科知识链和不同的知识点，建立相关学科知识的新旧联系，这是丰富学科知识的有效方法。当然，这个过程是检验教师知识面和整合知识能力的过程，也是教师进行学科知识提升和创新的过程。教师要有深厚的文化功底，要有概括和抽象能力，特别是要有在相当高的层次上进行抽象思维的能力，才能完成这一工作。同样一个知识点，或同样一个问题，注意新旧知识联系的教师，善于在新旧知识联系的基础上进行提升和创新的教师，能不断且有效地融入自己独到认识的教师，就能把知识讲活、讲新、讲透，就能以一个知识点为中心不断有序地清晰地实现知识的扩展和丰富，就能以一个知识点或问题使学生联想到许多相关的知识点或问题，从而达到由点到面、由外到内、由新到旧或由旧到新、由此及彼的学习效果。当然，整合提升课程资源的终极目标，不是为了显示教师的学识风范，而是为了形成新的知识、新的认识、新的理解和新的创造，是为了让每一个学生感受知识的价值和魅力，并激发学生自主探索的精神动力。

2. 教师资源的开发问题

教师资源是课程开发设计中最宝贵的课程资源。可以这样讲，教师资源是最具有开发价值的课程资源。进行教师资源的开发，必须解决两个认识问题：其一，要解决好教师和教材的关系问题；其二，要解决好教师资源开发的情感因素和制度因素问题。

教师是一本永远读不完也永远写不完的书。当一个教师走进教室，在没有打开教材的时候，就已经向学生打开了教师自己的书：教师的学识风范、教师的个性风范和教师的人格风范。教师既是教学的主导者，同时又是教学的手段和教学的媒介。教材是一种静态的知识，只有借助或通过具有动态性的教师的教学活动，才能显示其内在的价值。因此，教师最宝贵的资源就是以个人的理解和思想及情感因素赋予了教材真实的价值形态。教材因教师的思想和情感而鲜活起来，教材因教师的个性和人格而动人起来。与其说教师是在传授知识，不如说教材成了教师的化身，更不如说教师走进了教材，以真实的生命感影响和激励着学生，使教材也具有了形象化和理性化的个性风范、人格风范。正因为如此，进行教师资源的开发，必须充分认识教师这个具有动态性的课程价值形态，这是在任何时候都无法取代的一种宝贵资源。真正感人的不是教材本身，而是教师的综合素质，是教师的学识风范、个性风范和人格风范。

开发教师资源，应当视其为第二教科书的价值来开发，甚至应当作为最具有教育价值的课程资源来开发。这里有两个因素必须充分考虑：其一，如何激发教师的工作热情；其二，如何建立具有激励作用的管理机制。情感因素是教师资源结构体系中最具有影响力的一个组成部分。我们所说的情感，不是一般的情感，而是一种职业情感。这种情感融合了教师对职业的敬重和信仰。这种对职业的敬重和信仰，具有强大的道德力量或精神力量。学校应当把对职业的敬重和信仰，作为学校文化建设的重中之重来抓。当然，教师对职业的敬重和信仰，来自一种文化环境的熏陶。而这种文化环境的突出特点就是具有激励作用的管理机制。科学管理、民主管理、严谨管理，就是构建具有激励作用的管理机制的根本性要素；尊重、平等、关爱，就是管理机制产生激励功能的精神动力。任何一所学校，只有抓住这些根本性要素，只有强化了这些具有激励功能的精神动力，才能实现价值最优化和价值最大化。

3. 统整学生的精神世界

每个学生都有一个独立的精神世界。每个学生的精神世界都缤纷多彩。校本教研自然有其研究的广泛性内容，但走进学生缤纷多彩的精神世界，统整学生的精神世界，是最为重要的研究课题。事实上，有许多教师，也有许多校长，总是以自己的精神世界来审视学生的精神世界，或以自己的价值标准来左右学生的价值追求，总是以此作为一个理想化的影像来期望学生的发展，或以此为标准来达到学生发展的理想化的期望。这是教育最大的失败。

关注学生的精神生活，是统整学生精神世界的前提。关注学生的精神生活，重点是关注学生内心的需要和感受。需要是人类不断追求新生活的原动力，需要是个体精神生活的核心。尽管人本主义心理学的创始人马斯洛把人的需要分为五个层次，但实际上，这五个层次的需要内涵是相当丰富的。教育是为了满足学生的不同需要或不同层次的需要，因此，教育者就必须关注学生内心的需要。不同的需要，其获得满足时的内在体验就不一样。只有真正了解了学生的需要，才能强化教育教学的针对性，才能真正实现因材施教。人的全面发展，首先是人的个性的健全发展，而个性健全发展的前提是个性需要的满足程度。当我们真正关注了学生的个性需要，才能走进学生的精神世界，实现心与心的融合，实现情感上的共鸣。教育的真实效果就来自教师与学生心的融合和情感的共鸣。心与心的融合，情感与情感的共鸣，才能强化教育的人格魅力。

不同的需要，就会产生不同的活动；不同的活动，就会产生或形成不同的体验或经验。统整学生的精神世界，贵在准确把握学生内心的体验，并以此为基础来全面了解学生的经验。学生的精神世界，是需要构成的世界，是不同需要满足时不同体验构成的世界，是学生个体的经验世界。统整学生的精神世界，不是把学生的经验世界分成若干个组成部分，而是把学生的经验看成一个整体。这个整体是由不同的经验构成的一个完整的只有学生自己才能感悟到的系统。学生对客观世界(主要是大人的世界或社会的世界)进行观察、判断和选择，离不开自己的经验系统，教师的教育教学也离不开学生的经验系统。为此，校本教研就要把如何把握学生的经验世界作为教育教学改革的一个重点。有时，我们会认为学生回答的问题或提出的问题很无知或很可笑，但无知和可笑之中，则是学生精神世界的真实画面和缤纷之处。如果我们善于关注学生的需要，细心考察学生的言行，就会知道学生的所思所想。

统整学生的精神世界，最难的是整体把握学生的想象力和创造力。智力水平不是简单的智商测量，而是真实生活中学生的想象力和创造力。我们不要认为学生的想象太天真而没必要重视，其实，学生的想象力正是教师打开教学空间和打开学生智力宝库的一把金钥匙；我们不要认为学生的创造没有规则，其实，学生的创造力就是在没有规则的各种摸索中形成的。教师的任务，不是让学生记住一些书本上的知识，而是以此为媒介培养学生的想象力和创造力。真正优秀的教师是给学生的想象插上翅膀，给学生的创造加足动力。

4. 环境文化资源的优化问题

环境文化资源的优化，重点应对独特的学校文化资源—— 特色文化资源进行开发利用。

澳门庇道学校校长潘志明在题为“从澳门历史的转变看推动小学中国语文教育的发展”的演讲中说：“学习、学好中文没有捷径，必须从点滴累积。因此，我校曾在小学一、二年级推行‘每周一儿歌’的学习构想，通过儿歌培养小朋友对文艺的兴趣和认识；在小学三、四年级，推行‘每周一诗词’活动，利用诗词的韵律性以提高学生的欣赏兴趣；在小学五、六年级推行‘每周一成语’学习活动，以增强学生对成语的出处、含义和引用等各方面的认识，使学生在长期性和计划性的环境中接受熏陶。”

特色文化资源的优化，要从常规教育教学活动着手，要基于学校文化特色的整体打造和发展，特别是要加强对体育和艺术教育资源的重新整合。体育与艺术教育是实施素质教育的重要内容，对促进学生的个性化发展具有重要意义。

体育学科资源整合要从以下四个方面做起：其一，进行文本资料的整理，呈现一个较系统的学校体育文化资料。这个资料要客观地反映这一项目的产生和发展过程，要真实地显示其主要成果和社会反映，要理顺其开办项目的目的、活动内容、组织形式、社会评价等方面的结构文本。其二，要对项目发展规划和存在的问题进行重新反思和提升，使原来的活动经验逐步成为引领项目发展的宝贵的精神财富，特别是要把健康快乐发展的体育新理念和新思想体现在教育教学的全过程，使体育项目在改造校园文化方面发挥积极的作用。同时，要对一些传统项目进行不断的巩固和丰富完善，对一些新项目要不断改造，并采取有效的方式向社会推介，从而真正把体育融入学校整体品牌的打造之中。其三，要重新树立体育价值观，要从学生和学校及教师发展的三个层面上提升体育教师的体育文化修养和体育教学水平，要改变体育教师的价值理念，改变只会教而不会说、不会写的现状，从而全面提升和改变体育教师的精神文化内涵。其四，要成立体育传统项目打造小组，负责以上具体活动的落实工作。

艺术学科资源的整合，除要做好以上四个方面的工作外，重点是要提升音乐、美术学科常规艺术教育的层次和水平，要对平时经常开展的艺术活动项目进行重新的价值认定，重新设计活动形态，重新考量其活动效果和教育价值，要把艺术教育和各种艺术活动作为构建学校文化的重要手段，要努力使其在提升学生的审美素养和学校的艺术品位上发挥积极作用。另外，要对所有音乐、美术艺术类教师进行教育教学视野的新校正，使学校不同年级的音乐、美术教学活动统一到学校艺术品牌构建的认识层次上。同时，要基于实际制订一个艺术发展的规划或是计划，不能热热冷冷，以保证学校艺术教育资源的整合在计划中走向规范，在实施中不断创新。

同时，艺术教育资源的开发，在保持传统和现有项目的同时，还要不断选择和开展具有教育价值和影响力的新项目。学校各个职能部门的领导，在年度或每一学期进行教学评价时，要把体育、音乐和美术类教育教学纳入学校整体教育教学评价体系之中，必要时还可制定统一的评价指标，保证体育、音乐和美术几个学科的优势转化为学校整体提升教育教学质量的精神财富。

环境文化资源的开发涉及的内容十分广泛。除加强学校体育和艺术教育资源的整合提升外，还要加强校园文化的整体构建，如学风建设、教风建设和良好的人际关系建设等。在环境文化资源的整合提升过程中，办学理念和治学风范，特别是以研究促教学，以教学促研究，严谨治校、严谨治学的办学风格，是形成具有引领作用的学校文化的重要精神价值内涵。

5. 再生性教育文化资源的开发利用问题

再生性教育文化资源，主要是指学校内部的各种研究成果。它包括公开发表和出版的教育教学研究成果，也包括以各种形态进行过公开交流的教育教学研究成果，更包括具有进一步研究和推广价值的教育教学成果。

再生性教育文化资源的开发利用，重点要从四个方面做起：其一，要建立学校内部的教育教学研究成果库，建立不同的教育教学成果档案，为教师研究和学习提供服务。其二，要定期对原有研究成果进行不同形式的研讨，使原有成果的理论价值和实践价值得到不断提升和发展。当某项成果能够被更多的教师所理解和接受，并自觉运用于常规教育教学活动之中，才能保证研究成果的价值提升，才能使原有的成果在新的实践中得到再生。其三，要注意研究资料的不断搜集和系统整理。每个教师的教育教学都有高招、都有创新，教师要养成习惯，把自己的高招和创新之处，把自己的灵感或新的认识，把改革的成功经验，都及时以文本形态保存下来。这样，既有利于个人经验的系统总结，也有利于个人理论水平的不断提升，更有利于其他教师的学习。其四，要在原有成果的学习和推广中，不断强化学校教育教学研究的特色和优势，形成人人懂研究、人人搞研究、人人爱研究、人人会研究的良好的学校教育文化。真正有特色和有优势的学校，是用科学理论武装起来的学校，是具有很浓厚的学术研究氛围和很坚实的学术文化功底的学校。这样的学校，才能聚集最优秀的教师，才能培养最优秀的教师，才能吸引最优秀的学生。

再生性教育文化资源的开发利用，要特别注意校本课程的开发。校本课程具有两种基本形态：活动课程与多形态文本课程。活动课程属于以学生为本的课程，是基于学生的需要和学校的优势而开发的课程，因此，对构建学校特色文化，对打造品牌学科、品牌教师等都具有奠基作用。所以，学校要加强对活动课程的开发和管理。开展活动课程必须做到七个落实，即活动目标、活动人数、活动内容、活动形式、活动时间、活动场地与活动效果要落实。特别是要加强常规活动课程的管理，做好常规活动课程的记录和评价。活动课程的管理、记录和评价，日积月累，就是一笔宝贵的研究资料，就是具有再生价值的教育教学研究成果。

多形态文本课程是以活动课程为基础而开发形成的一种新的课程形态。它具有四个特性：体现教师教学理念与教育智慧的引领作用；体现学生活动的主体性和探索过程；体现学科知识的内在规律性和多种学科知识的整合性；体现实验性和评价性要求。这四个特性整合起来，就是构建校本课程的四个模块，以清晰的可操作、可评价的文本形态呈现出来，就是多形态的文本课程。多形态文本课程的开发，既要强调其理论性，更要注重其实践性。因此，开发与管理要坚持科学性、突出优势性、考虑时代性、注重实效性。多形态文本课程的开发研究，要体现最新的教育理念，要发现社会发展需要，要有利于学生发展，更要紧密结合学校实际。

（三）课堂教学规范化问题

课堂教学规范化，不是限制课堂教学的改革和创新，而是强调课堂教学要遵守教学规则，强调课堂教学要按照教学规律来改革和创新。

强调课堂教学规范化，主要是基于两个层面上的问题提出来的：其一，如何理解传统教学方式与现代教学方式的关系问题，或者说，当我们提倡某种新的教学方式时，原来传统的教学方式是不是就应该完全抛弃；新的教学方式是不是就十全十美，传统的教学方式是不是就一无是处。其二，盲目模仿某种方式或方法与理性探索科学的、有效的方式和方法的关系问题。盲目的模仿很容易违背教学规律或教学规则，盲目的创新也会导致教学规则意识和教学规律意识的人为性弱化。

1. 课堂教学的结构板块问题

课堂教学的结构板块问题，主要是解决课程教学观和方法论两个问题，而这两个问题的焦点就是课堂教学过程如何推进。对这一焦点问题的认识，实际上反映的是一种课堂教学观。传统教学论和现代教学论在课堂教学观上有着明显的对立性。

传统教学论的经典之作是捷克教育家夸美纽斯的《大教学论》和德国教育家赫尔巴特的《普通教育学》。但是，对新中国成立后我国教育界影响最大的，则是20世纪50年代出版的苏联教育家凯洛夫主编的《教育学》。“可以说，这本教科书是赫尔巴特理论的简单化和操作化的产物，也是俄罗斯文化和20世纪中叶苏联社会的政治、意识形态和工业经济发展需要的产物。其中关于教师中心、教科书中心和课堂教学中心的‘三中心论’，教学过程由‘准备、复习旧课、教授新课、巩固练习、布置家庭作业’组成的‘五环节说’……当时几乎做到每个教师皆知。而且还通过学校中教师‘老’带‘新’、集体备课、观摩教学等方式流传至今。”叶澜认为：凯洛夫的课堂教学观或课堂教学过程观，之所以在实践中能长期存活的一个重要原因是可操作性强和以教师为中心；但正因为其强化了教师在课堂中的中心角色和简单的操作需要，所以封杀了教师在理论和创造意义上探索教学工作的需要。

这里，我们需要思考一个问题，即课堂教学过程应该以什么样的逻辑关系向前推进，或课堂教学过程是不是应该确定一个相对稳定的操作结构。这就是我们要强调的课堂教学结构板块问题。要解决这一问题，就必须客观评价传统教学论和现代教学论的哲学思想基础。

传统教学论把教学本质界定为一种“特殊认识论”，即以学习“间接经验”为中心。现代教学论则把教学本质规定为一种“特殊实践论”或“特殊经验论”，即以获得“直接经验”为中心。正因为基本哲学立场不同，导致20世纪两种教学观的分与合之争。其实，无论是分还是合，有一个基本思路是一致的，那就是如何真正实现人类已有的精神世界和学生个体的经验世界有机的对接和有机的转换，从而完成人类文化的继承、创新和发展。学生的发展也正是在继承、创新和发展人类已有精神文化的过程中得到实现的。所以，到了20世纪80年代之后，传统教学论和现代教学论的价值取向也从原来的“分离”走向新的“融合”。这种“融合”的基本特点就是：既要重视系统科学文化知识的学习，又要关注学生个体的实践经验；既要强调学生个体的实践探索，又要尊重课堂教学的内在规律和价值；既要发挥教师的引导和传授功能，又要尊重学生的主体地位，发挥学生学习和发展的自主性；既要重视教师的讲授，更要激发学生的主动探究精神和能力。

课堂教学有其内在规律，课堂教学价值的实现取决于教师对课堂教学内在规律的准确理解和把握。达到这一目的，就必须重新认识和评价课堂教学的结构板块。

我们反对没有层次的课堂教学，更反对一切按照学生需要而安排的表面活而实际乱的课堂教学过程。课堂教学的结构板块不是某个人可以自我确定的，而是由学生的学习规律或认识规律决定的，是由长期的课堂教学实践经验提炼而成的课堂教学规则所决定的，是由教育教学规律决定的。课堂教学应当有其自身规律构成的基本结构，这个结构是教学过程必须和必然要经历的若干个环节或部分。教学过程中的若干个环节或部分，被教师有机地组合和驾驭，并以灵活有效的方法进行调控，就会形成逻辑严谨而层次鲜明的课堂教学结构板块。教师的教和学生的学，只有在相应的结构板块中才能得到实现。凯洛夫所强调的课堂教学“五环节说”，并不是机械的运作模式，而应当成为常规课堂教学的基本规则。这一规则的执行是具有创造性的，也是有内在联系的。

需要强调指出的是，课堂教学的结构板块，不仅要严谨而有效地把握一节课向前推进的步骤，而且更重要的是要重点关注课堂教学过程中的“实践板块”和重点设计“布置作业”板块。大多数教师是把学生的实践放在讲授和学习新课的过程当中来完成的。这是不够的。应当在精心设计课堂教学的过程中，把实践板块专门进行安排和设计。其位置是在讲授新课之后和布置作业之前。实践板块的安排，应当在教师的教案中明显地体现出来。其具体设计可以考虑四个要素：一是实践内容；二是实践形式；三是实践主体（学生）；四是实践效果评价。教师可以根据具体教学内容和学生需要来设计这四个方面的内容。同时，“布置作业”这一环节，要重点关注两个层次上的问题：一是学生必须牢固掌握的基本知识和基本技能，必须有书面作业，必须按照要求完成；二是要关注拓展类的知识和技能，要专门安排一些有助于培养学生主动探索精神和创新精神的问题或作业。无论是基本知识和技能类的作业，还是拓展类知识和技能的作业，教师都应该在课前精心设计和科学安排，不能到下课了进行临时性和随机性的布置。

课堂教学规范化是规范教学，也是彻底改造我们的教学，改变盲目的改革，改变随意的改革，改变不规范的改革，从而真正提高课堂教学质量。课堂教学规范化的重点是重建课堂教学结构或是课堂教学板快，特别是要加强课堂教学的实践板快。要把导入、讲新课、课堂实践和作业布置有机地统一起来，发挥各板块在提高课堂教学质量中的积极作用，使其形成一个内在紧密相关的课堂教学链，向每个环节要效益、要质量，使每个环节都能成为学生发展的平台或新起点。各个板块都有各自的要求，可以不断地细化，这个细化过程，也是一个共同探索的过程。

2. 师生主体关系的认识与实践问题

在新课程的实施过程中，有两个基本理论问题必须进行专题研究：一是师生的主体关系；二是师生主体性在教学中的体现。

解决认识问题是最为重要的。在实践中或在理论学习中，实际上有许多教师并没有真正弄明白谁是主体。其实很简单，教师和学生都是主体。这种观点，并不是在强调教师和学生主体的平衡地位，而是明确教师和学生的主体地位都是不可动摇的。没有教师的主体存在，就不可能有学生的主体地位，学生的主体地位是以教师的主体存在而得到保证的；没有学生的主体存在，就不可能有教师的主体地位，教师的主体地位是以学生的主体存在而得到保证的。教师由传统的主体走向客体，学生由传统的客体走向主体，是教师与学生主体共存、互动及融合的基本特征。这一特征足以证明一个事实：教师和学生的主体是以互动、共存、融合为特征而存在并实现的。我们不能以教学中的时间进程和活动安排来解释或理解教师和学生的主体存在特征。无论是动态的还是静态的，无论是教师在讲还是学生在听，或无论是学生在活动还是教师在关注，教师和学生的主体存在都是真实的。

有一个问题必须引起我们的重视和关注：学生的主体存在能简单地以课堂教学中学生的活动时间来决定吗？当然不能。为了更好地研究和理解这一问题，我们可以引用叶澜的观点。叶澜指出："改革的第一步是从'还'字做起的。……经过一个阶段的实践摸索，向教师提出了还主动学习的'时间'(要求每节课至少有三分之一的时间让学生主动学习，并逐渐向三分之二过渡，压缩课堂上教师讲授和指向个别学生的一问一答所占用的时间）。"当然，叶澜的观点是以课堂教学改革为前提的，其目的是要突破传统教学过程观，主要是指凯洛夫的理论和实践形态。不过，有许多教师还没有真正科学理解什么是主体，也没有通过实践进行科学验证来证明学生的主体应当以什么样的形式来实现，或以什么方式才能得到真正的实现。正因为如此，在教学实践中，有相当比例的教师只是以时间概念或以活动概念来诠注学生的主体地位。这是一个需要进一步实践才能验证的理论问题和实践问题。

3. 学生的经验与理性知识的关系问题

在进行课堂教学规范化的研究中，如何正确处理学生的经验和理性知识的关系问题，对培植科学的课堂教学观是十分重要的。

经验是个体的精神财富。有价值的经验是自觉的经验和有意识的经验。但是，一种自觉的或有意识的经验往往来自许多无意识和非自觉的经验。一次经历，就会有一次经验；丰富的经历，就会产生丰富的经验。无论是一次的经验，还是丰富的经验，都包含着自觉和非自觉的经验、有意识和无意识的经验。教师要通过常规课堂教学，或借助于有效的教学方法，去唤醒学生的自觉经验和有意识的经验，并以学生的经验为基础，增强课堂教学的真实感。

规范化的课堂教学，不应该是经验化的教学，而应是经验与理性结合的教学。杜威以儿童为中心，以经验的重组为教学本质，以活动和练习为基本教学组织方式，开了现代教学论的先河。但是，以经验为中心的教学，带来的后果则是对学科系统知识在教学过程中独特地位和育人价值的削弱，甚至会削弱或否定人类已有的精神文化财富对于儿童发展和社会化所不可取代的价值。经验是个体的财富，但是当个体的经验得到实践验证，并被更多的人所拥有，经验就会转化为共同的社会财富。人类已有的精神文化，事实上就是人类共同的或丰富的实践经验的结晶，具有真理性和价值性。人类能够不断向前发展，当然需要借助科学技术的改进和创新，但更需要不断总结和继承人类已有的宝贵的实践经验。真正不断推动人类社会向前发展的强大的精神动力，还是具有真理性和价值性相统一的人类的经验财富。因为有了战争，人类才懂得和平的重要；因为有了各种矛盾和冲突，人类才明白尊重和平等的价值；因为有了各种欲望和利益之争，人类才不断改造和平衡各种利益关系，不断追求新的生活环境，不断创造条件满足人类的物质文化需要和精神文化需要。人类已有的宝贵的经验，作为一种无价的精神财富，是以巨大的代价换取的，甚至是以牺牲了许多生命为代价而获得的。经验本身就具有教训的内涵，经验也蕴藏着一种价值追求或价值观。人类要发展，不可能再以巨大的代价来换取前人曾经付出代价才得到的经验，不可能重复着一种同样的代价或不同的代价来换取同样的经验。有价值的经验，是以最少的付出或基本不需要付出代价而获得的。正因为如此，社会才不断向前发展；也因为如此，人类才不停地追求新的学习方式。

书本知识是人类已有精神文化的系统呈现形态，是人类已有经验财富真理性和价值性的统一。每一本书，都有独到的精神价值内涵；每一个学科，都是人类经验财富的系统化总结。懂得学习的人，自然重视书本知识的学习。书本知识，不是具体的实践经验形态，而是理性认识的表达。我们强调要尊重学生的经验，但更要尊重以理性认识形态而存在的经验形态。但是，必须明确一个道理：有价值的东西往往就存在于书本知识之中，真理性的东西更多的时候是以理性的认识而存在的。这种有价值的东西，这种真理性的东西，容易被人们所忽视，甚至被许多学生淡化，是因为教学以抽象的方式解释抽象的理性认识，是因为教学没有真正抓住其内在的精神价值。抽象的东西，自然不如直观的东西生动鲜明。但抽象的东西正是来自生动鲜明的真实事实，其真正的价值不是存在于生动鲜明的感性化之中，而是蕴藏在概括抽象的理性化之内。教学如何把生动鲜明和概括抽象有机地结合起来，如何去开发其内在的精神价值，如何强化其真实感，确实是一门永远值得探讨和研究的学问。一个教师把这个学问搞懂了，其教学就达到了一种崭新的境界。

4. 常规教学组织形式的改革问题

常规课堂教学组织形式的改革问题，是实现课堂教学规范化的重要问题。研究这一个问题，可以围绕以下三个层次上的问题来进行：其一，教学目的与教学手段的关系问题；其二，多种方法的综合性和选择性运用问题；其三，传统教学形式与现代教学形式的关系问题。

在课堂教学改革中，许多教师习惯于把精力放在教学组织形式的改革上，只追求改革的形式而忽视了改革的目的，这是影响教学质量的一个重要因素。我们必须明确，任何一种教学组织形式的改革或创新，其内在价值追求都是为了全面提高课堂教学质量，都是为了让每一个学生获得真实的、全面的发展。教学目的是教学手段选择和运用的重要依据，也是评价教学手段优劣的重要标尺。当我们选择某种教学组织形式时，我们既要准确理解教学形式的精神内涵，把握教学形式的操作思路和规则，也要理性分析和判断运用这种教学形式时能够达到什么样的教学效果。有些教师盲目追求形式上的变化，不顾教学推进的质量效果，不顾形式与内涵之间的联系，不仅弱化了教师的主导功能，而且也弱化了或变相弱化了学生的主体地位。教学目的和教学手段之间是相互依存的，是内在有机相联的。

教学有法而无定法，贵在得法。这种观点反映了一个基本的教学规律，即教学方法不是固定的一种操作模式，而是适合不同教学目的、不同教学内容和不同教学对象的条件性工具要素。讲授法的优势体现在教师讲的艺术水平和艺术效力上，谈话法的特点则是善于寻求谈的话题和如何谈的引导上，合作学习则强调一种共同探究的意识和能力，强调如何合作的过程和方法。每一种教学方法，都有自己独特的精神特质，都有自己独特的教学功能，也都有自己的局限性。从现实性来讲，任何一种教学方法，都不可能达到一种十全十美的境地。教师教学水平的高低，不是看一节课用了多少种教学方法，而是反映在如何选择和运用多种教学方法，如何把不同教学方法的精髓性功效加以有机组合，并使其在不同的教学阶段，面对不同的教学内容和教学对象，发挥功效的最大化和最优化。同时，在一节课的教学进程中，无论教师运用什么样的教学方法，都必须明确一个准则，必须有效运用，必须合理运用，必须控制性运用。一种方法好，是因为被用的时机好、效率高。因此，教学方法的综合性和选择性，强调多种方法功能的有效性和整体性运用。能否达到这种效果，关键取决于教的理论功底，取决于教师的教育教学机智，取决于教师判断和评价的智慧。

（四）新教学模式的教学设计和教学行为问题

课堂重建取决于教师的教学理念，也取决于选择最优化方法的意识和技艺。教学改革必然要进行教学模式的改革，新的教学模式要求教师必须以全新的教学理念为指导进行全新的教学设计，并选择全新的教学行为。教学设计与教学行为的有机统一，是重建课堂教学、选择最优化方法的重要保证。

1. 协同教学的教学设计和教学行为

协同教学 (Team Teaching，又译为“小队教学”) 是指教师小组相互合作而开展的教学组织形式。它不同于传统的单一的学科教师指导体制。协同教学是课程综合化的产物。它具有四个基本特征：其一，协同教学作为一种新型的教学组织形式，它不是教师个人的、自发的合作关系，而是具有组织特性和合作特性的教学模式，它是根据课程综合化的发展趋势统一或有针对性安排的。其二，协同教学，既强调教师的组织化形式，也强调学生的组织化形式。教师的组织化形式是超越传统单一学科的概念，是多学科教师的有机组织；学生可以以班为单位，也可以超越班级范围。学生的组织形态要依据课程综合程度和学生的年龄特点进行科学整合。其三，一般来讲，协同教学是指两个以上教师之间的合作组织形式，教师在具体的教学活动中的教学思路和教学行为具有协同性，但又有一定程度的学科区分。其四，协同教学的合作指导以某个学习集体为对象，进行有目的、有计划的协同指导，但指导过程教师所承担的角色有相对的稳定性。

协同教学的组织和实施，与传统学科教师的教学设计和教学行为有着明显的不同，它强调教学目的、教学内容、教学形式、教学评价等的相对统一性和多元化。它是综合课程特性所决定的课堂教学的新形态。因此，教学设计的中心主要是队伍的组建问题。其组建形式可以分为五种类型：一是班级教师小组；二是年级教师小组；三是学科教师小组；四是全校教师小组；五是校内外教师小组。这五种基本组织形态如何设计，特别是如何整合教师资源，是非常值得研究的问题。同时，因为是多个教师的协同教学，在有限的时间内，如何提高单位时间内各个教师或教师小组的教学功效，对教师的教学行为也提出了新的要求。教师教学行为的统一性、协调性、理解力和合作能力，教师与学生的沟通意识和能力，教师的语言组织能力等，都必须符合协同教学的要求。特别是在综合课程涵盖内容较宽泛的情况下，教师的教学行为必须统一在一个或几个课程目标上，达到教师之间心领神会的协同合作。

协同教学因为涉及多个学科或相近学科的综合问题，其教学内容也会呈现丰富的形态。与以往单一学科教师的教学相比，教师不仅要了解和把握自己所讲内容，而且教师之间要知己更要知彼。针对不同的教学内容，针对不同的教学目的，针对不同的教学组织形式（主要是具体实施教学的方法和方式），教师的教学设计和教学行为也会发生很大的变化。但一定要注意，不能把协同教学变成不同教师的轮流式教学。为此，必须加强协同教学效果的评价理论和方法的深入研究，形成可操作的评价体系。

2. 讨论式教学的教学设计和教学行为

讨论式教学，一般以分组的形式进行，因此，也叫分组合作教学。讨论式教学是按照一定的组织规则，把若干个学生组织在一起，以小组讨论为主要形式而进行的直接的教学活动。教师的教学对象，由传统的班级化变为小组化。因此，教师的教学设计与教学行为也必须适应小组讨论的教学形式。如何达到比较理想的教学效果，应该围绕四个方面的问题进行研究：一是讨论小组的组织问题；二是讨论教学的启动行为问题；三是讨论教学的维持行为问题；四是讨论教学的报告行为问题。这四个问题构成了教学设计和教学行为的基本要素或结构。

研究表明，小组的设计和组织是进行讨论式教学的重要前提。教学设计和教学行为的前期工作或重要前提性工作，就是要用科学的方法来设计和安排讨论小组的成员问题。这里有三个问题应重点考虑：其一是小组成员的数量控制程度问题，即选择多少个学生为一组更合适和更有效；其二是用什么标准来确定各小组的学生，如学习成绩、学习习惯、学习能力、性格特征等，都可以作为选择和确定各小组学生的基本条件和依据；其三是讨论小组确定之后，其相对稳定的时间长度怎么确定，多长时间为最合适的时间长度，变化与稳定之间的间距如何确定。

讨论式教学的启动行为应注意三个方面：其一，做到三个“不要”。不要讲解：教师的讲解往往会给学生的自由讨论造成一些影响，他们会自觉或不自觉地按着教师的思路去考虑问题，因而会影响讨论的质量；不要模糊不清：不要在讨论刚开始时就提一些非常概括但又模糊不清的问题；不要有任何偏向：如果为避免冷场总是暗示一些能说会道的学生先发言，其他同学就会降低参加讨论的热情。其二，要引导学生轻松应对讨论。其三，要善于及时进行谈话角色分类。扮演不同的谈话角色可为那些羞于表达的学生创造更多的发言机会，有助于他们培养自信心。帮助他们认识到表明自己的观点是对讨论做出贡献的唯一有效方法。

讨论式教学的难点和重点是把讨论引向深入。为此，如何维持讨论有效进行，就成了教师教学设计和教学行为的核心问题。一般来讲，维持讨论的核心支柱是掌握提问、倾听和回应的技巧。提问、倾听和回应的技巧相当多，教师可以事先进行准备性培养，也可以引导学生从讨论中寻找有效的方法。对特别不爱讨论的学生或特别爱说话的学生，教师要依据其特点制定有效的调控方法。同时，教师在讨论中，并不是无事可做，而是大有作为，要观察、要倾听、要激励、要提升、要引领。

讨论式教学中，当小组讨论进行到一个阶段，将讨论的主旨向大组报告是必要的程序。报告方式决定着学生的感受，学生会因报告方式的不同而产生迥然不同的想法。教师在教学设计时，要充分考虑这一环节，并对教师自己在这一过程中的教学行为进行必要的训练。

3. 创意教学的教学设计和教学行为

创意教学是指教师依据一定的原理，通过有创意的设计，采取各种有效的方法或策略，以培养学生的创造力、思维能力为目标的课程实施过程。一般来讲，创意教学不限于某一种特定的教学方法，而是教师根据学科性质、学习者的需要等，融合各种创造性思维原理而设计的教学活动过程。从课程理论上来讲，创意教学具有两个层次的意义：其一，代表教师教学活动本身的改变，即从课程与教学设计的观点分析，创意教学是教师在教学活动中对策略、方法、内容、方式的调整。其二，代表学生学习内容的改变，即根据学生的学习策略、内容、方式调整教学活动。创意教学通过教师反省传统教学本身需要改变之处，以各种适合学生身心发展的策略，激发学生的学习兴趣、学习动机、学习特质，从而达到预定的教学目标。创意教学是教师创造力和想象力在常规课堂教学中的集中体现，是展示教师引领教学意识和能力的新的教学模式。创意教学极大地激发了教师的教育教学智慧，并以这种智慧激发学生的创造力和想象力。

创意教学的实施，不同于传统的教学方法。从课程内容的改变至教学活动计划的拟定，创意教学都需要教师投入相当多的时间和精力。因此，进行教学设计和教学行为的调整，必须真正理解和把握创意教学的基本类型：融入式的创意教学、统整性的创意教学、辅助性的创意教学、形成性的创意教学。融入式的创意教学以不改变课程与教学的内容架构为主，在知识与原理的学习上，以各种具有创意性的方式，为学生提供启发性的活动。其特点是要善于借题发挥。统整性的创意教学是以学科结合的方式，进行教学活动。其特色在于打破传统的学科界限。辅助性的创意教学，其功能在于补救教学之用。教师在教学结束之后，通过教学评价了解自己的教学现状，依据实际情况决定补救教学的需要与内容。因此，辅助性的创意就是扮演补缺及拓展功能。形成性的创意教学是教师在教学过程中，依据实际需要，以具有创意性的活动，引导学生了解课程内容，加深学习印象，以提升教学效果。形成性的创意教学的实施，本身具有诊断性作用，通过活动的实施，随时了解教学活动的进展状况。可供教师随时调整教学或采用另类方案的参考创意教学的具体方法很多，其实施常随方法的不同而有所调整。以头脑风暴法的应用为例，创意教学的实施至少应包括下列五个重要步骤：其一，选择适当问题。教师在进行头脑风暴法教学之前，应该针对学生的学习内容，拟定或选择适当的问题，提供给学生进行思考并搜集资料，做各种学习上的准备。其二，组成头脑风暴小组。教师将各类问题揭示之后，要将学生分成若干小组。要注意，每小组人数至少 6 人，以 10 — 12 人为理想组合。小组成员以男女混合为原则，以便不同性别的学生提出各种想法。小组组成之后，选一名较有经验者担任小组负责人。其三，说明应遵守的原则。这一步骤是相当关键和重要的。教师在实施头脑风暴法教学时，学习规则对学习成败的影响很大。因此，教师应当在学习前，向学生详述应该遵守的规则：不批评他人的构想，使小组各成员勇于发表自己的见解；小组成员必须抛开各种障碍，自由发表意见，不要羞于表达与众不同的构想；成员提出的构想越多越好，构想越多，得到好主意的可能性越大；提出构想之后，小组成员可进一步综合与改进，以研拟出更好的解决方案。其四，进行头脑风暴。头脑风暴活动进行时，主持人必须将所要解决的问题重新叙述一遍，或是写在黑板上，让每个成员能随时关注和注意问题，使学习不至于偏离主题。成员提出新的构想时，主持人要完整记录下来，并适时编号，作为讨论参考。其五，评估各类构想。头脑风暴活动结束时，教师或主持人要将整理归类的新构想列一清单，让每位成员了解，通过评估选出最有价值的构想。主持人在评估活动结束时，依票选结果提出较佳构想供大家参考。

4. 探究教学的教学设计和教学行为

探究教学是 20 世纪 60 年代第一次国际课程改革的产物，其直接背景就是美国课程内容现代化的改革。探究教学最初是为自然学科而设计的，其目的是要改变学生被动接受知识的状况，让学生像科学家那样去“探索和发现”新知和真知。它注重问题的情境和问题的探究。一方面，学生通过亲自动手操作教师所提供的特定的实物材料，可以充分发挥他们的想象力和创造力去寻找、体验材料中的概念，获得对事物的感性认识。另一方面，在探究的基础上组织学生讨论，交流各自的发现，可以促使他们从具体事物中抽象出所要揭示的概念，较早地由感性阶段的认识发展到理性阶段的认识。学校教学应加强培养学生发现和创造的兴趣，满足学生主动认识世界和探究世界的意识和愿望，使学生具有独立思考的习惯和终身学习的能力。学生只有通过自己主动的探究学习，才能形成对自然界客观的、逐步深入的认识，形成一定的概念和概念的体系。

在进行探究教学的设计时要抓住五个基本环节：其一，选择好实物材料。实物材料是学生感知的基础，也是进行探究必不可少的条件，让学生亲自摆弄、触摸实物材料，能使探究内容具体化，形成学生主动观察、思考和探索的情境。其二，及时有效地呈现探究情境。教师呈现的探究情境，要能够自然地激发学生解决问题的动机。特别要善于提出使学生困惑的问题，及时激发和引起学生探究的欲望。如果不能提出真正能使学生产生困惑的问题，就不存在探究活动。其三，发现问题进行研讨。教师要利用学生探究中产生的新奇、疑问、困惑、矛盾的心理特点，激发学生大胆思考，并用自己的语言把想法和认识表达出来。通过学生间的相互启发、交流补充、各抒己见，达到异中求同，使每个学生所获得的认识更加丰满和完整，将探究中所观察到的现象内化，进而认识事实的本质。其四，提出假设和收集资料。在研讨中，针对要回答或解释的问题，学生根据疑难情境，提出假设，收集相关资料和信息。提出假设和收集资料可以同时进行。根据一般的探究程序，提出假设应在收集资料之前，作为资料收集的中心。但是，在具体探究过程中，学生可以对所获得的资料进行推论、推理，以验证先前提出的假设，并根据资料再提出假设。其五，得出结论。在验证假设的基础上，学生将假设组合起来，做出结论性解释。只有当解释与所有资料完全吻合无须修改时，才能得出最后结论。

探究教学的核心是探究材料的选择。教师在选择和提供材料时，要多关注四个问题：其一，所选的材料应有吸引力，能引起学生的兴趣。一套好的材料要能适用于不同层次的学生。不同层次的学生使用所选材料，可以在不同的层次上得出意义。其二，所选材料应有较广的思考余地，学生从不同的路径进行探究，会有不同的发现，这样有助于学生丰富和建立概念。如果一套材料在进行一项活动后就没有用了，就不可能提供丰富的学习基础和学习资源。其三，在选择材料时，要充分考虑学生的需要，每个学生都应有足够的材料。每样材料的数量不一定和学生的人数相等，但是，每个学生都应有足够的、用于探索的关键材料。其四，所选材料不应使学生产生标新立异的想法和冲动。为了避免所选材料可能引起学生目标的转移，有效的办法是从学生的角度来评价所选材料，最好是在最后选定材料之前在某个小组或全班进行一下试验。当然，材料的选择还要根据学生的探究意识和探究能力的发展有所变化，要注意选择较复杂的材料，以促使学生进一步地深入探索。

在探究教学过程中，教师要特别注意加强探究过程的指导。这里有几个问题必须明确：一是不干涉学生自主进行的探究活动，即不要在学生进行探究时提出影响学生探究的意见和观点；二是要注意观察学生的探究过程和步骤，特别要注意不同学生的探究思路和方法；三是要及时记录学生探究中发现的问题和形成的新的概念；四是教师要引导学生用自己的语言做出总结，总结应征得全体学生的一致同意，但也要保护和鼓励敢于创新的学生发表意见；其五，要注意过程的组织和协调。

5. 自主建构的教学设计和教学行为

学习方式 (Learning approach 或 Learning style) 是当代教育理论研究中的一个重要概念。一般认为，学习方式是指学生完成学习任务过程中基本的行为和认知取向，是学生学习时在自主性、探究性和合作性方面的基本特征，不是指具体的学习策略和方法。从教学实践的角度来看，学习方式的有效性在于满足个体差异的需要，而学习方式的科学性在于其与学习内容的适应性，即有利于学生快速掌握学习内容，达到学习目标。学习方式的转变取决于教师的教学行为。在班级授课制条件下，教学的关键性决策最终是由教师做出的。因此，只有教师为学生提供适宜的环境，包括关心学生、使教学过程符合学生的学习动机和成就水平，才有可能谈到学习方式的转变。

自主建构是一种新的学习方式，其核心思想是学生通过积极建构生成新知识。他们不是被动地接受或照搬从教师或课本获得的信息。相反，他们通过理解学习主题并与自己已有的相关知识进行联系的方式积极思考，自主建构新知识。学生建构的新知识有的可能是正确的、有用的，有的则是不正确的、无用的。因此，教师在学生自主建构学习中的作用绝对不可忽视。

在所有的教学方法中，教师的角色都是一个催化剂。但是，在自主建构学习中，教师的角色更为关键。学生通过发现进行学习，这是自主建构学习的前提条件。教师作为催化剂，主要作用就是使学生进行独立的思考，帮助学生发现知识是怎样获得的，并促进学生高水平思考技能的发展。在这一过程中，教师如何将自己建构的新的知识形态呈现给学生，并引导学生理解这种建构方法，使学生学会自主建构学习，就显得十分重要。

在自主建构学习中，学生的角色也不同。学生被期望形成和建构他们自己的知识。教师要避免告诉学生知识是什么、怎么样，而应帮助学生自己去发现、去建构他们自己的想法与理解。在本质上，建构主义将学习描述为主动的、参与的、好奇的。学生被赋予了通过实践活动去寻求自我理解的责任。他们提出问题，进行探索、发现，建构新的理解，并将其整合进长时记忆中。自主建构学习，不是简单地要求学生进行回忆或记忆，而是要求他们进行分析、综合与评价，要求他们寻找知识的内在联系。

在进行自主建构学习的指导时，教师要引导学生运用课题探究进行自主建构学习。这里要注重五个环节的设计：其一，选择课题。课题要重点突出。课题可以是一个概念，也可以是一个案例。其二，启发学生的兴趣，使学生在自己感兴趣的领域中积极探索。其三，明确时间期限。合理的时间限制可以保持学生有效地学习。其四，递交进展报告。对于一个需要较长时间完成的项目，递交进展报告是非常必要的。教师可以进行事前设计和规定。其五，形成最终产品。学生应该明白他们所研究课题的最终产品形态。教师可以给学生较大的评价空间，对有创新的产品或课题成果，必须及时给予肯定和鼓励。

6. 小组合作的教学设计和教学行为

合作不是简单地把学生分成小组，让他们一起学习。与其他教育方法不同的是，小组合作学习鼓励学生为集体的利益和个人的利益而一起工作。因此，进行小组合作学习，教师一定要控制好合作小组的规模，一定要注意小组成员的构成，一定要明确小组要完成的任务类型，一定要规定小组合作的行为规则，一定要注意学生合作的动机和奖励机制。

在不同的小组合作学习类型中，共同学习是一种值得研究的新的学习方式。共同学习是由美国学者大卫·约翰逊(D. Johnson)和罗杰·约翰逊(R. Johnson)建立起来的。早期的模式要求学生在由4－5人组成的异质小组中学习，共同完成作业。这种模式的主要益处在于使不同成绩、性别、种族的学生在一起学习。每一小组把各自的作业交上来之后，他们会因为良好的互相合作及作业中的表现而受到赞扬。这种方式，在倡导合作学习的今天，非常适合不同学科的常规课堂教学。教师可以选择不同类型的学生进行研究和探索。

第二节　教师教育理论修养对课堂教学案例开发的作用

所谓课堂教学案例开发，是指以推进新课程改革为目标，以教师共同关注的教学实践问题为研究对象，通过教师撰写、研讨教学案例以及回归实践的方式，为教师研讨、实践和反思创设研究的情境，从而促进教师自身与他人共同提高的过程。具体来说，教学案例开发包括教学案例的撰写、研讨、回归实践三个循环往复的环节，每个环节都离不开教师的教育理论修养。

课堂教学案例是对蕴含一定教学问题及其解决办法，或在一定教育观念指导下实施的教学活动的真实记录与反思。一般来说，课堂教学案例一般包括教师教学事件发生的背景、过程、细节、结果、成功与失败的深层原因等。教师撰写一篇较好的课堂教学案例通常需要经历以下两个步骤：一是寻觅教学事件。教育教学是教师每天都要从事的本职活动，因此，发生在教师身上的故事会数不胜数。有的故事曲折复杂，耐人寻味；有的故事平淡无奇，但却蕴含着受用终生的教育智慧。因此，教师在撰写之前要对事件进行分析评价，要选择出那些问题情境复杂、蕴含着丰富的教育智慧、育人真谛的、有深刻启示的事件，就必须用已经掌握的教育理论知识为依据进行选择。二是形成课堂教学案例。在选择好教学事件之后，教师就要对整个教学事件发生的背景、起因、过程、高潮、结局、细节等进行回顾，对解决问题的教学策略进行深入分析，探讨其中蕴含的教学智慧或败笔之举，深入分析背后的教育教学规律，从而选择性地强化自己的某些被证明是正确的观点，修正某些被证明是错误的观点。这一过程中对解决问题的教学策略进行分析的依据同样是已有的教育理论。

课堂教学案例真实地反映了教师在日常的教学活动中遇到的问题、破解的对策以及对策背后蕴含的道理，加之案例是由教师本人撰写，事件和写作方式都是教师们所熟悉的，非常便于在教师中间传播交流。与研讨著作、论文等其他材料相比，对课堂教学案例的研讨更适合一般教师的需要，也更为广大教师喜闻乐见。教师在研讨案例过程中，之所以会出现“仁者见仁，智者见智”以及思想相互碰撞形成更多的思想的局面，是因为每个人都是带着自己的教育理论修养和独特的体验认识去研讨的。如果参与研讨的教师缺乏教育理论修养，那么就会人云亦云，就不会有多侧面、多角度的交流和研讨，也就达不到研讨的目的。

课堂教学案例开发的第三个环节是回归实践。回归实践即指通过课堂教学案例讨论得到的新启迪，形成的新设想、新观念在教学中进行实践。这里的“实践”是教师对探索出来的教育教学规律的践行，是对提出的新思想、新举措的完善与发展，有别于我们平常简单的备课、上课、批改作业。回归实践体现了知行合一的认知方式，是教师将教育实践与教育理论相结合的一种可操作化的途径，是“即知即行、知而能行、行而后知”的一种教学智慧升华的路径。在这样的一个过程中，更离不开教师的教育理论修养。

第三节　教师教育理论修养提升策略

一、重建教师教育理论修养提升观念，培养教师教育理论修养提升的兴趣

（一）教师教育理论修养观念重建的原因

没有调查就没有发言权，为了深入了解当前中小学教师的理论修养现状，

有针对性地提升中小学教师的理论修养，我们编制了调查问卷对当前中小学教师的理论学习和理论研究状况进行了调查。我们共发放调查问卷 1000 份，收回有效问卷 965 份。通过对调查问卷进行分析，了解到当前中小学教师的理论学习、理论研究工作存在着很多问题与不足。

1. 理论联系实际、理论转换实践的能力有待增强

当被问及“您在理论学习、理论研究与教育教学实践方面相联系的程度如何”时，8% 的被调查者认为“联系紧密，并能将理论与实践相结合”，59% 的被调查者认为“有联系，基本能将理论与实践相结合”，30% 的被调查者认为“有联系，但未能将理论与实践相结合”，3% 的被调查者认为“没有联系”。可以发现，当前的中小学教师在理论转换实践方面的能力仍有待进一步增强。

2. 理论学习、理论研究积极性不高

在调查中，当被问及“您对于理论学习、理论研究的积极性如何”时，有 48% 的被调查者选择了“一般”，4% 的被调查者选择了“说不清”，24% 的被调查者认为自己“积极”，仅有 4% 的被调查者认为自己“很积极”。这说明，当前的中小学教师在理论学习、理论研究方面的积极性不高，有待加强。

3. 理论学习、理论研究较少

在调查中，当被问及“您近半年所参加理论学习的次数”时，选择“0 次”“1 — 4 次”“5 — 9 次”和“10 次以上”的被调查者所占比例分别为 8%、60%、18% 和 14%。在关于“近两年所撰写的理论文章篇数”的调查中，选择“0 篇”和“1 — 4 篇”的被调查者所占比例分别高达 25% 和 73%，选择“5 — 9 篇”和“10 篇以上”的被调查者所占比例均为 1%。可以看出，当前中小学教师参加理论学习较少，在理论研究方面是比较薄弱的。

4. 理论知识总体水平有待进一步提高

在调查中，当被问及“您所掌握的理论知识是否满足教育教学需要”时，58% 的被调查者选择了“基本满足”，19% 的被调查者表示“说不清”，认为“满足有余”的仅占到被调查者的 3%，认为“满足”的仅占被调查者的 20%。这充分说明，当前中小学教师的理论水平还不够高，还有待进一步加强理论修养。

5. 理论学习、理论研究面临诸多困难

在调查中，当被问及“您认为开展理论研究主要有哪些困难”时，选择“没有时间和精力”“资料匮乏”“缺乏发表渠道”“其他”的被调查者所占比例分别高达 71%、52%、19% 和 7%，仅有 3% 的被调查者认为“有困难，但能克服”，认为“没有困难”的被调查者所占比例为 0。由此可以看出，当前中小学教师参加

理论学习、开展理论研究面临多方面的困难。

教师对于教育理论的态度是既尊重又怀疑。之所以尊重教育理论，是因为他们认为教育理论高深莫测，可望而不可及；之所以怀疑，是因为他们认为教育理论并不能明确地做出具体的决策，告诉他们下个星期早上该干什么，如何“惩治”课堂上的“调皮鬼”……然而，这种怀疑是建立在合理的期待之上的吗？正如施瓦布所说：“教育者一直在寻求理论（课程的理论、教和学的理论），似乎有了这样一些理论必然足以告诉我们教什么和为什么”，但是，这些理论不能单个地、直接地回答我们教什么和怎么教的问题，“因为教什么和怎么教的问题产生于具体的教学情境，这些情境负载着有关时、空、人和情境等具体的特定性”。这种不切实际的“高期望”与力不从心的“低回应”之间的“碰壁”，往往使得一些教师对于教育理论产生失落感和抵制情绪。

在我们这个盲目迷信效率和实用至上的时代，急功近利的风气在整个社会中弥散，教育场域也不可避免地沾染上了这种习气。教师对于教育理论实践价值的认识常常陷入一个极端的误区当中，认为教育理论一旦付诸实践，就应当立竿见影地获得成效；教育理论就是一剂灵丹妙药，一经使用，教育场域中的各种顽疾便可迎刃而解；教育理论不仅能够带来“高分数”还能拉动“升学率”……

在教师眼中，教育理论如果不能药到病除，则就是无效的表现。他们漠视了教育理论实践价值的模糊性、延迟性、非全息性、隐含性以及难以测量性，而这些间接性影响和作用恰恰成了教师误读教育理论实践价值的根据。换言之，教师往往受急功近利思想的浸染，习惯性地将立竿见影的、显而易见的作用认为是有价值的，而将这种模糊的、延迟的、非全息的、隐含的和难以测量的作用视为无价值的。教师对于教育理论的实践价值“讳之莫深”，久而久之，教师对于教育理论“心灰意冷”，教师与教育理论日渐疏远。因此，教师要提升自身的理论修养，首先必须重建教育理论修养提升观念。

（二）教师教育理论修养观念重建的内容

1. 摆正心态，打破“我行故我在”的实践方式

教育理论再好，其本身并不能直接改善教育实践，这是教育理论的限度。因此，在克服教育理论和教育实践之间不当距离，实现两者对接的过程中，教师也应该做出相应的努力。一方面，教师须充分认识自身的价值，全面正确地认识教育理论，学会选择适合自己的教育理论，不能寄希望于所有的教育理论都提供指导教育实践的具体操作方法，也没有必要在教育理论主体面前丧失自己的尊严和话语权，

而是应该学会与教育理论主体对话、交流，并勇于发表自己对教育实践或者教育理论的理解和看法；另一方面，教师不能满足于备好课、上好课，把教育实践当作经验性的技术活动，而是应该学会主动学习理论，选择正确的、适合的教育理论，善于把这些教育理论和自己的内在理论进行碰撞，不断修正、充实、重构自己的内在理论，并积极地把自己掌握的教育理论运用于教育实践，改善自己的教育教学，从而成为一个自觉的研究者，摆脱“我行故我在”的经验式教育教学，自觉地拉近教育理论和教育实践之间的距离。

对教师而言，只有意识并深刻感受到教育理论修养提升对自身生活的意义，才能对教育理论学习投入精力。

2. 把理论修养提升的过程看作改善工作、享受生活的过程

对于使自己的生活更舒适这个问题，我们可以有很多选择，在这诸多的选择中，理论修养提升是运用自己的理智来改变现实生活、设计未来可能生活的一种选择。运用理智改变生活，首先，它需要教师逐步摆脱盲从和迷信，走向自觉和理性，在自觉和理性中，获得更高的质量；其次，它要求教师把理论修养提升作为一种基本的生活方式，理论修养提升与生活结合，理论修养提升与工作结合。另外，在理论修养提升中摆脱过于沉重的功利追求，除了生活的目的不要有更多的功利。实际上，无功利追求的理论修养提升更容易达成满意的效果；理论修养提升被功利缠绕，就会大量增加顾忌和条框。

3. 把理论修养提升的过程作为关注、收集、整理和分析相关信息的过程

与一般实践活动比较，理论修养提升具有自觉目的性、改进持续性等特点。尽可能占有学习资料是深刻认识的基础，也是理论修养提升和改进的基础。因此，在整个理论修养提升过程中，必须有意识地关注、收集、整理和分析相关学习资料信息。收集、分析信息的过程，是教师扩大视域，充实自己，提高对教育问题的洞察、解释、预测和控制水平的过程，是教师不断提升和发展的过程。

围绕不同主题进行的理论修养提升需要关注不同的信息对象。在收集信息的途径和方式上，要多样化。比如，从相关著作中，我们可以全景式地把握某种理论的发展历程、已经解决和没有解决的主要问题、概念体系以及各主要流派和学派的观点；期刊则告诉我们最新的研究动态和研究成果；报纸、电视等媒体则提供实践中的政策、做法和经验，反映了对相关问题的实践水平……

4. 把理论修养提升的过程作为形成明确的教育目标和教育理想的过程

理解是人的存在方式，理解总是为了人的“能在”而理解“现在”，实现“现在”。“能在”是什么？它就是一种目标，一种理想。自觉性是人的本质特征，无论干什么，

我们都需要计划和策划，这就是所谓“既要拉车，更要看路”“务实之前必先务虚”。想的过程是运用理性的过程，也是形成明确的教育目标和教育理想的过程。教师提升自己理论修养的过程其实是在不断地对“我要做什么”“怎样做才能更好”“哪些内容对我有用处”等问题进行回答。回答这一类问题的过程，就是不断明确自己的教育理想和追求、形成“这样做比那样做效果会更好”假设的过程。人的幸福源泉其中包括人有理想和追求，如果没有自己的理想和追求，人的劳动就会成为一种异化的劳动。所以，理论修养提升为产生并意识到自己的理想本身提供了一条通向幸福的途径。

5. 把理论修养提升的过程作为投射教育理想于教育实践的过程

作为教师，理论修养提升的关键在于改进行动。这就要求，教育理想必须投射和改进实践，缺乏对实践的改造和促进，教师的理论修养提升就失去了目标和意义。同样，教育理想和教育实践的双向互动是教师理论修养提升的完整内涵。

投射教育理想于教育实践，能够带给我们实现人的本质力量的幸福和快乐：实践方式的变化，实践效果的变化，甚至感受到世界因为我们的改变而变得更加美好，这种感觉对任何人都应该是一种绝妙的感受。

6. 把理论修养提升的过程作为及时反思和调整的与时俱进的过程

实践是丰富、生动而流变的。在教育实践情境中，一方面，学生个性千姿百态，异彩纷呈；另一方面，学生又处于不断成长和发展的状态中。实践（主要表现为交往活动）对象的特殊性，增加了教育实践情境的生成性、复杂性和不确定性。实践的特点，决定了实践探索没有止境，行动改进没有终点，“只有更好，没有最好”是教学理论修养提升的应有追求，“与时俱进，及时反思和调整”是教师理论修养提升的应有品性，是对自身问题的清楚认识和洞察，是一种积极主动的自我批判，是不断追求更好的持续行动。

二、引导教师关注与习得教育理论，促使教师浅层教学观念的产生

教师教育理论修养形成的第一个步骤就是对新的教育理论、教育观念和教育经验的习得。只有学习到新的教育理论才能转化为自身的理论修养。从心理学上讲，关注和习得就是要同化新的教育理论或新的教育经验，就必须以教师的主动关注、积极了解以及深入的分析判断为前提。教师要基于自己的教学实际，感觉到某种教育理论或教育经验的重要性，对这种教育理论或教育经验源头、发展过程、效果、发展趋势等进行深入了解；接着结合自己原有的认知结构对这种教育理论或

教育经验的价值与意义进行分析与评估，寻求对自身有价值的内容，摒弃对自身无价值的内容，这样一来，教师就完成了对新教育理论或教育经验的同化与顺应，于是就形成了表层意义上的教育观念。因为这是教师的初步思考，还没有经过实践的检验以及真正内化到教师的认知结构中，还不能称为教师的理论修养，只能是教师的浅层教育观念。浅层教育观念是教师教育理论修养形成不可跨越的初始阶段和起点。

浅层教育观念获得的方式有很多，主要是指对社会所倡导的教育理论知识的学习。先进的教育理论和理念是教育教学实践的先导。系统的教育理论的学习对提高个人的理论修养是至关重要的。因此，教师要主动地学习先进的教育理论，通过演绎的方式，将其内化为自己的教育观念，对自己习以为常的观念进行系统的反思和反省，这将成为教师摆脱传统观念束缚、获得思想解放、激发创造热情和活力的精神力量。在社会倡导教育理论向教师浅层教学观念转化的过程中，教师要从自己的原有认知结构出发对其进行个性化的解读。在对社会倡导的教育理论的学习过程中，教育理论问题的针对性、可操作性、时代性、逻辑性、语言的生动性越强，教师的学习动机越强，反之，教师的学习动机越弱。另外，教师的学习愿望、已有的理论水平与修养也对教师学习社会倡导的理论有重要的制约作用，教师的学习动机越强，学习的效果越好；教师原有的理论水平越高，学习起来越容易出成效。在有些情况下，由于原有理论水平的限制，有些教师根本无法理解社会倡导的教育理论的真正内涵和意义，至于内化更无从谈起。

美国教育家约翰·古德兰说过："没有更好的教师就不会有更好的学校，但没有教师可以在其中学习、实践和发展自身的更好的学校，也不会有更好的教师。"学校作为教师从事教育教学活动的主要场所，不可避免地对教师的教育理论修养提升产生重要的影响。学校能否为教师提供相应的引领、支持与激励保障，对教师的教育理论修养提升影响显著。在引导教师关注与习得教育理论，促使教师浅层教学观念的产生方面，学校需要从以下几个方面做起。

（一）重视图书室建设，充分发挥图书馆的服务功能

首先，要重视室藏建设，加大经费投入。学校图书室的室藏建设，要立足于室藏基础工作的建设，注重室藏的数量与质量，一定量的藏书是学校教育教学改革工作的需要，也是学校教师学习和阅读的需要，室藏质量是图书室服务质量与水平的保证。中小学校图书室根据教育发展趋势和课程标准要求，根据学校课程设置及实施和各年级段教师教学，以及学生学习和阅读的需要，紧紧围绕为教学

改革服务这个中心，有目的、有计划、有重点地采购有利于教学改革研究、符合学校教师和中小学生阅读需求的图书和期刊。有的学校为配合教师新课程的学习，购买了一批新课程教育改革的理论图书，为学校组织教师培训提供资源。如《新课程的理念与创新》《新课程与学生发展》《新课程与学习方式的变革》《新课程与教师角色的转变》《新课程与评价改革》《新课程与学校发展》等，通过这样有的放矢地学习理论，每一位教师对新课程的改革目标及其教育理念有了一个了解和认同，对改革中可能遇到的困难能进行比较深入的思考，并能积极主动地投身于新课程改革的具体实践之中。图书室要及时优化藏书结构，丰富室藏资源，保证学校教育教学和新课程改革对文献信息资源的需求。

其次，要努力实现科学化、规范化管理，更好地服务教育教学。在日常管理方面，作为学校的图书管理员要提升服务意识，延长开放时间，坚持开放，最大限度地满足师生借阅的需求，能够使教师在校除正常上课和休息、吃饭时间外，都可以在阅览室里度过，使阅览室变成教师休闲学习的场所。同时，努力创设宁静、和谐、温馨的读书氛围，使每一位教师在阅读过程中享受快乐。在管理手段上，全面使用计算机管理系统，改变传统的手工操作，简化借还手续，加快流通速度，节省教师借书所用的时间。在借阅方式上，可实行超市式、全方位敞开式的管理模式。允许教师进入流通书库，挑选自己所需文献，充分挖掘室藏潜力，最大限度地满足教师的需求。同时，注意加强科学管理，制定严格的规章制度，对教师进行爱护图书的宣传教育，确保藏书的安全性、完整性。在服务手段上，图书室的服务应由被动服务逐步转化到主动服务上。根据学校教育教学改革的需要，图书室应由单一的借书阅览服务走向多元化服务。教师阅览室期刊订阅从娱乐型向教育教学型转移，教师教育教学需要的刊物多订，消遣娱乐型刊物少订。利用教师阅览室订的教学期刊编制索引，方便教师查询。

（二）注重专业引领，引领教师善于阅读、喜欢阅读

没有理论引导的实践就像在黑夜中摸索前行，同样，没有专业引领的理论修养提升亦是步履蹒跚。缺少了专业引领，教师的理论学习很难上升到一定的高度，或者至少需要耗费比较多的时间。教师每次在新的教学观念指导下采取一个新的教学行为时，都会根据行为的反馈结果，包括学生学习的效果、同事的反应、专家的认同与否等来决定下一个行动的具体实施。在这个过程中，及时而适宜的专业引领可以让教师及时明确自己行动中存在的问题与偏差，也可以让教师发现自己行动中的可取之处，还可以让教师明确以后教育理论提升和教育实践改革的大

致方向、基本思路和策略。因此，教师所期望的专业引领不仅包括在理论上的澄清，而且包括对具体教学行为的评价。

所谓专业引领，主要是指教育理论专家、教育实践专家、教研员、名师等专业人员，从学校教师的需求出发，通过学术专题报告、理论学习讲座、教学专业咨询、教学现场指导等多种形式，用先进的教育理论和教育经验引领学校教师加强理论修养、促进教师专业化发展的活动。这种专业引领可以是来自学校内部的常规性业务指导，也可以是来自校外专家的针对某个专题进行的专门性指导。第一，校内实施名师引领与学校领导指导。首先，要打开全校教师进行理论学习的局面，在初始阶段需要排头兵，需要榜样带动，需要攻坚群体。可在全校范围内评聘“首席教师”“明星教师”“教学新秀”等，让他们在学校教研科研、课题研讨、答疑解难等方面发挥积极的示范引领作用，以此让老中青教师都有追求与奋斗的目标，从而引导不同层次的教师更好地成长，形成良好的人才梯队，营造比学赶帮超的理论学习氛围。其次，针对学校教师阅读方法欠缺的现状，开展阅读的专题讲座。另外，学校领导自身的理论水平也会影响教师的教学实践和教学行为，因为教师在实施教学行为时必然会考虑学校领导的要求，而学校领导自身的理解水平会直接影响到他们对教师所提出的要求，也相应地影响着教师选择什么样的教学观念，采取什么样的教育教学行为。学校领导经常性地进行指导，可以帮助教师进一步澄清教学观念，分析这种教学观念在现有条件下操作的可能性，也有助于教师把握自己的教育教学实践方向。第二，校外实施“走出去，请进来”。走出去，一是有计划地安排教师外出学习，听取各级各类专家、学者的引领培训，让他们多接触教育最前沿的信息，学以致用，促使他们尽快成长；二是给青年教师搭建一个展示和锻炼的平台，让他们在各级各类研讨会上登台亮相。请进来，即是邀请全国各地的教育学者对教师进行指导，通过各种形式的讲座，用新理念去撞击教师原有的观念，从而激发教师对理论学习的兴趣。

三、引导教师认同与实践教育理论，促使教师实践操作形态的教育理论的获得

教师教育理论修养形成的第二个步骤就是用实践来检验初步习得的教育理论，即浅层教育观念。马克思主义认为，实践是检验真理的唯一标准。浅层的教学观念只是教师的一种假设和想象，还没有经过实践的检验，因此，浅层的教学观念还不能说是完全意义上的教学哲学。教师只有将假设和想象付诸课堂教学实践，

在实践中不断修正和完善原有的教育观念，才能形成自己的教育原则、教育策略和方法，这些原则、策略、方法虽然理论程度不高，但它们具有较强的可操作性和可行性，可为其他人所借鉴。我们把这些经过教育实践检验的教育观念称为实践操作形态的教育理论。只有经过教学实践环节，教师的浅层教学观念才能不仅仅停留在想象的层面，才能在实践中扎根，具有实质性的内容，才能形成实践操作形态的教师教育理论修养。

（一）引导教师用教育理论来剖析教学问题

在日常教育教学过程中，经常出现一些令我们困惑的问题，我们可以运用一些教育原理分析这些问题的性质，解释其形成原因和反映的教育教学理念，表达对学科及其教学的理解等，并依据相关理论对这一问题提出解决的办法。

比如，学生对文本的理解常常存在情感与观念的壁垒，如何打通他们与作者心灵的通道？可以运用“阅读的历史情境性”理论和“阅读心理图式”理论分析这一现象，阅读理解的障碍不仅有字面上的，更有读者情感反应的差异、生活经验背景的制约、文本历史情境的影响，所以，“此时的人”对“彼时的人”时常会产生“历史性隔阂”，而角色置换和想象性体验，可能是打通读者与文本作者之间情感通道的一种有效手段。

再比如，学习中学生经常会提出一些怪问题让教师感到头疼：“狼为什么一定要吃救他的东郭先生，而不吃那头驴子？”这是一种从我们成人角度出发的标准评判，而在青少年儿童心目中却完全正常，并非故意为难教师。教师运用诠释学的理论来透视这一问题，阅读活动过程是一个开放的意义重构的过程，不同的读者总是以自己富有个性、时代性的创造性理解，赋予文章全新的意义和诠释。而青少年、儿童总是借助自己的生活经验来解释世界，所以，他们提出这样的问题完全符合他们的年龄特点，更主要的是他们心中没有成人那种已经模式化的阅读图式，所以提问也是直抒胸臆的。

“用理论来透视问题”这一行动促使教师必须对所知的理论进行自我加工、消化，超越概念性认识，加深对理论本质的理解。

（二）引导教师用教育实践验证教育理论

在学中做，在做中学。运用相关的理论改进自己的教学实践，在教学实践中遇到问题时，通过学习理论来分析问题的成因，并依据有关理论进行改进。这是运用理论来指导实践，通过实践来提升专业水平的基本途径。首先，在掌握了一些自己认可的观点以后，要用新掌握的理论来审视、反思自己的实践，分析、发现自己教学实践中存在的问题，然后，按照新的理念做出改进。

有位物理教师学习了建构主义的观点和情境教学理论，分析出过去教学脱离学生生活实际的现状，于是，在进行“力”的教学时，结合学校旁边正在搞建筑的实际，让学生利用课余时间去观察升降机，与他们所掌握的提重物的方法相比较，并提出问题。然后，再进行“滑轮”部分的教学。

有位教师实践合作学习的理念，把学生划分为若干个小组，让学生呈马蹄形坐好，然后，提出问题，让学生进行讨论。结果，孩子们在研讨之后，对老师说：老师，你这不是浪费时间吗？我们自己基本都能想出来，你让我们合作个什么劲儿呀？老师困惑了：怎么回事呢？这位教师开始查找“合作学习”方面的资料。在专家关于合作学习的论述中，他了解到合作学习绝不仅仅局限于课堂讨论，而是一种贯穿于课内课外和学习管理的组织形式；课堂上合作学习的有效开展，关键问题之一是“学习任务有一定的难度，一个人不能完成，需要合作”。于是，这位教师开始在设计教学任务方面下功夫。终于，不需要老师要求，孩子们自觉地在小组内开始研究了。此后，这位教师又解决了合作形式、合作策略、合作评价等问题，构建出了“合作的课堂”。

把教学中遇到的疑难问题与自己学到的理论相对照，用所学的理论来分析到底问题出在哪里、思考该如何改进，是教师活化教学理论的重要途径。

四、引导教师组织与内化教育理论，促使教师理论形态的个人教学主张的形成

教师教育理论修养形成的第三个步骤就是通过理性思考将实践操作形态的教育理论知识内化，形成个人的教学主张。根据认识的一般发展规律，人的认识只有经过充分的实践与总结才有可能深化。教师的浅层教学观念经教学实践实施之后必然会产生大量的感性材料，取得一定的教学效果，形成多样化的感性认识，教师将众多的感性材料和教学效果进行比较、关联和系统化梳理，用概念、判断和推理等语言符号来构建一套比较完整的语言表征系统，从而完成理性认识的飞跃。在这一过程中，教师有了比较明确的操作方法，教育行为的自觉性更强，对原有教育观念反思的频率更高，不断地强化或弱化甚至抛弃自己原有的浅层教育观念，不断分析不同教学情境中不同的实践操作形态的教育理论之间的异同，再将那些表现为不同操作形态但内在规律一致的教学行为在理论上做出归纳与整合，

并用简洁、准确的语言进行表述。正如伯格丹(Bogdan)和拜克伦(Biklen)所说:“因为作为研究者的教师不仅是按照本分工作,他们还要观察自身,他们后退一步,与直接的冲突保持一定的距离,从而能够以更宏观的视角去看待所发生的一切。”在这个阶段,在经过实践的反复检验与修正、理论构思的反复推敲与论证之后,教师不仅把握了动态的、复杂多样的教育现象,而且也准确掌握了隐藏在纷繁复杂教学现象背后的本质,对某种教学观念的认识从感性认识上升到了理性认识,教师看到的教学实践不再是一个个孤立的教学事件,而是能够运用一定的理论对复杂的教学现象进行科学分析并提出合理化教育策略的整体,这便是理论形态的个人教学主张,教师的教育理论修养也就形成了。学校在促使教师形成理论形态的个人教学主张时需要从以下几个方面做起。

(一)教给教师提炼理论的思维方法

当前中小学教师在提炼理论时较为常见的思维方法有以下几种:

1. 因果分析法

一切事物结构的多个元素之间是相互影响、相互作用和相互制约的,它们之间存在着多种多样的联系,因果关系就是其中的一种。因果关系是指原因与结果之间的一种联系,若一个事件或现象的发生导致另一个事件或现象的发生,即它们之间存在着因果关系。在教育研究中,通过对事物现象的分析,找出引起某一事件或现象发生的原因和由原因导致的结果,发现事物或现象之间内在规律的过程就是因果分析法。

常用的因果分析方法有:

(1)求同法。当寻找某一事件或现象 a 的“原因”时,在若干个产生这一现象的条件中都存在一个共同的条件 A 时,则认为条件 A 是引起事件 a 的可能原因。

(2)求异法。事件 a 在某一条件下发生了,在另一条件下没有发生,而这两种条件中仅有一个条件不同,则认为这唯一的不同条件是引起事件 a 的可能原因。

(3)求同求异法。这种方法是求同法和求异法共同运用的一种组合方法。分析两组条件,一组称为“正事件组”,该组中每一个条件下都有结果事件 a 发生,且各组唯一相同的是有一先行条件 A,而其余条件都是不同的;另一组为“负事件组”,该组中每一个条件下都没有产生结果事件 a,而且组中各种条件唯一相同的是都没有条件 A,则可以认为条件 A 是导致结果事件 a 的可能原因。

(4)共变法。在先行的几组条件中,除了每一组条件中的一个条件 A 发生变化,其他条件都没有变,如每一组中的条件分别为 A1、A2、A3,而结果事件 a 随之变化为a1、a2、a3，我们就可以认为先行条件A是引起事件a变化的可能原因。

2. 归纳分析法

归纳是从具体的、个别的现象出发，概括出一般性或普遍性结论的思维方法。归纳分析法分为三种：

（1）完全归纳法。完全归纳法就是研究者在观察、研究某一类现象时，每一个体都有某一属性，然后推断出该类现象全体都有某一属性的分析方法。完全归纳法是在考察了一类现象的所有个体后得出的结论，因此推断出的结果是完全可靠的。但是完全归纳法只有当样本的数量即选择的研究对象的数量有限时，我们才可以用。如果样本数量很多或是无限而难以一一考察时，完全归纳法就不适用了。

（2）简单枚举法。简单枚举法又称不完全归纳法，指简单考察研究对象的一部分事实或要素而得出一般性结论的方法。即未经过科学地抽取有代表性的个别事物来考察，而是遇到一个研究一个，碰到几个事物就概括出它们的共性来。

（3）科学归纳法。科学归纳法是根据事物的因果联系，通过考察某研究对象的一部分事实或要素的特征，推论出该研究对象所有事实或要素都具有某种特征的归纳方法。之所以称为科学归纳法，其科学性在于选择的是具有代表性的部分研究对象。经过观察和实验分析出一类事物中的部分对象与某种属性具有必然联系，也就是"部分"可以代表"整体"，以此为论据，推出的结论可靠性也是较高的。

3. 演绎分析法

演绎是从已知的一般性或普遍性的原理和结论出发，推论出个别或特殊结论的思维方法。演绎分析法就是同属一类的所有事物或现象都具有某种特征，则某一事物或现象也具有这些特征。演绎分析法有以下两类：

（1）公理演绎分析法。公理演绎分析法指从一个具有普遍意义的公理或结论出发进行的演绎分析。一般由三个判断组成，其中前两个判断是前提，后一个判断是结论。如"所有的教育活动都应注意学生能力的培养""初中生的每周班会是教育活动"这两个判断是大家公认的理论，是推论的前提，因此，"初中生的每周班会应注意学生能力的培养"是在两个公理前提下推出的结论。

（2）假设演绎分析法。假设演绎分析法是以假设判断为前提的演绎，它是一种条件性的判断，也就是提供判断的条件中至少有一个是假设的判断，根据假设判断是成立的或存在的来推出结论。

4. 比较分析法

比较分析法是将两个或多个事物加以比较、分析、鉴别，通过事物的属性、要素、结构变动等特征的对照，找出共同点和差异点，以求得对事物本质属性认识的逻辑思维方法。运用比较分析法时，比较的角度可以是多样的。如对两个事物从不同领域、不同过程、不同阶段进行比较，找出异同点；对同类事物的各个部分、细节进行比较，找出数量上的差异；对不同类事物的各个部分、细节进行比较，找出性质上的差异；等等。

（二）引导教师把零散材料进行整理达到结构化程度

理论是对一个或一系列问题的见解。中小学教育科研一般是个别、特殊问题。在教育工作一线搞科研，教师一般多从具体问题和经验出发确立课题，经验又多出自回溯性记录，问题也带有一定的随机性，甚至偶然性。因此，材料零散也是必然的。具体做法如下：

1. 准确表达。无论是叙述事实，还是用数据说话，都要清晰、准确、客观，把所做的工作准确表达出来，还原事物的本来面貌。

2. 弄清关系。要把问题的各方面、各环节、各要素、论题和论据间的关系弄清楚，阐述清楚。

3. 描述特征。对照其他相关或类似经验，把自己的经验特征，通过分析，突出描述，以显示其特色和价值。

4. 行文清晰。进行书面表达，行文要层次分明、条分缕析、点面结合、生动鲜明。具有鲜活的生命是经验的特点，总结时尤其要注意。

（三）引领教师对研究结果进行命名

研究活动及其结果的命名工作是相当重要的，也是使研究工作变为成果的关键途径之一。将零散的经验用描述的方式呈现给别人属于初级方式，铺陈的写法会在理解和记忆上对读者形成障碍，故需要更高级的方式。如果把个人的研究结果概括出一个具有学术术语特征的名称，在认识上就会产生飞跃。其意义在于经过一个层次的抽象概括、理性加工过程，满足了科学的简洁性要求，还使研究成果在学术体系中的意义和价值更易于确定，适于理解与记忆。没有名称就不易形成概念。从中小学教师研究能力的实际出发，如果难以达到这种水平，就名称而言，既可从类似概念引出，也可另选新语汇进行命名。如："成功教育"，既确切地表达了内容，在文字上又清楚，显示出命名的作用；"愉快教育"的名称则容易使人误解为不讲学习艰苦，如果当初选用其他名称可能会更好。尽管如此，"成功教育"和"愉快教育"两个名称，在教育部文件中都被推荐，如果没有命名，就难以办到。

（四）引领教师将成果纳入既有理论体系

把整个研究思路与现成理论形成过程相比较，使得成果能够纳入既有理论体系，标定其在理论上的价值。需要注意的是，不能述而不作。一些教师以为多引用大理论家的言论就能说明价值，实则不然，这样可能形成累赘。多数教师所做的是引用已有的理论结论，而缺乏在理论之间进行比较分析。如进行方法论、思路构成、风格阐述和内容细节等方面的比较等。所以，如果能在自己的研究与已有理论不同方面之间建立起本质的、实质性的联系，就能提升自己研究的价值，并把自己的研究嫁接和融合到其他理论之中。

（五）引领教师对研究做出因果规律性的阐述和描述，建立有关新规律的概念

发现新规律、新知识、新概念、新方法、新工具等是科学的基本追求。教育研究的主要功能之一正是关于新规律的发现。科学规律中又以因果关系为首，其次还有条件关系、相关关系。规律性认识包括：研究主概念及其意义；引起研究对象变化的原因和条件；研究过程和使用方法；研究中是否有数量关系；研究本身的思想成分、知识成分、技术成分；本研究顺利实施的原因，分析研究障碍、冲突的性质和程度及如何克服（条件研究）；本研究是否与其他研究相关（相关研究）。对这些问题进行简洁、条分缕析地说明和阐发，就可得到规律性认识，进而成为理论成果。

（六）引领教师进行理论表达

教育教学研究怎样才能转化为推动教育改革的一种动力呢？示范是一种方法，但范围有限；口头介绍是一种方法，但转瞬即逝。只有将实践经验上升到理论高度并转化为文字，才具有可传播、可交流、可借鉴、可移植的效力，才能形成较大的影响力，才能成功转化为教育改革的源动力。全国著名的教师李吉林、邱学华原来都是普通教师，通过多年的探索，李吉林创立了“情境教学法”，邱学华创立了“尝试教学法”。如果不是用文字的形式将自己探索的成果表达出来，那么他们的影响就会局限在一个学校或者一个地区。正是因为坚持一边探索一边写作，不断用文字的形式公布研究成果，他们的经验才能产生全国性的影响。

1. 理论成果的表达形式

中小学教师教育科研成果的表达形式是多种多样的，但经常用到的有以下几种：

（1）研究报告

一份完整的研究报告通常包括标题、摘要、关键词、正文、参考文献、附录等几个部分，而正文中则需要详细阐明“为什么做这个课题”“如何做这个课题”“研究的结果是什么”三个问题。其中单纯性的调查报告和实验报告在写法上略有变化，比如调查报告一般包括题目、引言、正文、结论和建议几个部分；实验报告一般包括题目、前言、实验方法、实验结果、实验结论、分析与讨论几个部分。

（2）论文

随着论文写作越来越规范化，科研论文形成了基本一致的写作模式，一般包括题目、摘要、关键词、绪论、本论、附注几个部分。

（3）教育案例

教育案例是对蕴含一定教育问题及其解决办法，或在一定教育观念指导下实施的教育活动的真实记录与反思。教育案例具有故事性、真实性、典型性、反思性等特征，一个完整的教育案例从结构上包括标题、背景、过程、结果、评析五部分。

2. 科研成果表达的基本要求

（1）教育科研成果表述要实事求是

科研成果的表述必须观点正确、材料可靠，论证要以事实为依据，无论是阐述因果关系、结论的利弊和价值，还是结论的实用性和可行性，都必须有科学的依据和合乎逻辑的推理。

（2）教育科研成果表述要具有科学性和规范性

从形成观点、提出研究的理论假设到采用的研究方法再到研究成果的总结提炼，都必须时时强调科学性和规范性。这主要体现在以下两个方面：一是结构的逻辑性，无论是研究报告、科研论文还是教育案例，都要按照一定的程序，有头有尾，层次分明，上下联系紧密；二是表述的规范性，教育科研成果的表述虽无定法，但有常规可循，因此，在撰写教育科研成果时，要按照一定的格式，不能忽视最基本的规范要求。

（3）教育科研成果表述要具有可读性

为了便于交流和传播，教育科研成果的表述应具有可读性。这主要表现在两个方面：一是语言的精确性，研究成果的表述要正确运用相关概念，所用概念的含义要符合科学的要求，所列举的数据和显示的图表应正确无误；要恰当地运用统计方法进行正确的操作运算，在确凿可靠的事实基础上，合乎逻辑地阐述研究成果；语言的阐述必须精确，不可把日常概念当作科学概念，不宜采用工作经验总结式的文字，不允许夸大、缩小、拔高、贬低，更不允许含糊其词，不得运用“大概”“估计”“可能”之类不确定的词语。二是文字的表达要通俗易懂。

五、建立教育理论学习制度，引导教师提升理论修养

建立教育理论学习制度，就是要实现教学职业生涯的学习化和理论化，就是要引导教师学习最新的课程与教学理论，不断完善自身的知识结构和提升理论修养，养成理论学习和实践反思的习惯，不断提高研究和解决教学实际问题的能力，提高课程开发和建设的能力，使日常教学工作和教学研究、教师专业成长融为一体，形成在研究状态下工作的职业生活方式。为此，必须强化学习意识，不断反思。在新课改的实践中，做到与内心对话、与同行对话、与专家对话、与理论对话，并且边实践边探索边反思，努力提升教师的整体理论修养。学校要有目的、有计划地组织教师参加校本培训，定期组织教师进行业务学习，要把教师的理论学习纳入教师业务考核之中，使教师理论学习经常化、自觉化、科学化和规范化。

建立教育理论学习制度，必须研究教师的学习心理。教师对学习的态度及效果分为四个层次：（1）迫于任务（完成学校规定的读书或其他学习任务）；（2）为了生存（各类学历进修、考核）；（3）一种生活（读书、思索、探究成为一种习惯）；（4）视为享受（我学习我快乐）。第（3）（4）状态下的研究就可成为教师自己职业生活的一部分，研究也进入一种自觉状态。理论学习制度建设的目的就是要构建一种机制，营造一种氛围，使教师能从第（1）（2）状态中走出，尽快步入第（3）（4）状态，从而使教师确立终身学习的理念，把学习作为自己专业发展的必要，不断学习新的知识、新的理论，为反思提供理论基础。理论的指导是促进教师专业提高的有效保证，因此，理论学习必须要有计划、有形式、有时间保证、有检查落实、有效果，特别要关注和指向实践中发生的真实问题。

建立教育理论学习制度还必须有教学反思制度相辅助。理论学习的目的是为了在实践中有效地运用，而运用理论的实践是为了形成新的理论。反思不仅是对理论应用效果的自我评价，也是形成新理论的重要过程。反思就是学习，反思也是对原有理论认识的提升。只有善于对自己的行为或观念经常反思质疑的教师才能得到较快发展。所以，我们要建立反思制度，促使教师反思制度化。在学习教育理论及他人经验后，要写心得体会反思自己的教学实践；上课之余，要写教后

感反思课堂教学得失；考试结束，要写考后记，反思成功与不足等，用研究者的眼光，对自己的教育实践和身边发生的教育现象进行审视、反思、分析、探索（反思的记录就是很好的科研札记）。只有这样，才能使教师日常教学工作和教学研究、专业成长融为一体，形成在教学中学习、在学习中教学、在研究状态下工作的职业生活方式。

六、优化评价方式，激励教师提升理论修养

教育部《基础教育课程改革纲要（试行）》指出："建立促进教师不断提高的评价体系。强调教师对自己教学行为的分析与反思，建立以教师自评为主，校长、教师、学生、家长共同参与的评价制度，使教师从多种渠道获得信息，不断提高教学水平。"科学、合理的评价制度对教师理论修养提升具有引导、激励、规范等十分重要的作用。为此，学校要对教师理论修养的提升定期进行评价、督促和公平考核，并将评价结果作为教师评优、评职或晋升的依据。

如何对教师理论修养的提升进行科学合理的评价呢？严格的检查制度与正向的反馈相结合是必须的。辽宁省鞍山市晨光小学推行学习有效教学理论的"四个一""四定"活动，将严格的检查评价纳入其中，收到了很好的效果。"四个一"即每位教师每学期读一部教育教学理论专著，每课时写一篇教学后记，每学期写一篇教育论文，每学期上一节研究课，把教师的学、教、研结合起来，确立学、教、研的学习工作观。"四定"：（1）定方案。根据学校实际，制定《晨光小学有效教学理论学习方案》。（2）定时间。为了保证教师较好地完成学习任务，取得较好的学习效果，规定教师每周的学习时间不少于 4 小时，同时鼓励教师在课余时间或节假日进行自学。（3）定内容。为了保证教师学习有方向，规定教师的学习内容为有关校本教研理论、信息技术等。（4）定辅导人员。学校要求教学主管人员、教研组长要轮流组织教师开展新课程理论培训；在指导教师制作课件时，安排教师轮流对全体教师进行培训。晨光小学坚持每周进行学习笔记评比，在全校公开评比结果，期末进行闭卷考试；每两周对课堂教学中有效教学行为进行评价，在每次评价之后都有反馈，如对课堂教学中有效教学行为的评价，每次不仅指出教师无效或低效的教学行为，而且帮助教师分析这种行为为什么无效或低效，并与教师一起探讨怎样做才是有效的、高效的，同时还与教师一起分析那些有效的、高效的教学行为的原因，以及其中蕴含的教学观念。这样的反馈方式具体明确，言之有物，既不会伤害教师的自尊，也不会打击教师进行教学观念更新、教学行

为创新的积极性，使教师真正能从评价中意识到自己教学观念和行为中值得继承、发扬或需要改进的地方，使教师的理论修养提升进入到一个正确的轨道。结果表明，通过这样的学习与评价方式，教师的收获很大，新理念、新方法在教师身上得到了升华和内化，教师的现代教育技术运用能力大大提高。

另外，采用教师成长档案袋的方式，对教师的理论修养进行评价也是当前较为流行的一种方式。建立教师成长档案袋，可将教师撰写的课题相关论文、读书心得，或者教师通过观察、比较和测量得出的一些评价结论，在各类科研、教研活动中获得的奖项等内容，都及时收集、整理、归档，存于成长档案袋中。通过对教师成长档案袋的相互交流与评价，体现出教师平时教育教学的智慧与辛劳，记录教师成长的足迹、进步的空间，从而得到学校领导的肯定、同事的认同、学生的好评。只有得到了外界和同行对自己的认可与承认，教师才有继续行动和深入思考的动力，才可能进一步在教学观念和教学行为上产生一定的感悟。

第四节　认识·经验·反思·收获

开封市回民中学提高教师理论修养的实践

开封市回民中学

教育是一种复杂的社会实践活动。教师，作为教育教学活动的承担者，要适应现代教育发展的需要，成为教育教学活动的研究者。在这一过程中，教师的理论修养发挥着重要的作用，它既是教师进行教育教学研究的基础，也是提高教育教学质量的保证。

教师理论修养是指教师经过系统的教育理论学习或培训之后，在日常教育教学实践中所表现出来的对教育理论持续学习、运用、表达、创新的意识和能力。一个教师的理论修养在教师的专业发展中有着重要意义。一个教师是否具有理论修养是评判其专业化程度的重要依据，教师理论修养的培养是教师培训和提高教师专业水平的基础和重点。为了提高教师理论修养我们主要从以下几个方面入手：

一、学校领导重视，成立教师成长与发展领导小组

为了促进教师的成长和发展，提升教师理论修养及教科研水平，促进教师的成长和发展，学校成立了“开封回中教师成长与发展领导小组”，建立教师成长档案。学校要求教师以新课程理念为指导，加强教育教学研究，结合教学实践，有计划地开展教育教学研究活动，并及时撰写心得体会及教学反思。

二、思想是行动的先导，正确的观念是提升教师理论修养的前提

学校与教师达成共识：教师是学校发展的基础，教师兴则学校兴。通过自主学习与反思，教师逐渐认同新的教育思想和理念，进一步认识到自身专业素质提高的必要性，增强学习、提高的紧迫感。

三、“请进来，走出去”，促进教师走上成长和发展的快车道

借助专家引领，促进教师成长和发展。学校采取邀请专家、学者到校指导、做报告等形式提高教师专业修养。每月定时组织教师观看教育家的讲座，派教师外出学习，通过多种方式更新教师观念，提升教师理论修养，提高教师专业素养。

四、让读书成为一种习惯，让学习成为生命的常态

苏联教育家苏霍姆林斯基说，无限地相信书籍的力量，是他教育信仰的真谛，他还说：“一个学校可以什么都没有，只要有了为学生和教师精神成长而准备的图书，那就是学校。”因此，没有阅读的学校，它不是学校；没有阅读的教育，它不是教育。教师要把阅读作为一个习惯，作为一种生活方式，就像每天吃饭喝水一样。每学期我们图书馆都要新进一批教育教学方面的书籍，要求教师读这些书，及时了解教育教学最新的动态，汲取名师的宝贵教育教学经验，领略名师的风采及教育智慧，并反思自我，写出读后感，提高教师阅读的积极性、主动性，引导教师“择善而从”，有效地促进了教师的成长与发展。

五、良好的制度是提升教师素质的保障

我们学校在例会和集体备课时间要求教师学习优秀的教育教学论文，并及时把所学内容上传到教务群，实现学习资源共享。学校还制定了一系列的激励制度，鼓励学习，鼓励发展。其中包括教师培训制度、骨干教师管理制度、青年教师培养制度、教育教学优秀成果奖励制度。

通过理论学习，教师主动把有关教育学、教育心理学知识应用于实际的教育教学工作中；教师坚持以学生为本的原则，依据学生的身心发展特点引导和组织学生自主学习、乐于合作、积极探究，帮助他们在知识与技能、过程与方法、情感态度与价值观等方面得到全面、和谐发展；在教学中遵循因材施教、启发诱导、循序渐进等教学原则，注意调动学生的积极性、主动性，提高课堂教学效率；从教育理论的视角和观点来反观教育教学实践，经常性地进行反思并有意识地改进自己的教育教学行为；依据教育教学理论，不断促使教师反思自己的日常教育教学行为，提升日常教育经验，促进教师的专业化发展。

我对教师教育理论修养的理解

朱广鹤

教师法规定："教师是履行教育教学职责的专业人员，承担教书育人、培养社会主义事业建设者和接班人、提高民族素质的使命。教师应当忠诚于人民的教育事业。"教师工作是直接教育人的特殊职业，其一言一行对学生的成长影响极大。那么，对教师基本理论修养的强化就显得非常必要。通过学习，我认为教师基本理论修养体现在如下三个方面：

一、理解力

教师基本理论修养的理解力，表现在对职业性质的理解和对教育法律法规等的理解上。教师是塑造学生灵魂的工程师，教师不仅向学生传授文化知识，而且要对学生进行思想品德教育，塑造学生美好心灵。教师的思想品德和世界

观通过具体的教育教学工作影响学生，从而造就出掌握一定文化、具备一定道德品质和精神面貌的社会成员。虽然每个时代的道德水平最终取决于该时代的经济关系，每一个体系的思想观念也受复杂社会关系的影响，但是教师的教育对学生的品德发展产生直接的强烈的感染作用。不仅如此，教师的日常工作和生活表现出的一切，都同他的教育活动一样，对学生的思想认识和行为习惯产生巨大的影响。

教育基本理论修养是教师自身素质的核心内容，是工作能力的奠基石和顶梁柱。教师在完成具体任务和解决具体问题时，直接应用的是一系列“规则”和“技能”，但背后起作用且对工作效果起决定性作用的，是基本理论修养。强调理论修养，实质是强调理性思考，特别是规律性思考。有人说：“对事物的认识越透彻，你所站的角度就越高。当你站得越高，就越能发挥自己的执行力。”

二、执行力

一名合格的教师一定要具有较强的执行能力，有较强的教育理论指导下的行为能力。一堂课的好坏、一件事的成效，对于一个人来说是无足轻重的，但对学生、对社会所产生的影响都是深远的。教师对学生的爱，有助于把教师提出的要求、灌输的思想转化为学生本身的要求和思想。

“知识和能力”“过程和方法”“情感态度和价值观”仍然是新时期高中语文教育的任务和学生的需求。因此语文教师要全面提高学生的语文素养，充分发挥语文课程的育人功能，促进学生全面而有个性地发展；把握语文学习内容，变革学习方式，使全体学生获得必需的语文素养；为每一个学生创设更好的学习条件和更广阔的成长空间，促进学生特长和个性的发展。

三、创新力

创新力，是一个教师基本理论修养的显现，也决定着一个教师的业务水平高度。我认为：创新力 = 理解力 + 执行力。

这就是说，创新力是由理解力和执行力决定的，反言之，对教育思想和教育理论的理解力和对教育任务的执行力造就了教师教育行为的创新。同理，一个不具备较高教育理论修养的教师是没有根基的教师，语文教师更是如此。一个语文教师的教学能力主要取决于教师的文本解读能力，文本解读能力又主要表现为整体把握文本和细读文本的能力。一些优秀的教师，之所以能教得精彩，多半是因为掌握了一些教学的“密码”。教育是有规律的，这个规律不是靠感觉去感知的，而应该有比较清晰的、鲜活的理解和把握。原因很简单，就是保持了对学科教学规律的深深敬畏，并因此而投入其中。如果对教育规律和教育文本的理解和执行有模糊性认识，最终将限制教师的专业高度与职业幸福感。如果说，从前我们只是做一个教书匠，拷贝别人的经验就足矣；那么今天，要做一个现代意义上的教师，做一个既追求教育质量又追求职业幸福感的教师，我们就必须直面教育教学理论，走到科学研究的轨道上来，回归教育的根本。

必须承认，我们理论的视野还比较狭窄，以致往往缺乏理论鉴别能力，但凡有一个理论出现，就饥渴地蜂拥而上，奉为广泛适用的真理。因此，改造理论价值观，是一种迫切的责任。无论如何，只有亲近理论，中国教师才可能真正地“站”起来；只有不断创新自己的理论，中国教育才可能真正强大起来，一个具有创新力的民族才可能出现。

提升理论修养的原动力——需要

李　新

教师走上工作岗位后，往往为繁重的教学任务所累，而忽视对理论知识的学习，尤其忽视对新知识的关注与学习，工作靠经验来维系，无法完成从教书匠到教育家的飞跃。我认为这主要是由于个人没有学习的需要，从而缺乏强烈学习的动机。如果学校或教育行政部门举行一些活动，如知识培训、说课比赛、科研讲座等，就需要教师必须查阅相关资料，从而不自觉地达到提升教师理论修养的目的。

我在学校从事教学管理工作，最近几年学校规模由原先的27个教学班压缩到目前的11个教学班，每个年级由原先的9个教学班减少到目前的3－4个教学班，另外每个年级还有艺术班，以前在教学质量评价时教师之间可以横向比较，可是现在没有平行班，横向无法比较。再者学校实行绩效工资，评价办法事关教师的经济利益，怎样保证教学质量评价客观公正就成为摆在我面前的迫切任务。为了解决这个难题，我开始学习《教育统计学》《学校管理新理念与实践》《学校管理学》《实验学》《教师心理学》等数门课程，同时从网络中查找了许多学校教学质量评价办法，又去开封多所兄弟学校参观学习。经过一段时间的学习与调研，终于拿出了我校教学质量评价标准。一方面，与同类学校联考，以兄弟学校的成绩为标准，学校各学科与他们比较，宏观把握我校的教学质量，为学校决策提供数字依据，并与教师奖励挂钩；另一方面，班级内部比较，算出各科的难度系数，乘相应的比例系数，然后算出该科成绩的及格率及优秀率，本着多劳多得、优劳优酬的原则，给予教师相应的奖励。此办法经教师代表认真讨论，普遍认为比较公平、合理。此办法实行以来，对外有兄弟学校的竞争，对内有各学科之间的竞争，极大地调动了教师工作的积极性。目前学校教师工作态度明显改善，良好教风、浓厚学风正逐步形成，学生学习成绩稳步提高，家长满意度明显上升，社会声誉显著改善。

通过这件事情，我感到自己的理论水平与理论素养明显提高，做事情感到游刃有余，很好地避免了工作的盲目性与随意性。由此引申出，要教师提高理论水平与理论素养，就必须激发他们学习的强烈动机，也就是引导他们学习的需要。

在教育实践中提高理论修养

高伟山

教师是整个教学过程的主导者和实施者，教师教育理论修养直接关系到教师教育教学的效果，是教师进行有效教学、获得良好专业发展、成为优秀教育者的基本条件，也是教师教育教学的基本目标。信息化社会的发展，对教师整体修养提出了更高的要求。正如罗伯特·斯莱文教授在他的著作《教育心理学》中提到的：教师的教育理论修养是指教师有意识地将理解透彻的教育理论知识运用于教学实践，指导自己设计教学、实施教学、反思教学、改进教学，做出明智的教育教学决策的意识和能力。

要提高教师的教育综合修养，固然要提高教师的教育理论修养、教育科学修养和教育审美修养；但我认为，更为重要的、更为紧迫的任务是提高教师的教育理论修养。因为没有教育理论修养的提高，就不可能具有真正的教育科学精神和教育审美修养。只有提高教师的教育理论修养，才能确实提高教师的教育综合修养，提高教师素质。也只有具有较高教育理论修养的教师，才能真正懂得尊重教育、尊重科学，努力把握教育的本质，并把培养学生的人文精神、科学精神和科学探究能力，当成自己义不容辞的责任，进而促进教学质量的提高。

要确实提高教师教育理论修养，就要把教育理论应用到具体的教学中来，由实践来检查教育理论的可行性，并在实践中提炼出真正适合教学的教育理念。随着历史的发展，教育理论是变化和更新的，教育思想是动态的，一成不变的教育理论和不思变革的教育思想是没有生命力的。因此，我们只有不断地根据时代的特点来调节我们的教育理论、教育思想，发展我们的教育观念，才能成为教育改革的主动者。每一位教育工作者，都可以通过自己的努力而成为一名教育家，其中的关键就在于有自己的教育理想，有对教育的持久追求，并逐渐形成自己的独特风格。

自觉提升教育理论修养在课堂教学实践中的具体表现包括关注学生的发展，给学生提供主动探索知识的时间和空间，也就是关注学生知识生成的过程；同时也要关注学生的学习方法和心理世界；在课堂教学中，增强师生间的有效互动。教师必须转变教师单一授课的角色意识，把更多的教学时间和空间留给学生，做出丰富多彩的课堂设计，创设具有吸引力、感召力的课堂情景，打通一条“让学生主动走向知识的通道”。新课程改革提出“以人为本”的理念，着力培养学生的自学能力、思考能力、实践能力和创新能力，目的是促进学生的身心和谐发展，最终为学生的终身发展奠定基础。这就在客观上要求提高教师的教育理论修养。因为只有具备较高的教育理论修养，教师才能真正树立“以人为本”“以学生为主体”的现代教育观念，在教育教学中充分尊重学生的主体地位。教育是通过主体和客体之间的相互作用，在主体和客体之间进行的精神交流和对话。通过这种交流，教师要引导、激发学生自觉学习意识，使其主动地寻求自我发展和进步的方向，不断充实和完善自己。而这种精神交流同时也反向促进了教师教育理论修养的提高。

教育实践是人类进步的火把、文明发展的桥梁。教育事业是一项促进社会进步的事业，它为我们提供了实现理想、激发创新的舞台，为实现师生双方的人生价值、获得内在的人文幸福提供了空间。教师肩负着教育发展的历史使命，我们要把教育理论和教学理念内化为课堂教学行为。但是，从根本上提高教师的教育理论修养将是一场持久的攻坚战。因此，我们必须树立终身学习的理念，保持开放的心态，把课堂作为学习的场所，在实践中学习，不断促使自己对教育理论和教学实践进行研究、反思，对自己的知识与经验进行重组和加工。

随着课题研究的深入，我感觉自己的教育理论知识在不断地增长着。同时，我也发现了自身所存在的很多不足。因此，我时刻提醒自己要不断学习，不断总结和提高。在今后的教育教学过程中，我将更积极地总结教学经验，来提高自己的教育理论修养。

做思想革命的先导者
——读《教育思想的革命》有感

张 刚

教育技术的落后，影响的是局部；教育思想的落后，影响的是整体。

垂钓者不能因为自己喜欢吃草莓，就用草莓去钓鱼，而要关注鱼喜欢吃什么，乘“需”而入。

如果学生是泥土，我们就把他烧成砖瓦；如果学生是矿石，我们就把他百炼成钢；如果学生是金子，我们就让他放出光彩。

教师不是像蜡烛一样的牺牲者，而是像打火机一样的创造者。好教师不在于牺牲了多少，而在于创造了多少。

教育的任务就是使学生成为他自己，而不是成为别人的附庸和工具。教师绝对不能背叛学生，必须抵御其他因素对学生的异化，捍卫学生的意志，促进学生的发展。

……

四月份，细读了张先华《教育思想的革命》部分章节，结合我校的教育教学，也认真地思考了近几年自己的教学心得，反思了自己的课堂教学，越发感受到教师教育观念先进的重要性。教育观念的落后往往导致教师教育人生的落后，落后的观念下，是落后的行为。观念越落后、行为能力越强的教师，对学生的毒害越大。教育思想落后，教师越投入、越负责，对学生可能造成的损伤和摧残就越大，可谓“南辕北辙”，危害一代又一代人。所以，教育理念的革新比任何教育技术和行为的革新都重要。

其一，弘扬、肯定和尊重学生个体体验。先进的教育思想十分关注学生个体体验，肯定和尊重学生个体人生体验，不要把自己的体验强加于学生，不要用自己的体验代替学生的体验。

其二，营造开放式教育。开放式教育不仅表现为空间的开放，而且表现为思维的开放，走出一个问题对应一个固定答案的误区，允许多种自圆其说的解答。开发学生的发散思维和创造性思维。

其三，课堂教学过程非结构化。课堂教学既要有一定的结构，又要敢于灵活处理，跳出结构。教师太注重结构，按自己既定的思路进行，学生就会被“牵着鼻子走”，太注重既定的结构不仅束缚了教师本人也束缚了学生的心灵。

其四，“硬件”要硬，“软件”不能软。先进的教育技术必须有先进的教育思想做指导，并服务于先进的教育思想，体现先进的教育思想。一直以来，我都认为“牵着学生的鼻子走”表现出教师驾驭课堂的能力强。可现在才发现，这是落后的教育思想，先进的教育思想应当是“敢于灵活处理，跳出结构”。应当创设情境，让学生自己去体验、总结、感悟，而不是教师将自己的体验强加给学生。

不管是学科教学还是班主任的德育工作，我觉得，都应当创设情境让学生自己体验、感悟，从而获得认知，任何将自己的体验强加给学生的行为，都是不可靠的，都是对学生的摧残。有些班主任，在落后的教育思想的指引下，对学生非常投入，而恰恰是他的投入，使得学生的身心备受摧残。所以，有时候我们会发现越是什么都没做的班主任，越受学生的欢迎，我觉得可能就是这个原因。曾经有一段时间，想寻求基础教育的目的和任务，可找了很多资料，都没有得到满意的答案。“教育的任务就是使学生成为他自己，而不是成为别人的附庸和工具”我觉得是我得到的比较满意的答案，也许随着我的认识的提高和观念的不断革新，我还有更好的答案，但在现阶段，我认为这就是最好的答案。而我们的教育，往往是把教师当成机器，教师也把学生当成机器，而很多情况下，往往是教师先“把自己当成水桶，想把水倒给学生，还常常埋怨学生的嘴张得不够大”。那我们不就是把学生当成了附庸和工具了吗？

虽然新课程改革已经开始，但有很多教师依然抱着陈旧的教育观念不放，这些观念成了教育改革的绊脚石。当我们在使用以前的教育模式时，他们不满意教育的落后，可当我们改革的时候，他们又“舍不得”自己经营多年的“基业”。我觉得，我们要改革，而且一线的教师要积极思考如何改革会更好，不能把自己置身事外，以一个批评家的身份对待新课改，要时刻牢记，我们就是新课改的实施者、推行者和决策者！

再有，教师长期受“红烛论”“春蚕论”的错误引导，以为自己的工作就是为别人服务，自己在牺牲，自己在“为他人做嫁衣”，对待学生和家长常常高高在上，一副布施者的姿态。我也曾有过这样的想法，但随即发现这种认识是错误的，只有我们摆正自己的位置，才能做好工作。

新时代呼唤新教育，新教育呼唤新课程，新课程呼唤新教师，新教师呼唤新理念。

在阅读中发现语文教学的新境界

孟宪兰

前几天，我读了《语文教学通讯》2014年第11期上陈小英老师的一篇文章《语文教学要有当代意识》。陈老师是上海市语文特级教师，早在1997年她就在全国青语会上做过《语文教学与当代意识》的专题发言，在发言中她呼吁语文教学需要有当代意识，呼吁语文教师应该“从当代的视角出发．以当代的价值标准去审视一切语言现象以及由语言营造而成的那个古今中外的艺术世界并且用当代的话语系统做出新的阐释”。在这篇文章中，陈老师再次强调“语文教学要有当代意识，语文教师要有当代意识，语文教学才能与时俱进，充满生机和活力”。读后我感触颇深，现结合自己的教学实践谈一些粗浅的认识和体会。

语文教学要有当代意识，关键在教师首先要有当代意识，要成为一个独立的思想者。

陈老师在开篇即强调教师要独立思考，要成为一个独立的思想者。新一轮基础教育语文课程改革明确指出：“阅读是学生的个性行为，不应以教师的分析来代替学生的阅读实践”“同样也是老师的个性行为”。教师要独立思考，独立解读文本，因为不论教学参考书对文本的讲解多么准确和具体，教师都必须通过自己的感受和理解才能切实有效地进入教学。因此，教师在备课时不能满足于教参、教案，不能满足于已知的、现成的结论，而要静下心来研读文本。

著名的语文特级教师余映潮指出：“语文教师主要的任务是把课本读厚。”教师在备课时对文本独立思考，结合自己的人生经历和人生体验深入研读文本，对文本的感受理解与审美体验独到、富有个性。教师的审美体验影响着学生的审美体验，教师的阅读感受直接感染着学生。何况有的文本内涵本来就多元，比如《长恨歌》“天长地久有时尽，此恨绵绵无绝期”之“恨”是“生离死别”之“恨”，还是“重色”误国之“恨”？是贬是褒，教师会把自己的理解和体悟不由自主地融于教学之中。学生也会受教师个性化解读的影响，形成自己的理解，获得不同的审美体验。

教师独立思考，独立解读文本，才能从容地面对课堂上学生提出的种种意想不到的问题，使教学开合有度、收放自如；才能在课堂上讲出新意；才能逐渐形成自己独特的教学风格；才能吸引学生，使语文课成为学生的向往。

语文教学要有当代意识就要关注社会生活，注入鲜活的现代元素，使课堂呈现出鲜活的时代气息。

陈小英老师强调："语文教学有当代意识，语文教学才能与时俱进，充满生机和活力"。陶行知先生也曾强调：整个社会的活动，就是我们教育的范围，他们的血脉是自然流通的。因而，回归社会生活，关注社会热点，才是以人为本的教育，才是有意义的教育，才是鲜活的教育。而《普通高中语文课程标准（实验）》也指出："高中语文课程，应注重应用，加强与社会发展、科技进步的联系，加强与其他课程的沟通，以适应现实生活和学生自我发展的需要"。新课标要求高中语文课程必须体现时代性，不仅仅体现在运用多媒体等现代化的教学手段，更主要的是课堂要与学生的生活联系在一起，与社会联系在一起，注入鲜活的现代元素。

在教学《寡人之于国也》一文时，我设计的问题与十七大报告有关："解读十七大报告，关键词有'民生''生态文明''科学发展观'，基本指导思想是'学有所教、老有所得、病有所医、老有所养、住有所居'。请找出文章中与之契合的句子，认识孟子思想的现代意义。"这样就把儒学经典与时代最强音相结合，把语文学习和生活实际相联系。

学习《拿来主义》这篇课文后，我设计了这样的拓展延伸题："请你作为鲁迅先生的发言人，对周杰伦、赵本山以及其他的文化现象发表看法。"学生们对这道题很感兴趣，说得也很好。有学生这样评价周杰伦："周杰伦，你大胆'拿来'了美国的黑人音乐，先占有，再挑选，吸收了RAP元素，又融进了我们民族的传统武术，进行了创新，创作了《双截棍》等作品，你这种在继承基础上的创新就是拿来主义精神。"有学生这样评价赵本山："赵本山，你也是一个拿来主义者，你不管三七二十一，'拿来'了东北二人转，占有以后进行挑选，抛弃了其中的糟粕，继承了鲜活的元素，经过创新，捧出了许多优秀的作品，好！"这样把经典传统篇目和现代流行文化结合在一起，不仅激发了学生的学习兴趣，也让学生感受到经典作品长久不衰的生命力。

学习了马丁·路德·金的《我有一个梦想》之后，我让学生们思考：奥巴马当选美国总统这一事件，是不是说明美国已经实现了真正的民主和平等，为什么？这样把语文学习和时政热点联系起来，让学生有针对性地去分析、探究，既激发了学生的学习兴趣，也使他们的语文素养在实践中得到不断提高。语文教学有当代意识就要关注社会生活，注入鲜活的现代元素，使课堂呈现出鲜活的时代气息。

总之，语文教学要有当代意识，语文教师要有当代意识，要关注当下的生活，才能实现陶行知先生所倡导的理想的语文教学境界：“不仅使书本知识变活，而且使师生开阔视野，从社会生活中吸取综合的知识，从而获得思想和精神力量。”因此，教师必须关注生活，站在社会的前沿，迅速了解、及时把握社会发展的新动向、新方向，关注社会现实问题，使教学与科学、与现实紧密联系，不拘泥于教材，优化语文教学过程，促使学生充分地享受学习的乐趣，真正实现让语文课堂充满时代气息，充满生活气息，开拓语文教学的新境界。

从生活中开出写作之花

刘 颖

教育是什么呢？李嘉诚在大学讲了一句话来概括教育的任务：传播知识、启迪思维、追求智慧、培养人格。比起一些论著或华美的论调来说，这十六个字并不复杂，但非常透彻，说到了教育的本质。其实越是简单的话语越是包含深刻的哲理，正所谓“大道至简，大美不言”。

当听到有人用读书人来概括我们这些教语文的教师时，我自己想想，自己真算得上一个读书人吗？说起来真让人汗颜，读过的文学类书籍屈指可数，尤其是上班后，读的最多的书就是教科书，可是现在感到自己在教学中越来越不自信了，当课堂上我想引用一些读过的书上的名句时，当我想谈谈自己对与课文相关的一些作品的理解时，感到自己是江郎才尽、文思枯竭。想想，是因为自己和书走得远了。曾听说过这样一句话，印象格外深刻：“用灵魂去活，用精神来指引、指导自己的生活，才是智慧的人生，而读书人应该活出智慧的人生！”试问自己，我真的活出智慧人生了吗？我有能力指导学生走进智慧人生吗？

想想，文学离我们这么近，因为我们教的是语文，和文学有着丝丝缕缕、扯不断的关系，从小学语文课本一直到高中语文课本有那么多课文都出自文学作品；可是文学又离我们那么远，我们天天忙得很，忙备课，忙教课，忙学生，忙家里……想想，自从上班后，我真正看过几本纯文学的书籍呢，倒是看过像《读者》这样文摘性质的杂志，但这怎么也称不上真正的文学书籍啊！也许像我这样的教师不在少数。正因为我们远离了文学，所以我们驾驭文学类作品时显得非常不从容，不是那么得心应手，讲起课来必须依靠教参，如果脱离了教参就像步履蹒跚的老人脱离了拐杖一样会跌倒。我扪心自问，如果让我教课，不给我任何教学参考，我还会教吗？我还敢教吗？这是个我问了自己很多次的问题，但答案只有一个，就是“不”。也许太具有讽刺意味了，但这就是现实，在我身上就印证了。正因为如此，作为一个语文教师的我很不自信，但我一直没有找到根源，现在想想，就是自己的积淀太少了，阅读太少了，尤其是连文学类的书籍也很少阅读。作为一个语文教师，不阅读、不思考是何等不能容忍的事情啊！因为我们教的是人文学科，如果我们没有足够的阅读量，当我们和学生聊起来某本名著或文学类书籍时，我们只读过书评或介绍，没有完整地读过，我们怎能谈出自己独特的感受？学生记住的教师或是印象深刻的教师，不见得是教过自己的教师，而是对自己有影响的教师。作为语文教师最应该影响到学生的就是你对书的热爱，这样会对学生产生潜移默化的影响。

阅读是写作的基础，离开阅读，学生对事物的表达将是无序而枯燥的。如果没有大量的阅读，就没有丰富的语言积累，写作势必成为“无源之水，无本之木”。所以，只有多读书才能具有更多的知识储备，这为我们写文章打下了良好的基础。帮助和影响学生，使学生爱上读书应是一个语文教师应该做到的。

阅读是基础，但我们的写作离不开生活，写作应是植根于生活之上的，我们每天的生活具有不可复制性，正如哲学家赫拉克利特所说的“人不能两次踏进同一条河流”。

在平时的写作实践中，同学们说了不少空话、假话，究其原因是学生的写作脱离了生活实际，缺乏对生活中事物的独特感悟。我们每个人都生活在现实的世界中，每时每刻都与生活有着千丝万缕的联系，我们通过自己的观察和思考，把对生活中的所见、所感用文字表达出来，这就是我们与生活的对话，也就形成了作文。学生知道了写作并不是件难事之后，作为教师，还要引导学生关注身边的一草一木，捕捉生活中的平凡小事和精彩瞬间，积累写作的素材。

“夜晚，树叶和星星在窃窃私语；窗外，百合花和月光在窃窃私语；郊外，杏花和春雨在窃窃私语；站在世界的屋顶上，我听见风在窃窃私语……”如果没有人说这是谁写的，我们会猜这是一个诗人写的，一个文学青年写的，但绝不会有人想到这出自一个小学生之手，这是老师要求用“窃窃私语”这个词语来造句，而孩子却写出了诗歌。不要小看我们的学生，他们的创造力和想象力远远超出了我们的想象。生活是写作的源头活水，生活中处处有材料。对于我们，只是需要一双会看的眼睛、一双善听的耳朵和一颗勤于感悟的心。

世界上最遥远的距离不是天与地，而是知和行的统一。就拿这句话当成对我们所有语文教师的勉励吧！

我们不仅应教会学生写作，更重要的是和学生一起感受、体会并领悟生活，我想，这种收获比学生多写出一篇作文要大得多。

有人说，教育是一棵树摇动另一棵树，一朵云推动另一朵云，一个灵魂唤醒另一个灵魂的活动。那么就让我从此时、此处做一棵树、一朵云、一个有思想的灵魂吧！

微信——理论修养提升的又一平台

杨海英

在一个信息高度发达的时代，教师教育理论的学习和提高已不仅仅局限于书报杂志。多媒体的介入，极大地拓宽了教师们的学习渠道，促进自身业务水平及教育理论水平的提高。前几日，在微信上发现一篇好文章——《师退生进——高效课堂的师生关系》，阅读之后，颇有感慨。

“师退生进”可以分为良性互动的两个方面，一方面是“师退”（教师退）；另一方面是“生进”（学生进）。

教师“退”，是指教师的“教”要退出课堂教学的中心。新课程中的教师，必须转换角色意识。教师不是学生学习活动的主宰者，而是学生学习活动的指导者。贯彻“教师为指导”，关键在“限教”。一是限制教的时间，把课堂时间还给学生。二是限制教的时机，先学后教，教师指导要以学生学习为基础，因学施导。三是限制教的内容，凡学生自己能学会的，教师不教，学生自己学不会但通过合作学习能学会的，教师也不教。四是限制教的方式，教师的教主要采用激励式教学、启发式教学、讨论式教学，实现艺术地教、科学地教、民主地教。

学生“进”，是指把学生的学习活动推向课堂教学的中心。在传统的课堂教学中，教师的教是中心，学生不过是被灌输知识的客体。对学生而言，上课就是“听课听课再听课，做题做题再做题”，很少有过真正的学习。近年来，“学生为学习的主体”与“学生为学习的主人”两个说法同时被广泛提及，后者出现较晚但有逐渐加强之势。贯彻“学生为学习的主人”关键在于“让学”，“让学”的关键在于“归还”：一是归还学生的学习时间；二是归还学生的学习平台；三是归还阅读教材的权利；四是归还学生对教师指导的选择权。

读了这篇文章之后，我有意识地根据自己的理解把这一新的教育理念逐步实践于自己的课堂，在讲课的过程中，加大了小组探究学习的分量，根据教学内容需要，多设计学生参与的活动。例如在讲“和谐社会”这节课时，我采用了多媒体教学，准备好了课件，课件内容设计了多次“学生探究”活动，分小组进行讨论，经过小组的合作，学生们不仅总结了“和谐社会的特征”，还用自己的理解方式解读了和谐社会的几个特征，本节课的教学重点学生轻而易举地就掌握了。这样的教学设计不仅活跃了课堂气氛，还提高了学生们的学习积极性和活动参与性，更重要的是提升了课堂的有效性，有利于形成民主、平等、和谐的新型师生关系。

在今后的教学过程中，我还会不断尝试，继续努力去创建这种新型的师生关系，提高课堂的有效性。

教学的尊严在于思想　教学的魅力在于尊重

张雯超

近期，我读了一篇《教学的尊严在于思想》的随笔，文章在举出事例后作出分析：“有些教师太听话，他们规规矩矩照着课本教，他们不折不扣地按照参考书上说的办，他们把课本和教参作为绝对正确的圣旨，不敢越雷池一步。为什么会这样谨小慎微、唯唯诺诺呢？分析原因，大概有三：一是他们以为这样教就不会错，保险，因为课本和教参就是这样，如果说错了，那也不是我的责任；二是他们以为这样教，就能有效应对考试，考试的内容总是以课内为主，课外是没底的，课内是抓得牢的；三是这样做省力，课本和教参里现成的，拿来就可用，不用动任何脑筋，而且谁也不会说。”这个分析，实事求是，很有说服力。

记得那天，我在教学《观潮》一课中的“薄雾”一词时，出现了短时间的停顿，因为学生全部读的是薄（báo）雾，而我的印象当中这个应该读薄(bó)雾。我一时也不能肯定这个读音，于是又仔细研读了教参，教参中注明为薄（báo）雾，可是当时我并没有给这个字下定论。我告诉学生们，这个字到底读什么呢？课后我们再一起查一查资料好吗？虽然教参是模板、是准绳，但是谁又能肯定教参上全部都是正确的呢？课下，我又上网查阅了资料，发现这个字应读bó雾，是淡薄的、稀薄的意思。上课的时候，不管学生或是自己有疑问的时候，不要忙着下结论，不要非得跟着教案走，要因地制宜，要随机应变，改变策略。

《教学的尊严在于思想》一文，在分析原因后，有这样一段话："四百年前法国著名思想家、哲学家帕斯卡尔曾经说过：'人只不过是一棵芦苇，是自然界最脆弱的东西，但他是一棵能思考的芦苇。''人的全部尊严就在于思想。'帕斯卡尔一生体弱多病，只活了39岁，但在身后却为自己留下了高耸的纪念碑。他的《思想录》给无数人带来心灵的慰藉。帕斯卡尔后面的这一句，粗粗一听，似乎有点不可理解，细细一想，却颇有道理：一个没有思想的人，一个被别人的思想牢牢控制的人，一个有思想却无法表达的人，还会有多少尊严？那还不是奴才！"这里，我想冒昧地引申一下：教师教学的全部尊严也在于思想。一个教师想在教学上获得尊重，就必须有自己的个性和思想。一个没有自己教学思想的人，是不可能赢得学生尊重的，也是不可能赢得同行赞赏的。

现在在一些公开课上，有些教师懒省事，把别人的教学实录、课件全部下载过来，邯郸学步式地照着人家的模式走，不做丝毫改变，所以课堂上经常会发生和学生的思维脱节的现象。这其实就是没有思想的教师。我在教学《望天门山》一课时，也借鉴了名师的课堂实录，但是绝对不是换汤不换药，我是该删的删，该增的增，根据本班学生的实际，自己预设课堂的问题。当时，我准备的是让学生模仿李白说一说他当时见到天门山的心情、感想，可是课堂上有位学生却一石激起千层浪，非要模仿天门山与李白说说话。我没有着急，也没有打断他的话，而是尊重了他的意见，让他说说自己的意思。他说："李诗仙，久仰大名啊，今日见到你，真是荣幸。你愿意和我交朋友吗？"哇，学生说得太精彩了，入情入境，合情合理。在他的带动下，又有学生愿意模仿天门山说话，有的说："李白，您好。我的巍峨险峻和你笔下的庐山相比，谁更险呢？"有的说："你好，我是天门山，我站在这里好多年了，见过无数的人、无数的船。但是他们都快速地离我而去，你能多待一会儿吗？"……这就是尊重学生，这就是有思想，不要被现成的教案所桎梏，要抓住课堂上稍纵即逝的火花，点燃学生学习的激情，让学生爱上课堂，爱上语文。

作为当代教师，不能只是传播知识，更要传播思想。读了这篇随笔，我的心又清明了一些，让这样的随笔经常启发我吧。

实事求是　勇于思考　做一名充满教育智慧的教师

——读《教育智慧从哪里来》有感

王绍雪

近日，读了北京教育科学研究院基础教育研究所退休教师王晓春老师的《教育智慧从哪里来》，被王晓春老师科学严谨的治学态度、实事求是的工作作风、深入浅出的剖析风格和对教育智慧孜孜以求的精神所感染。

我们的教育缺乏科研支撑。全国各级教研活动、教育教学经验介绍如火如荼地开展，很多“爱”的教育经验博得了不少掌声，一次表扬、一个微笑、一番谈话就能使调皮捣蛋的学生遵守纪律，就能使不写作业的学生按时完成作业，就能使“小霸王”变得文质彬彬。这样的经验能有多大的推广价值？这样的做法可能会对学生有一时的激励作用，但要让学生有一个彻底的改变，还要教师做出更多的努力。可能教师确实成功地转变了一个学生，却找不出成功的真正原因，只能归结为一次“不经意”的做法，如一次表扬、一个微笑、一番谈话。而这样的经验老教师听着不信、新教师学来无用，只能是听时激动万分、回来无动于衷；这样的经验“把复杂的教育事业简单化了，把艰巨的教育工作轻松化了，把多样的教育方法单一化了，更严重的是，它把崇高的教育精神庸俗化了”（《阿Q案例可休矣》）。

我们需要真正的经验，这样的经验应该经得起推敲和质疑，经得起逻辑分析和理智的诊断。只有这样的经验才值得推广，这样的经验多起来，才是教研的成功。怎样才能达到这样的程度呢？我觉得应该实事求是、勇于思考。

实事求是就得认真观察、理清思路。

教育案例涉及教育的方方面面，观察也可以从教育的点点滴滴开始。从人员上来说，观察学生、教师、家长以及他们之间的关系；从方位来说，教室、校园、家庭都是观察的范围。观察，不但要看到教育现象的表面，还要注意表象后面的联系，只有这样才能更全面地了解教育事件的全貌，为了解本质、总结经验打下基础。比如，一次事件使一个学生进步了，就要知道是什么触动了学生的心灵，是事件本身，还是相似教育事件的多次影响。

理清思路就是理清教育事件中人与人、事与事之间的内在联系，尤其是教师的教育思想。教师的教育行为都是在一定的教育思想引导下开展的，往往是自己认定了事情的真相，在理论假设的基础上做出了这样或那样的教育行为。有一个案例：一个师范生学教育学的时候，老师举了一个例子。说一个教育专家，有一次发现一个小孩在摇晃一株小树苗，便上前去说：小朋友，小树苗可不能摇啊，你一摇，它头就晕了，要叫疼的，就要流泪了。孩子于是很懂事地不摇了。这个师范生很佩服这个专家，于是一直记着。后来他毕业了，过了很长时间，他竟然遇到了相同的事情。有一个小朋友也在路边摇晃着树苗。他学着那位教育专家的口气说：小朋友，小树苗可不能摇啊，你一摇，它头就晕了，要叫疼的，就要流泪了。可小朋友却说：老师，你骗人，小树怎么会头晕，怎么会头疼，怎么会想事情，怎么会说话呢？他晕了，心里想，现在的孩子怎么啦？（摘自《教育专家的方法为何不灵》）这位新教师只注意到了都是摇树苗这一共同现象，却忽略了摇树苗主体的不同。不同的孩子接受能力是有差异的，有的孩子形象思维能力强，会换位思考，同情心就强，用拟人的方法可能有用；有的孩子可能形象思维能力弱，就比较死心眼，缺乏同情心，用拟人的方法就无效。试想，那位教育专家见到每个摇树苗的孩子都用这种教育方式，行吗？

勇于思考就是查明原因、找出方案。我们遇到问题，往往会先问怎么办。然而这样的思维方式就算解决了问题，对于提高能力、总结经验也无济于事。遇到问题，首先要分析问题，搞清原因。碰到学生上课捣乱，我们往往会用简单的方法制止或者惩罚他，但是如果不清楚学生这样做的原因，经常会造成学生越批评越捣乱。了解原因，对症下药，也许会改变不少学生的敌对行为。在此基础上找出对策，解决问题，并及时记录下来，逐步积累，就会形成经验。

教育需要智慧，这种智慧来自对教育事件日积月累的观察与思考，只有这样，才能不断总结出教育经验，做一个充满教育智慧的教师，快乐自己，成长学生。

我的理论修养提升之路

唐　莉

“教师一方面要贡献自己的东西，另一方面又要像海绵一样，从人民中、生活中和科学中吸收一切优良的东西，然后再把优良的东西贡献给学生。”——这是加里宁对教师的告诫；“一定要在传承的基础上创新。一句话，要站在巨人的肩膀上，就得知道巨人是谁，肩膀在哪里。”——这是吕型伟老先生最近一篇文章中闪烁智慧之光的真知灼见。“无冥冥之志者，无昭昭之明”(荀子《劝学》)，以其昭昭，才能使人昭昭！要成为一个能给学生以智慧教育的好教师，必须先使自己聪慧起来!

起初听课，我着重关注的是教师怎么教，如教学思路、教材处理、教学策略、教学方式等。后来，随着听课的逐步深入，我在关注教师教的同时，更关注学生的学，如学习态度、学习方式、学习情感、情绪反应与效果；还关注教师的独特教学模式，并且不断把其他教师的教学与我自己的教学进行比较与分析，找出其中不同的教学风格、情感特点。听课的这种变化实质上是我对教学过程与本质认识的进一步深化与教学观念的根本转变。我看到了不同的人以自己的认知方式，对事物产生不同的见解，不同的人可以看到事物的不同方面，从而使我能用不同的观点和认识角度，去更加全面和丰富地理解教学过程及其本质，提高了自己驾驭教材和选择教学策略、教学方式的能力，发展了自己的观察力、注意力、记忆力、分析综合思维等各种能力，提高了自己的教育智慧，使自己的教学能够更加得心应手，为我教学的成长发展创造了有利条件。通过听课，我深深认识到：教师不能只是课堂技术的机械执行者，而必须是课堂实践的自觉反思者。一定要在课堂教学中保证“教师主导”“学生主体”的地位，避免出现形式上的整合——教师跟着课件走，学生跟着鼠标走，教学跟着电脑走的现象。我深深地感到教法要结合实际，就地取材，灵活机动，要因人而异，因生而异，要针对学生，因材施教，不可照搬照套。教学有法，教无定法，贵在得法；在五彩缤纷的花园里，不可眼花缭乱，要学蜜蜂，采撷百花精华，自酿成蜜，形成自己的教法，形成自己的特色，形成自己的风格，教出自己的风采。教材是教学的载体，但不是唯一的载体。在教学过程中教材是死的，但作为教师的人是活的。所以，作为教师在教学过程中不能死用教材，而要活用教材、补充教材，与现实生活紧密联系，充分挖掘本土资源和校本资源，充实教材内容。还应该不断学习，不断更新自己的知识，才能将教材中有限的知识拓展到无限的生活当中去。

我感到自己身上的压力变大了，要想不被淘汰出局，要想最终成为一名优秀的教师，就要更努力地提高自身的业务素质、理论水平、教育科研能力、课堂教学能力等。而这就需要我付出更多的时间和精力，努力学习各种教育理论，并勇于到课堂上去实践，及时对自己的教育教学进行反思、调控。我相信通过自己的不断努力，会有所收获、有所感悟的。语文教师要不断提高自己的语文素养,这需要教师努力学习。我们要学习新课程理论，要走理论加实践的道路，要让新课程理论来指导我们的教学实践，要把新的理念渗透到教育教学实践中去，做一名新课程理念的忠实践行者。教师要扩大自己的知识面、开阔自己的视野就要不断地阅读，要博览群书，要坚持阅读名著、阅读经典，让这些名著、经典来启迪我们的思想，陶冶我们的情操，提升我们的语文素养。

如何将课程理论知识真正运用到教学实践当中，就备课来说，即使教材内容没有任何改变的同样一节课的教学，我都要重新备课，每次备课均要看相关论文，至少10篇，每次备课均要用上3节课以上的时间，从不使用旧的教案进行教学。因为事实上教师面对的每届学生都各不相同，具有不同的思维特点；每一种教学策略和方式都有优势和适用的范围，各有利弊。一方面，不同的学生需要各种不同的教学策略；另一方面，即使是相同的学生，也需要多种教学策略去培养其形成多种技能；此外，只使用一种教学策略，还会使学生厌倦学习，削弱教学效果。因此，我在自己的教学实践中，不断深入了解每个学生的思维特点和需要，认真备课，根据学生的不同特点，采用多种教学策略，因材施教，努力实现教学策略的最优化。我备课时往往对比以前的教案，结合目前学生的实际情况，关注学生思维差异，并且引导学生提高思维能力。在促使学生健康全面发展的同时，也使自己的专业能力得到更大的提高。就作文教学来说，因为写作就是说话，为了生活上的种种需要，把自己要说的话写出来：我写作是我说我的话，你写作是你说你的话。许多学生讲起故事来娓娓动听，因为他要表达呀。他表达，他快乐；他快乐，他表达。可说起来容易，做起来难。要让每个学生都能写好作文，必须改革作文教学！我们的思路是：去束缚，给自由，让学生享受作文乐趣。通过以上分析，我们可以让学生作文时写出动机，抓好的素材，使用巧妙的表达方法。我认为，满足了学生这三个条件，学生就能做到自主习作，并能充分激发学生的作文动机，写好作文。

通过学习，我清醒地认识到，专家与名师，之所以能成为专家与名师，他们那广博的知识积累和深厚的文化底蕴能够“恰当把握教学生成”，是与他们辛勤付出、不断积累总结分不开的，“不经一番寒彻骨，怎得梅花扑鼻香”是他们的最好写照。作为一名想提升教育教学能力的教师，要想以高贵的姿态行走，就要学习理论知识，把理论知识运用到实际教学中，真正提高教学能力，做一个智慧型的老师。

理论修养提升心得体会

辛　锋

英国教育家怀特海说过："教育所要传授的是对思想的力量、思想的美、思想的条理的一种深刻的认识，以及一种特殊的知识，这种知识与知识掌握者的生活有着特别的关系。"可见，教育在于关心人、培育人，满足人的发展需要。提升教师的理论修养正在变为社会及个人可持续发展的现实要求，学习越来越成为个人日常生活的一部分，更是教师的一种责任和义务。与普通人相比，教师的终身学习更具目的性、系统性和紧迫性。"严谨笃学，与时俱进，活到老，学到老"是新世纪教师应有的学习观。通过理论学习，我深深体会到教师不能成为学习的"孤独者"。当前，随着时代发展，信息传播速度加快，教师不仅应该紧跟形势，充分利用好网络信息资源，而且要让其成为教师学习和教学的得力助手。

在以前的教学中我都是根据自己对文章的理解和自己的风格设计教案，没有考虑到学生需要的是什么，学生困惑的是什么，学生通过学习这篇课文可以在哪些方面获得成长和收益。通过理论学习，我明白了教师要经常更新知识结构，只有通过持续的学习来提高自己的专业知识，优化教学方法，才能对自己所教的学科有足够的把握，才能提高教学效率，才能让学生对新的知识保持长久的好奇与敏锐，才能让学生活跃起来、成长起来，使课堂真正成为学生"生命的课堂"。

认识到这些道理之后，我在了解学生上花费更多的时间和精力，了解学生的需要是什么，怎么解决学生的困惑，怎样才能满足学生的需要是我进行教学设计的追求。

我在教学《地震中的父与子》时，开始只考虑了如何教，没有想学生对该文的哪些内容感兴趣、存在哪些困惑、需要解决哪些困难、需要老师提供哪些帮助。当我反思自己的设计时，才领悟到不能用一课时来完成教学任务，学生连读课文都没达到正确、流利，怎么能够理解课文的内容、感悟父子的深情、学习课文的写作特点？因此我引导大家感受父子的了不起，开课就让学生自己提出质疑，从而引导帮助学生解决他们存在的困惑。后来我又发现了一个很重要的问题：学生学习语文的目的是什么？不仅是人文性，也是工具性。人文性已经实现了，那么工具性呢？随后我又设计了两处练笔来强化语文技能。

学生之间是有差异的，在我的课堂教学中不仅要因材施教，不同的学生要用不同的方法，而且应该有足够的耐心面对每一位学生，尤其是学习困难和淘气、调皮的学生，应该用宽容的眼光看待他们，尽量满足不同层次学生的学习需要，激发他们学习的积极性，调动他们学习的兴趣。

作为教师，我们只有不断地学习，不断地更新观念和知识，不断地在实践中总结经验教训，取人之长补己之短，才能使自己更加有竞争力，才能成就自己光荣而神圣的事业。

“做中学”

朱亚楠

在大班科学活动“有趣的叠加”中，我通过各种操作实验活动，了解到在“做中学”中幼儿宜多做不宜多听。幼儿园的“做中学”活动内容，对于任何教师来讲可以说是很容易的，正因为容易，往往造成有的教师不注重幼儿亲历的过程，看幼儿不能顺利地进行实践就着急上火，看幼儿得不出正确结论更是急于给出答案，因此就直接告诉其实验的方法、结论、结果，这样就失去了“做中学”的意义。其实“做中学”是一种学习方式，教师告诉幼儿实验结果，这是直接地“教”，而不是幼儿自主地“学”。所谓“做中学”，从字面上的含义就不难看出，这是让幼儿在“做”的过程中“学”，重要的是要让幼儿自己做，而且还必须避免两个误区：一是“只做不学”，教师只让幼儿做，却不清楚目的是什么；二是“学得过深”，即在理论、概念、定义上下足功夫。教师宜辅不宜主。“做中学”是学生自主的实践活动，教师要找准自己的位置，必须将“师本位”的传统思想转变到“生本位”上来，对孩子的学习不能包办代替，就像父母不能包办代替子女的生活一样，否则孩子将产生一种依赖的学习态度，对学问不能主动地进行探究，这样不仅失去了“做中学”真正的意义，更影响了孩子一生的学习。要把孩子的操作权、提问权、发言权、交流权真正地交给孩子，孩子才能真正地获益。

通过一系列的课堂科学活动方面的理论学习与实践探索，我觉得我有了很大的收获：

1. 通过“操作”，让幼儿自己验证“假设”

在以往的科学教育中，我们常常鼓励孩子预测操作的结果，然后通过动手操作来判断自己的预测。这似乎与“做中学”的假设、验证有异曲同工之处。但是两者之间还是有差异的。预测、操作注重判断推理，但“做中学”更注重的是让事实来说话。科学不是空想，也不是瞎猜。任何想法都必须通过实验来证明。

2. 通过有目的地“引导”，帮助孩子构建“新知识”

在以往的科学教育中，教师更多关注的是孩子观察到了什么，是否会发现问题；但是，这只能说是一般化的摸索，是浅层次的发现。“做中学”的理念主张，教师应该把孩子的探究活动引向一个明确的方向，鼓励引导孩子在积累了大量感性经验的基础上，通过分析、思考、推理等一系列思维过程，将感性经验逐步上升到孩子易懂的科学道理上，这样才能帮助孩子构建新知识。

3. 通过“记录”，让幼儿来表现操作的“过程”

在科学教育中孩子也进行记录，它是众多表达、表现方法中的一种。但是，“做中学”更强调每一个孩子都要将操作过程记录下来，无论是成功的还是失败的。我发现孩子经常会看看以往的实验记录，有些孩子会将今天的记录与以往的进行比较，个别能力强的孩子会在别人的记录里挖掘一些有用的东西。记录是保持学习连续性的最好工具。因此，我经常帮助他们一起记录一些他们难以表达的东西；鼓励孩子将自己的记录与同伴进行交流；引导孩子在失败的记录中寻找原因，在成功的记录中得到启发。实验记录时刻伴随着孩子们的成长。

找寻幼儿教育的一把钥匙

张菲菲

幸福是一种人人向往并努力追求的主观感受。对于一名幼儿教师来说，当我们通过实施教育教学等职业活动使自身的专业素养得以提升，进而使幼儿身心得以和谐发展时，我们就会获得一种满足感、成就感，这就是幼儿教师的幸福体验。但这种幸福体验并不是必然的，也不是自然生成的，它需要我们的主动追求与积极创造，需要通过自身的不断努力、不断进取才能达成。

我们想要获得职业幸福体验是以具备基本的专业技能为前提的，没有过硬的专业技能，我们是不可能体验到工作中的胜任感和成就感的；而专业素养的提高就源于我们立足于教育教学工作中的不断学习，加强学习是我们幼儿教师提高专业水平与提升职业境界的重要途径。我们学习的方式有很多，读书无疑是我们丰富精神生活、提升精神境界的最佳选择。最近，一本名为《给幼儿教师的一把钥匙》的书就给我带来了很大的触动，为我在幼儿教育方面开启了一扇窗，丰富了我的精神生活，为我在今后的工作中找到了一些合适的方式和方法，让我在教育中有所启迪。

《给幼儿教师一把钥匙》一书从教师与儿童、教师与家长、教师与社区等几个方面进行了详细的阐述，从幼儿园教育中真实发生的实例出发，用一个个问题、一个个案例、一个个分析，帮助我们掌握工作中解决各种问题的技能。其中“教师与家长”这一方面告诉我们，在日常工作中如何更好地与家长沟通、交流，如何更好地帮助家长转变教育观念，使家庭和幼儿园合作更有效，对我们的家长工作起到了指导性的作用。

家长工作是幼儿园工作的重要组成部分。家长是我们实施教育的合作伙伴，只有家庭和幼儿园双方达成教育共识，形成教育合力，才能促进幼儿身心全面发展。因此，我们在日常工作中非常重视与家长的沟通、交流。有相当一部分的家长觉得，孩子在幼儿园最重要的事情就是吃好、喝好、玩好，对学前教育没有形成正确的认识，他们不知道幼儿时期是孩子各种习惯养成的重要阶段，好的习惯会让自己的孩子受益终生。针对这种情况，我们在与家长进行个别交流的同时，还经常召开家长交流会，让家长及时了解孩子在幼儿园的表现，教师也有更多的时间进行教育引导，让家长和我们保持一样的教育观念。我们还组织了一些亲子活动，让家长亲自参与到孩子的活动中，从而使家长对幼儿教育的观念慢慢地有所转变。

每次提到写论文，我们总是很头疼，不知道应该写些什么，也不知道该从何下笔。我觉得书中很多的案例是我们实际工作中会碰到的，假如刚好对这些内容感兴趣，不妨看看书里是如何描写案例并去分析、理解的，也许会得到意想不到的灵感。书中有“怎样帮助幼儿建立社会规则意识”的内容，它从一个建构区的规则建立与执行来谈幼儿规则的建立，告诉我们幼儿的规则意识是在生活、游戏中得到发展的，对“他律”意义的体验，促进了幼儿自律的萌发，并且是在协商、合作中学习建立自律活动规则的。我就想到以后可以通过值日生、活动区规则制定等活动，尝试让幼儿建立规则意识。这样一个富有实际操作意义的内容，通过撰写，一定可以成为一篇很好的论文。

这本书为我开启了一扇窗，为我的教育教学工作提供了很多新思路，我想我还会再把这本书细细地读一遍，在接受书中一些分析、策略的同时，更多地去思考当自己遇到类似的案例时会怎样做，再去对比书中给出的教育策略，是否适用于我班幼儿。我相信教育的机智是在不断的积累过程中产生的，我会在工作和生活中边学边思、边思边做、边做边写，利用好手中这把金钥匙，用它打开自身专业化成长的一扇大门。

第三章
教师教学反思能力与课堂教学案例开发

随着“教师专业化”运动的勃兴，20 世纪 80 年代，关于“反思”(reflection) 的讨论首先在西方国家教育界兴起，然后很快波及世界范围内的教育领域中。于是，有关“反思”“反思性教学”(reflective teaching)“反思性实践”(reflective practice)“反思型教师”(reflective teacher)“教师即研究者”(teacher as researcher) 等的教育口号铺天盖地而来。可以说，“反思”现已成为国际教育改革的一个方向。在我国，实施素质教育、推进新课程改革需要突破的主要瓶颈是教师素质问题，建设高质量的教师队伍，是全面推进素质教育、推行课程改革的基本保证。从 20 世纪 90 年代后期开始，我国教育界逐渐认识到“对教学经验的反思”是“缩小新教师与专家教师之间差异”的可行方法。

第一节　反思与教学反思

一、反思

反思是指一个人对自己或自己的活动进行审视或省察。在我国，反思的思想早已有之。孔子说：“见贤思齐焉，见不贤而内自省也。”孔子的学生曾参说：“吾日三省吾身……”孟子也说：“爱人不亲，反其仁；治人不治，反其智；礼人不答，反其敬。行有不得，皆反求诸己。”朱熹制定的《白鹿洞书院学规》也指出“行有不得，反求诸己”。由于中国传统教育是以道德教育为核心的，所以，我国古代思想家所论的反思或反省的对象是自己的道德行为。

在西方，较早研究反思的有洛克、斯宾诺莎等。洛克认为，“人心中没有天赋的原则”，人的观念来源的途径有二：一是“感觉”，二是“反省”。“感觉”是指外界事物作用于感官时心灵所产生的观念；“反省”是获得观念的心灵的反观自照，在这种反观自照中，心灵获得不同于感官得来的观念的观念。他说：“经验在供给理解以观念时，还有另一个源泉，因为我们在运用理解以考察它所获得的那些观念时，我们还知道自己有各种心理活动。我们的心灵在反省这些心理作用，考究这些心理作用时，它们便供给理解以另一套观念，而且所供给的那些观念是不能由外面得到的。”可见，洛克所说的“反思”，是人们自觉地把心理活动作为认识对象的认识活动，是思维的思维。斯宾诺莎把自己的认识方法论称为“反思的知识”，把“反思的知识”看作是“观念的观念”。他认为观念是认识所得的结果，它本身又是理智认识的对象，对于作为认识结果的观念的再认识和对于这种再认识之所得观念的再认识，这种理智向着知识的推进，即是“反思”。可见，与洛克的“反省”不同，斯宾诺莎的“反思”是把思维所得的结果作为思维的对象。

真正对反思思维进行研究的当属美国实用主义哲学家、教育家、心理学家约翰·杜威，他被认为是最早对教学反思进行研究的学者。虽然杜威并没有明确使用教学反思这个概念，但在《我们如何思维》《逻辑：探究的理论》等书中认真论述过反思性思维的问题。他指出：“反思性思维把我们从单纯的冲动和日常活动中解放出来……使我们能够以预见指导我们的活动，能够按照预定的目标或我们意识到的目的来进行计划，能够以深思熟虑和带着目的的方式开展行动。”据此，杜威提出了著名的五步反思说：①感觉到的困难；②困难的所在和界定；③对不同解决方法的设想；④运用推理对设想的意义所作的发挥；⑤进一步的观察和试验，它引导到肯定或否定，即得出可信还是不可信的结论。另外，杜威还提出个体进行反思，有三种态度是非常重要的，一是虚心，二是责任感，三是全心全意。这三种态度构成了反思行为的有机组成部分，成为反思型教师的重要特征。在杜威的反思思维理论基础上，培养反思型教师和提倡反思性教学的运动于 20 世纪 80 年代在世界各国得到蓬勃发展。

二、教学反思

（一）教学反思的内涵

由于价值取向和研究视角的不同，学界对教学反思的内涵有诸多不同的理解。根据本项目研究目标、内容，我们倾向于认同申继亮、刘加霞的定义。申继亮等认为，教学反思指教师为了实现有效的教育、教学，在教师教学反思倾向的支持下，对已经发生的或正在发生的教育教学活动以及这些活动背后的理论、假设，进行积极、持续、周密、深入、自我调节性的思考，而且在思考过程中，能够发现、清晰表征所遇到的教育教学问题，并积极寻求多种方法来解决问题的过程。

在上述定义中，“积极、持续的思考”是指教师愿意对教育教学活动及其背后的观念、假设进行思考，并能持之以恒。“周密、深入的思考”是指教师多角度、多侧面地分析、评价教育教学活动及其背后的观念、假设，并据此做出合理的判断、选择。“自我调节性的思考”是指教师能运用“周密、深入的思考”的结果，对教育教学活动进行监控、调节，从而增强教育教学活动效果，促进学生和教师共同发展。于此容易看出，教学反思是一个能动的、审慎的认知加工过程，也是一个情感与认知共同参与、相互作用的过程，在这个过程中，不仅需要认知加工，而且需要情感、态度等动力系统的支持。

（二）教学反思的特点

教学反思不同于一般的教学思考，它呈现以下特点。

一是问题性。反思来自自我意识的觉醒，而自我意识的觉醒产生于在旧有理念导向下的实践的困惑和迷茫，反思产生于“问题”或“无知境界”。在这里，问题的内涵应该扩大化，凡是能引起自我信念的疑难或心理上的不适都应该看作是问题，无论它是多么轻微和平凡的困惑和挑战。

二是研究性。反思需要意识的积极参与，需要智力和情感的投入。反思不等同于自发的、无意识的回顾和总结，它需要教师针对教学实践中出现的问题，从多方面展开分析，多角度寻求解决问题的策略，它是一项“长期工程”，具有明显的研究特征。

三是辩证性。这里的“辩证性”包括以下内涵：理解知识的相对性而非绝对性的本质。反省思维的重要特征就在于它能够接受相互不相容的知识系统，了解到要发现绝对真理是不可能的，以及能够知觉到自己的假设与思考方式影响他们所获得的知识，不同的系统对于真理有不同的建构方式。当个体不可避免地面临冲突、对立的观点时，开始知觉到矛盾的出现，但是这种矛盾却无法通过摒弃其中一个观点来解决这种对立，也不能采取防卫性的抗拒或压抑，具有反省思维的教师就能够接受这种矛盾存在的必然性。具有反省思维的教师能够考虑如何去组织、整合这些矛盾的、对立的知识，他们能够将不同形式系统间的矛盾、对立的信息整合为更具有包容性而且内部又协调一致的更广阔系统。

四是发展性。教学反思的发展性是指个体的教学反思具有过程性，在反思过程中，不同的教师可能经历不同的发展阶段。一般而言，教师开展教学反思可以分为三个阶段：第一阶段是自发性的、下意识的反思，在该阶段，教师并没有完全的智力(意识)投入，依靠的是教师的直接经验。在第二阶段，教师的反思逐步达到理性化水平，教师有意识地参照一定的教育理论和自己的教学经验，但不是固守于自己的经验，能将经验与理论、实践的真实情况进行比较、判断。在第三阶段，教师经历了前两个阶段，能比较清晰地、准确地将发现的问题表征出来，从而多方面、多角度地寻求解决对策，进而监控、调节自己的教学活动。

第二节　教师教学反思能力及其构成因素

一、教师教学反思能力的含义

关于能力的概念，我国心理学界和教育学界有多种不同的表述。曹日昌主编的《普通心理学》认为：“能力是与顺利地完成某种活动有关的心理特征。”叶奕乾等人主编的《普通心理学》指出：“能力是指人们成功地完成某种活动所必须具备的个性心理特征。”燕国材著的《新编普通心理学概论》强调：“能力是人们在实际活动中逐渐形成起来的稳定心理特征的综合。”虽然在定义的表述上有所不同，但从本质上看，似乎都认为能力是人所具备的那些除身体健康情况、动机和经验外，对人的活动效率起决定作用的条件。据此，可把能力定义为个体顺利完成某种任务或活动的必备条件或活动的准备性。而顺利完成某种任务或活动的必备条件应该包括与这种任务有关的知识、活动技能、正确态度、调控品质以及天资等因素。只有具备这些条件才能保证这项任务或活动的顺利完成。综上所述，这里把教学反思能力界定为教师从事教学反思活动必备的条件。

二、教师教学反思能力的构成因素

教学反思能力与一般活动能力的成分是一致的，不同的是教学反思能力在这些成分的具体要求上呈现出一些特质。基于以上分析，我们认为，教师的教学反思能力由动力因素、知识因素、技能因素和调控因素构成，每个因素里面又包含数量不等的亚成分。

（一）动力因素

动力因素本质上就是推动教师教学反思的动力，包括工作责任感和强烈的成就需要。

1. 工作责任感

责任感是指一个人对于自己所从事的工作积极主动、认真负责的态度。教师的工作责任感可分为在岗尽职、爱岗敬业、忘我献身三个层次。责任感强的教师一旦出现教学困境就会自觉地反思自己的教学行为；而责任感不强的教师，除非迫于外界压力，否则，不会自觉反思自己的教学行为。从反思教学的角度来看，要提高教学质量，增强教师的责任感似乎比提高教师的教学技能更为重要，因为责任感强的教师会自觉地反思自己的教学行为，一次反思发现一个问题，进行一次研究，学会一些东西，教学技能也会逐步提高。

2. 成就需要

大多数教师是从生存需要来看待教师职业的。而具有反思意识的教师，则多从社会需要和精神需要的角度来看待本职工作，把教师职业看作实现个人生命价值的舞台。对理想自我的建构，会不断地促进教师对已有的状态和期望达到的目标进行反思。在追求自我实现的过程中，不断地审视和调控自己的职业角色，在比较、反思、选择和调控中，使自己的职业地位不断得到巩固和提高。

（二）知识因素

1. 教学实践

教学反思是因教学困境引发的，教学困境来自教学实践。缺乏教学实践经历，没有教学实践经验，意识不到教学困境，也就缺乏教学反思的对象和动力。人们只有在实践中积累了一定的外界知识，才能开始思考他们的内心活动，从专业知识的来源说，反思也离不开感性经验。肖恩认为：专业知识包括接受性知识和经历性知识两种。接受性知识包括与某种研究有关的事实、数据与理论，它来源于外部的灌输；经历性知识来源于“从做中知”和“反思”。“从做中知”即是从实践中获得知识，专业人员每天的工作主要依靠实践所知，而非既得的理论。“反思”则是对“从做中知”的东西进行有意识的继续发展，它不仅要回忆或回顾已有的活动，而且要找到其中的问题及答案。这就是说，“从做中知”即教学经验，是反思的前提。

2. 问题意识

反思始于问题。所以具有反思能力的教师，应具有较强的问题意识。所谓问题意识是指人们在认识活动中经常感到疑惑的实际和理论的问题，并产生一种怀疑、困惑、焦虑或探索的心理状态，这种心理状态又驱使个体积极思维，不断提出问题和解决问题。问题来源于好奇心。强烈的好奇心会增强人们对外界信息的敏感性，对新出现的情况和发生的变化及时做出反应，积极思考，追根求源，主动探究。缺乏好奇心的教师，必然对外界的信息反应迟钝，对诸多有意义的教育现象熟视无睹，对问题无动于衷，更谈不上反思与行动。问题的另一来源是怀疑精神。对既有的教育学说或习惯化的课堂行为，不是简单地接受和信奉，而是持批判怀疑态度，由质疑进而多方面反思。

3. 理论修养

对教学困境的分析和解决离不开教育理论的指导。教育理论是关于教育问题及教育行为“是什么”和“为什么”的知识，其作用在于对问题和行为本身进行系统深入的“解释”。“解释”是解决问题和采取行动的前提。教育理论是一种价值理论，力图阐明的是一种教育之“道”。这种教育之“道”能激发人们的教育意识，唤醒并促使人们反思已有的教育观念，帮助他们对日常教育生活隐含的价值前提进行分析和批判，从而提高他们教育活动的理性。所以，具有反思能力的教师，不仅要有丰富的教学经验，还必须有较高的教育理论修养。

（三）技能因素

技能是一种活动方式，教学反思顺利进行需要一定的反思技能。埃拜认为，具有反思能力的教师至少有六种反思和探究技能：（1）经验技能：收集资料并细致精确地描述情境、过程、原因与结果的技能；（2）分析技能：解释描述性资料的技能；（3）评价技能：对探究结果的教育效能做判断的技能；（4）策略技能：善于制订工作计划、方案的技能；（5）实践技能：具有把方案付诸实践的技能；（6）交往技能：具有与别人合作并得到别人支持的技能。

（四）调控因素

为了反思活动顺利进行，教师必须具有对内和对外调控的品质，表现为对外开放的心态和对内的自我控制。

1. 开放心态

具有反思能力的教师，能以高度开放的心态对待同事的实践及其观点，而不局限于个人实践经验的狭隘范围内。当教师与同事承担同样的任务，因各自的方法和策略不同而产生不同的效果，特别是当教师感到同事的效果较好时，就会反思“我为什么不能达到”，这促使他们关注同事的实践，在合作中研究解决教学中的问题。有反思能力的教师，还应有豁达的胸怀，敢于承认自己的不足，能够接纳各方面的建议，有则改之，无则加勉。

2. 顽强意志

任何反思都是痛苦的，因此有人说，反思是需要勇气的。反思中难免会把自己做对象化处理，以批判的眼光审视自身，反思中难免会剖析自己和否定自己，这就要求教师自觉、积极、心甘情愿地思考自己的行为，即使不令人满意或非常劳累也要坚持不懈。同时，对教学困境的分析、拟定解决问题的方案以及实施方案，都需要教师艰苦的脑力和体力劳动，反思是一个艰辛的劳神、劳力的过程。所以，只有人们心甘情愿地忍受疑难的困惑，不辞劳苦地进行探究，才可能有反省的思维。再者，教学反思的特点之一就是每遇到新问题就需要新的解决方案，教师不可能一劳永逸，重复以前的反思过程和结果。因此，在每一个新问题面前，反思型教师都需要进行大量的全新的反思工作，其任务的繁重性不是经验型教师所能比的。这一切都来自坚强意志的支撑。

第三节　教师教学反思能力培养策略

如前所述，教师教学反思能力由多种因素构成，受教师个人素质、学校文化氛围等诸多因素的制约。因此，教师教学反思能力的锻炼和养成是一个需要多方参与的系统工程。

一、教师个人层面

教师个人对教学反思的意识和态度将是直接影响到自身教学反思能力提高的关键因素。因为教师是自身专业发展的主人，要为自己的专业发展负责。教师要拥有个人专业发展的自主权，在从事教育教学工作过程中，能够自己自由做出决定，不受他人干扰、控制。教师本人能否主动积极开展反思对提升教学反思能力尤为重要。

（一）加强学习实践，夯实知识基础

教师在进行教学反思的时候，往往要能创造性地运用科学的方法来解决教学实践中发生的问题，这些都离不开教师扎实的知识基础。“学而不思则罔，思而不学则殆”。假如没有正确的理论作为支撑，反思只会停留于浅表，甚至误入歧途。

首先，教师要不断学习学科专业知识。包括本学科的全面系统知识以及任教科目相关学科的知识，而不应该只满足于本学段的教学内容。如果教师仅仅从完成所教学段的教学任务，而不能站在全局的角度、对学生终身学习负责的角度对自己的教学进行思考，那么，他的这种教学反思必定是狭隘的、肤浅的。

其次，教师应具有扎实的教育理论功底。教育理论可以帮助教师反思自己的教学策略和行为是否符合学生认知的规律，从而使教师对教学活动进行理性的思考。同时，教学反思要求教师不但要关注教学方法是否得当等操作性的问题，还应反思教学理念是否正确。如果没有正确的理论作指导，往往教师认为成功的教学却不一定利于学生的成长与发展，会与教育的初衷背道而驰。所以，教学反思

应该是在一定教育教学理论指导下开展的教学研究和实践活动，它对教师的教育理论素养提出了较高的要求。

最后，教师要不断积累和修正教学中所得的实践知识。这不仅能促使一位教师不断走向成熟，而且对于教师的专业化发展尤为重要。教师的实践知识是教师真正信奉的，并在其教育教学实践中真正使用和表现出来的对教育教学的认识。实践知识在教师的教学实践中形成和发展，以一种无意识或潜意识的方式储存于教师的大脑中，对教学产生影响。教师在课堂教学过程中，根据学生实际及时反思自己的教学并加以调整往往是瞬间性的机智活动，而教学机智需要大量教学实践知识的累积。

（二）增强责任意识，培养反思习惯

教师只有拥有强烈的责任感和事业心，才会去自觉地、主动地发现问题、分析问题、解决问题。所以，要提高教学反思能力首先要增强自己的事业心和责任感，有责任感的教师才能具备坚强的毅力和执着的精神，而这也正是提高教学反思能力所必须具备的动力因素之一。

教师要提高教学反思能力还要不断培养良好的反思习惯。具体做到以下两个方面：一是培养问题意识。反思有其更为深层次的意义，即教师能够对教学中存在的问题进行理性的分析，对其存在的原因做出独立的判断。反思的孪生兄弟是“追问”。教师在教育教学过程中，有了反思就必然有种种合理性与可能性的追问；假如教师没有了追问的精神，所谓的自我实现与自我超越终究只能是一句空话。问题是反思的开始，具有较强问题意识的教师，才会有较强的反思能力。二是注重平时积累。教师发现了问题，也进行了深入的思考，这无疑会对教师的教学起到良好的作用；但是，人的记忆毕竟有限，教师如不及时记录一些心得体会，过了一段时间后就很容易忘记，那么，它对今后教学的借鉴作用就相对有限。所以，教师一定要抽出时间及时积累一些体会深刻的反思，并经常翻看，不断总结升华，使有效的反思发挥更大的价值。

（三）更新教育理念，拓展反思途径

更新教育理念对于形成教师有效的教学反思，培养教师教学反思能力非常重要。教学，说到底是一种帮助或促进人的成长的活动，教师必须牢牢树立“以人为本”的理念，明白学生的发展才是教育的出发点和归宿。要将这一理念贯彻在教育教学的方方面面，而不仅仅是空洞的口号、标签。教学反思的根本目的在于

改进教学行为，提高教学质量，引导和促进学生的成长和发展，在这个过程中教师同时实现自身的成长和发展。在这一理念的统领下，教师应拓展教学反思的途径：可以从学生课堂上的反馈以及与学生的互动情况来反观自己的教学，在教学反思中多记录思考一些学生的反应及对此的深入思考；也可以从学生作业和考试中发现问题，有效利用错题资源，在此基础上改进教学。

（四）加强教学研究，提高反思能力

教师的教学反思不应该是漫无目的、浅尝辄止的，而应该根据教学中出现的关键问题展开认真、深入的行动研究和叙事研究。这就要求教师善于在教学实践中发现问题，并以这个问题为切入点，深入思考，探索改进的方法，而后再去实践，得出经验和教训后再思考，再实践……在这一过程中有效推动教学反思的深化与教学行为的持续完善。

二、学校管理层面

如果说激发教师个人教学反思的能动性，是促进教师教学反思能力发展的内部动因，那么，构建适合教师反思能力发展的良好的学校氛围则起到了积极的外部推动作用。克瑞墨·海因曾指出，反思并不仅仅是教师个人的事情，需要教育权威人士、教育行政管理人员和其他教师等对教师反思给予支持和合作。没有这种支持和合作，教师的反思很难进行，或者浅尝辄止，或者半途而废，或者不得其法。

（一）改变管理方式，营造良好氛围

学校所实行的管理方式在很大程度上影响着教师的日常教育教学行为。所以，要促使教师进行有效的反思，必须创设一定的管理机制。对教师的管理是对人的管理，其目的是促进教师更好地发展，应讲求人性化、个别化。在教学反思的数量上就不应当做统一的规定，应引导广大教师在真正认同反思的意义，掌握一定的反思方法后，主动根据教学实际做出相应的反思，值得个人深入思考的记录在案，不必“无病呻吟”、浪费时间。对于教师反思的评价也应更注重质量，要引导教师针对一个研究的专题做出深入反思，而不要面面俱到，“蜻蜓点水”。给教师建立个人反思档案，将一段时间内教师的反思积累起来，评价时要注重个人反思发展的纵向比较，重点考查教师的反思有没有一步步深入。同时，将反思成果与教师个人的教学实践相结合，考查教师是否将反思后的修改运用于教学，促使教

学更有效。另外，对于不同类型的教师评价的侧重点应有所不同，要分类进行指导和要求。再者，有评价就应有反馈，对于教师中好的反思要加以肯定，作为学习的榜样；反之，则要找到原因，帮助改正。

当然，对于学校管理者来说，除了通过评价考核来规范教师的行为，还应创设良好的校园文化氛围。首先，应积极创建学习型的学校。学习文化的塑造是推动学校建设的一个重要策略。学校领导不但要带头多读书、勤学习，还要舍得花时间、花经费组织广大教师共同参与学习。通过学习，促进教师了解先进的教育教学思想，并运用于教学反思和教育教学实践之中。其次，要营造民主开放的氛围。有效的教学反思强调教师具有思想的开放性，要善于从他人的教学中得到启迪，善于借助他人的眼光反思自己的教学。教师相互间的学习和交流对于教学反思能力的培养至关重要。学校管理者应通过教学管理，创建民主和谐的教师群体，让每一位教师都能感到自己的工作是同他人一样具有意义的，把他人作为自己事业的合作者。这样，他们才能始终保有一个开放的心态，敢于公开 自己的课堂，接受他人的建议。同时，也能对他人提出中肯的意见，为他人的反思提供支持性的建议。

（二）注重反思指导，提升反思能力

实践表明，影响教师教学反思能力的重要因素之一是缺乏反思指导，对有效的反思方法掌握不够。对此，学校管理者应及时提供有效的校本培训和专家引领。培训内容不应仅停留在对反思意义的认识上，更多的应是对相关理论的学习和具体操作实践的指导，而且要尽量做到细化，同时要有连贯性。一个阶段着重对一方面的内容加强指导，针对一个主题可以开设专家讲座，也可以寻找某个教学案例进行相关的反思实践指导，力求让教师弄明白、会操作。

需要强调的是，不同发展阶段教师教学反思的水平是有差异的，这就要求我们在对教师进行教学反思培训与专家引领时，也应结合其专业发展的不同阶段分类指导和要求。如对新任教师，应重规范，提技能；对青年教师，应重积累，促研究；对成熟教师，应重理论，促发展。

（三）改革教研模式，搭建反思平台

1. 创新教研模式，提高教研实效

在学校组织中，教研活动是教学反思最常用的一种方式。它对于解决教学中的实际问题起着举足轻重的作用，能促进反思不断深化和突破。教研活动的模式

创新，可从以下方面进行尝试。

（1）主题式教学研讨。教研活动必须围绕着一个主题开展。这个主题应该是教研组一个阶段的教学研究专题。实践操作式的听课评课是教学研讨的一个重要方式。教师的教学实践必须是针对教研专题有所思考后的尝试，要能鲜明地体现教研专题。而执教教师的说课应体现对于主题的思考过程，以及实践后的再思考，这样才能对一起参与研讨的教师有所启发。评课的教师也应针对这一专题结合课例谈自己的看法，当然还可以结合自己平时教学实践的情况作深入探究，最后由教研组长将教研活动的成果加以总结。

需要指出的是，主题式的教学研讨必须要有专业的引领，因为如果没有高层次人员的带领，同事间互助式的教学研讨会陷入同水平反复的境地。专业引领可以是请专家等高层次的人员来作指导，还可以是来自书本，来自对于理论知识的学习，所以教研组可以针对这一主题组织相关的理论学习，因为理论知识对于教学活动具有指导作用，教师个体能通过教研活动这个平台，为实践中产生的问题寻找理论支撑。

（2）结对式跨年级教研活动。所谓结对式跨年级教研活动是指由上一学年执教过该年级的教师和本学年执教该年级的教师结对开展教学研讨，在开展具体的教学实践前先由上一年执教该年级的教师陈述自己执教该内容后的反思，给本学年执教教师以借鉴，而后共同备课、上课、反思。此时的反思应着力于上一轮执教者反思中所出现的问题是否解决。这种特殊的教研形式对于教学新手是比较有用的，它借助他人的教学经验，能帮助教学新手少走弯路，同时也能让一些没有机会立刻付诸教学实践的反思在他人的教学中得到尝试，所以是一种值得一试的教研方法。

（3）校际联合教研活动。校际间的交流与开放能开拓教师的视野，丰富教师反思的内容，激发教师的思维。校际间的教研活动可以是学校间利用空余时间集中在一起开展教研，还可以通过互联网络的便捷在网上开展观课和评课活动。这样，既方便易行又起到了相互交流的作用。

2. 搭建交流平台，促进反思交流

除对教师进行相应的反思方法的培训外，将教师中好的反思进行交流，成为大家的借鉴也不失是一种好的指导方法。在较为开放的环境中，教师间相互的交流能产生新的火花，得到新的启示。

第四节　认识·经验·反思·收获

教学反思何以进行

——关于教学反思方法的反思

周海宁

新一轮基础教育课程改革要求教师要由原来的“经验型”教师向“反思型”教师转变。要成为“反思型”教师，并不断提升教学反思的能力，应知晓教学反思的内容，养成教学反思的习惯，更应掌握教学反思的方法。教学反思的方法很多，这里主要介绍以下几种方法。

一、日记反思法

日记反思法是指教师在一天的教学工作结束后，把当天的教学心得体会记录下来的反思方法。教育家苏霍姆林斯基曾这样说：“每一位教师都来写教育日记，写随笔和记录，这些记录是思考及创造的源泉，是无价之宝。”由此可见教学日记的重要作用。教学日记的内容可包括以下几个方面：一是成功之举，即教学过程中达成预设目标的措施，教学手段运用得当的体会，教学方法的创新，新课程理念的体现情况等。二是不足之处，也就是低于期望值的结果。“教学是一门遗憾的艺术”，再成功的教学总有需要进一步改善、优化的地方。对不足之处的记录可以包括：教学目标是否符合学生的认知发展水平；教学是否建立在学生已有知识经验基础之上，是否与学生的现实生活相联系；教法与学法的选择是否符合学生的年龄特征；等等。对这些方面进行系统的回顾和梳理并进行深刻的剖析，提出改进措施，或写出“再教设计”，即再教这部分内容时应如何做。三是创意之点。这里的创意既包括教师的创意，也涵盖学生的创意，如教师在教学过程中顿生的教学灵感、学生的独创性见解等。总之，教学日记篇幅不限，有话则长，无话则短，但贵在及时，贵在坚持，若能持之以恒，就会收到“聚沙成塔”的效果。

二、教学案例研究

教学案例研究是以某一教学事件或现象为研究对象，通过反复的观察、分析、提炼，以案例的形式来揭示教学内在规律的一种教学研究方法。同时，因为教学案例富含教育智慧和情绪体验，因而也是教师实施教学反思的好载体、好方式。开展教学案例研究要有好案例。教学案例的选择应遵循真实性、典型性、价值性等原则。所谓真实性，是指案例是发生在实际教学中的真实“故事”；所谓典型性，是指作为研究对象的案例，必须是典型的、具有代表性的；所谓价值性，是指案例应具有研究探讨的价值，对转变教师观念、解决教学问题、优化课堂教学有帮助。教学案例的素材一般来自：（1）研究自己的教学，从自己大量的教学实践中积累一定的案例；（2）观察同事的教学，从中生成案例；（3）与学生谈心，从学生的口中收集案例素材。收集了教学案例之后，应在新课程理念指导下，以教育心理学理论为工具，对教学理念、学生观念、教学行为的有效性等方面进行理性反思。例如，在教学中常见到这种现象：一些教师对学生做错题的处理方法是错一罚十，甚至错一罚百，而学生尽管苦不堪言、极不情愿，但还得接受处罚、应付了事，其结果是过一段时间之后，再遇到同类型题仍然出错。这是一个典型的教学现象，教师必须以教育心理学、教学法等方面的理论知识为指导，深刻地剖析和反思，以提升教学实践的合理性，提高教学效果。

三、交流对话反思

交流对话反思是通过与其他教师、学生的交流对话来进行反思的方法。新课程强调，教师之间应建立积极的伙伴关系，加强交流对话，加强沟通与合作，共同分享经验与成功。我们知道，教师的个人反思有一定的局限性，“智者见智，仁者见仁”。请同事参与相互讨论，相互交流，共同分析，提供不同观点，聆听多种声音，可以促使教师借助集体的智慧，进行更为深刻、更为全面的反思。为此，教师应经常与同事进行交流，可以向同事叙述自己在教学中遇到的问题，倾听同事的看法，使自己能正确地分析和解决这些问题。也可以采用“请进来，走出去”的方式来促进反思。“请进来”即邀请其他教师走进自己的课堂，请他们指出自己教学中的优点和需进一步完善之处；“走出去”即走进他人的课堂，观摩学习他人的先进经验。这样，可以反观自己的教学理念与教学行为，取人之长，补己之短。除了与其他教师进行交流对话反思，还应与学生进行交流，“从学生眼中认识自己”。在与学生交流过程中，教师要为学生营造平等、理解、信任和宽容的氛围，唯有这样，才能避免学生产生惧怕心理，从而开诚布公，坦诚交流。

四、教学录像反思法

教学录像反思法就是把自己的教学实况用摄像机录制下来，课后以“旁观者”的身份观看自己的教学录像，客观地评价自己的教学活动。新课程提出活动化的教学观，指出教学是师生之间、生生之间交往互动与共同发展的过程；在教学活动过程中，学生是学习的主人，教师是学生学习的组织者、引导者与合作者；师生之间的关系是一种和谐的、民主的、平等的新型师生关系。因此，通过观看教学录像，可以作如下反思：课堂上，用于教师讲话的时间和学生发言的时间分配是否合理；学生独立分析问题、解决问题的时间是否足够；教师是否常常微笑实施“微笑教学”策略，是否经常对学生做出表示认可的反应，如鼓励性地点点头、激励性的评价等；在学生交流讨论的过程中教师扮演的是一个“旁观者”的角色，还是新课程倡导的“组织者、合作者、引导者”的角色；等等。

教师要实现反思意识的不断觉醒、反思水平的不断提高，加强教育教学理论学习是非常必要的。我们知道，理论对实践具有指导作用，教师对教育教学真谛的理解和把握需要教育教学外在价值标准的内化，这是新观念确立的标志。新课程理念对许多一线教师来说是“新生事物”，如教学目标的多维化，教学评价方式的多样化，合作、探究的学习方式，教学内容的综合化等新理念的提出，使得许多一线教师在实践中感到困惑甚至迷茫。因此，只有将实践中反映出来的问题上升到理论层次加以反思，才能探寻到根源，使教师教学观念和行为的合理性水平得到不断提升。

总而言之，教师应养成反思的习惯，掌握反思的方法，每一次反思都应尽可能以上次反思为起点。如此循环往复，反思习惯就会不断养成，反思能力就会不断提高。

在教学反思中走向成熟

曹继华

美国学者波斯纳认为，没有反思的经验是狭隘的经验，至多只能形成肤浅的知识；只有经过反思，教师的经验方能上升到一定的高度，并对后继行为产生影响。他提出了教师专业成长的公式：专业成长＝经验＋反思。教学反思催生教育理性、教学智慧，促进教师不断走向成熟。

一、教学反思的内容

（一）写教学中的成功之处

教学中的成功之处一般包括目标达成的过程、引发教学共鸣效应的做法、课堂教学中应变得当的措施、现代教学思想的渗透与应用过程、教学方法的灵活运用与创新等。

语文课程标准明确要求学生能“初步感受作品中生动、形象和优美的语言，关心作品中人物的命运和喜怒哀乐，与他人交流自己的感受”。由此可见，语文教育的重要目标在于丰富学生的情感体验，培养其良好的人文素质。我把这些理解运用到实际教学过程中，效果不错。例如，在执教《穷人》一课的过程中，我始终以读为主，采用指名读、小组读、男生读、女生读、创设情境读等多种学生喜欢的方式，让学生在读中思考，在读中感悟，从而使他们受到了情感熏陶，获得了思想启迪。教学中，我始终带着饱满的激情真诚地与文本对话，与文中人物对话，与学生对话，不仅自己深深地被文中人物感动，而且这种情绪也感染了学生，从而使课堂教学收到了较好的情感陶冶效果。

（二）写教学中的疏漏与失误

课堂上教师难免会出现疏漏与失误。为此，教师应及时对其进行梳理，并作进一步的深刻剖析，以便使之为以后的教学服务。例如，我上完《鲸》一课后就在教学反思中总结了如下内容：授课过程中我没有引导学生利用好课前他们收集的资料。其实，课堂上我应给学生创造更多的发言机会，让学生畅所欲言，让课堂灵动起来。这样，学生就会在分析理解过程中自然地了解鲸这种动物。

（三）写教师的教学机智

例如，我听了一位教师教学《秦兵马俑》一课后，便将他的教学机智及我的体会写了下来：课堂上学生对秦兵马俑的庞大有不同看法，就在学生争论不休时执教教师说话了："我们一起来借助课文和资料理解秦兵马俑的庞大。"在学生不能明辨是非的时候，教师的教学机智就应体现在如何给学生一双慧眼，让他们借助课文、资料等资源，通过交流，使片面认识趋于理性。

（四）写学生的独到见解

学生是学习的主体，课堂教学过程中他们总会有创新火花的闪烁。教师将其记录下来，可以作为以后帮助自己提高教学质量的借鉴。例如，上《唯一的听众》这一课时，我让学生互相交流对重点句子的理解。针对老太太说自己是个聋子这个问题，有的学生看出了老太太的善良，有的学生看出了老太太对年轻人的鼓励，更为可贵的是还有学生提出了"老太太不仅是优秀的音乐家，还对年轻人音乐梦想爱护有加，人品更是令人敬重"的观点。由此，我引导学生得出了这样的启示：一个人要想得到别人的尊敬，不仅要有渊博的学识，还要有良好的品行。

（五）写教学中的困惑

例如，课件在近几年的教学中运用普遍，可以说已经成为教学必不可少的一种手段；但随着课件的长期使用，也出现了一些困扰教师的问题。从网上下载一些现成的课件，确实很便捷、实用，但如果囫囵吞枣、生搬硬套，未免不切实际，甚至会约束教师的上课思路。另外，无论是下载的还是自制的课件，都要考虑是否切合教学目标，是否符合学生实际；否则，滥用课件，不但浪费时间，而且浪费老师的精力。教学前，我会考虑这节课哪些课件必须用，用了会有什么样的效果；哪些课件可不用，不管它的形式有多漂亮，坚决去掉。教学结束后，再反思教学过程中课件的作用和效果，思考课件是否对学生的学习起到了积极的促进作用。

二、教学反思的方式

（一）要善于自我提问，在质疑中解决难题

我们经常和学生说：“学贵有疑，小疑则有小进步，大疑则有大进步。”我在平时的教学中也总爱多问几个为什么，我觉得这样才能更有效地帮助自己吃透教材，寻求到适合自己特点的教学方法。如设计教学方案时，我会经常问自己“学生已经知道了些什么”“我该怎样去引导学生读懂课文”“学生可能会有哪些不明白的地方”“出现这些情况后如何处理”等。

（二）填写课堂教学自我评价表

一堂课或一个单元结束后，对自己在该堂课或该单元的准备情况、上课情况以及课后小结情况，依照自己制定的评定标准对课堂教学的成败得失进行有重点的回顾、分析、评价，如自己的教态、语言、教学重点和难点处理、自己和学生的互动过程等。在条件允许的情况下，教师可对自己的课堂实录进行全面观察和分析，边看边反思。在每一次自我评价之后，根据自评各环节的结果，找出自己的得失，结合教师、学生的评价，认真总结，肯定自己的优点，客观地认识自己的不足，分析产生不足的原因，促使自己在反思中感悟，在反思中提升，通过反思不断地转变自我、完善自我。

（三）撰写教学日记

课堂是教师实施教学的主阵地，要让课堂真正发挥作用，更好地为学生的成长和发展服务，教师就要经常做点点滴滴的积累工作，不断积累、提炼经验，以求课堂教学得到持续完善、改进。撰写教学日记是教师积累经验不可多得的好途径、好手段。教学日记记什么？记对教材的知识点落实如何，记教材的再创造是否切合学生实际，记课堂节奏、密度大小适合度，记学生的反响，记讲练结合的效果，记重点、难点突出、突破情况……这样日积月累，必然会收到聚沙成塔、集腋成裘的成效，教师在这种渐进式的积累中逐步成长、成熟、成才。

在反思中成长

赵海华

教学反思就是指教师对自己的教学行为、教学过程始终持一种“健康”的怀疑，并进行执着的探索和创新的过程。课改提倡教师进行教学反思，改进教学行为。为此，在平时的教学工作中，我时常对自己的教学决策、教学过程及学生的学习过程等进行审视、分析，并有了些许的感悟与收获。

案例一：

教学“用9的口诀求商”时，引导学生复习“9的乘法口诀”，教师让学生用“9的乘法口诀”编除法算式。学生热情极高地行动起来：

生1：9÷1。

生2：18÷2。

生3：45÷9。

生4：3÷9。

生4刚说完，其他学生都喊起来：“老师，他编错了！”这个同学难过地低下了头，害羞得快要哭了。这时，教师走到那位同学身边，轻轻抚摸他的头说：“同学们，其实他很了不起，这道题他没编错，这道题要等到我们上六年级的时候才会做呢！”（同学们都很诧异，过了一会儿，教室里响起热烈的掌声，这个同学也慢慢抬起了头）教师利用学生的错误算式进行改编：谁能把“3÷9”这个算式的“3”重新换一个数，使它成为一道我们目前能解决的除法算式？

生1：把3换成27。

生2：把3换成72。

（学生激情高涨，课堂气氛异常活跃）

师：如果“3”不动，怎样添上一个数，使它成为一道除法算式呢？

生1：在“3”的前面添“6”，就是63÷9=7。

生2：在“3”的后面添“6”，就是36÷9=4。

反思：转变教育教学观念，把课堂还给学生。

以往的课堂教学评价注重教师教的过程，现在重视学生学的过程和体验；过去多关注教师教的行为，现在更多关注的是学生的创造；过去是有条不紊的程式化模式，现在是注重个体的差异，突出学生的个性特点。这样，面对新课程教师必须走下“一言堂”的讲坛，多给学生机会，让他们能就所学的内容大胆发表自己的看法，互相取长补短，集思广益，使课堂成为“海阔凭鱼跃，天高任鸟飞”的自由、轻松、活泼的学习天地。因此，在教学中教师应该做到让创新与实践充满课堂。只有营造和谐、自主、有创意的课堂氛围，摒弃那种教师高压式、灌输式、一问一答式等单调乏味的教学模式，让学生在课堂上自由大胆地表现出好奇心、挑战欲、想象力、动手能力等，才会使学生的思想无拘无束，创新灵感凸显。

在这个案例中，正是教师轻轻的抚摸、充满赞赏的鼓励，在学生的内心激起波澜，使他重新找回了自信。“谁能把‘3÷9’这个算式的‘3’重新换一个数，使它成为一道我们目前能解决的除法算式？”正是教师灵活机智的教学方法，才激起了学生后续的动力，才使课堂焕发出新的活力。课堂教学中，教师应更多地关注学生、关爱学生、欣赏学生，使学生体会到学习活动对他们来说不是一种负担，而是一种享受、一种愉快的体验。在这个案例中，教师能及时捕捉孩子的闪光点，并给予积极的评价，得到每个孩子的认可。教师利用学生的错误，巧妙设计，走出教材的框框，使课堂成为学生畅所欲言、放飞思维的场所。

案例二：

在“认识人民币”一课的实际教学中，在课文的导入环节，我先让学生观察了情境图，学生通过观察，说出买票、买报纸等都要用到钱，于是我说每个国家的钱都有自己的名称，美国的钱叫美元，日本的钱叫日元，我们国家的钱叫什么？学生说：“中元。”我如果再多举几个例子，如英国的钱叫英磅，法国的钱叫法郎，这样就会避免学生们顺着往下溜的结局了。出现这个小意外，我就顺势卖了个关子：我们中国的钱到底叫什么，你不知道吧，我来告诉你，叫人民币。在接下来让学生介绍自己认识的人民币时，忽然，侯津豪大声说：老师，我还认识五分的呢，你看，我都带来了，学生的注意力一下子都转向了侯津豪那里。于是，我就趁机让学生们专心听讲，引导学生仔细观察，共同总结出认识人民币的常用方法，了解了人民币都有哪些单位，学生学习的积极性高涨，数学课堂充满了活力。

反思：数学教学要密切联系生活。

课标指出：数学教学，要紧密联系学生的生活实际，让学生从现实生活中发现并提出有关的数学问题，使学生感受数学与日常生活的密切关系。随着课改的深入，我们的数学课堂确实发生了很大的变化——情境化、生活化、活动化……教学联系生活具体从何做起呢？带着这一疑惑我与几位同事进行了探讨。通过交流我发现，大部分教师在平时的教学中特别是授新课时确实较注意落实课标的理念，创设情境，引导学生观察、发现、提炼生活中的数学问题，但到了单元复习或者期中、期末复习时，大都是按题分类进行强化训练的。因为，在有限的几节复习课内如果达不到一定的训练量，学生容易出错。我想，正是这种强化训练的教学方式，导致了学生思维的固化、僵化。另外，家长普遍注重学习成绩，家庭教育较少关注能力培养，也是导致学生数学学习与日常生活脱离的重要因素之一。

数学源于生活，学习数学的重要目的在于应用，因此，即使在复习阶段我们也应结合实际设计一些有现实性、趣味性和探索性的题目，引导学生结合实际并在数学活动中寻求解决策略，培养学生用数学解决生活中的问题的意识、习惯和能力。

案例三：

在学习“20 以内的退位减法”时，教科书创设了购物的情境。我让同桌两人分别扮演售货员和顾客，商店有 15 支铅笔，售出 9 支，还有几支？学生运用所学知识，开展自主探究。有的用破十法：先算 15 — 10，再算 5+1；有的用连减法：把 9 分成 5 和 4，先算 15 — 5，再算 10 — 4；也有把 15 分成 10 和 5，先算 10 — 9，再算 5+1……方法多样化，人人动脑参与学习过程。接着我出示同类问题，让学生把这种算法应用到其他同类问题中，学生真正成为了学习的主人，收到了学思结合的效果。

反思：数学源于生活——但不等同于生活。

课标倡导“数学教学生活化”，在教学建议中要求数学教学要紧密联系学生的生活实际，弘扬学生的个性，提倡解决问题的策略多样化。但是数学毕竟不等同于生活，像上面那样创设购物的情境，用生活中解决问题的形式来解决数学问题，显然违背了数学学习的本质，但在实际生活中却是合理存在的，这种似是而非的生活数学势必造成学生思维的弱化、退化。另外，数学是一门严谨的学科，解决问题时不能为追求策略的多样化而随意增添或删减数字，这样不利于学生良好思维品质及学习习惯的培养，容易使学生养成懒于思考、投机取巧、“钻空子”等不良习惯。

瞬间启迪永恒

陈伟华

每一节课都是崭新的，都会带给我们不同的惊喜，我在捕捉每一个瞬间以及它带给我的思考。

今天是周二，常规的青年教师交流课时间。第一节是一年级语文课，执教者是年轻教师A，刚入校3个月。

刚刚结束拼音学习，学生正处于学生字阶段。生字的学习是一年级的教学重点，怎样把枯燥的生字让学生学得生动有趣，并牢固掌握，是教师们颇费心思的事情。

课堂开始，A教师就创设出学生喜爱的情境——参观菜园子，并提出要求：谁能认准生字，谁就能去参观。这节课学习的生字都是关于蔬菜的。老师把生字和图片结合在一起，读对一个生字就出现一类色彩鲜亮的蔬菜。学生一下子被吸引住了，都聚精会神地盯着黑板，大声朗读。教师也采用了很多办法，如开火车读生字、我当小老师领读、男女生比赛读……

接下来，是老师带领大家认读生字。老师让学生们拿出自己准备好的生字卡片，老师读一个，学生找到自己的卡片举起来并读一遍。读着读着，一个学生的卡片突然映入我的眼帘，这位学生拿的卡片背面画着与生词相符的蔬菜，虽然很稚嫩，但这位学生读词时的表情相当自豪。每当老师读一个生字时，他总是很快找出自己的卡片，高高举起并大声读出。

因为当时我是在听课，学生举起字卡时面向老师，卡片的背面老师是看不到的；而我坐在这位学生后面，其他学生的字卡后面都是无字的，这个学生的卡片就特别惹眼。我把这个场景用相机记录下来，下课与A老师交流此事。她果真没有发现，听到这个情况还特别惊讶，自己只要求学生准备字卡，并没有要求学生画出蔬菜。

我和这位教师同时反思。通过静心思考，我们对发生的事情有了深入的想法：教育是心心相印的活动，唯有从心底发出来的真情挚爱，才具有感染、激发的强大动力。学生在整个学习过程中，如果始终处于一种积极、活跃、兴奋的状态，那么，学习效果肯定是好的。课堂中这个学生的行为虽然很平常，其实折射出他喜欢做这件事，真实、炽热的感情是激发外在行为的内在动力。这个孩子在做字卡的过程中必定倾注了他的感情，并且他对自己的作品很满意，以至于他在课堂上读生字的时候表情那么自豪，声音那么洪亮。学习的过程有苦有乐，关键看教师是否匠心独运、慧眼独具，能不能把学生的热情激发出来、把学生的动力激活起来。如果这个教师在课堂上捕捉到这一瞬间，给予学生赞许和鼓励，学生以后主动参与学习的意识会更加强烈。

我们的课堂随时都在变化，有的场景经常出现，有的或许只是瞬间，不注意或许永远不会出现第二次，似乎也没有影响到什么。但是，每一件事情的发生，都可能蕴含巨大的教育价值，带来绝佳的教育契机。捕捉到丰富多彩的瞬间，思考其背后隐藏的教育价值，调整自己的教学行为，肯定会让教师更出彩、更出色。瞬间往往启迪着永恒！

教学技术到教学艺术的转变

穆　敏

“数学是思维的体操”。作为一名小学数学老师，多年的教学实践让我对这句话的体会越来越深。

四年级下册数学的一个教学重点就是乘法分配律。在小学阶段，不管是在计算题中还是在应用题中，乘法分配律都占据了相当重要的位置。四年级是重点，五年级要使用，就连六年级也得大量应用，乘法分配律可谓贯穿了整个小学数学的后半部分。不仅如此，乘法分配律还为初中学习因式分解打下了基础，其“战略地位”十分重要。

然而，在四年级下学期刚刚接触乘法分配律的时候，学生理解起来困难不小。在此之前，尽管学生已经学过乘法交换律以及乘法结合律，然而，由于乘法分配律的一部分外观形式与乘法结合律非常相似（如下所示）：

$a \times b \times c = a \times (b \times c)$　　乘法结合律

$a \times (b + c) = a \times b + a \times c$　　乘法分配律

因此，学生在刚刚接触的时候非常容易把乘法分配律和乘法结合律搞混，在使用乘法分配律的时候经常受乘法结合律的影响，跟着乘法结合律的形式就走了。如很多理解能力不是很强的学生在做题的时候经常犯这样的错误：

20×（4+5）

=20×4+5

=80+5

=85

这迫使我深刻反思，是不是自己的教学出了问题，才导致学生出现错误？让学生直接背公式的教学方法是不是适合所有的学生？有没有更好一些的方法，能让学生真正理解乘法分配律而不是死背公式？后来，我看了一位优秀教师写的一篇文章，内容是她有一次带着自己三四岁的孩子去逛街，回家之后孩子画了一幅逛街的画，出乎这位妈妈意料的是，孩子没有画高楼大厦，没有画琳琅满目的商品——整个画上画的全是人腿！这位教师陷入了沉思。是啊，高楼大厦和琳琅满目的商品这是出于我们大人的视角，然而孩子个子低，看到的只能是步行街上大人们的腿。她在想，当老师的一定要站在孩子的角度去思考问题才能真正把课教好。

我读了这个故事之后深受启发，就试着站在学生们的角度上去思考，怎么用他们已经牢固掌握的知识去学会乘法分配律。功夫不负有心人，一个看似偶然的机会帮我解决了这个难题。

一次四年级的数学课上，正好讲到乘法分配律的应用，班上一位学生回答问题时用错了乘法分配律。我抓住机会，因势利导：

"同学们，5个3是多少？怎么列算式呢？"

"5×3。"

"很好，7个3是多少？怎么列算式？"

"7×3。"

"那么用5个3再加7个3是多少个3？"

"12个3。"

"那么，是不是（5+7）个3？"

"是。"

"是不是就说明5×3+7×3=（5+7）×3？这是不是乘法分配律呢？"

"哇！原来是这样……"

"其实乘法分配律并不难，我们不要只死记硬背公式，要去寻找公式背后的数学意义是什么，这样掌握起来就方便多了。"

从此以后，我们班的学生在乘法分配律的使用方面再没有出过较大问题。

通过这件事情，我感悟到：教学不是熟练工，不能凭经验，而是要动脑筋，要站在学生的角度去思考问题，把知识以学生能够理解的方式传授给他们。换种思维方式，就可以收到不一样的效果。一言以蔽之——用心！

当一个教师不仅仅是用语言、手势、教学用具、多媒体教学等手段开展教学，而是用心去教学的时候，就会发觉教学技术会变成教学艺术。只有这样，教师才不至于成为一个教书匠、一个熟练工，而是学生学会、会学的真正引路人。

也说身教重于言教

汪莉芳

“其身正，不令而行；其身不正，虽令不从。”孔子的这句话充分肯定了教师身教的重要性。“学高为师，身正为范”，教师要把学生造就成什么样的人，自己就应该首先是这样的人；要求学生具有高尚的思想情操和道德品质，自己就必须首先具有这样的美德。只有这样，才能以自身的人格魅力吸引学生，启迪学生的智慧，培养学生的道德情操，激励学生追求知识，追求真理，奋发向上，勇攀高峰。

平时跟家长谈话，说的最多的就是“身教重于言教”，家长的以身作则是对孩子最好的教育。没想到身为教师的我，恰恰在这里犯了个不小的错误。

班上有个男孩子长得虎头虎脑，煞是可爱，可一遇到学习就犯难，别人学一两遍就能记住的知识，他要学十遍八遍才勉强记住，还保不准第二天会全部忘干净。起初我非常有耐心，每天放学都把他单独留下来辅导作业，不会的地方让他反复练习，直到弄懂弄会。可是一连几个学期都是如此，孩子的成绩也没有什么进步，我的耐心被一点点消磨了，辅导时就显得很不耐烦，甚至上课时见他举手也懒得理会。因为这个男孩子调皮好动，每每见他上课捣乱或随便说话就越发严厉地批评他。这样的日子一天天过去，我本人并没有太在意。但那节阅读课上发生的事，却使我大为震惊。

那天，是我班的阅读汇报课。按照惯例，学生们要将近两周要求读的课外书进行汇报。由上周评出的两名“读书大王”主持，我只是作为一个旁听者来参加。汇报的过程中，那个男孩子表现得极为踊跃，不停地举手，请求上台汇报，但主持人一次也没叫他。他变得有些不耐烦，开始拉着旁边的同学说话，这个小动作立刻被维持纪律的班干部发现了，当即暂停了比赛，非常严厉地批评了他。那语言、那动作简直就是我的翻版。犯了错的男孩子仿佛已经习惯了这种“待遇”，只是低着头默默地听着，连反驳的意思都没有流露出来。我坐在教室的一角，心头不禁一颤，这不就是我平日做法的活生生的再现吗？我无意中的一些神态、语言、行为，竟深深印刻在学生们的心田；我稍欠斟酌的处事方法、待人态度，竟牢牢映入学生们的脑海。原来，我的眼中已经看不到他的优点，而将他的每一次错误都夸大再夸大，这无形中让其他学生也用同样的眼光看待他，用同样的方式对待他。联想起以前振振有词地教育家长“身教重于言教”时的情景，我真是惭愧得很。

学生跟随教师的时间也就是不断学习的过程，教师的言行无时无刻不在教育着他们。你无意中流露出的一种倾向，也许就会对孩子幼小的心灵起到关键的导向作用。“身教重于言教”当是为师者时刻铭记的箴言；行“不言之教”当是为师者不可须臾懈怠的必修课。

教育要关注每个学生的情感

王　涛

随着新课程标准的实施，教师应该经常思考：自己的教育行为是否符合新课程的理念，自己在多大程度上关注到每个学生的情感。情感是学生内心最灵动的琴弦，是推动学生学习的内在强大动力。富有活力的学习活动和相互尊重的学习氛围有利于学生智力因素与非智力因素协调发展，有利于健康人格的形成。我们应该从实际出发关注学生的情感，让全体学生发挥自己内在的潜力，沐浴灿烂的阳光，拥有健全的人格。

在一次教学过程中，我创设了这样的情境：让班上一名成绩优秀的学生和一名成绩不太好的学生进行口算练习。当然，我在给他们题目时有一定的想法：让成绩不太好的学生比成绩优秀的学生算得快些，旨在鼓励后进生的学习积极性。比赛的结果当然是成绩不太好的那个学生获胜。顿时全班学生从疑惑不解到群情激愤，纷纷举手表达自己的意见，指出比赛的不公平。但是，两名“当事人”的表现却令我时至今日仍然不能平静：那名优秀的学生不发表任何意见独自伤心地哭了，而那名后进生脸上也没有一丝笑容，“虽胜不骄”的表情让我记忆犹新。于是，当其他学生做作业时，我立即叫出那两个学生，向他们了解情况，并进行疏导。我首先向平时成绩较好的学生道歉，说道：“对不起，老师在出题时只考虑到后进生，想帮助后进生，给后进生机会，建立他的信心，而没有考虑你的感受。”并帮助他分析了“哭泣”的原因，希望他在遇到困难时，变得更坚强。对成绩不太好的学生，我询问他胜了不高兴的原因，表扬了他的进步，鼓励他继续努力，这个学生脸上立刻露出开心的笑容。

本节课情境创设的目的是为了激起全班学生的情感共鸣，通过后进生比优秀学生算得快的“意外”，吸引学生的注意力，激发学生的学习兴趣，积极发现思考题目特征，理解简便算法的实质是“凑整”。一方面，对于多数学生而言，课堂的设计达到了预期的效果，但是当我看到优秀学生那哭泣的表情、后进生表现出的“荣辱不惊”时，我知道我失败了，显然这不是他们的精神需要。作为促进学生一般性发展的数学学科，应该更多关注学生的情感因素。

从另一个层面看，学生受益最大的竟然是老师的“关照”。他在无数次的挫折和打击面前变得坚强，而这种品质将使他终生受用。所以，挫折教育是人生重要的一课，而学习上一帆风顺的优秀生，却很少遭受挫折，所以才会因在一次不正规的比赛中“输掉”而伤心流泪。孟子指出：“天将降大任于是人也，必先苦其心志，劳其筋骨，饿其体肤，空乏其身……”这些都表明挫折教育是儿童成长中不可缺少的营养，对于优秀生也是如此。

再次回想这个教学片段，我对自己忽视尊重学生人格的无意识行为深感歉疚。

没有情感的教育是没有生命的教育。课堂上当老师用真情走进学生的情感世界，用心灵去感受心灵，用情感去触动情感时，学生就会以十二分的热情回报你，喜欢你，接受你所教的知识。教师应精心设计教学环节，多组织有趣的活动，满足学生的情感需要，让他们在轻松愉快的氛围里学习知识，师生之间的情感才能产生共鸣，学生才会积极主动地参与学习，达到有效学习的目的。重视学生、关爱学生，使学生“亲其师，信其道”，使枯燥的课堂充满感情和活力。这应该是教师不懈努力的目标，是教师教学的至高境界。

鼓 掌

吴小磊

一天下午，当我偶然穿过操场时，发现我们班的学生正在上体育课。受好奇心驱使，我便停下脚步，驻足欣赏。

这节体育课的学习内容是跳鞍马。操场中间摆放着跳板、鞍马、薄垫子，学生分立在两边，体育老师正在向学生讲授跳鞍马的动作要领。老师先讲解了跳鞍马的分解动作，让学生依次试做，这一阶段学生基本上顺利地完成了分解动作。接下来老师开始演示完整的跳鞍马过程，短距离的助跑后，双脚踩在跳板上用力向下蹬，双臂用力支撑在鞍马上，然后身体随着惯性向前，双腿自然分开，很轻松就跳过去了。这项运动是我们小时候经常玩的游戏，有一个同学蜷缩着身子装成鞍马，还可以升降高度，其他人排成一队依次跳过。现在的学生多数属于“圈养型”，像这样的运动是很少接触的，真难想象学生们会跳成什么样子。

“好，现在请同学们排好队，像老师刚才那样试着跳一跳，不用怕。”说着，体育老师站到了薄垫子上，做好了保护学生的准备。这时已经有学生跃跃欲试了，有几个班上的“体育健将”率先轻松地完成了整套动作。我看着班里几位“重量级”人物，不禁有些担心。轮到张三了，他平时就有些腼腆，身体微胖，明显不是“运动型选手”。此时张三在大家的注视下略显迟疑，在老师的一再鼓励下，他硬着头皮跑了起来，踩上跳板，双手用力一撑，双腿抬起，屁股竟然坐在了鞍马上。幸亏体育老师伸出双手接住，他才踉踉跄跄地没有摔倒。同学们被这一幕逗笑了，张三也羞得满脸通红。这时，体育老师大喊了一声：“鼓掌！”两秒钟后掌声雷动。“再来试一次！”张三似乎受到了莫大的鼓舞，脸上多了一丝坚毅，在大家殷切的眼神中，他第二次试跳，尽管还是踉踉跄跄，同学们这次却自发地鼓起掌来。在接下来的试跳中，学生们争先恐后，跳得不好的大家都会鼓励他再跳一次，并且都会由衷地为彼此鼓掌。

自尊心是孩子成长的精神支柱，是向善的基石，更是自我发展的内在动力。有的学生在课堂上不敢展示自我，不仅是缺乏自信，更是自我保护的体现，作为教师一定要把维护学生的自尊心放在首位，特别是对学习有困难的学生，教师更要充满期待、热情鼓励。这位体育教师在学生尴尬之时，用真诚的赞扬和鼓励温暖了学生的心灵，激发了他再次尝试的勇气和动力。学生们的笑声本是无心的，可像这样的无心之举往往会刺痛别人的自尊心。正是教师及时引导，使学生们由无心的讥笑到有意的赏识，去主动发现别人的闪光点，互相欣赏，互相鼓励，共同进步。愿我们的教师都有温暖的胸怀，去理解、包容、鼓励每一位学生；愿我们的学生都有发现真善美的眼睛，去关心、赏识、帮助每一位同学！

课堂到底有多大

杨　洋

许多一线教师会经常抱怨课堂40分钟不够用！如何提高课堂教学效率也是各个学校教学研究的重要内容。如何能让我们的课堂变得高效呢？这个问题也同样困扰着我。我们常说向40分钟要质量，最大化地发掘40分钟课堂的效益。可是40分钟毕竟是有限的啊！在课程改革的背景下，既要完成基本知识和基本技能的学习任务，又要关注学生的技能技巧、情感态度，40分钟似乎真不够用！

要想真正改革课堂教学，必须弄清楚什么是课堂。大道不明，迷路难免。

搜索百度百科，“课堂”的解释是这样的：“课堂——学生学习的场所。”不难看出：其一，学生是课堂的主人；其二，凡学生能学习的地方都是课堂。可见，由教师导引的发生在教室里的学习是“小课堂”，大自然、大社会是学生更应该接触的“大课堂”。

当有了“大课堂”的观念后，我在自己的教学中开始了新的尝试。

在四年级上册“大数的认识”这个单元的教学中，到了学习“省略万位后面的尾数”这节课时，我就把大部分内容放到了“大课堂”中，让学生提前在家围绕273548这个数，思考以下问题：这个数省略万位后面的尾数是多少？省略千位后面的尾数是多少？省略百位后面的尾数是多少？

第二天，学生带着自己对这三个问题的思考和答案来到了“小课堂”。

我们直接进入“正题”——答案。学生们一个个眼睛都瞪得大大的，比平时精神百倍，因为他们迫切地想知道自己的答案是否正确。

我先请几个学生分别在黑板上写下了自己的答案。

一瞅，不得了，答案五花八门！当然，随之而来的争论也异常激烈。这时，我的心情却是很好的，比起学生不关心学习内容来说，这样的争论真的是件好事。

我请每个演板的学生讲一讲自己的答案是如何得出的。在讲的过程中不断有学生补充、纠正，离正确答案也越来越近。

最后的结果比我预想的还要好，学生们不仅知道了怎样省略万位后面的尾数，还总结出“无论省略哪一位后面的尾数，都是看省略部分的最高位，在最高位上四舍五入”这个规律。

在这个学期接下来的学习过程中，但凡出现“小课堂”上有争议的内容，我坚持不发声不表态，一律交给“大课堂”，请学生自己找时间课下去证明和验证，以事实说话，收到了非常好的效果。这样一来，40分钟的课堂上研究的内容更集中、更有深度，而一些知识内容放手让学生到“大课堂”去完成，也调动了他们的积极性、探索欲和求真精神。

其实，学生发生学习的场所就是课堂，教师要有这样一种大课堂的观念，从学生主体的角度出发去设计教学。尊重每位学生学的权利，创造机会让他们有足够的时间和空间用来思考和学习。先思考自己的答案，再与他人分享学习成果，学会如何交流；在交流中又产生了知识的碰撞，学会自己去辨析，最终去伪存真、得到答案。经历这样的过程，是不是才算是真正的学习呢？我们的课堂到底有多大，可以延展到什么地方，有待你我共同去思考、去拓展！

蹲下来，我们一样了

李岚华

通过研究优秀教师教学案例，我发现每一位优秀教师课堂上都有各自的特色；但似乎又有着共性，那就是能够让自己“蹲下来”，站在学生的角度去思考、去感悟、去体验。随着教育改革的不断深化，师生关系已从陈旧的“师道尊严”的禁锢中解放出来，民主、平等、和谐的师生关系是我们共同追求的目标。如何真正做到课堂上师生关系的平等呢？我想到了前些时候省级示范观摩课上安阳市一位男教师的一节音乐课。

小学音乐课一直以来都是以女教师为主流，而那是一位长得又高又胖的男教师。他在课堂上教吹奏竖笛，前半课时教学环节很流畅，但又似乎缺少精彩的环节。后半课时学生自由练习，当他弯下又高又胖的身体蹲在需要指导的学生身前，仔细地指出他们的问题所在时，全场都不约而同地鼓起掌来，大家都为他能蹲下来平等地与学生交流而赞叹。课下点评时，有专家非常感动地指出：当你只有和孩子站在同一高度时，孩子才乐意接受你和你教的知识，这位老师做到了。

是啊，回想平时的课堂，我们总是高高在上，滔滔不绝地讲授着教材的内容，可是有多少学生是在非常轻松愉快地学习？当学生在课堂上犯了错误，我们是否能弯下腰，蹲下来和他讲清道理？关注学生就要蹲下来和学生说话，要站在学生的角度去思考问题，当我们变换了一种姿态时，才会发现教师的“高高在上”是学生所不愿意接受的。

蹲下来我们就一样了，不仅仅是姿势和位置的问题，最重要的是教师要真正关注学生的发展，关注学生的感受，只有当我们和学生心理相容、心灵相通时，才能真正地实现师生关系的平等。这个时候，我们的教育离成功就不再遥远了。

用提问点燃妙想的火花
——《永远的蝴蝶》教学案例分析及反思

王冠男

教育不是灌输，而是点燃火焰。——苏格拉底

校公开课，课程即将结束，文章讲述了一个凄美的爱情故事。幼教专业，十几岁的姑娘们似有所感。课堂小结，提问学生阅读的感受。第一位学生中规中矩地说了自己对爱情的看法和感想，紧扣课文。第二位学生起立：“我认为，还应当珍惜亲情。可以想一下，当文中‘我’的妈妈知道这件事后，会多么心疼樱子而且担心自己的儿子。我们都是住校生，离家远了，所以要更加珍惜父母对我们的爱，不能让家长为我们担心。”第三位学生起立：“这篇文章给我的最大启示，是应该珍惜自己所拥有的一切。”“为什么呢？”“文中的樱子那么年轻，就因为车祸失去了生命，而我们生命中有太多东西值得珍惜了，比如妈妈对我的爱，我和同学们的友谊，我拥有的学习机会……生命无常，所以

要珍惜自己所拥有的一切。除了珍惜，我们还应当用力活着，生命的每一天都是美好的，我们要让自己的每天都活得充实美好！”最后大家的结论是——活在当下，珍惜当下的一切美好！

多年的教学生涯中，往往看到，学生思维会按照教师设定好的路线一直走下去，像车间里流水线上下来的产品一样，没有个性，缺乏灵性与思考。站在讲台上的教师，教给学生所谓的标准答案，使学生在看书时失去了青少年的天真和幻想，拥有的是成人的思维和世俗的眼光。在教学中，最有效的教育方法，不是告诉学生答案，而是向他们提问。在优秀教师那里，学生学习的一个突出特点，就是他们对学习的对象采取研究的态度。教师并不把现成的结论、对某一定理的正确性的证明告诉学生。在语文教学中，对文章的理解更不能一成不变，对文章情感的领悟，不存在所谓的标准答案。因此，语文教师应该在课堂教学中多角度、多层次提出问题，激发并点燃学生奇思妙想的火花。

学生——教师教学行为的出发点

陈卫宇

计算机应用基础是中等职业学校非计算机专业的一门公共必修课，其中Excel电子表格是非常重要的一部分内容。每次教学这一部分内容时，我都想方设法，尽量使学生理解透、掌握好。

在上学期的一节计算机课上，又轮到讲Excel中公式与函数的使用了，我按照以往的教学环节，先通过学生自学和教师讲解相结合，让学生掌握了公式的组成和输入方法，然后让他们通过两个工作表的计算及时巩固所学知识，提高操作技能。在巡视过程中，我发现许多学生很快就把我布置的任务完成了，然后扬扬自得地向我邀功。郭某某同学还说：“这么简单，我们以前都学过，早就会了，剩下的时间我们可以玩一会儿了吧？”我没有正面回答他，而是转向全班学生，问他们是不是都觉得这部分内容挺简单的。大部分学生都说很简单，不用再讲了，一小部分学生选择了沉默。据我的了解，他们都是住校生，平时很少接触计算机，所以学习起来会吃力点。怎么办呢？

我肯定不能让学生牵着鼻子走，如何完成教学目标呢？我灵机一动，他们这么嚣张，何不让他们尝一下失败的痛苦呢？于是，我立即调整教学方法，把本来要讲授的一个表格计算题，请一个学生上来做。我说："下面还有一个任务，请大家选派一个代表上来做，如果他能准确无误地完成，这节课剩下的时间就留给大家自由支配；否则，大家还需要认真地学习，好不好？"学生们异口同声地回答："好！"然后开始热烈讨论候选人，最后一致决定让王某某上来完成任务。王某某满怀信心地走上讲台，向大家演示这个表格的计算。他按照刚才学过的公式的使用方法，一步步地完成计算，最后发现，只有第一个单元格中的计算结果是对的，其他单元格的计算结果都是0，所有同学满脸疑惑、一头雾水。我问学生："大家都仔细看了他的操作步骤，发现什么问题了吗？"学生们都说："没有。"我再看看王某某，他不好意思地低着头，纳闷地说："奇怪，我没有做错呀，怎么回事？"这时，我窃喜自己的目的达到了。我因势利导地对学生们说："通过这个表格计算，说明大家对刚才所学的知识确实掌握得很好，应该提出表扬；但这些还不够，还需要我们进一步学习，才能用Excel解决更多的数据计算问题。"然后，我带领大家一起来分析这个表格计算和前面所学的有何不同，讨论这个表格该如何计算，从而让大家掌握了单元格的相对引用和绝对引用的概念、使用方法及使用环境。

那些自以为很了不起的学生，通过这个失败的例子知道自己所知的东西简直太少了，居然连这么简单的问题也解决不了，于是便带着疑问，积极主动地和教师一起分析问题，探索新的解决办法。其他学生也通过这个表格计算巩固了刚才所学的知识，学会了新知识，顺利地掌握了本节课的难点。最重要的是每个学生都能积极地参与到课堂中，和教师、学生共同分析、讨论，努力学习知识和技能，体验到成功的快乐。

在这堂课上，当学生对所学的内容表现出不屑，想玩时，我没有表示不满、提出批评，也没有顺水推舟接着学习新内容；我知道，这样会助长学生的浮躁和任性，养成学生不良的学习态度和习惯。而是及时调整教学方法，把自己本来要讲的内容拿出来考学生，当他们失败后，和他们一起分析、讨论解决问题的新办法，帮他们从失败中走出来。这样，自然而然地把他们引入到课堂中，完成了预期的教学目标，也突破了本节的教学难点，真可谓两全其美。

现在计算机已经非常普及，许多学生已经具备了一定的基础知识。但是，受各方面因素的影响，他们的知识层面往往很浅，能力往往不足，却总是在接受正规的计算机教育时拿自己已知的东西来"套用"，学习起来也很浮躁。为了教学过程的有效进行，更好地完成教学目标，教师不但要具备过硬的专业知识，还要以学生为出发点，因材施教。平时，教师要注意观察学生的情绪与态度，仔细揣测学生心理，经常与学生交流，了解学生对知识的理解与掌握情况；课前，要全面地了解学生的整体水平，选择合适的教学方法；课堂上，注重学生反馈的信息，并据此及时调整教学方法和教学环节，充分调动学生的积极性，让学生在每节课都学有所得，知识得到拓展，技能得到提升。

第四章
学校管理与课堂教学案例开发

推动一线教师积极参与课堂教学案例开发、研讨及把案例中的教育教学理念吸收并融入自己的实际教学中，需要学校从管理层面为教师营造一个良好的课堂教学案例开发与应用环境。从学校管理的视角来看，案例开发与实践环境的营造主要包括提升教师的案例分析与应用素养、构建案例开发与应用的规章制度、建立案例开发与实践的激励机制、构建以案例为基础的知识管理系统平台。

第一节 提升教师课堂教学案例分析与应用素养

优秀课堂教学案例的撰写与实践需要教师具有扎实的理论修养，需要具备较为自觉的反思意识和反思能力。因此在学校管理层面，应制订有效的措施和培训计划，提升教师的课堂教学案例分析与应用素养。

一、搭建课堂教学案例开发与应用课程平台

（一）搭建理论与实操培训课程

近年来，已出版或发表的典型的、优秀的教学案例有很多，研究也已证明案例教学是推动教育教学改革，全面提升教育教学质量的重要途径之一，优秀教学案例走进寻常课堂，在课堂中实施案例教学本是顺理成章的事情，然而学校教学

实际并非如此，案例融入教学虽已逐渐引起重视，但总体看案例教学的发展与深化之路还很长。造成这一现象的原因很多，其中最基本也是最重要的一点是教师在开发和运用案例实施教学时，缺乏必要的专业知识，在案例开发与应用实践的理论理解上还缺乏必要的培训和提升，因此，合理搭建课程结构，均衡配置理论课程和实践课程是必要的。

从内容上看，案例开发与应用平台应该搭建两类培训课程：一是有关案例开发与应用的理论培训课程。理论培训课程应该包括案例开发与应用的意义、原则，在课堂教学中选择和编排案例的理论知识，案例教学的实施应注意的问题、实施的细节及技术手段等；还应该包括如何评价案例及对实施案例教学的反思等理论知识。案例开发与应用的理论培训课程应该系统化、实操化和模块化，学习的理论应该对教师开发案例，实施案例教学提供切实指导，保证足够的理论课程学时，夯实案例开发与应用的理论素养是教师应用案例实施教学的重要支撑条件之一。二是实操培训课程。理论培训课程的实施，提升的仅是教师的案例开发与应用的理论素养，这就好比驾驶汽车，了解汽车和汽车的驾驶理论知识，对驾驶汽车当然是有用的，但仅有理论是不够的，再多再好的理论不能和实践结合起来，也不能转化为现实。就课堂教学来讲，教学能力本身具有很强的操作性和实践性，案例教学只是借助案例平台在更有效的基础上实施教学，因此，案例教学必定要求具备更高的实践操作能力。在搭建平台时要把实践培训课程考虑进来。实操课程的内容应该包括如何撰写案例、如何分析案例、如何学习案例、如何利用案例等方面的知识与操作训练。同样实操课程也应该系统化、模块化，应该在理论知识的指导下进行。

（二）创建课程培训方式

案例开发与应用的课程实施需要通过一定的方式实现，第一种最常用的也是证明最为有效的方式是典型案例教学观摩。运用案例教学法对教学案例中的教学情境及其所蕴含的问题以及可能采取的解决办法进行主体探究，通过讨论与交流，让教师在同伴互助、合作共进的教研文化浸润中习得知识、内化理念，从而促成由模拟情境向现实情境迁移，增强其教学决策能力。第二种是利用微格教学实施案例教学。当前，课堂教学中普遍存在教师案例教学意识与能力薄弱的现状，对大多数教师来说，案例教学能力尚属“新能力”范畴，在实践中更加适用于微格教学。实质上，微格教学是在教学理论和教学实践之间架起的一座“桥梁”，它强调流程或步骤的可操作性，形成了一整套可具体描述、可示范、可定量评价、可供在职教师训练的教学技能实训模式，有助于促进教师自我反思，及时矫正，强化技能。第三种是课程培训的专题化。专题化课程培训有助于提高课程培训的效率，并有助于和实训相结合，有针对性地提升教师的案例开发与教学能力。结合有关研究，我们认为专题化设定至少应该包括以下几项内容：专题1，通过课程让教师了解案例教学和一般教学的区别，比如什么是案例，案例有哪些基本特点，案例的编写有哪些要求，什么是案例教学，案例教学的主要特点是什么，其操作要领如何。专题2，案例教学的标准是什么？目的是什么？原则是什么？专题3，案例教学实施的要点有哪些？比如如何呈现案例，如何引导学生分析案例，如何引导学生讨论案例。

（三）不断更新课程内容，搭建开放式课程平台

当今时代，知识爆炸，各个领域都在发生着变革，教育领域也不例外，课堂教学作为学校教育的主要阵地，同样也发生着深刻变革。案例教学又是课堂教学的实施形式之一，因此，案例教学培训课程应该是动态的，要随着课程改革和学科发展的需要不断更新培训内容。具体讲，无论是理论课程还是实操课程，课程内容的更新应该综合考虑以下几个方面：首先，培训课程内容的搭建应该与本地、本校教师的实际需要和校本实际相结合，引进案例和实施案例应该考虑本校教师的实际需要和操作水平。其次，及时把最新的、对教学实践影响较大的案例补充到课程中来，同时也要注意把跟不上时代需要、过时的案例剔除出课程内容。再次，在实操课程内容制定及实施上，应该充分考虑现代教育技术手段在案例教学中的有效应用。最后，课程内容的制定应该有助于讨论交流，并在讨论交流中提高案例教学的实效性。

二、提升教师课堂教学案例分析点评能力

组织教师观摩案例，分析与点评案例是促使教师实施案例教学，提高教育教学质量，深化课堂教学改革的有效途径，也是引导教师开发和应用案例的重要支撑条件。教师在案例观摩或讨论案例时，应该从哪些方面分析案例，应该从哪些方面点评案例，在与教师座谈和问卷调查时，我们发现，大多数教师对这方面的知识是欠缺的，因此，从学校管理层面看，通过一定的方式方法提升教师案例分析与点评素养是必要的。结合有关的研究，我们认为引导教师分析和点评案例，应该从以下几方面着手。

（一）从案例及案例教学是否有助于构建新型的师生关系点评案例

传统课堂教学中教师经常扮演传授者、权威者的角色，课堂教学改革的新理念认为课堂教学应该以学生为主体，教学设计与组织应该能够体现学生的主动性、积极性和学生学习活动的主体性，这就要求教师在课堂教学中应该改变传统教学中的角色地位，以一个活动的组织者、引导者、参与者，或者是一个课堂的发现者、开发者、欣赏者的角色出现在课堂教学的各个环节当中。在观摩案例教学中，教师能够创建民主的课堂氛围，能够敞开心扉，与学生平等交流，是评价案例教学是否成功的标准之一，引导教师从这一角度点评案例或案例教学，也有助于教师在自己的案例开发与应用中体现这一标准。

（二）从案例及案例教学是否有助于构建新型、民主的课堂教学氛围点评案例

现代教学论认为，课堂教学应该尊重学生在学习过程中的独特体验，应该给学生合作、自主探索问题的时间和空间，应该把封闭的课堂变得灵活、开放。案例教学是课堂教学的形式之一，应该符合现代教学论的要求，因此，在引导教师对案例及案例教学进行分析和点评时，评价的着眼点之一就是案例教学是否为学生营造了一个民主、和谐、宽松的课堂学习氛围。具体讲，案例教学中师生合作、生生合作、平等讨论、相互补充的气氛是否浓烈，学生充分展示自己的机会、无拘无束地表达自己的感受、轻松愉快地用语言表达自己的见解等是不是得到了充分保障，应该成为案例及案例教学点评的要点。

（三）从案例教学是否体现学生的主体地位点评案例

苏联教育家苏霍姆林斯基曾说：“在人的内心深处，都有一种根深蒂固的需要，就是希望自己是一个发现者、研究者、探索者，而在儿童的精神世界中，这种需要特别强烈。”德国教育家第斯多惠认为：“教学艺术的本质不在于传授知识，而在于激励、唤醒和鼓舞。”一个好的教学案例、一个高效的案例课堂教学应该能够充分尊重学生学习的主体地位，应该能够激发学生的主体意识，让学生去创造、去实践，而不是完全受限于教师制定的条条框框，总是按教师的思维、想法去行事。因此，在观摩和讨论案例及案例教学中，应该从理论和实践两个方面引导教师去关注学生主体意识的发挥情况，从这一角度提高教师对案例及案例教学的点评能力。

第二节　课堂教学案例开发与实践的学校激励机制构建

詹姆斯教授研究发现："如果一个人受到充分激励，就能发挥自身能力的80%—90%。由此而知，激励能够有效地调动人们的积极性、创造性和发挥其聪明才智、潜能；它能满足人们的不同需要，培养人们的积极情感和坚强意志。"激励的根本作用在于促使客体产生需要、形成动机并付诸行动，最终实现激励目标。人是具有极大潜力的，但能否充分挖掘出来，则取决于激励机制是否有效。

课堂教学案例开发就是一个创新和积累新的教学经验的过程，从管理的角度来说，它不仅要求管理者深入实践，还要求其时刻保持高度的专业敏感，及时捕捉潜藏于课堂教学中的教育实践智慧。综合已有研究，激励机制的构建对课堂教学案例开发与实践具有以下几点作用：首先，激励机制可以激发教师的心理能量和聪明智慧。心理能量存在于教师的主观意识当中，激励机制能够有效调动教师参与案例开发的积极性，持续不断地调动学校和教师参与课堂教学案例开发的热情，促使学校和教师产生内在的动力，最终增强教师的专业技能，提升教师的实践智慧，实现教师的专业化发展。其次，激励机制有助于营造一个竞争环境，激发教师的竞争意识。竞争是一种压力，教师感知到的压力一旦转化为动力就有助于案例开发与研讨的深入推进。最后，通过科学的、艺术的激励机制的构建，促进学校内教育教学环境的改变，形成案例开发与研讨的氛围，提升教师的参与度。

一、课堂教学案例开发与实践的意义激励机制

意义激励是教师积极参与课堂教学案例开发与实践的重要构成部分之一，让教师明白案例开发和实践可以把自己的教学过程情景式再现，用新的观点进行审视、评价和分析。教学过程中的得与失、对与错，都能由模糊变得清晰。能使教师把教学过程中存在的问题认识得比较深刻、解决得比较恰当。以便于总结经验和教训，清楚地看到自己的缺点与不足。

首先，教师参与课堂教学案例开发有利于促进教学理论学习。开发教学案例，

需要运用教学理论对教学案例进行分析。这一过程往往让我们感到教学理论的缺乏，分析教学案例感到力不从心。这就促使我们要带着问题去有针对性地学习有关的教学理论。这时的学习，是为了解决教学实际问题的学习，有着明确的目的和强烈的愿望，往往能够收到事半功倍的效果。同时，通过撰写教学案例学到的教学理论，就不再是抽象的、空洞的，而是有用的思想和方法，有利于提高教学理论水平，用科学的教学理论指导教学实践。如案例“迎面跳绳接力跑比赛”，通过游戏的形式，把学生组织起来，进行快速跳绳接力跑比赛，教师也积极参与其中，在有效激发学生锻炼积极性的同时，也使教师对迎面接力有了更深的理解。

其次，教师参与课堂教学案例开发有利于总结教学经验教训。案例撰写是对教学实践的反思，从实践中选择适当的实例进行描述和分析，可以使我们更清楚地认识有些做法取得成功的原因，吸取有些做法失败的教训。通过反思，提炼并明确有效的教学行为及其理论依据，从而更有效地指导今后的实践。案例还是教师梳理记录自己教学生涯的很好的形式。在学校和课堂里，有许多值得思考、研究或回味的人和事。有些事情或思考并不适合写成论文，也不想记成流水账，那么撰写案例不失为一种选择。案例不仅叙述了教学行为，也记录了伴随教学行为而产生的思想、情感及灵感。它是个人教学档案和教学史，有独特的保存和研究价值。如案例“调皮大王，也有可爱之处”，就是通过因材施教，并注意学生个体差异，建立和谐的师生关系，适时创造宽松愉快的教学方式和课堂氛围，使学生们在愉悦的氛围中接受教育，改正错误，身心得到健康发展。

再次，教师参与课堂教学案例开发有利于推动教师交流研讨。案例是教学情境的故事，不同的人对故事会有不同的解读，因此案例十分适合用交流和研讨，可以成为教研活动和教师培训的有效载体。教学案例集中反映了教师在教学活动中遇到的问题、矛盾、困惑，以及由此产生的想法、思路、对策等。就这些问题和想法，我们经常组织教研组的教师在一起进行交流和讨论，对教师提高分析能力和业务水平，是非常有益的。

最后，教师参与课堂教学案例开发有利于形成教学研究成果。关于某个专题研究的教学案例，不仅本身是教学研究成果，而且还是撰写教学论文与课题研究材料的素材。这类素材经过加工，具有典型性，采用这样的素材写成的教学论文与课题研究材料，紧密联系实际，内容丰富，有血有肉，生动形象，真实可信，具有说服力和感染力。

二、课堂教学案例开发与实践的奖励机制

奖励机制是学校管理教师的基本手段之一。所谓的奖励机制是指学校的管理者为了调动教师工作的积极性所建立的一种制度上的保障，是指学校通过给予教师一定的物质和精神支持以肯定教师的某些行为和行为后果。奖励机制应该包括物质奖励和精神奖励两个方面的内容。在研究中我们发现，虽然大多数教师认为课堂教学案例开发与实践有助于新课程课堂教学改革理念的理解与应用，但实际参与撰写和研讨案例的积极性并不高，究其原因可能除中小学教师的工作强度比较大外，有不少参与的教师认为学校缺乏必要的奖励机制与实际操作规程也是一个重要因素。因此，我们认为应该构建课堂教学案例开发与实践的奖励机制。

奖励机制能够提高教师参与案例开发与研讨的积极性，但奖励机制该如何构建，构建的奖励机制是否真的能发挥应有的作用，是需要深入探讨的问题。我们认为，构建奖励机制首先要求学校的管理者正确理解奖励效应。奖励机制包括物质奖励和精神奖励。学校管理者的一个认知误区是基于管理中“经济人”的人性论，把教师看作是金钱或经济利益的最大追求者，要让教师积极参与课堂教学案例开发与实践只要给予其物质奖励就行了，这种管理理念有它积极的一面，但消极的一面也相当明显。有研究表明，物质奖励达到一定程度，它的激励作用就会逐渐下降。对于教育者来讲物质奖励虽是必须的，但很多教育工作者对荣誉、尊严及价值的社会认可度更为在意，所以，物质的奖励应合理制定。另一个认知误区是过分弱化物质奖励的价值，认为教师应该具备高尚的道德情操，应该具有甘于清贫和甘于奉献的精神，换句话说就是教师不该谈钱，若谈钱则有损教师形象。这样的理解虽然看到了教师对荣誉、尊严的在乎，但是忽略了物质同样是教师的需求，也是衡量教师工作价值的重要标准。正如赫茨伯格所认为的工资、奖金等保障因素，至少在现阶段对绝大部分教师来说还是重要的激励因素。

本研究及相关研究表明，合理的课堂教学案例开发与实践的奖励机制的构建有助于提高教师的积极性。但须注意的是，奖励并不总是必然地提高教师参与课堂教学案例开发与实践的积极性。一旦奖励机制运行失当，就可能引发教师在心理上的不满和怨恨，以及行为上的消极对抗，从而削弱奖励的激励作用。为了防止奖励机制的失当带来的负面影响，我们认为在制定奖励机制时应考虑以下问题：首先，奖励具有时效性，要把握好时机。有研究表明，奖励的激励度与时效成正相关关系，奖励缺乏及时性往往会削弱激励度。基于时效性理解，若教师撰写的案例得到了大

家的认可或在相关杂志、报纸及书籍中发表后，学校要给予及时奖励，及时奖励是给教师的肯定性反馈，增强了教师的自我价值感，价值感变为动力，能引导教师继续参与更多更高水平的案例开发与实践。其次，奖励的适度性。奖励的目的在于促使教师参与课堂教学案例开发与实践，学校管理者应该准确把握这一目标，在运用奖励时应谨慎，避免奖励过大或过小。若奖励过小或过轻，不足以起到奖励的激励作用，甚至会引起教师反感，认为奖励与付出的努力相差太远，不良情绪甚至会促使教师放弃案例开发与实践。若奖励过大，会引起其他教师的不满，从而损害整个学校的教育教学工作。再次，奖励要公平、合理且透明、规范。兼顾效率与公平是学校管理的基本原则，在制定奖励机制时一定要考虑公平原则。这是因为学校环境中教师之间的比较是客观存在的。若奖励有失公平透明，会在教师间制造矛盾，因此，在制定课堂教学案例开发与实践奖励政策时要在透明化与规范化的基础上让教师充分参与，要使接受奖励、表彰的教师对自己、对比较对象的各种感觉处于平衡状态，同时也要让未接受奖励的教师产生动力，积极参与案例撰写与研讨。最后，基于校本拓展奖励方式，把物质奖励和精神奖励有机结合起来，以精神奖励为主、物质奖励为辅。就课堂教育案例开发实践来说，对于积极参加案例撰写、研讨和应用的教师，要分阶段、分层次进行奖励，奖励形式上可以是奖金奖励、晋升奖励、外出考察与培训奖励及会议表扬奖励等。各种方式其价值不尽相同，对不同类型的人，采用合适的奖励方式，才能使奖励真正切实有效。

三、课堂教学案例开发与实践的成就动机机制

新课程课堂教学案例开发与实践，需要教师投入精力与时间。教师在该项工作上的投入程度与教师工作后获取物质奖励有关，但更与教师体验到的案例开发与实践价值观和案例开发与实践的成就动机有关。借鉴吴铁雄等对工作价值观的定义，案例开发与实践价值观指的是教师在从事案例撰写、研讨及应用时，借以评断有关案例开发行为或目标的持久性信念与标准。换句话说，是指教师在认知上对课堂教学案例开发与实践意义的理解。当教师案例开发与实践的价值观趋于正向的时候，教师对案例开发与实践工作持积极态度，也愿意参与该项工作，反之，若教师对案例开发与实践工作的价值观趋于负向的时候，对案例开发与实践工作的态度趋于消极和抵触，不愿意撰写、研讨和使用案例。案例开发与实践的价值观关联着教师的案例开发与实践成就动机。张春兴认为成就动机是内在动力，亦是个人的内在倾向，在此倾向或动力的推动之下，使个人能竭尽己力，以达成

个人目标。成就动机可视为一种需要或驱动力，也可视为一种倾向。在研究中我们发现，经常撰写课堂教学案例，并把对案例反思结果应用于自己教学活动中的教师大多能够清晰认识到案例对教学的重要作用，比如，有的教师说：“经常通过网络、报刊等收集一些课堂教学案例，每一个案例，按照现有的评价标准，不管教师的操作是否成功，都闪烁着教师智慧的光芒。案例中教师的机智及运用的现代教育教学理念对我的教学来讲，都有着深刻的启发意义。自己之所以撰写案例是想改进自己的教学过程。”也有的教师说：“自己撰写的课堂教学案例若能发表或在学校内被其他教师研讨和借鉴，自己也会觉得很有成就感。”

教师是知识的学习者、构建者和传授者，是与学生间开展精神互动的组织者。其工作性质决定了教师所追求的精神价值，教师对精神价值的追求体现在更关注物质以外的荣誉、尊严和赏识。为了更好地推行案例教学，学校管理者要制定措施让教师看到撰写、研讨及使用课堂教学案例的积极意义，激发教师的案例开发与实践的成就动机，让教师愿意通过案例开发来呈现自己的经验和隐性知识结构，呈现符合新课程课堂教学改革要求的理念与理念操作技巧。要实现这一点，我们认为可以从以下几方面来努力：首先，是树立先进典型，把经常撰写、实践课堂教学案例的教师树为典型，也可以把撰写案例、应用案例进步很大的教师树为典型。利用榜样的力量带动其他教师参与，同时激发被树为榜样的教师的价值感和成就动机。其次，向有关部门和报刊推介本校教师撰写的案例和案例研讨心得，帮助教师追求案例本身的社会价值。最后，对教师开展案例教学意义培训，让教师充分了解案例对新课程改革的意义。

四、课堂教学案例开发与实践的评价机制

激发教师参与课堂教学案例开发与实践的成就动机，对案例开发与实践中表现突出的教师进行奖励，前提是能够客观、准确地评价教师在案例开发与实践方面的行为表现及行为表现结果。进一步说，评价的客观、准确与否取决于学校依据校本特点所制定的评价标准、评价技术及评价指标体系的教师认同性。

一般意义上，评价是指评定某种事物的价值。案例开发与实践评价的目的在于引导教师积极参与课堂教学案例开发和实践，它是有组织、有计划地对教师撰写的课堂教学案例和案例在教学中实践的价值给予评判的过程。在研究中我们发现，目前我国中小学在案例开发与实践的评价上主要存在着以下几方面的问题：首先，缺乏明确的评价指标体系。课堂教学案例的研讨和案例中体现的先进教育

教学理念在实际教育教学中的再实践有助于提升教师的理论素养，也有助于改进教师的教育教学技能，被大多数被调查教师、领导所认可，但如何评价案例质量的优劣、案例使用效果等，被调查的学校领导和教师基本上都回答得不太清楚。与案例开发和实践相关的评价制度、流程及奖罚制度在多数被研究的学校中均未建立。其次，课堂教学案例撰写、研讨及使用效果评价的随意性。从调查研究中不难发现，无论是学校领导还是学校一般教师对课堂教学案例开发与实践的真正价值并没有一个清晰的认识。教师撰写的案例及使用案例的效果往往得不到来自领导和同事们的及时肯定，随意性的存在在一定程度上伤害了教师参与课堂教学案例开发的积极性。再次，评价目标的单一功能导向。单一功能导向多集中于管理导向上。在研究中，要求参加研究的学校教师每学期要撰写课堂教学案例。作为学校的管理者往往在学期末时依据教师撰写的案例数量对教师给予评价，并依据案例数量多少对教师给予物质和精神奖励。最后，评价方式的单一性。案例撰写的数量、质量本该由学校的教师通过实践或研讨给予评价，但研究中却发现评价往往是学校领导以行政管理的模式进行，一线教师很少参与。这样给人一种完成任务之嫌，评价未能真正发挥其价值导向功能。

针对研究中案例开发与实践的评价机制构建中所存在的问题，我们认为，案例开发与实践评价机制的构建应该从以下几个方面做出努力：首先，明确评价机制的功能导向。一般来说，评价机制的价值导向包括结果性价值导向和发展性价值导向两种。结果性价值导向的关注点在于管理的量化与方便考核；发展性价值导向着眼于过程评价，评价具有动态性。本研究认为，目前中小学教师的课堂教学案例开发与实践处于起步阶段，对教师参与案例撰写与实践的热情应该给予鼓励，因此评价指标的价值导向应该把结果性价值导向和发展性价值导向有机结合起来，关注的重点应该放在发展性价值导向上。其次，明确评价机制的内容构成。案例开发与实践评价机制的构建包含哪些内容？本研究认为至少应该包括教师撰写案例频率与数量评价（经常性和多少）、案例质量评价（案例结构、理念渗透及反思深度等）、案例研讨及研讨效果评价（研讨的积极性、研讨记录、研讨总结等）、案例应用效果评价（与新课程理念的符合度、教师教的变化、学生学的变化等）。再次，明确评价机制的评价主体，创新评价方式，由单一评价走向多元评价。案例开发与实践的最终目的是鼓励教师把自己的教学理念以情景再现的方式呈现出来，把隐性的教育教学技能显性化，让其他教师可以借鉴并实践，集教师的群体智慧推动新课程课堂教学改革向前发展，因此，本研究认为，案例开发与实践评价的主体应该是学校的一线教师，案例的优劣要交由教师群体来加以评判。形式上可以是教师自评、教研组集体评价或跨校的案例研讨评价等。再次，评价机制制度化、常态化。评价机制的制定要充分发扬民主，充分吸取教师的意见和建议，制定的评价机制应以制度的形式呈现出来，形成评价的常态和长效机制，并根据评价制度、规章对教师的案例开发与实践行为及行为后果给予奖惩。最后，定量评价与定性评价相结合。定量评价是把案例撰写、研讨及使用量化，依据量化结果对案例的优劣做出评价。定量评价的前提是可以量化的信息，如撰写多少篇案例等。定量评价虽然比较客观，但也容易流于简单化。案例中的很多方面不便量化，就需要在集体讨论的基础上给予定性评价，定量与定性评价的结合可以最大限度发挥评价的价值导向作用。

五、课堂教学案例开发与实践的情感激励机制

法国作家拉·封丹写过这样一则寓言：北风和南风比威力，看谁能把行人身上的大衣脱掉。北风首先来一个冷风凛冽、寒冷刺骨，结果行人为了抵御北风的侵袭，便把大衣裹得紧紧的。南风则徐徐吹动，顿时风和日丽，行人因为觉得春暖上身，始而解开纽扣，继而脱掉大衣，南风获得了胜利。所以说，学校管理者应建立一定的奖励和鼓励机制，用温暖和人情激起教师撰写教学案例的热情。

第三节 构建课堂教学案例开发实践的管理制度

众所周知，任何一项活动，如果缺乏管理与组织，活动的推进将变得缓慢，活动的效果将大打折扣。在学校教学中推行案例教学同样需要一个强有力的管理制度建设。

一、组建课堂教学案例开发管理机构

（一）教育行政部门的管理机构组建

新课程课堂教学案例开发与实践是推动新课程改革的一条重要途径。从长远

与广泛的视角来看，该项活动并非一校之事，需要教学行政管理部门组合相关力量统筹谋划，全局推进。本研究认为，要深入开展案例开发与实践，组建一个能够统筹全局的课堂教学案例开发管理机构势在必行。

据研究和相关文献，我们认为这个机构可由市教育局所属的人事科、教研室和教科所三个单位组成。这三家之所以能够联手统筹全局，是因为在课改新理念引领下应运而生的校本培训和校本教研与课堂教学案例开发一样，都是以新课程目标为导向，以促进学生发展为宗旨，以教学过程中面对的各种问题为对象，都注重解决实际问题，注重教学经验的创新与积累，注重教师认识与实践能力的提高。正因为它们都具有这样一些共同的特点，这就为统筹全局奠定了坚实的工作基础。不仅如此，它们还具有各自的管理优势，教科所可以充分发挥它在课堂教学案例研究方面的优势，对教学管理者及教师进行通识性培训；教研室可以充分发挥它在学科教学方面的优势，对各学科的课堂教学案例开发进行具体的业务指导；人事科则可以凭借它在对教师的考核、奖惩、评聘等管理方面的优势，为教科所和教研室的业务活动提供有效的激励手段。不难看出，这是一个集业务指导与行政管理于一体的管理机构，有了这样的机构，就为课堂教学案例开发提供了组织保障。

（二）学校层面管理机构组建

以教育行政部门各相关单位组成的管理机构，着眼于全局管理，目的是利用专门资源对教师进行培训和引导教师开展校际间合作与交流。教育行政层面的管理机构可以给予行政政策性指导，但往往不能关注细节，因此，为了关注细节，组建学校层面的管理机构是必不可少的。学校的管理机构可以由学校教务处、教研组共同构成。教务处作为学校教务管理部门，要和教研组密切配合，协同工作。在案例开发与实践中，教务处负责协调关系，负责集合教师撰写的案例，把案例归档成册，组织教研组或教师团体评价与选择优秀案例等。要创造条件，做好服务。随着从传授式教学为主向案例教学为主的转变，要及时调整教育教学管理组织结构和人员配置，加强案例教学整个体系的准备工作，如案例的选择和教学安排、案例的布置、案例材料的印制发放、案例教学场地的安排、案例教学道具的准备、案例教学的评价等，工作量要比传授式教学大得多，管理人员的调整和配备一定要及时跟上，因为其中的任何一个环节没有做好，都会影响案例教学的开展及效果，有些环节没有及时做好，甚至可能导致案例教学无法开展。与传授式教学管理相比，这是一个很大的区别，作为教务处的领导必须清醒地意识到这一变化，在管理结构和人员配备上及时做出调整。同时，教务处要密切关注案例教学的课堂管理实践，多组织课堂管理的经验交流和总结，让案例教学经验丰富的教师的课堂管理经验及时得到推广和传播。

二、搞好校本课堂教学案例开发的制度建设

这是为学校落实课堂教学案例开发提供的制度保障，具体内容如下：

（一）建立课堂教学案例交流研讨制度

对于课堂教学案例，学校领导和教师原本是有所了解的，不少教师也从中得到了不少启发，但普遍存在的问题是，课堂教学案例往往被视为教师个体孤立的研究行为，而没有使其真正在教师群体中得到分享，这是当前课堂教学案例研究的“瓶颈”。因此，建立案例交流研讨制度就成了当前学校课堂教学案例开发中必须解决的问题。这项制度根据学校教学实际对校内课堂教学案例交流的范围、交流的方式和交流的内容等做出了明确的规定。比如备课组每两周交流一次，教研组每月交流一次，学校每半学期交流一次，全校范围的交流还应该同时包括课堂教学案例开发的总结和表彰。

（二）创新校内听课制度

目前，各所学校都建立有领导和教师听课的制度，但这种听课多限于传统意义上的观摩学习，很少有明确具体的研究目的。而课堂教学案例开发中的听课则是带着问题进入课堂的，它是课堂教学案例交流研讨后的延伸。在这样的课堂里，无论执教者还是观摩者都是研究者，而不是评议与被评议的关系。这样一来，就赋予了听课制度以新的内容。因此，在坚持原有听课制度的基础上，又做出了许多新的规定，比如课堂教学案例交流的成果是什么，组织听课准备解决什么问题等。

（三）创建课堂教学案例归档制度

从教师知识结构的角度看，课堂教学案例是隐性教学知识的载体，及时收集本校教师优秀的课堂教学案例，对于提高教师的教学实践能力，乃至形成学校的教学特色都是很有意义的。因此，要把收集课堂教学案例作为一项制度纳入学校常规管理之中。制度规定所收案例仅限于本校教师的课堂教学案例，因为这样的课堂教学案例切合学校实际，便于教师学习借鉴，还有利于激发教师的创新精神。制度还规定收集课堂教学案例的工作由校教科室负责，定期对经过筛选的课堂教

学案例进行分类、整理、登记、归档。市教育局则将课堂教学案例归档作为检查评估学校教学质量的内容之一。

（四）实施课堂教学案例的模块化开发

在网络、书籍、报纸、杂志上发表的课堂教学案例已经很多，这些案例均闪烁着教师教育教学的智慧，然而这些教师的教学智慧大多体现了个人的教学能力和教学艺术，其他老师难以模仿，这是为什么？综合分析其原因，不难发现，已有案例往往是以零散的形式存在的，缺乏系统化、模块化、生活化。因此，课堂教学案例开发的模块化趋势应该引起学校管理者重视。所谓的案例模块化是指在教育教学实践活动中教师围绕一个教育主题设计与总结出来的系列性教学案例。

模块化案例的开发目标是以系列教学案例的形式，把发现与挖掘生活化教育主题、设计合理有序的教学环节、随机应变的课堂管理艺术系统化、生活化地展示出来。模块化课堂教学案例开发，需要对教师进行相应的培训，让教师了解、熟悉、感悟模块化案例开发的结构。模块化案例开发的结构包括以下七项内容：案例主题、案例目的、案例与教学内容的联系、案例中的学生活动过程、案例中使用的教学材料、案例中教师的作用、案例实施的评价。

模块化案例开发是一个渐进的过程，围绕某一主题开发的系列案例应该是集体活动的结果，需要经历以下过程：首先，开发前的准备与讨论。讨论并确立案例模块的主题及课时设置、内容安排。其次，系列案例的初始设计环节。讨论每课时的教学目标，安排与分配编写任务。咨询相关专家主题模块的教学点与实验点，通过交流、讨论、修改、整合，完成第一稿的方案设计。再次，案例实践检验环节。配备案例实施材料，完成第一轮的案例试点教学，并组织组内教师共同评课，提出建设性修改意见。再次，修改完善环节。修改案例，进行第二、第三轮的试点教学，交流、讨论、再修改等。最后，整理分享环节。整理多次实践修改后的模块案例，与其他教师分享，并收集其他教师的教学反馈，为自己的课题研究及下阶段的课堂实践、案例模块开发提供支持。

（五）建立课堂教学案例开发的常态性培训制度

贴近于课堂教学实际、具有规范性的课堂教学案例数量不足、质量不高阻碍着案例与课堂教学相融合。然而开发具有规范性，并适合于课堂教学的案例并不是一件容易的事情，一线教师虽然具有案例开发的热情，但缺少案例开发的知识储备和案例形成技巧。针对这一点，需要学校对教师进行案例开发的常态性培训。

培训的内容包括：（1）搜集案例素材途径。好的课堂教学案例既有教学情境的描述，又有理论的支持与提升，因此，案例的撰写与实践需要获取素材。素材的获取途径需要让教师掌握，比如如何通过期刊网等查阅与案例相关的理论素材，如何通过与学生或同事的交流收集案例应用后的效果素材，如何应用影像设备记录情境素材等。（2）规范案例撰写格式。教学案例的撰写应有一定的规范性要求，规范性要求应该包括如何为案例命名、编号，如何撰写案例的提出背景，如何记录案例的发生情境，如何在案例中体现教学内容与教学目标，如何让教育对象熟悉和进入案例情境等。（3）撰写案例使用说明。一个教学案例往往有其特定的使用范围，并不能适用于一切的课堂教学，为了使案例能够真正有针对性地应用于其他教师或其他学科的课堂，需要案例撰写者在撰写案例时，同时撰写案例教学环节的使用说明。案例使用说明的撰写也需要培训，包括如何在案例中设定问题，如何依据案例引导学生开展讨论，如何将案例所包含的知识点逐层挖掘出来等。

（六）制定课堂教学案例开发流程

学校管理者在思想意识上，应该认识到优质课堂教学案例开发是一个系统工程，不仅需要教师的参与，也需要学校管理者的参与。从学校管理的角度看，学校层面应该完成以下几个方面的任务：首先，制定教学案例选题指南。指南应该包括案例选题来源，比如教学观察获取案例，查阅文献选取案例，征集课堂教学需要解决的棘手问题和典型的做法、经验等。还可以从组织获得。教学案例的选取应遵循典型性和普适性的原则；指南的制定需要和校本教学相联系，包括学科案例规划、年级案例规划等。其次，组建案例开发团队。案例的开发与实践不是个人的事情，应该是团队合作的结果，案例开发团队应该由学校的领导、教育方面的专家、一线教学的教师、材料整理人等构成，团队的成员分工合作，促使案例开发顺利进行。再次，组织编写。在编写阶段，学校应该组织教师将各类零散的素材归类到一起，并进行初步的甄选和整合，形成写作意向。之后，针对获得的资料与素材，由教师与指导专家共同商讨如何撰写该篇教学案例，并形成初步的案例写作大纲和框架。在这个过程中，编写者极易淹没在大量的资料、数据和访谈记录当中。因此，需要对所掌握的资料整理归纳，甄选可能会用到的资料并进行初步的加工。再次，组织审核。审核包括案例中所涉及的数据是否真实，案例体现了教学的哪些规律，案例与课堂教学内容的关系等。最后，组织定期反馈与修改。教学案例开发最终要应用于课堂，进行实践检验。教学案例要紧跟形势发展，随着时间的推移，虽然案例中蕴含的原理可能会永远使用，但案例的内容会过时。因此，需要组织案例开发团队定期根据课堂反馈进行修订，以不断满足教学的需要。

三、营造合作分享的开发环境

合作分享是目前学习型组织理论倡导的一种学风。该理论认为，个人的自我超越，不可能在封闭的自我中实现，其必须在一定的社会组织中，利用组织提供的资源和条件，发展个人的成就。自我超越愈高，其对组织的依赖性就愈大。这段话虽然讲的是个人与社会组织的关系，但它却道出了“合作分享”的真谛，这就是：唯有在社会群体的合作中，才能实现个人的自我超越。所以我们提出的营造合作分享的开发环境，指的是在课堂教学案例开发中要全力创造一个能激发教师自我超越动机的合作环境。如果以此与前面所提到的组织保障和制度保障相比，显而易见，一个是侧重于行政指令式的“外控”策略，一个是侧重于唤起教师内在需求的激励性策略，二者是相辅相成的。在激发教师内在需求上，我们采取的举措是：

第一，任务驱动，促使教师变被动为主动。通常情况下，在课堂教学案例开发的起始阶段，多数教师往往是迫于任务的压力而开始行动的，但当教师在任务的驱动下，经历了一段课堂教学案例开发的尝试并体验到成功的愉悦后，就会逐渐将完成任务变成自主自觉的行动。需要说明的是，任务驱动成败的关键取决于任务的设计和驱动的效果。比如在教师对课堂教学案例开发尚无感性认识的时候，所设计的任务应该是课改中大家普遍遇到的某一具体操作难题，它对教师的能力具有挑战性。难度恰好处于教师能力的边缘，这时如果同时编制一个与解决该难题相关且能引起研究兴趣甚至引发争议的课堂教学案例，再加上主持人巧妙的组织和引导，就可能使教师切实地体验到课堂教学案例开发对增强自我实践能力的意义，这就取得了驱动的效果。假如是这样的任务驱动：既恰如其分地设计任务，又有良好的驱动效果，就能在课堂教学案例开发的过程中促使教师逐步变被动为主动，使之最终成为课堂教学案例开发的主人。

第二，提供保障条件，创设良好的合作氛围。要营造合作分享的开发环境，就要创设良好的合作氛围，而良好的合作氛围则需要一定的条件作保障。这条件首先就是宽松和谐的人际关系。这关系必须以民主、平等为基础，无尊卑长幼之分，确保每一个人都处在最能发挥个人优势的位置上，课堂教学案例开发的全员性应该在这里得到充分的体现。同时，还必须以相互切磋、共同发展为目标，无论在课堂教学案例的交流研讨中，还是在实践回归中，都只是为了解决新课程课堂教学实践问题和创生新的教学经验，而不带有评价的色彩，唯其如此，才能为良好的合作氛围奠定坚实的基础。其次，创设良好的氛围，管理者的参与和支持也是一个重要条件。我国现任的学校领导大多出身于教师，如果仍旧以教师的身份深入到课堂教学案例开发中去，面对课改的种种困难，与教师一起寻根究底，参与争论不休的研讨，既能以研究的态度直抒己见，又能服从真理敢于否定自己，那么，这本身就是一种民主作风的躬行实践，是对创设合作氛围的直接参与和支持。此外，创设良好的合作氛围，还需要采取措施，缓解工、学矛盾，为教师提供较多的自由活动时间，以便他们在完成教学工作之余，能够轻松地投入到各种各样的课堂教学案例研讨活动中去。

第三，强调实践，明确课堂教学案例开发的考评原则。考评是学校管理的杠杆，它的一个重要作用就是导向。课堂教学案例开发一经启动，我们就明确指出，它与当前流行于学校的教学大奖赛、论文评比等一些急功近利的价值取向是格格不入的，课堂教学案例开发的研究重点不在理论探讨上，而是指向具体的教学实践。换言之，它所回答的是“如何具体操作”的问题，是当前课堂教学改革中确实存在的具体问题。研究成果表现在以下两个方面：①文字成果，即教师本人撰写的课堂教学案例或者是蕴含于课堂教学案例中的教学经验；②非文字成果，即教师课堂教学实践的改进。

第四节　构建课堂教学案例管理系统平台

一、课堂教学案例管理系统平台构建的必要性

在研究中，我们引导教师撰写了大量课堂教学案例，这些案例是教师智慧和教育教学技能的承载体，是教师把现代教育教学理念和自己的教学情境有机结合的典范，也是教师内隐知识的显性展示，案例本该得到有效传播，供其他教师学习借鉴。然而遗憾的是这些优秀的课堂教学案例撰写以后，仍然停留在撰写案例

教师本人的知识世界里，甚至一段时间后被束之高阁，其应有价值不能得到有效应用。究其原因不难发现，案例缺乏有效管理，缺乏传播渠道，缺乏方便、合适的交流平台，因此，构建案例管理系统平台乃是案例开发与实践的重要任务之一。

案例管理系统平台是案例得以传播的重要途径，若能很好地构建，它至少有以下几方面的作用：一是案例管理系统平台将成为教师教学交流的平台，是教学问题解决的支持源。当教师在实际教学中遇到问题时，可以登录案例管理系统平台。在系统平台中寻找相类似的课堂教学案例情境和解决问题的方法途径，通过案例学习，可以促进每个教师研究自己，分享别人的成长经验，积累反思素材，在实践中自觉调整教与学的行为，提高课堂教学的效能。二是案例管理系统平台是教师培训、专业成长的阶梯。当今时代是一个知识更新换代极快的时代，为了使教育教学与时代发展相一致，教师要不断接受培训，已成为教育研究者的共识。但综合现有的教师业务培训，我们不难发现，多是请有关专家作报告、学些相关的课程等，这种培训方式可以看作是一种自上而下的听讲式培训，再加之，参加听讲式培训的教师处于被动接受地位，接受的知识理论色彩较浓，不能很好地与自己的课堂教学实际相结合，这种培训效果不佳也几乎成为学界和参加培训教师的共识。如果要改变这种状态，就需要创新培训模式，课堂教学案例管理系统平台就是其中之一。案例管理系统平台中所集结的案例既具有理论，又具有实际的教育教学情境，这些教学情境是教师身边发生的事情，教师学习案例有一种身临其境的感觉。运用案例教学，可以将听讲式培训导向参与式培训，在搜集案例、分析案例、交互式讨论、开放式探究和多角度解读的过程中，提高教师培训的针对性和实效性。三是典型案例承载着新课程课堂教学改革的理念，是教育教学理念的集结地。案例管理系统平台中集合的案例，是经过筛选的、符合新课程课堂教学改革要求的案例。这些案例体现了课程改革的理念，并且使这些理念的呈现和具体情境有机结合。一个典型的案例可以避免纯粹理论带来的理解枯燥和使用偏差。

二、课堂教学案例管理系统平台要素构成

课堂教学案例管理系统平台的开发目的在于通过这样一个交流系统使教师能够方便地上传、检索案例，方便在网络平台上进行案例评价、交流和吸取有价值的信息以改进自己的教育教学方式，提升自身教育教学能力。因此，教学案例管理系统平台的构建应该包括案例上传、案例检索、案例修改、案例评价和案例知

识交流几大模块。

（一）案例上传与审核模块

案例上传与审核模块的设计是为了教师和案例管理专家团队能够把自己撰写或搜集的优秀案例载入案例管理系统。基于这一目的，案例上传与审核模块的设计应该包括以下内容：首先，教师上传区设计。上传区包括案例上传步骤、案例上传教师的基本信息和案例基本结构三部分。上传步骤应包括登录界面、上传界面和提交界面；案例上传教师的基本信息包括姓名、性别、学校、学历、职称、任教学科、任教年级、提交案例时间等；案例的基本构成应该包括案例标题、正文及反思三部分。另外，教师在上传案例时要让教师签署案例公开授权书，以尊重教师的知识产权。其次，案例审核区设计。教师有权登录案例管理系统，并能自由地向案例管理系统提交原创案例。但并不是说每个案例都可以进入系统检索。为了保证案例的质量，也为了保证案例符合新课程课堂教学改革要求，教师自由上传的案例需要经过专家团队的审核，因此，设计一个专家团队审核区至关重要。专家团队审核主要完成两项任务，一是审核案例的情境真实性，案例中记录的教师的教育教学行为和情境是否符合现代教育教学理念的要求，对情境真实又具有新理念导向的案例，准许其进入案例查询和交流模块，对不符合要求的案例则不允许进入后续模块操作。二是对案例进行分类处理。案例分类不仅有助于案例管理，而且有助于教师检索案例和案例交流研讨。在具体分类时可以依据不同的标准来进行，比如可以依据案例撰写质量，把案例分为A、B、C三类，也可以按照案例情境来划分为教育机智类、教学设计类、学生评价类、教育技巧类等。

上传和审核模块的设计是为了保证优秀案例进入案例管理系统，优秀案例的获得需要一线教师撰写大量课堂教学案例，因此上传和审核模块的设计应该考虑激发教师的参与热情。课题组认为，激发教师撰写和上传案例的热情可以建立积分制，每上传一个案例可以集若干分数，若案例被专家团队审核通过后，再次给予积分奖励。积分可以作为对教师评优奖先的一条依据，也可以用积分抵扣继续教育的时数，把教师培训引向平时的教育教学实际中。另外，审核专家团队要由骨干教师、教研组长及教育理论专家构成，为保证审核标准的相对统一和案例筛选贴近教育教学实际，要编制案例审核标准，要运用审核标准对专家进行统一培训。培训后的专家依据其审核案例数量和点击率来支付报酬和给予奖励。

（二）案例修改与完善模块

案例的修改与完善是对已提交案例的再加工过程。研究中我们发现，一个优秀案例的生成不是一蹴而就的，需要撰写案例的教师不断修改、不断反思，是多次提炼与实践后的产物。因此，作为案例管理系统平台，应该设定一个模块来方便教师对已上传案例进行修改完善。案例修改可以是撰写案例教师本人进行，也可以是同行根据自己的理解和教学实际对已存在案例的修改。教师修改案例的过程是一个再学习、再思考过程，在这一过程中已经把案例中的教育教学理念、技能自然地融入到了自己的教学实践中，因此应该鼓励教师参与案例修改。不过案例修改模块的设定需要为案例撰写本人和他人提供不同的修改权限。课题组认为，已获得通过的案例，若是案例撰写教师本人修改，应该赋予足够权限，比如修改的自由性和修改后的轻审核和免审核性。若是案例撰写教师以外的其他人修改该案例，需要设定一些限制。比如为了保护案例撰写教师的知识产权，其他人修改后不能直接保存，需要另存并上传专家团队审核区。由专家团队审核通过后并注明修改某案例后方可进入后期检索环节。

（三）案例检索与下载模块

案例经专家团队审核后进入可检索状态。为了方便教师检索和应用各级各类课堂教学案例，在案例管理系统平台中需要建立检索和下载模块。案例的检索模块的设计需要遵循以下几个原则：一是检索的自由与免费性。在一定范围内，教师应该拥有进入案例管理系统平台的用户名及密码等信息，教师可以通过登录平台方便自由地查询课堂教学案例。另外，不可收费。若收费，因为经济条件的原因，教师会出现抵触心理，这样就违背了平台建立的初衷。二是分类检索。课题组认为，要方便案例检索，可以借鉴国内比较成熟的知识库平台检索设计模式，比如中国知网。在教师进入系统进行检索时可以通过案例标题、案例关键词、案例作者、案例作者所在学校来检索，也可以通过专家团队审核后建立的几个等级或类别来检索。三是下载设计要方便，注意案例存在的格式，建议采用通用的学术论文格式。另外，要建立保存链接等方便教师查阅。

（四）案例评价与交流模块

优秀的课堂教学案例是撰写者教育教学智慧的集中体现，是个体优秀教育教学经验的总结。构建案例管理系统平台的目的在于鼓励一线教师勤于总结，通过上传案例来实现个体教学知识的外显化和扩大化。案例中体现的现代教育教学理念及教育教学技巧、技能能不能有效传播，还需要看案例的交流、讨论及应用的情况如何。因此，在案例管理系统平台中应该建立讨论交流模块。借鉴相关的研究成果，我们认为可以建立案例讨论论坛。论坛可以分为三个讨论区：一是针对案例本身的在线讨论。主要分析案例中体现的教育教学理念、教师的教育机智、教育教学技巧等信息。另外，也可以分析案例对教学的启示、案例撰写的优点及存在的问题等。这样的讨论可以帮助教师改进以后的案例撰写，也可以帮助阅读案例的教师学习案例的撰写及分析工作。二是案例使用的心得体会区。教师在使用了某一案例中的教育教学技巧或在自己的教学中实践了案例中的教育教学理念后，可以登录系统心得体会区撰写案例使用心得。心得体会可以包括使用后的教学效果、使用中存在的问题以及对案例的一些修改过程等。三是设立系统使用留言区。留言可以是对案例的评论，也可以是改进系统的一些意见建议。

通过案例评价与交流模块的设计，无论对案例撰写者，还是对案例阅读者，都具有深远的教育教学意义。教师可以通过教学案例的评价与交流增进对自身教育教学方式的理解，可以更新教育教学理念和教育教学方式。另外，利用网络平台可以迅速传递知识，交流经验，激发灵感，同时其在某种程度上也可以作为教师培训的重要手段，创新培训形式，使一线教师在繁忙的工作之余乐于接受培训。

第五节　认识·经验·反思·收获

金明中学在课堂教学案例开发管理与激励上的经验

开封市金明中学

近年来，我校连续参与了新课程课堂教学案例开发工作，许多参与的教师都受益匪浅，撰写课堂教学案例的主动性、自觉性逐渐增强。学校对于教师投入课堂教学案例开发也采取了一定措施进行鼓励和支持，逐渐形成了教师个人、学科教研组和学校上下一致、联合互动的良性机制，营造了课堂教学案例开发的热烈氛围。

一、融课堂教学案例于课例之中，纳入常规公开课、观课、评课机制

从学校来说，课堂教学质量是学校的生命线，学校高度重视。每个学期，学校都要组织各种层面的公开课活动，如教研组互听课、新进教师亮相课、名师展示课、校长点课、双师同教课、青年教师汇报课、复习示范课等，而作为一节课之中的某一个教学案例很少单独拿出来进行研讨，只能够在这种公开课中体现和展示。微观层面的课堂教学机智、知识点的处理、课堂的生成更多地集中在教研组利用教研和备课时间进行交流。

二、组织课堂教学案例征集和交流活动

学校多次开展教学反思交流活动。教学反思虽然不是规范意义上的课堂教学案例，但其中大量的内容是符合反思性的课堂教学案例要求的。我校对教师教案撰写有一个明确的要求，就是要预留课堂教学反思的位置，课堂教学完成后，对课堂教学进行反思，把自己感悟的要点写到教案预留的位置中。所以，学校举办教学反思活动也是对教师习惯的强化和鼓励。经过教研组的交流，各组推荐1—2篇优秀反思文章，让教师在全校范围内展示，收到了良好的示范效果。本学期，我们又开展了课堂教学案例的征集与展示活动，我们在开学初就制定了方案，活动分为学习理解阶段、课堂观察总结阶段、教研组交流阶段和学校交流阶段。目前正进入教研组交流阶段。学校希望通过这次活动，进一步强化教师进行课堂观察、课堂反思和课堂总结的意识，让教师养成撰写课堂教学案例的习惯。

三、教学经验文字化，教师文章书籍化

金明中学创办虽然不到20年时间，但艰苦奋斗的精神、努力拼搏的意识、踏实认真的态度已经构成了金明中学的学校氛围，在这种土壤中生长出大量优秀的教师，他们在品德教育、学科教学、课堂驾驭方面都有着丰富的经验。因此，学校主动为教师搭建平台，联系出版社，让教师们的教学成果固定化、传承化，既让教师看到了自己实实在在的成就，也让学校有了可以继承的精神财富。《诗

意金明》就是这样一本书，2013年6月由河南大学出版社出版，里面展示了金明中学教师大量的课堂教学案例。

四、资金支持和奖励

学校对于教科研工作十分支持，对于参与课题研究所需要的科研经费都是足额支付；对于与课题相关的教师培训活动也是给予时间和财力的支持。学校还制定有《金明中学教育教学成果奖励办法》，每个学期期末都要进行统计和总结，召开全校表彰大会对教师获得的各种荣誉进行表彰和奖励。

五、人力资源的支持

学校研究组成立了课题组，主持人由刘俊杰校长亲自担任，成员有教学副校长、教务处主任以及各教研组组长。课题组召开开题报告会、课题进程协调会，每次会议教学副校长、教科研副校长、教务处主任、教科室主任都积极参与其中，出谋划策。

六、成立名师工作室

杜晓均老师不管是在语文教学方面还是在班级管理方面都有着丰富的经验，积累了大量典型的教育教学案例，骄人的成绩塑造了良好的口碑，她成为金明中学的一张名片，也是广大家长认可的开封市名师。杜老师虽然已经退休，但在学校的挽留下，她继续留在学校，发挥传、帮、带的作用。学校专门成立了“杜晓均工作室”，培养年轻的班主任。今年“杜晓均工作室”的第一批四名班主任已经历练三年，成功送走了一届毕业生。这四个班不管是在精神风貌、行为习惯，还是在学业成绩方面都有了整体性的提高。

七、编制学科年度案例集，教研组备课组交流常态化

课堂教学案例往往与学科教学密不可分，对于本学科的借鉴意义更大一些。编制学科教学案例，就可以形成学科除教案、课件外的第三种资源库。

八、利用信息技术，组建案例资源网页或网站

学校中集体的备课和教研还是很有限的，而更多的时候是教师个人的学习、备课和思考，那么教师一个人静静地备课和思考教育教学问题时，想查看一下其他教师的课堂教学案例，应该从哪里去找呢？现代信息技术的发展使这种想法变得切实可行。学校有网站，可以建立分学科的资源网页，把教师们的案例按照学科、年度的顺序放入其中，查阅起来就十分方便。或者在门户网站建立教研组或学科的博客，再分类上传各种资源，如教案、课件、试卷和课堂教学案例。

九、发掘推介优秀案例

教师有了观察课堂的意识，有了反思教育教学的自觉性，形成了撰写课堂教学案例的习惯，慢慢地会专注于某一方面的问题，久而久之，就能够开发出优秀案例。优秀案例是学校的宝贵财富，是教师走向名师的阶梯。学校可以发挥学校的影响力和资源，通过各种途径推介宣传优秀案例，这样就可以打造学校的名片，发挥优秀案例潜在的教育教学启发意义。

开封市汴河堤小学在促进教师利用案例反思方面的经验

开封市汴河堤小学

一、建章立制，形成反思氛围

学校鼓励教师在课堂教学中、在师生交流过程中不断反思与修正。学校首先建立教师反思制度，以制度来约束和要求每位任课教师增强学习反思意识，尝试用批判和审视的眼光看待自己的思想、观念、行为，并做出理性的判断和选择，从而实现自己的思想观念和行为的巩固、完善和变革。每月找出2—3个案例进行深刻反思，并认真及时做好反思记录。鼓励教师建立个人“反思集”，

学校定期对教师的教学反思进行检查，学校每月组织一次反思交流活动，每学年学校对优秀的教学反思分类装订成册，实现资源共享。

二、加强学习，提高理论素养

教育理论是指导教师用科学的眼光发现和审视教育现象的指南针、放大镜，是科研的思想基础。教师要做到自己反思意识的觉醒、反思策略的灵活运用，必须努力学习教育教学理论，不断提升自己的综合素质。为此，我们加大对教师的理论培训，建立了学习制度。规定每周三下午为教师的学习时间，要求做好学习笔记。每学期看一本专业的教育教学书籍，写一篇论文。在校内举行骨干教师培训活动；为教师购置教育教学书籍；同时采取“请进来，走出去”的方式开阔教师的眼界。专家们高屋建瓴的引领开阔了教师的视野，全新的思想理念转变了教师对教育的诠释，增强了教师进行教学反思的理论基础和文化底蕴。

三、案例引领，提高反思能力

“他山之石，可以攻玉。”教师多观摩其他教师的课，并与他们进行对话交流，对改进、完善自我大有帮助。我校每月都会召开一次观摩分析会，搜集教学反思的典型案例，组织教师分析、领悟反思技术，熟练掌握自我反思的方法，解决教学问题，提高教学反思的能力。

在观摩中，教师分析了其他教师是怎样组织课堂教学的，他们为什么这样组织课堂教学；我上这一课时，是如何组织课堂教学的；我的课堂教学环节和教学效果与他们相比，有什么不同之处，有什么相同之处；从他们的教学中我受到了哪些启发；如果我以后教这一课时，会如何处理……通过这样的反思，从他人的教学中得到启发、得到提高。

我们一直要求教师坚持课后教学反思。每学期上交一篇具有一定质量的教学反思。如某老师讲完《风筝》这节课后，在教学反思中谈道：“在教学中运用多媒体，创设意境把学生带到放风筝和找风筝的情境中，融入文中，走进学生们的生活，真切体验着这班学生们的内心，从而达到良好的教学效果。”反思中，参加研究的教师充分肯定了教学内容更加贴近儿童生活，教学形式更加喜闻乐见这一事实。

四、指导方法，学会教学反思

反思需要方法的引导。当前，在教师心目中，好像反思就是写反思日记。其实，反思的方法有许多，如教师间的交流讨论活动就是一种有效的反思形式。同样，反思的内容点也很多，可以对经验进行反思，对各种现实问题进行反思，每次反思不一定面面俱到。对经验的反思应该呈现阶段性，即一个阶段进行一次，而更多的是鼓励教师对具体存在的教学问题进行反思，如反思教学行为是否达到教学目标，教学预设与课堂教学实际存在多少差距以及为什么会出现这种差距，是否创造性地使用了教材，教学过程是否适应学生的个性差异，教学过程中是否有“智慧的火花”等。具体的反思方法如下：

1. 自我提问

教师对自己的教学进行自我观察、自我监控、自我调节、自我评价后提出一系列的问题，以促进自身反思能力的提高。这种方法适用于教学的全过程。如设计教学方案时，可自我提问：“学生已有哪些生活经验和知识储备”“怎样依据有关理论和学生实际设计出易于被学生理解的教学方案”“学生在接受新知识时会出现哪些情况”“出现这些情况后如何处理”等。备课时，尽管教师会预备好各种不同的教学方案，但在实际教学中，还是会遇到一些意想不到的问题，如学生不能在规定时间内回答完问题，师生之间、生生之间出现理解分歧等。这时，教师要根据学生的反馈信息，思考“为什么会出现这样的问题”“如何调整教学计划”“怎样的策略与措施更有效”等问题，从而顺着学生的思路组织教学，确保教学过程沿着最佳的轨道运行。教学后，教师可以这样自我提问：“我的教学是有效的吗”“教学中是否出现了令自己惊喜的亮点环节”“这个亮点环节产生的原因是什么”“哪些方面还可以进一步改进”“我从中学会了什么”等。

2. 填写课堂教学自我评价表

一堂课或一个单元结束后，对自己在该堂课或该单元的准备情况、上课情况以及课后小结情况，依照自己制定的评定标准对课堂教学的行为进行有重点的观察、分析，并做适当记录，进行全面系统的评价，如自己的教态、语言、教学重点难点的处理、自己和学生的互动过程等；部分教师要对自己的课堂实录进行全面观察和分析，可边看边反思，在观察、分析的基础上写出课后反思小结。制定和填写自我评价表，用量化的指标评价自己的上课情况，促使自己进行自我反思。

3. 写自评小结

教师在每一次的自我评价之后，根据自评各环节评价的结果，找出自己的得失，结合其他教师、学生的评价，认真小结，肯定自己的优点，客观地认识自己的不足，分析原因，并找出以后加以改进的方法。

五、情景再现，提升反思水平

俗话说，“当局者迷，旁观者清”。用录音机或摄像机把自己的课堂教学过程录制下来，课后再收听、观看，就像别人看自己一样，有助于教师清醒地认识真实的自我或者隐性的自我。教师有时会对自己的教学表现感到惊喜和自豪，产生更强烈的自信心；同时，也会发现自己在课堂上发现不了或感觉不到的一些问题和情况。从另一个层面上讲，尽管教师可以通过课后反思的方式对教学过程进行尽可能全面的回顾和描述，但却很难捕捉到课堂教学的每一个细节。这是由于在教学实践活动中许多事件会同时发生，对于教师来讲一些很重要的事件往往注意不到，更不用说要把它记录下来，教学录音录像可以提供更加详细的教学活动记录。

基于此，我们要求参与课题研究的教师每学期都要上一节研究课，并通过看录像组织教师参与评课。通过集体备课、评课增强教师挖掘教材的深度，提高教师对课堂教学的敏感性，拓展教师反思的广度。通过相互借鉴提高反思的实效性。

第五章 学习共同体构建与课堂教学案例开发

第一节 学习共同体的内涵与要素构成

一、学习共同体的内涵

“共同体”一词来自英语“community”，在《牛津英汉词典》中有两个解释：1. 在一个区域内生活的有组织的人群；2. 有着共同的奋斗目标和共同利益关系的人组成的社会团体。1887 年，德国社会学者腾尼斯在《共同体与社会》中提出共同体涵盖了人与人之间的紧密关系、共同的精神意识以及强烈的归属感与认同感，并首次将共同体划分为血缘共同体、地域共同体和精神共同体。随着计算机网络的迅速发展，当代美国学者莱夫·温格认为，“共同体”并不意味着一定是在共同的场所、相互认同的团体，共同体中的成员应该具有不同的兴趣和观点，能够为集体做出不同的贡献。美国的帕克·帕尔默先生认为：真正的共同体就是通过论争而不是竞争来推进我们的认知的。竞争是个人为了牟取私利而秘密进行的、得失所系的比赛；而论争是公开的，有时是喧闹的，但永远是群体共享的。在这个公开的、群体的论争中，每个人都有可能在学习和成长的过程中成为胜利者。

近年来，“共同体”的概念广泛运用于政治、经济、文化、教育等多个领域。布朗、斯坎德玛利亚、温德贝尔、博耶尔等人不断地将共同体的概念引入教育教学实践中，提出了“探究共同体”“知识建构共同体”“实践共同体”“学习共同体”等概念。学习共同体是一个由教师、学生、管理人员以及其他人员组成的有清晰的奋斗目标，可以面对面地沟通与互动的组织。在学校建立学习共同体，其成员必须有共享的愿景，能够彼此交流，人人平等，有规则纪律约束，关心照顾学生。

综上所述，共同体意味着一种持久的和真正的共同生活，在共同体中，成员们可以分享共同的价值、意义、情感和文化传统。其中共同的目标、统一的行动、分享与反思成为共同体的主要特征。共同体不同于其他组织，其最突出的特点是更加强调人际关系、共同理想和合作文化的重要性，而这些因素对于学校和教师的发展是十分重要的。

二、学习共同体的要素构成

学习共同体作为学习组织的一种形式，它的形成是需要具备一些基本要素的。在学习共同体的组织结构中，它的基本要素包括：良好的共同愿景、浓厚的合作文化氛围、合理的内部成员结构、良性的循环学习方式。

（一）良好的共同愿景

学习共同体的共同愿景是教师聚集在一起对未来的期望或意向，它不是抽象的不可触摸的，而是具体的、明确的、持续的。愿景分为两种，一种是教师个体的愿景，一种是团队的共同愿景。教师个体的愿景一般来说是希望通过团队学习寻求自身的专业化发展，实现自身的教学改革理想，提高自身在学校的地位，获得职称评定和评优提干的机会，赢得领导与师生的尊重。而团队的愿景是在领导的鼓励与支持下，大家秉持共同的教育教学理念为同一个目标而不断努力，是成员行动的力量之源。学习共同体的共同愿景是按照学校的总体要求，将个人的愿景与团队的愿景有机结合，达成和谐的统一。这种共同愿景是个体愿景的汇集，是根植于每个教师内心的种子。

学习共同体只有在教师个体愿景的基础上形成共同愿景，才能保持旺盛的生命力。只有个人愿景与团体愿景有机结合、保持一致，个人与团体才能共同发展。自上而下确定的愿景不能激发教师干事创业的积极性和主动性，不能真正促进教师的自觉行为，只能是一种被动应付领导检查与监督的敷衍。共同愿景是源于学校与教师的不同需要和发展产生的，由于各个学校有着自身的历史传统和发展资源，每个教师也有着自身的学习背景与教育教学经验，因此，每所学校、每个学习共同体的共同愿景是有着自身的特色的，而不是千篇一律的。

（二）浓厚的合作文化氛围

教师既是社会文化的传播者，又是社会文化的拥有者和创造者。哈格瑞夫斯曾将教师文化进行了分类研究，他在 1992 年提出了四种教师文化：一是个人主义文化，即教师进行单独授课，他们处于相对独立、隔离的状态；二是分化的文化，同一所学校的教师分属不同的团体，团体之间相互分立，相互竞争，情感淡漠；三是合作的文化，教师们在开放、互信和支持的氛围中追求教育价值观与思想观念的大统一，在相互的讨论探究中，共同寻找解决问题的对策；四是支配性的协作文化，教师围绕领导的意图与兴趣进行协作。

在学校工作实践中，各类教师文化均有一定的表现。而在学习共同体中，教师的合作文化是教师之间齐心协力、同舟共济的表现，它是基于教师之间开放民主、相互信赖、相互支持、相互援助所形成的一种关系形式。它忽视了教学观念中细微的不一致，忽视了教师工作之间的不协调，取而代之的是包容与分享。表现为教师情感关系融洽、工作协作有默契及寻求个体与群体的协同发展。

（三）合理的内部成员结构

教师是一切教育改革的关键因素，在学习共同体中，教师理所当然也是核心力量和中坚力量。只有教师自愿地、真正地参与到这个共同体中来，这个共同体才有可能成为真正的学习共同体；教师被迫参与对于这个共同体的组建与运行意义不大。

在学习共同体中，教师的不同分工与角色一般可由组织者、核心成员、边缘成员、指导者、顾问组成。组织者一般要求对共同体的组织、运行程序非常熟悉，对学校的工作安排、优势资源、不利条件以及共同体中教师的工作、生活习惯和个性特点有准确的把握，对社会发展、政策形势以及教育改革的发展趋势有深入的了解。核心成员是共同体中学习与反思意愿较强，教学能力与科研素质较高，对共同体的学习方式或者组织方式较为认同，在每次共同体活动中表现踊跃的教师，他们是学习共同体保持活力与生机的关键。边缘成员是指教学能力与科研素质稍低，但也比较愿意参与共同体活动，认同共同体的学习方式或者组织方式的教师，他们是学习共同体持续发展的新鲜血液。指导者一般是来自经验丰富的教育学者或学校中具有较深教育教学理论和较为丰富教育教学经验的资深教师，他们能够为共同体的研讨提供参考意见，是修正或引导教师的学习与发展方向的关键。顾问一般是学习共同体的外部支持者，他们能够为共同体的学习提供便利条件。

（四）良性的循环学习方式

根据库博(Kolb)提出的封闭式连续循环学习理论，即教师在一个完整的学习循环经历四个阶段：从教师对自己的实践情况下行动结果的有意识观察(体验)开始，进入自我思考、总结与评定阶段(反思)，在共同体成员的帮助下，对前阶段的行动进行讨论总结，并在此基础上形成新的行动方案与计划(概括性判断)，从而进入下一轮的行动中(检验)。在学习共同体中，教师团体的反思与实践性的学习方式非常重要。教师可以对同一问题以体验—理解—计划—行动的方式进行，这些问题在前一个循环中得以实现，到下一个循环加以修改和调整或延伸到新的任务目标中。

第二节　学习共同体对课堂教学案例开发的作用

教师的教育教学价值与教育教学观念是在长期的工作中积累形成的，课堂教学案例开发只是催化剂，教师思想的改变要经过很长一段时间才能体现到他们的教学行为中。如何促进课堂教学案例开发，加快教师思想的转变与专业的发展呢?整体的改革单靠一个人的力量是肯定不够的，而用部分的力量改变整体是可行的。构建学习共同体，有助于教师课堂教学案例开发经验与知识的分享，有利于生成教师进行课堂教学案例开发的动态环境，有益于提升教师进行课堂教学案例开发的效能感，从而推动课堂教学案例开发的进程，促进教师群体的变化与发展。

一、学习共同体有助于分享教师课堂教学案例开发经验与知识

知识交流和分享是学习共同体带给成员教师和教育界的最大效益，因为学习共同体为共同体成员之间建立了多方面的联系：中小学教师之间、中小学教师与大学教育专业工作者之间、校际之间、区域之间，这种联系是多层次、多方面的，这为教师进行知识交流提供了机会。帕尔默在《教学勇气——漫步教师心灵》

一书中指出："任何行业的成长都依赖于它的参与者分享经验和进行诚实的对话……同事的共同体中有着丰富的教师成长所需要的资源。"在共同体这个平台上，成员间有充足的机会彼此互动和沟通，每一位教师都有自己独特的进行课堂教学案例开发的经历和经验，即使是执教同一学科的教师，在教学案例的选材、教学案例的撰写、教学案例的研讨、教学规律的归纳、实践回归课的处理等许多方面也都具有鲜明的个人风格。可以说，学习共同体中成员的多样性与差异性本身就是一种重要的学习资源。教师们通过在学习共同体中完成课堂教学案例开发工作，不仅可以节省时间、减轻负担，而且可以获得同事和专家的支持，使思维处于活跃状态，从而容易生成新的知识，实现知识的创新和智慧的产生。

二、学习共同体有利于生成教师进行课堂教学案例开发的动态环境

教师进行课堂教学案例开发的环境不断变化才能刺激教师进行课堂教学案例开发的欲望，而教师工作的物理环境相对稳定，因而只有通过改变教师对学习环境的态度与思维方式，才能使精神环境改变。学习共同体不仅为教师之间交流经验提供了一个场所，为教师之间的合作提供了可能，更为教师提供了一个交流思想、情感的思想场。教师在这个思想场中进行对话，这种对话是开放性的，可以是轻松的，也可以是严肃的；可以富于逻辑性，也可以充满想象力；可以偏重结果，也可以偏重过程。在本质上，这是一种双方共同追求理解和欣赏的过程。教师群体的相互协作、相互交流与沟通对改变教师的思想行为、培养教师的自我反思意识是很重要的。教师个体在共同体其他成员的帮助与支持下，更容易从不同的角度发现自己的问题与不足，从而寻找到解决对策。在交流意见与方案中，教师处于学习扶持环境，在这里他们能达到自己的目标和寻找到新的起点。在这一过程中，针对不同的境况进行课堂教学案例开发，教师之间能形成相互协作、相互学习的不断变化的环境，这能促进教师找寻到不同的发展起点，在动态的环境中不断调整自己从而不断发展。

学习共同体作为教师自愿组合的组织，可以让教师在其中平等对话，自由发言，从而给教师提供了一个平静情绪，寻求心理安慰的场所。学习共同体中的教师，对共同体的成员进行鼓舞和欣赏的对话，给教师提供了心理支持和精神鼓舞。由于共同体坚持平等民主的组织原则，教师在尊重和认可其他成员的同时，也会获得别人的尊重和认可，每一个人都可以发挥自己的潜力。积极健康的文化氛围提高了教师的群体感和凝聚力，有利于消除教师的无助感和孤独感。在共同体中，

教师们相互支持，相互帮助，相互鼓励，形成一种积极向上、团结进取的文化氛围，满足了教师的自尊需要和归属需要。

三、学习共同体有益于提升教师进行课堂教学案例开发的效能感

教师效能感指“他们对自己是否有能力对学生学习产生积极影响的信念”，一般包括教师的个人教学效能感和一般教育效能感两个方面。在学习共同体中，教师通过课堂教学案例的研讨、实践回归课的观摩等相互协作、沟通学习，改变教学观念、教学目标、教学方式及教学评价等理念，而后进行实践操作，进而反思，在不断的实践—反思—实践的循环过程中，改进教学，增强了专业能力。在这个过程中，教师个体效能感增强，在教学实践中表现出积极的教学革新意识、良好的协作性与职业认同感，集体效能感也增强了。

第三节　促进学习共同体形成的策略

一、建立科学的学习共同体组织机构

坚实有力的组织机构是学习共同体得以运行的基础。学习共同体组织机构的建立主要有以下两个方面的内容。

（一）人员构成及角色

学习共同体中的人员一般包括校长、教师和其他研究人员。这些人员在制度中分别担负着不同的任务，起着不同的作用。

校长是“学校学习共同体的第一人”。俗话说得好：“火车跑得快，全靠车头带。”有人说，一个好校长就等于一所好学校。这么说虽然有些夸张，但也有其道理。在学习共同体中，校长作为学习的第一人存在，一方面作为教师中的一员，是学习共同体的主力军；另一方面，作为领导，又应协调好各方面的关系，为教

师的科研保驾护航。从这个意义上来讲，校长是第一责任人，校长要成为学习共同体的组织者和领导者。①校长要加强对学习共同体的领导，确立科研兴校的办学理念，将主要精力用于教学研究和教学管理，积极创造条件，确保学习共同体健康有序地开展。②学校要建立学习共同体指导、管理小组，负责教师与校外科研人员的协调，制订发展规划和学期学习共同体计划，负责过程管理、措施落实，保证学习共同体的有效实施。③学校要建立各种规章制度，如个性备课欣赏制度、教案免检和倡导多形式备课制度、理论学习定期交流制度、教学反思制度等，构建学习共同体的制度体系，为学习共同体提供科学化与规范化相结合的制度保证。④学校要建立一体化教研系统，各校要切实把教学研究作为学校的中心工作，整合教导处、教科室、学科教研组和年级备课组的力量，形成教学、研究、学习密切结合的教研系统，加强对学习共同体的绩效管理。⑤倡导合理、科学的学习共同体的具体形式。如同伴互助合作，学校每周可以确定一天为“学习共同体日”，以学科组、年级组、课题组为单位，交流、总结、反思本周教学教研情况，思考、研讨下周教学教研内容。⑥针对教学的某些共同问题，倡导校与校合作研究的方式，如合作开发校本课程、创建学校特色等。

教师是直接的研究者。在学习共同体中，教师是学习共同体的主体。他们不仅是新课程的实施者，同时也是新课程的开发者。教师在与学生、文本的对话中，发现教学中的实际问题，并把其升华为研究课题，在进一步的研究中解决这一课题，并最终运用于教学实践。正是这些工作在一线的教师，在学习共同体中起到了主力军的作用。教师是学习共同体的主体，教师要增强研究意识，不断提高研究和解决教学实际问题的能力。同伴互助是学习共同体的标志和灵魂，要加强教师之间的互助。①教师要加强学习，掌握新的教育理念，拓宽自己的知识面，丰富自己的教育文化内涵；要反复学习、理解、内化、实践，将新的教育理念自觉转化为教学行为；要结合教学实践，随时用新的理念和观点剖析典型案例和教学细节。②教师要经常反思自己的教学设计、教学行为、教学过程和教学效果，在反思过程中，不断发现、提出、分析、解决教学实践中的问题，逐步培养自己的问题意识，提高解决问题的能力，由单纯的教学者向研究型、专家型教师转变；教师要坚持写反思记录，在不断“学习—实践—反思”的过程中提高自己的专业化水平。③教师要结合学校和个人实际，针对教学中所遇到的各种问题，选择确立研究课题，扎扎实实地进行课题研究。④教师要加强同事之间的专业切磋、协调和合作，通过互相交流、互相启发、互相学习、互相促进，共同分享经验、研究问题，最终共同提高，还可以通过“以老带新”的办法，通过发挥名师、学科带头人和骨干教师的积极作用，克服各自为战、孤立无助的弊端。

（二）组织形式

学习共同体一般有以下几种组织形式：①以年级为单位的学习共同体。这种形式是由相同年级的教师组成，教师集体共同探讨本年级教育教学中的问题，并通过集体研究加以解决。其优点是教师通过相互交流，可以对本年级的情况有更加详尽的了解，并能通过集体的智慧以及学科间的交流发现更多的问题，最大限度地促进学生的发展；不足之处是局限在年级范围内，有点割据而治的味道。②以学科为单位的学习共同体。这种形式有利于本学科的进一步研究和发展，有利于教师个人在集体中得到发展。③以学段为单位的学习共同体。小学、初中、高中几个阶段，在新的背景下，这种形式也可谓是一种好的学习形式，但因其参与人数众多，故不宜经常组织。④其他形式的学习共同体，如学区共同体等。面临重大的课题，一人、一组乃至一校不能承担时，就需要更大的学习共同体来完成。

学习共同体的制度保障机制，在具体实施的研究活动中，又往往与研究过程的操作程序有关，或者融入研究操作程序当中，或者以操作程序的形态体现出来。学习共同体的具体操作流程可以分为以下两种：

操作流程一：教师在教学中发现问题—教师反思—搜集资料—不能解决—学习共同体研讨—解决问题—总结性反思。教师发现的问题通过自我反思和搜集资料不能解决时，则可以通过教师共同体共同研讨，直致问题解决。教师再在教学实际中发现新的问题，再反思，如此反复，以至无穷。

操作流程二：教师在教学中发现问题—教师反思—搜集材料—不能解决—学习共同体研讨—不能解决—教育专家研讨—提出共识性方案—教师实施验证—修订方案—解决问题—理性化反思。操作流程二是在通过第一个流程都不能解决所发现的问题时所采用的，教师把所发现的问题转入教育专家研讨这一程序，教育专家通过共同探讨提出共识性的方案，然后把这一方案交给教师进行实施验证，一直到问题解决。

二、构建合理的激励保障机制

激励保障机制包括许多构成要素，如目标管理激励、制度激励、环境文化激励等。从激励的内容和目标上来讲，激励一般分为利益化的物质奖励和精神化的情感激励。目标管理的激励与精神化的情感激励具有相同的功能，都是唤起人的内在精神力量，强化人对价值追求的理性化欲望。制度激励与利益化的物质奖励的功能具有双重性，既强化精神力量和情感影响，又强化功利需求。一般来讲，完善的、公平和公正的制度，本身就具有多种激励功能。

学习共同体的评价机制是激励保障机制的重要组成部分。学习共同体的评价机制具体可以从以下两个方面来确定：第一，校内评价，即在学校内部建立相应的制度，如教科室的设立及管理职能、课题认定制度、结题形式及积分和奖励制度等。第二，校外评价，即成果的认定制度、优质课的评估办法、职称评定制度等。在这些评价制度规范下，我们还可以把教师参加学习共同体活动计入继续教育学时，也可作为新课程评估、年度考核的主要条件之一，并定期奖励。

学习共同体的评价机制，主要体现在以下几个制度的建设上：

其一，建立"以学论教"的发展性课堂评价模式，让"课堂"充满生命活力。其核心是建立新的学科课堂教学评价指标，在关注教师的教学行为能力的同时，把学生"学"的状态作为衡量教学效果的重要依据。在评价一节课时，学生的参与状态、思维状态、情绪状态等是评课者重点关注的方面。教师的教学组织能力、课堂上的注意重心、教学机智及教学态度等是评价者应关注的另一方面。特别要重视并实现评价主体的多元化，在对教师的课堂教学进行评价时，在听取授课教师本人的设计说明及课后感想的基础上，由学校教学管理者、同事、学科专家们共同形成评价结果。

其二，建立促进教师专业成长的考评制度。①建立评价等级申报认定制度。从被评价者向评价主体转变的过程就是激励教师的最好时机，教师对自己的教育教学工作进行自我评价考核、提供个人相关资料的过程就是教师成长的过程。教师在自评基础上申报个人的考核等级，再由各部门对教师自评的情况进行审核，组内同伴和所任教班的全体学生对申报的等级进行测评。②确立多元化的评价内容。教师的职业道德水平、教学研究能力、工作创新意识及人际关系等，都是全面考核教师的内容。③实行全员评价制度。学校考核评审组综合教师个人的自我反思、教师同伴之间的评价、学生群体的综合印象、学校领导的认可程度等，形成对教师的评价考核结果。将考核结果以通知单的形式反馈给教师个人，在教师自愿的基础上由相关人员帮助教师反思并总结得失，共同分析存在的问题，提出建设性意见，制订改进计划，以调整教师的教学方式、合作手段等。

其三，建立教科研成果奖励制度。确立以崇尚研究、鼓励冒尖为目的的激励机制，肯定教师的创造性劳动，对在学习共同体中成绩突出的教师进行表彰奖励。

比如，对教学论文的发表或获奖、课题研究顺利结题、研究成果获奖，有著作、课件、教具者，实行物质和精神上的奖励，从而调动教师研究的积极性。奖励不仅是直接的激励，而且也是在营造校本研究的文化氛围。为此必须做到：①注重营造“在研究状态下工作，在工作过程中研究”的学术氛围，以每年举办的教职工“教改科研节”激励教师参与校本研究。②建立教师学习专业支持制度。如果没有先进的教育理论引导，校本研究会在同一水平上重复。因此，学校要为教师开展教学研究工作创造专业支持环境，聘请专业研究人员做学校的学习指导，并通过开展专题研讨、教师与专家对话、学术报告、名师讲课等活动，提高教师开展教学研究的能力和学校教研的层次；以经常邀请教研员和校内专家听课调研、亲身示范、现场研讨等灵活多样的方式参与以校为本的教学研究制度的建设，发挥专家的专业引领作用，为教师提供切实有效的帮助。③建立“校本培训”制度。充分发挥校内各级骨干教师的“专业引领”作用，鼓励校内市级学科带头人、市课改专家组成员、省级骨干教师培训对象、获国家级教学奖人员、已聘任教的高级教师每学期必上示范课，要求学科专家把教师培训落到实处，对教师进行全员培训，培训内容做到从教师中来到教师中去，以此培养学习共同体的骨干力量。

三、制定有效的教师对话交流制度

对话交流制度体现的是一种教育民主化思想，其核心价值是以人为本。学校既要定期邀请校外教育机构、科研院所、本地或外地的优秀教师与本校教师就教育教学实践中出现的问题展开对话、深度会谈、专题研讨，实现信息交换、经验共享，教师自己也要根据课程改革的目标，结合学校和个人的教育教学实际，确立研究课题，用新课程的理念和观点进行剖析，从而做到与内心对话，与同行对话，与专家对话，与理论对话。为了使同伴互助得到落实，学校更要建立相应的制度，积极为不同层次的教师牵线搭桥，为教师的合作和交流提供平台。这方面的制度主要有集体教研制度，集体备课制度，教师帮带制度，听课评课制度，示范课、公开课展示制度，教学经验交流制度等。

1. 集体教研制度。修订完善教研制度，充分发挥学校学习共同体的组织协调作用，开展形式多样的集体教研活动，改变教师教学研究各自为战和孤立无助的状态，有效开展教师间的交流与合作研究。每个教师都要积极参与教研活动，互相学习、共同切磋、分享经验，不断提高教学研究水平。同伴之间在教学上的互相支持是发展优质教育的重要资源，也是教师专业持续发展的有效途径和改善教学质量的重要手段。

2. 集体备课制度。修订完善集体备课制度，充分发挥学校备课组作用，开展形式多样的集体备课活动，反对各自为战，有效开展教师之间的交流与合作。比如，同校内跨学科备课、同学科跨学校备课；同课教师分别备课，再集中时间说课、交流；备课组先集体备课，共同研究，设计课堂教学，再由实验教师自主上课。要做到定时间、定地点、定人员、定内容。通过集体备课，促进教师反思、交流、互动、共享成果，提高工作效率，并使教师集体智慧和个人风格有机统一。

3. 教师帮带制度。学校要倡导教师个体之间的相互指导，开展形式多样的教师之间日常合作和经验分享、交流活动。名教师、骨干教师要帮带一般教师，青年教师、教学教研能力有待提高的教师要积极拜师学习。要完善制度，规定师徒各自的义务，强调双方互动、合作、共进，建立师徒档案，使新教师尽快适应教学，并在实践中不断地成长。学校不能只消极等待青年教师的成熟，而应积极促进青年教师的成长。

4. 听课评课制度。听课、评课是领导实施教学指导的重要措施，是教师相互学习、共同提高的重要途径，是优化教学的重要手段。学校要按新课程的要求，改革和完善听课评课制度，明确听课的节数、记录的要求、评课的要求等，充分发挥其管理、研究、诊断及评估教学的功能，促进教师相互学习，促进课堂教学的优化。

5. 示范课公开课展示制度。举行各类示范课、教改课等公开课展示活动，是学校内部或学校之间教师同伴互助的常见形式。学校要进一步建立和完善公开课展示制度，明确展示的内容、对象、时间、要求等，促使活动的经常性开展，为教师互相交流与学习提供机会，促进教师深入研究教学和学生，提高教育质量。学校应该把这种方式作为激发教师专业发展动力的途径，避免成为变相的评价手段或者作为背离教师专业发展的展示活动，真正对课堂教学质量的提高起到推动作用。

6. 教学经验交流制度。学校要通过举办“教学经验交流会”“教学经验观摩研讨会”“教学经验报告会”，印发校内外教学经验材料等形式，广泛开展教师教学经验交流活动，要规定时间和活动要求，促进教师之间的经验交流和共享，促进共同提高和进步。

四、建立课题研究制度

建立课题研究制度，是构建学习共同体长效保障机制的重要核心内容。要建立有效的课题研究制度必须做好以下几个方面的工作：

第一，加强课题规划及相应的管理。实施学习共同体课题研究是解决实施新课程中所遇问题的重要途径。为了保证课题研究的质量和效果，学校必须制定包括课题规划、立项、开题、研究、过程管理、结题、验收、档案管理等内容在内的管理制度，增强研究的科学化和规范化。

第二，要关注解决学校层面问题的课题。改变过去只关注教师科研论文和科研课题的现象，而应关注教师教研活动是否解决教育实践中的问题。课题研究，要以教育教学中迫切需要解决的问题为课题，深入探讨，形成浓厚的学术研究氛围。学校要切实加强对本校各种课题的过程管理，在实践的摸索与总结中找到解决问题的途径。

第三，切实抓好校本教研，促进教研与科研的有机整合。校本教研以学校教学研究为重要基地，立足课堂教学，以教师为教学研究主体，借助观察、问题、反思、行为四要素，在学校真实教学情境中发现问题、分析问题、解决问题，以促进教师专业成长。建立课题研究制度，必须立足于为教师的专业发展服务，为学生的健康成长服务，为学校的整体发展服务，必须紧紧抓住观察、问题、反思和行为或行动这四个要素，突出教学与研究的结合，研究与教学的统一，使校本教研真正走向科学和理性。

五、精心打造核心文化，形成学习共同体的共同愿景

学习共同体的活动不应停留在解决常规教育教学问题的层面，不应局限在某个教师个体业务水平的提升上，而应真正体现其价值追求。学习共同体的真正价值内涵是“以人为本”的哲学思想，实现对教师的改造，实现对中国教育文化的深层次改造，从而构建科学与理性的教育文化环境，构建科学性与价值性相统一的教育理论研究运作机制，形成学习共同体的共同愿景。

精心打造学校的核心文化，形成学习共同体的共同愿景，必须真正弄懂教书和育人的精神内涵，必须把握教书和育人的精髓和灵魂。建立以校为本的教研制度是促进教师专业发展的必然要求，将有助于创设教师间互相关爱、互相帮助、

互相切磋与交流的学校文化，使学校不仅成为学生成长的场所，同时也成为教师成就事业、不断学习和提高的机构。科学和理性，就是学习共同体所追求的核心价值内涵；以人为本，实现学校、教师和学生的共同发展，是学习共同体的核心价值内涵；教学研究化、研究学习化，实现教学、研究、学习的有机统一，是学习共同体的核心价值内涵。通过学习共同体，实现实践者与理论者的对话，实现理论与实践的统一，实现教育文化的传承与创新的统一，实现对教师的精神、人格和品性等的改造和重塑，实现对教育文化环境的改造，促进中国教育理论研究模式的根本变革，也是学习共同体的核心价值内涵。当我们完全明白了学习共同体的价值内涵时，才会自觉认识打造学校核心文化的价值标准和价值追求。

学校的核心文化，要根植于学校的日常教育教学活动之中。教育教学是形成和打造学校核心文化的有机土壤。教师在教育教学中的一言一行，教师在教育教学中所表现出的人格风范、学识风范和个性风范，都体现着教师个体的文化价值追求，也反映着学校共同的文化价值追求。核心文化，不是装饰在校园某个物体上的形式上的文化形态，而是融合于所有领导和教师的日常教育教学活动之中的精神内涵。它可以是一种严谨的治学态度，可以是教师和学生的精神风貌，可以是教师和学生共同的价值追求，可以是学校某种鲜明的风尚。但是，无论是隐性存在于人们思想价值体系之中的某种观念，还是显性表现于教育教学活动中的某种风尚或某种行为，人们的意识都可以清晰地感受到。

建立学习共同体是基于教学的研究，也是基于研究的教学。其追求科学和理性的价值理念，往往对培植和打造学校的核心文化具有不可替代的重要作用。从某种意义上讲，学习共同体就是要实现对人的价值观的根本改造，实现对学校教育文化环境的根本改造。无论是对人的价值观的改造，还是对学校教育文化环境的改造，都是一个文化体系的解构和建构的过程。解构是为了建构，建构是为了重塑。学校日常教育教学中所形成的某种风尚和某种机制，通过学习共同体科学和理性的解构和建构，特别是通过科学和理性的重塑，会更容易形成更具深刻性和凝聚力的核心文化。过去，许多教师都认为教师的职责就是教书和育人，理论研究是专家们的事情。所以许多教师一生都在经验中徘徊，甚至是在一个较低的教育教学水平上重复。如果真正认识到学习共同体所追求的科学和人文价值，认识到学习共同体所追求的原创价值、文化价值，教师的价值观就会发生深刻变化，就会逐步摆脱经验主义而追求科学主义；当这一价值观成了每个教师的自觉意识并指导教育教学行为时，学校的核心文化就会以鲜明的精神特质反映出来。教书有不同的教法，教书也有不同的层次和不同的价值追求；育人有不同的观念，有不同的价值判断。怎么教书和怎么育人，都有深层次的理论问题需要研究。理论的原创，实践模式的原创，都来自研究。通过研究所获得的不仅是自己的某种成果，而且还有人类教育文化始终都在关注和研究的教育的最终价值关怀和价值追求。努力寻找教育最终的价值关怀和价值追求，就是在科学和理性地培植和打造学校的核心文化。

六、加强知识管理，保证资源共享

知识管理的概念产生于20世纪90年代初期，知识管理是对信息管理的超越与变革，知识管理关注隐性知识向显性知识的转化，知识管理旨在建立有利于知识交流与分享的组织文化等。知识管理向我们展示了一种崭新的管理模式和思维方式。作为一种理念，一种文化，知识管理对学习共同体的建设无疑具有重要的启示。在知识管理的视野下，学习共同体建设所关注的不是表面的条文，而是如何真正激发教师的职业热情，为教师的教学和发展提供服务支持、创设条件、提供空间。换言之，学习共同体要把教师和教师知识视为学校中最关键的资源，通过对教师个人和教师群体知识的有效管理，既实现学校的创新、创造与效能提升，也实现教师的自我价值。要实现对知识的管理，需要从以下三个方面加以重视。

1. 从教师群体中发现值得分享的想法、见解和经验。由于学习共同体活动是教师群体为解决教学实际问题，利用集体智慧跨越个体障碍的一种合作成长的有效途径，因此如何发现值得分享的想法、见解和经验，以现有的资源为起点就显得格外重要。上海团结路小学校长在学校的一次“关于现代教学技术实务”的培训活动中了解到，学校教师掌握现代教学技术的水平参差不齐，用同一内容安排统一培训，不仅作用不大，而且容易造成部分教师的反感。校长巧妙地运用了“信息卡”的方式解决了这个问题。第一步，发布信息。校长请教师根据自己掌握多媒体、运用软件的情况，先填写一张“会”的信息卡，发布到公告栏上。第二步，找教师，招伙伴。校长请全体教师浏览信息卡上的内容，选择自己需要的学习信息项目，在公告栏上签上自己的名字。第三步，组织研修。校长组织“会”的教师培训“不会”的教师。第四步，组织信息超市。每次研修之后，鼓励教师用信息卡发布自身的困惑、经验。上海团结路小学的教师通过信息卡的方式，让信息流动起来，使每个人运用现代信息技术的能力都得到了提升。当然，除了信息卡，还可以通过指定专门小组开发技术程序和标准、网络论坛等方法来实现。其关键是在坦率交流和相互帮助中，让教师个人的知识流淌出来，解决每个人面对的真正问题，进而在教师和教师之间建立起信任和互惠的关系。

2. 发挥群体中个人特长的多样化途径。学习是教师群体共同进行的解决问题的活动，需要重视群体智慧，但也需要教师个体的个性发挥，没有个性，就意味着没有创造。没有创造的群体只有简单的复制功能，而不具备持续创新能力。一个群体、一个团队的精神实质是要充分利用和发挥团队所有成员的个体优势去做好工作。比如上海东方学校针对学校确定了“骨干先行，带动全体，提升研修品质，促进专业发展”的工作思路，开展骨干教师校内开放课堂的实践与探索。通过开放课堂，激发了骨干教师自主发展意识，让他们在实践中真正感悟新课程理念，提升实践智慧，也为其他教师（尤其是新教师）搭建学习、观摩、研讨的平台，形成全校开放式的研修氛围。事实上，学习共同体就是要为教师创设一个安全的、互相信任的、允许犯错且更有利于发展的环境。

3. 建立校内科研成果库。当前，基层学校教师的科研意识不断增强，科研能力不断提高，产生了许许多多的科研成果，其类型有研究报告、论文、教学案例等。这些科研成果对于改革和指导学校管理、教育教学起到了积极的推动作用，对于教师的专业成长和发展起到了很好的引导作用。同时，我们也发现，许多科研成果在鉴定验收或是评奖以后，没有得到进一步验证和推广，而是被束之高阁。心理学研究结果表明，情境的相似性更有利于知识与技能的迁移，因此，“土生土长”的校内科研成果对于本校其他教师进行教育教学活动更具有转化和推广的价值。鉴于此，学校要建立校内教育科研成果库。校内教育科研成果库的建立，能够使校内的成果资源得到共享，提高教育科研成果的社会化水平，同时给每位教师提供更广阔的舞台和空间，使教育科研成果得到广泛应用，成为教育改革和发展，提高教育质量的“第一生产力”。校内教育科研成果库的建立，要做好以下三方面的工作：一是帮助指导教师进一步提炼归纳成果，增强成果的信度和效度；二是通过网络资源库的形式分类整理成果，保证校内所有的教师都能够浏览到科研成果的具体内容；三是指导教师用实践来检验教育科研成果，对教育科研成果进行修改、完善和丰富。

第四节 认识·经验·反思·收获

构建师徒式学习共同体 促进师生共同发展

开封市群英幼儿园

学习共同体作为一种全新的教师专业发展路径，在改善和重构教师教学理念、丰富教师教学智慧及促进教师教学技能提升等方面效果显著。因此，本园立足于实际需要，从提升教师专业水平、教师教学能力及和谐园所人际关系等方面出发，对幼儿园“师徒式”学习共同体进行了实践探索。

一、“师徒式”学习共同体的构建

目前，幼儿园教师年轻化，许多教师出了校门就在幼儿园承担重要的教学工作任务。如何让每一位教师都能在教育教学的过程中尽快找到自己的特长，挖掘出每一位教师的潜能，使每一位教师都能在工作中成就自己，在各自的专业发展过程中培养教师的职业幸福感和成就感是我园多年来都非常关心和重视的研究内容。

每一个幼儿教师都拥有不同的知识结构和不同的特长，如何让教师个人的知识技能和特长发挥到最大作用，给其他教师带来启发，达到资源共享，同时又转化为整个幼儿园的优势和财富，是我们组建学习共同体的目的。2013 年 12 月，课题组成员根据幼儿园教师的教龄及个人发展状况进行分析，组建了群英幼儿园“师徒式”学习共同体，让学习共同体成为一个巨大的学习资源库，吸纳每个成员的知识和智慧，为所有成员提供学习机会和学习资源。本学期我们让新手教师（徒弟）上“克隆课”，从选材定题，到目标的制定、教学环节的把握、教学课件及教具的准备，新手教师多次征询“师傅”的意见建议，并进行试教；师傅及年级教研组教师参与听评课，就其教学目标、环节的把握取舍、教学方法的运用、提问及回应等方面进行指导。经过学习、磨课、试教，再到全园领导、教师进行观摩，年轻教师的详案手稿，包括每一个提问、每一句话都修改了一遍又一遍，甚至一个故事要讲上几十遍，还找有经验的教师讲并且录下来，再一遍一遍地模仿讲……教学活动结束之后，新手教师自己先反思，说说自己对教学活动的思考及感受；然后由师傅提出看后的思考和建议，很多有经验的教师都会提出自己的看法，其他年轻教师作为听者也会讲出自己的认知和想法；最后由业务领导、园长（课题组长）进行点评。在浓厚的研讨氛围中，大家真诚、毫无保留地提出自己的意见看法，互相交流，无论是年轻的徒弟还是有经验的师傅，在这个研讨的过程中，都有不同程度的收获和提高，这也是我们期望的效果。

第一，我们在工作中以课题为依托，帮助教师制订出符合各自实际的专业发展规划。我园“郭玉凤名师工作室”的创建，让老师们在制订和实施规划的同时，思考自己的职业发展方向，找到各自的专业目标定位，在实施个人专业发展规划的过程中实现自我价值的突破。在这个过程中我们一方面让教师们参与制订幼儿园的发展规划，使个人的规划与幼儿园的发展规划同步；另一方面，通过集体的发展带动教师个人专业化的发展。教师们在课题组的带动和帮助下非常重视个人发展规划的制订和完善，每位教师都确立了自己的三年发展规划和本学年的近期目标。

第二，给每个教师创设发展的机会和平台，让教师的个人优势得以发挥。我园根据教师制订的发展规划，找出每个教师各自的特长和优势，在实际工作中给她们提供充分均等的培训机会、任职机会、业务提升机会等。比如，在今年暑假期间，我们根据每个教师的工作特长和职业发展方向，分别派五批教师到山西太原参加“赏美·悟美·创美——第三届全国幼儿园美术教育教学”活动，到山东青岛参加“幼儿园艺术教育与教学策略高级研讨班”“幼儿园五大领域教育教学设计与实践研讨会”，到贵州贵阳学习全国幼儿园大型活动的策划与组织，到福建厦门参加“幼儿园班级管理与家长工作策略高级研修班”。9月份我园吴婷婷和黄艳杰老师参加开封市幼儿园音乐、美术优质课评比大赛并分别获得开封市幼儿园优质课评比一等奖，这让青年教师有机会在展示活动中脱颖而出。总之，我们依托课题，创造条件为教师搭建个人专业发展的平台，充分发挥每一位教师的特长，让不同年龄、不同层次的教师都有展示的机会和舞台。我们相信，只有让每个教师的个人优势得到最大限度的发挥，才能让其在幼儿园这个学习共同体中得到更大程度的发展。

第三，在课题管理中以骨干教师引领幼儿园学习共同体建设。我们坚持每年暑假在幼儿园开展“教师论坛”活动，如今已坚持开展了四届。今年共有六位骨干教师分别在家长工作、区域活动创设等方面与全体教师进行了交流与分享，取得了很好的效果。我们以骨干示范引领为导向，让幼儿园的学习共同体建设更加有深度、有影响力。另外，我们在课题研究的过程中，还重视教师的个人成长档案的创建和管理，让每位教师在个人专业发展的过程中留下清晰的成长烙印，在交流和展示的过程中提高幼儿园团队整体的学习能力。

二、大力倡导尊重、信任的学习共同体的氛围

在幼儿园课题研究的过程中，我们倡导学习共同体成员之间互相尊重、互相信任的人文精神，让每一位成员养成敢于自由表达自己的意见和建议的习惯。这种畅所欲言的交流氛围是形成学习共同体的基础。在教研的过程中，共同体中的每一个成员都相互信任、相互影响。积极向上的教学研讨氛围使学习共同体步入良性的发展轨道。

在研究过程中，学习共同体中的每一位成员都要养成学会倾听、积极表达的习惯。即讲与学习研讨有关的话，讲积极鼓励的话，讲具体明确的话，讲真实有效的话。我们还在课题研究中逐步改善幼儿园的管理行为，把发言的主动权交给教师，创设自由的交流研讨氛围，让他们在共同研究的过程中想说、敢说、会说，让他们能够发现问题，懂得求援，善于表达，乐于互助。

在构建幼儿园学习共同体的过程中，我们首先继续完善幼儿园的园本教研制度，落实教研备课各个环节，促进教师教研的有效性。其次签订新一轮的师徒结对协议书，在同段教研组中“结对子”，互相听课、评课、上课，在日常教学中实现教师学习共同体的共同提高，建立互帮互学、共同成长的发展机制。另外，我们还倡导教师养成良好的阅读习惯，开展备课前“十分钟”活动，在同伴互相引领影响的氛围中，介绍自己阅读的好书，分享各自的读书心得，交流教学中的体会，提高朗读朗诵的水平。我们定期给教师们推荐优秀阅读书目，今年给每个教师购买了《爬上豆蔓看自己》《孩子是脚，教育是鞋》等专业书籍，让浓浓的书香萦绕幼儿园，让读书成为提高教师内在修养的一种生活方式。

另外，我们还在创建学习共同体的过程中指导教师正确处理团队中的关系，在“师徒结对”活动的过程中，形成拜师、尊师、重师的良好学习研讨氛围，让教师们在个人成长的同时感受同伴互助的快乐。各个教研组根据各自的学科

特点，共同学习和进步，工作中互相切磋，集思广益，各抒己见，形成共同激励、共同提高的教研氛围。本学年我们还将开展优秀教研组建设评比活动，对在课题研究过程中表现突出的团队进行鼓励和表彰，让分享和互助成为教师教研工作的常态，进一步激发幼儿园学习共同体的建设和发展。

三、开发家长资源，扩展学习共同体

家长是幼儿园重要的资源和发展力量，也是幼儿园学习共同体建设的重要伙伴。我们课题组很关注家长的学习和对家长的引导，也在探寻有效的合作途径。家长们来自各行各业，每个人的工作经历、背景、知识水平都不相同，幼儿园应充分发挥他们的价值和作用，创造机会和条件让他们积极参与到幼儿园的教育教学活动中。这样不仅能够支持教师的教学，丰富幼儿的课堂生活，还可以让教师在这个过程中提升扩大自己的视野和知识面。我们还利用家长开放日活动、家长会、家长学校、家长沙龙、亲子活动、调查问卷等多种形式，让全体家长积极主动地参与到幼儿园的各项活动中，从而构建学习共同体。

总之，我们通过对学习共同体外部条件的研究，努力在工作中实现教师的专业化发展，让教师在工作中体验到来自幼儿成长进步带来的喜悦，来自同伴的认可和激励，来自家长的肯定和鼓励，使自己在教学工作中更加游刃有余，有张有弛；让教师通过自身的努力学习，在幼儿园搭建的学习共同体中摆脱教学中的疲惫苦闷，最终成为科研型、骨干型、引领型的新型教师，在“师徒式”学习共同体建设中分享学习的乐趣，收获职业的幸福！

近距离感受学习共同体

周　焱

2014 年，我有幸参加了群英幼儿园课题“学习共同体外部环境建设研究”。本次活动使我对课题中的概念“学习共同体”有了更深刻的了解，同时也认识到学校的改革与发展必须从“学习”开始，离开了学习，学校就失去了发展的内在力量。

作为一名从教二十年的老教师，我思考最多的就是我们幼儿园怎样构建“教

师学习共同体”。幼儿园教师是一个特殊群体，随着每年新鲜血液的不断补充，教师年龄、教龄差距越来越大，而不同年龄阶段的教师拥有不同的特点，必然也存在着差异。恰逢此时，我园的“师徒结对”活动如火如荼地开展了，这种新老搭配，自然形成了一种和谐向上的学习氛围。可以说，学习共同体为幼儿园教师实践性知识的发展提供了有效的来源和适宜的环境。

在“师徒结对”活动中，我成为了晁阳老师的师傅，我很清楚我园为青年教师所搭建的这个培训平台的重要性，也很清楚自己作为师傅，对于晁阳老师的教育教学起着非常重要的引导、榜样与示范作用。晁阳老师具有青年教师充沛的精力、好学的热情、丰富的知识、创新的能力。而我作为师傅非常乐意把自己的一切毫无保留地传授给徒弟，而且在带徒弟的过程中我也能不断完善自己，取人之长，补己之短。我深知这是一个师徒相长的过程，师徒在共同的教研活动中，互相学习，互相帮助，努力提高自身素质。

除了师徒间的互相学习，我们教研组还采取课堂观察的办法，近距离认真细致地对课堂进行研究，通过“一人授课，多人观察”的形式进行同伴协作。

平时我们还会利用集体教研时间，积极开展形式新颖、实效性强的教学研究活动，搭建起同伴互助的平台，如教学观摩、案例分析、专题研讨、教研沙龙，让教师在观念的碰撞与交流中，汲取营养，共同分享教学经验与成果，彼此支持，共同发展。

我园十分重视师资培训，经常组织教师走出去，参加省、市乃至全国的各种培训和教学观摩活动，学习归来的教师还会面对全园教师做学习汇报；同时我园还邀请各地名师、专家来我园进行教师培训，使更多的教师获得了交流、学习的机会。

另外，我园还建立了自己的公共邮箱和局域网，平时教师们在备课过程中需要的课件、图片、音频、视频、试卷等材料都能在这里找到。现在，把自己原创的一些课件、教学设计、教学叙事、教学反思、教学论文等上传到幼儿园局域网上，已成为教师们自觉的行为。其他教师可以通过共享、吸收、转化的方式将之渗透进日常的教学中。

幼儿园只要给教师们提供这样一个平台，就可以使教师们在学习中交流，在交流中反思，在反思中提高。我想：通过教师学习共同体的创建，每一个教师都可以借助彼此的力量成长，在专业发展中相互关怀与促进，最终实现共同发展。

在学习共同体中提高自己

黄艳杰

时间飞逝，很快我们幼儿园申报的“学习共同体外部环境建设研究——以群英幼儿园‘师徒式’学习共同体为例”课题已经走过了一年。在这一年中，我们围绕“师徒式”学习共同体的创建进行了深入的研究，也取得了一定的进展。而幼儿园组织的“师徒结对”活动，使我获益匪浅，师傅教师的“传、帮、带”加速了我的成长。回顾这一年，可谓是酸甜苦辣一应俱全。在师傅和其他老师们的关爱下，我逐渐适应了教育教学工作，熟悉了幼儿与课堂，在教学中我一路走来，在成长中变得成熟、坚毅！

在这个活动中我有幸拜官霞老师为师。我和官霞老师同时承担语言教学工作，工作内容和工作性质的相似，为我向师傅学习提供了得天独厚的条件。而且官老师特别地谦虚与温和。每次问她问题，她总会不厌其烦地说出她的想法。在相互的探讨中，我在官老师的身上学到了不少东西！官老师在教学方法、管理学生以及教科研方面都给了我许多实实在在的指导和帮助，使我在各方面有了一定的提高。下面我就从几个方面谈谈自己的收获：

首先，作为一名青年教师，只有不断学习才能以全新的理念指导自己的教育实践。因此，在官老师的要求、指导下，我坚持平时及时充电，不断更新自己的教育观念。在平时的教学中，我认真备课，钻研教材，遇到教学中的难点、重点、疑点，主动向师傅请教。其次，互相听课、评课是师徒结对的一种基本活动形式，这也成为向师傅学习的最为直接的一种方式。我感到“师徒结对”就像一条无形的纽带联结在我与师傅之间，使我们在有意无意之中增加了交流和相互学习的机会，从而得到提高。在听师傅讲课的过程中我也有很大收获。扎实的教学功底，先进的教学理念，多样的教学手段，使我受益匪浅。官老师的课最大的特点就是条理性强，思路清晰。她的课给人的感觉是从容不迫，教学的各个环节都紧密相连。课后我们坐在一起交流上课后的体会，在多次听课学习的过程中，我逐渐有了清晰的认识。此外，官老师的为人处世，经验心得，她的热情、真诚与自信，常常让我感动，并且使我获得了更多的学习、工作的动力，使自己能更好地投入到这份事业中去。

幼儿园组织的“师徒结对”活动，使我受益匪浅，我感谢幼儿园为我提供了这样的机会。作为青年教师的我，深知自己的责任重大，只有虚心向师傅学习，才能不断地提高自身的素质。

总之，这一年来，我向官老师学到了很多东西。我也将不断学习，不断提高，向更高的目标迈进，向专业型教师发展。

园长在培育园本文化共同体中的实践探索

白慧莲

和谐共生的幼儿园文化是激活幼儿园发展的动力源泉，其核心是研究如何让教师、幼儿、幼儿园得以健康发展。园本文化是幼儿园和教师在长期的工作中共同学习、研究，共同生活，不断积累而形成和发展的价值导向和精神风貌。那么，作为园长，在这一共创园本文化的共同体中，应该以什么样的姿态和角色出现呢？

园长之于幼儿园，固然承担着“管理”的职责，但其本质上更承担着“引领的使命”。园长与教师形成一种学习的共同体，彼此之间经常学习、沟通、交流、分享，共同完成园本文化的建设使命。在共创园本文化的过程中，我作为园长，必须思考以下问题：①打造什么样的园本文化是健康的？②通过何种手段进行打造？③如何引导合作共建园本文化的构建和实施？领导的观念和高度决定了一个幼儿园的文化品位和发展方向。

世纪星数十年的发展，其园本文化的核心是发展幼儿、发展教师。那么，作为园长就要思考“发展”二字的深切含义，以及如何发展、什么是健康发展、怎样共同发展等，针对这些问题，我们采取了一系列的文化引领、课程引领、主题活动引领、机制引领形式，把园本文化的研究置于幼儿园整体发展的背景下来思考。

首先，树立幼儿园共同的愿景，通过理论学习、业务学习，讨论研究幼儿园共同的愿景，形成共同的奋斗目标，并把这些愿景转化为具体的语言要求、活动实施、主题倡导、社会宣传，帮助教职工理解愿景，以此来引领教职工将愿景逐步内化为自觉行动，长此以往，进而固化为园本文化。

其次，什么是健康的园本文化？怎样在共生的过程中去伪存真，保存和内化健康的园本文化呢？《3—6岁儿童学习与发展指南》及《幼儿园工作规程》是我们学习和研究的重点。围绕该文件的精神，开展一系列的专题研究。首先抓教师的素质和职业道德感，而这些方面的成长又依赖于教师内部强烈的成长动机、发展意识。我们加强了教育观的引导与信念的激发，通过师德演讲“我的教师梦”“最好的教师是‘热爱’”，以及读书交流活动、外出学习参观和本专业的培训，增强了教师的职业价值感、自豪感和成就感，使其认同并承担起传承文明、启迪智慧、润泽生命的责任，同时，我们还引导教师进行个人职业发展规划，寻求自主发展。

教师的发展、幼儿的发展和幼儿园的发展，其过程是曲折和复杂的，需要不断修正、感悟、管理，日趋完善，在此过程中，文化制度建设显得尤为重要。

科学、合理、规范的幼儿园管理制度，是幼儿园健康文化的一部分，是为和谐文化保驾护航的。因此，世纪星十年来不断改进和完善一系列的规章制度，大胆引进和实施幼儿园精细化管理和实行教职工绩效工资改革，极大地调动了教职工的工作热情，丰富和净化了幼儿园文化的内涵。在长期的管理实践活动中，在创建园本文化的过程中，园长应通过一些显性或隐性的观念引领，不断把握和深化幼儿园园本文化的方向和内容。例如：在团队建设中，我倡导“大气”文化，引领教师在赏识、悦纳中体验心灵的对话、生命的成长，追求做人、做师的境界。为教师过生日，送购书卡，送蛋糕，去采摘，浪漫中秋之夜，三八节“爱妈妈”活动等，让教师充分感受到生活在集体中的温暖和快乐。

园本文化是园长与教师共同创设的一种观念和氛围，在此创建的过程中，园长与教师彼此对话、沟通启迪，形成一种共同生活的文化空间，提升职工的工作状态，让文明、和谐、健康的文化成为幼儿园发展的主旋律。

创造希望　实现愿景

白慧莲

2011年，我园一位优秀的青年教师在幼儿园快速发展、急缺教师的情况下辞职了，原因是要去参加开封市招教考试。我看到她递上的辞呈，心中弥漫着一种难以名状的伤感。这位教师从事舞蹈专业，对幼教领域完全陌生。幼儿园建园初期她来到这里，世纪星教师团队引领着她，使她对业务从不懂到熟悉，从熟悉到熟练，从熟练到优秀。作为园长，我对她就如同对待自己的孩子，看着她从咿呀学语的宝宝长成亭亭玉立的少女，如今突然要将其拱手送给别人，这种割舍之痛怎能是放与不放那么简单呢？

这件事情之后，一连数天我都在思考之中：依赖编制，渴望安全、稳定，是能够理解和无可厚非的。人才流动，资源整合更是大势所趋。但对于民办幼儿园，造就一支人员数量充足、结构合理、充满活力的专业幼儿教师队伍，是提高幼儿园办园质量的保证，是满足家长对优质学前教育资源需求的一个重要举措。世纪星幼儿园发展到如今，很大程度上依赖一群有智慧、有干劲的教师。我们花费大量的精力、财力、人力去培养人才，结果却因为没有完善的政策，没有政府的编制而让人才流失，长此以往，教师无法安心从教，师资队伍势必就会不稳定，这无疑是对民办教育机构的一个打击。经过一段痛苦的思考，我清醒地认识到怨天尤人、劝说阻拦都不是解决问题的根本办法，幼儿园还是会处在一种被动“挨打”的位置。记得有一句话说得好：当你不能改变别人时，你就只有改变自己。当前的国家政策、学前教育发展现状我无力去改变，但是我可以改变自己，从自身内部的管理机制去思考，以教师为本。因此，制定一套既有利于稳定教师队伍，又有利于教师长远发展的留人制度，才是最实际、最可靠的方式；拥有自己独特的用人机制，才是最智慧的方针。

教师选择幼教，说明他们热爱幼教事业，愿意为此付出。待遇是教师们考虑的问题，但绝对不是他们决定去留的首要因素。我是一园之长，是教师队伍精细化管理、团队向心力与凝聚力及园内文化建设的引领者和设计者，我应该营造一种氛围，一种浓情蜜意的人情氛围，一种团结向上开拓进取的人文氛围，一种让人感到有奔头、有希望、有朝气的发展氛围。这样才能使每位教师在此找到自己的平台，并借此平台实现自身价值。人非草木，孰能无情？教师们只有对世纪星饱含一腔深情，坚信幼儿园的发展一天会比一天好，面对外界的诱惑时，才会选择留下。若你的团队足够强大，那么教师就会被这种无限的张力所吸引，成为“世纪星共同体”中的一员。

园长是共同愿景的开发者。管理者要善于规划愿景，因为美好的愿景能让人看到希望，能够在潜意识中给人以力量。痛定思痛，作为园长我要为幼儿园规划愿景，不断地给教师描绘宏图，并和教师们共学、共事、共修养，同时让每一位教师参与到共同愿景的规划当中，树立他们的主人翁意识；不断地给教师希望，不断地激励教师，同时也要不断地激励自己，让希望和美好的憧憬留住人。就这样我开始筹划“创造希望，描绘愿景”的举措。无论是在个别谈话、业务学习中，还是在全体会议上，无论是对老教师，还是对新教师，我总是不失时机地向他们回顾、剖析和展望世纪星的发展轨迹和未来，让教师们强烈地体会到世纪星特殊的体制，虽然有许多不尽如人意的政策缺失，但是我们也有许多别人不及的办园优势。我们有美丽的园所，有一支年轻、蓬勃向上的教师队伍，有一个专业、负责、敬业的领导班子，我们还有经过数年来传承和发展的办园之道、先进的办园宗旨及贴心周到的服务理念。通过这种引、导、绘、憧，让教师在心中对集体、对园所有一种依恋、信任和憧憬。逐步发展成为了一种相互信任、同心同德、富有团队精神的共同体。领导和教师之间也构建了一种信任、理解、亦师亦友的新型关系。通过这些共同的畅想，一种崭新的留人模式在我园形成：不光是待遇留人、制度留人，最终要凸显的是“希望留人”。领导和教师共同规划、共同学习、共同成长，我们共同创造着幸福，同时也在享受着幸福。

如今，世纪星幼儿园发展稳健，一园两址的园所宽敞美丽，生源庞大，有着良好的社会信誉和发展前景。身为园长，我感激与世纪星同甘共苦、在困难和挫折中成长起来的优秀教师团队；感激“希望和愿景”让我们共同设计和实现着美丽的梦想；感激“希望和愿景”让我们拥有今天的成就，让我和我的团队在未来的成长道路上永远有追求，永远不停息。

不简单的“天气预报瓶”

刘仪雅

刘老师平时在带领孩子们进行户外活动时，发现孩子们对于大自然和天气特别感兴趣。一天，伊雯小朋友跑过来问刘老师：“老师，为什么我们可以知道明天的天气呢？电视里的天气预报是电视台的人问了天上的神仙才知道的吗？”伊雯的问题让刘老师感到又好笑又值得思考。大班的幼儿一向对科学活动很感兴趣，既然小朋友们对天气很感兴趣，为什么不设计一次这样的教学活动呢？思考了好久，刘老师准备以“瓶子里的天气预报”为切入点进行一次科学探索活动。她的设计思路是，以瓶子里的化学变化为切入点，探索有关温度对于液体、气体的影响等基本知识，然后制作天气预报瓶。天气预报瓶的制作方法是在一个广口瓶中装入相应的化学试剂，放置在屋内，温度和湿度将对瓶子里的化学液体产生影响，会出现不同的气体凝结，根据气体凝结的形状便可以简单地预报天气。这样的小实验能使幼儿园的孩子们产生探索大自然的兴趣，了解天气并不是不可知不可预测的。刘老师在逐步开展活动的同时开始布置墙面，与幼儿进行互动。这次的科学活动分了四个板块：一、观察已经制作好的“天气预报瓶”；二、现场演示；三、解释原理；四、发散思考。园长在检查教师工作时对此项科学活动进行了认真的分析。

园长首先肯定了教师以“天气预报瓶”作为科学素材符合大班幼儿的年龄的特点，认为“天气预报瓶”中不同的图案可以激发孩子们的学习兴趣，并使其产生对天气对大自然的思考。同时，园长也指出教师设计这个活动的不足，园长认为：首先，“天气预报瓶”涉及一些简单的化学物理知识，这对大班幼儿来说有些难度。第二，“天气预报瓶”的制作过程相对比较复杂，幼儿可能会失去一直观察下去的耐心，影响整个活动效果。第三，园长建议教师把重点放在天气对大自然的影响方面，用简单的方法激发幼儿的兴趣点，用容易理解的概念向幼儿介绍知识。

经园长指导后，刘老师深受启发，她说：“本来我的出发点是探索大自然，考虑到孩子们对于图形的变化有兴趣才决定采取这一活动形式。当时也考虑到化学物理知识对于学龄前儿童来说难以理解，但也没有更好的解决方法。”作为同一个学习共同体的成员，园长对刘老师进行了指导与帮助。园长对刘老师说：“我前一段去外地观摩学习，别的地区的幼儿园在科学活动的设计和组织方面比我们这里思路要开阔得多，形式也很多样。我记录了一些优秀的有代表性的活动，我们一起看看哪些可以借鉴，哪些更适合你们班的小朋友去认识大自然。”园长不仅和刘老师一起观摩了优秀的科学活动课，还给她讲述了自己以前执教时吸引孩子注意力的经验，这令刘老师颇受启发、受益匪浅。

园长作为学习共同体中的一员拥有较多的经验，对很多问题的分析很透彻，角度很新颖，其他成员能从园长身上学到不少东西。随后，刘老师重新调整了活动方案，让幼儿自己探索有关知识，随后的活动进行得非常成功，幼儿不仅对天气变化有了全面的认识，而且非常有兴趣，还成立了科学探索小组。

园长的公正评价和专业指导是影响教师行为的主要因素之一，它能激发教师产生积极的教育行为，如主动思考、不断改进和完善工作。在学习共同体中园长作为一名有经验的引领者，他的经验和意见往往能够对其他共同体成员产生较为深远的影响。

构建学习共同体　成就师生同精彩

开封市金明实验小学

日本著名教育学家佐藤学教授把学习的实践界定为借助同他人的团结与协作所实现的“合作性实践”，在此基础上提出了“学习共同体”的构想。作为“学习共同体的学校”，不仅是学生合作学习的学校，也是教师互相合作、互相学习的学校。专家指出，教师的专业发展，其核心离不开学习共同体主持人的“引领”和“鼓励”作用，学习共同体主持人在教学案例研讨过程中充分发挥“引领”和“鼓励”作用，其有效群体将产生的是全方位的、高效的、有弹性的结构，形成有特色的学校文化。有了这样的团体，教师之间就可以针对一些具体的问题畅所欲言，展开争论，进行思想的碰撞，汲取所需的营养。在学校中要构建教师的“学习共同体”，首先必须在主持人的引领下确立“共同愿景”。所以作为课题组，我们有自己的愿景：我们在主持人的引领鼓励下成就自己的精彩，成就学生的精彩！

一年来，课题组在主持人范素娟校长的领导下建设教师学习共同体，倡导教师要树立三种理念：一是开放教育的理念。教师学习的内容与形式均要开放。二是终身教育的理念。要求教师从自身的不足出发，利用网络不断地、经常性地为自己“充电”。三是主体教育的理念。强调激发教师个人的学习动机，唤起教师终身学习的积极情感，形成不断学习的强烈愿望。启动教师个体之间、个体与群体之间以及群体与群体之间的互动机制，增强教师参与学习和研究的积极性，克服可能出现的“懈怠”或“心理拒斥”现象，将自我驱动和人际互动统一起来，构建教师成长的学习共同体。

我们课题组在学校提供的良好平台上相互合作、共享资源、交流经验、互助共进。现将我们采取的措施及成效总结如下。

一、成立备课组，引导教师合作文化生成

团队学习就是发展团队成员互相合作、整体搭配与实现共同目标能力的过程。学习型组织理论认为，“在现代组织中学习的基本单位是团体而不是个人，

团队的集体智慧远远大于个人智慧。当团队真正在学习的时候，不仅团队整体产生出色的成果，个别成员成长的速度也比其他的学习方式为快”。“团队学习模式”能营造教师合作学习氛围，形成教师合作文化土壤，促进教师在团体中的成长。

我校备课组作为一个特色团队在学校教学工作中起到了不可估量的作用。“国学诵读”是我们学校的校本课程，我们以备课组为单位开发课程，一年级背诵《三字经》，二年级背诵《弟子规》，三至六年级背诵《笠翁对韵》，备课组组长起引领作用，组员分工合作，分别负责搜集原文、释义、朗诵、视频。每周一搜集，每周一分享。这样不仅节省了老师们的时间，还让学生的学习达到最优化。

备课组最重要的任务是集体备课，为了加强备课组长队伍的建设，提高备课组活动的有效性，加强与备课组长的交流与沟通，备课组每月召开一次组长会议进行各备课组工作情况交流、经验交流、问题探讨，以提升备课组长的能力。

主持人范校长为我们提出了具体要求：备课组每周活动一次，确定说课教师，以教师说课为主，说教材，说教法，说学法，使每个教师对教材有一个整体结构的认识和把握，对教学方法有一个明确的思路。活动之前，由主讲人事先做好充分准备，填写好“备课组活动记录表”。主讲人坚持“六个讲”：讲教学目标，讲教学的“五个点”（知识点、重点、难点、训练点、拓展点），讲教学的设计，讲有效教学的策略，讲练习设计，讲教学的预期效果。组员共同讨论备课，修改教案，做到组内教师人人清楚。备课之后，教师们开始进行听评课活动，最后要求教师根据自己的教学情况及时写出反思。在集体备课中教师之间积极互动，互相寻找专业支持，共同构建一种促进学习与发展的合作性同事关系。在这种关系中，每一个教师不仅关注“我的教学”，同时还与他人一起构筑“我们的教学”。

二、开发校本课程，建设创造型的学习共同体

教师共同体的形成是基于学生学习的需要和教学的实际困难与问题的需要，由“校本问题”而形成的学习主题对教师才具有挑战性和吸引力，教师在这样的共同体中才有用武之地，其创造性才能在学习共同体中得以发挥。

新一轮的基础教育课程改革中，地方课程与学校课程的开发被提上日程，一部分课程开发与管理的权力被下放给地方和学校。校本课程的开发，有利于

改变学生的学习方式，为学生提供学习过程中的空间选择和内容选择，满足学生不同兴趣、需求，体现教育内容的多元性和选择性。我校“学习共同体”课题组的教师集思广益，开发出符合本校特色和适合学生个性发展的课程，并在一年多的实践中逐步得到改进与完善。

丰富多彩的校本课程是在主持人范校长的引领下，经过课题组成员多次研讨制定出来的。课程出来之后，如何开展又是一个难题。为此，课题组再次召开研讨会，对这些课程进行整合。绘本阅读、美文阅读、美文朗诵和古诗吟诵由课题组内语文老师负责；唱歌跳舞由郭老师负责；棋类由史老师负责……就这样又重新组成新的“学习共同体”和相应的主持人。我们在一起共同探讨，共同分享，校本课程井然有序地运行着。

校级课程有信息技术、折纸、金孔雀舞蹈队、简笔画、聪明屋（儿童画班）、小百灵（合唱）、跆拳道和墨香书画苑。年级课程有六棋并举课程及学科类兴趣课程，如一年级跳棋、二年级五子棋、三年级军棋、四年级象棋、五年级国际象棋和六年级的围棋；一至六年级均有绘本（美文）阅读、古诗吟咏、美文朗诵。

校本课程的研发为学校课程注入了活力，这些课程深受学生的喜爱。一点点的累积，成就的是孩子们的逻辑思维能力、深厚的文化底蕴和良好的文明行为习惯。课题组的老师为之而努力，在合作型同事关系中，每一位教师既展示了个人魅力，又发扬了团队精神，优势互补、博采众长。

三、走进综合性实践活动，建设公开研讨型学习共同体

新学期开始，综合实践活动课作为学校又一教学工作重点在全校展开。“学习共同体”主持人范校长带领我们课题组承担了“综合实践活动开题课”的研究。首先范校长拟定了综合实践活动实施方案，然后拿到课题组与我们共同商讨可行性，会上老师们各抒己见，肯定了范校长的做法，也针对个别地方提出了合理化建议。最后范校长和课题组成员一起制定综合实践活动实施方案模板。

综合实践活动分为五个阶段：第一阶段：课题生成课。第二阶段：建立课题小组。第三阶段：制订活动计划。第四阶段：小组开始活动。第五阶段：中期汇报。11月份，我们课题组开始了开题课的研究，其间范校长多次给教师指导，让教师在不同的班上同样的课，不同的教师上同样的课。上完课，课题组在范校长的指导下认真研讨，找出不足，及时反思，再行上课。就这样，一堂

课经过不断的打磨，终于绽放出自己的风采。11 月 12 日下午课题组两位老师分别执教综合实践活动课。课堂上，孩子们积极参与，小组合作非常有效，短短的一堂课，孩子们就选出了有价值的课题。这两节课，市教研室领导及听课老师给予高度评价。本次展示课给教师一个思路，给教师一种方法，无论是授课者还是听课者都受益匪浅。

综合实践活动课还会在主持人范校长的引领鼓励下继续进行，我们还要带领学生走向社会去发现、去探究……在实践中培养孩子的合作、创新和探究精神。我们不仅自己上好综合实践活动课，还会引领更多的老师上好综合实践活动课，从而让“万绿丛中一点红”变成“万绿丛中一片红”。

学校建设教师学习共同体，就要构建教师在相互交流合作中共同成长的专业学习关系，而能促成和支持这一关系形成的至关重要的人物是主持人。学习共同体主持人，把握着学习共同体在案例研究活动中发展的方向，应激发教师专业自主发展的主体性，培养教师的合作意识和团队精神，提高教师的实践智慧，创造积极上进的教学案例研究氛围，保证案例研究活动有序有效进行，取得良好的研究效果并积极转化成有效的实践活动，明显提升教育教学质量。

“路漫漫其修远兮，吾将上下而求索。”历经一年的探索，我们取得了一些成绩，但这离我们的目标还很远，我们会怀揣十分的执着去追求最美的境界！

着力构建学习共同体　引领鼓励师生共成长

开封市梁苑小学

学校的“学习共同体”是特指在学校由主持人及其他教师共同构成的团体，他们充分利用平常的教学实践，以研讨教学案例的形式对教学进行反思、提高。通过实践，我们还认识到，不仅教师可以组成学习共同体，而且学生之间、师生之间都可以组成不同的学习共同体。在不同的学习共同体中，学习共同体主持人在教学案例研讨过程中起着“引领”和“鼓励”的作用。如何使主持人的“引领”和“鼓励”作用达到最大化？这是我们课题研究的方向，在课题具体实施的过程中，我们主要从以下几个方面来进行研究。

一、学习共同体的构建

我们根据学校的实际情况构建了学校不同组成形式的学习共同体。

第一，我们对学校目前教研活动的现状进行了调查研究，发现存在的问题和问题产生的原因是：教师年龄差距大，老教师很敬业，但墨守成规，不愿意投入课堂改革；年轻教师虽然有热情，但对教材熟悉度不够，驾驭课堂的能力欠缺。针对这种现状，我们学校的年级教研组和学科教研组按老、中、青年龄结构搭配而成，形成学校最基本的办公室共同体，并且教研组长全部由中年教师担任。

第二，我们学校把具有相同爱好和特长的教师聚集起来组成凸显学校特色课程的学习共同体。大家互相取长补短，在研讨中提高自己，在教学中提升学生，达到师生共成长的目的。如由有书法特长的司红宁、孙保雷、李爱香、岳玲等几位老师组成书法课程学习共同体，这个团体分别由数学、语文、美术等学科老师组成；又如把语文教师中的骨干赵丽萍、张荣英、张静、张真、殷勤华、田秀霞、岳玲、孙雪梅、魏苔果几位老师组织起来编制学校的校本课程，组成开发、挖掘彰显开封地域文化的校本课程学习共同体。

第三，近两年来，为了充实师资，我校新进了一批年轻人，为了尽快提升其班级管理方面的能力，我校的班主任也形成了学习共同体。

第四，在课堂教学中，学生是学习的主体，小组探究、合作、交流是新课程改革倡导的主要学习方式。在开展综合实践活动课程中，我校学生自发形成了不同的小组学习共同体。

我们组建这些共同体，主要是为了在学习共同体主持人的引领和鼓励下，通过课题研究，使老教师能转变观念，中年教师在重压担子下更快成熟，年轻教师进步更快。

二、学习共同体的运作

为了能更好地落实课题研究，在课题主持人的指导下，各学习共同体将研究内容细化，分为指导学生自主预习、课堂小组自主学习、课堂展示、学法指导等小专题；发现、整理有研究价值的教学案例；同时课题主持人努力挖掘课题组成员的潜力，通过对案例进行剖析研究，形成对课堂教学行为的正确认识。

（一）筛选案例

我们根据新课标的要求及课题组成员的研究专长，明确分工，通力合作，以我校提出的打造“活动课堂”为切入点，按课堂分类进行研究，针对每节内容，讨论采用何种方法、授予何种学法，然后以单项教师为主，其他教师协同的方式进行。同时，课题主持人要求每位组员及时收集整理课堂案例。在提交的案例中，我们筛选出有共性的或者有研讨价值的案例。比如，教师们在教学过程中，经常发现学生在学习过程中不善于思考，有些问题即使思考了，也不够深入，对于知识的把握程度不容乐观。根据这种情况，通过课题组成员对收集到的案例进行筛选，我们一致认为司红宁老师数学课上的一个片段具有研究价值，所以将其筛选出来作为研讨的案例。

（二）研讨案例

针对筛选出的案例，主持人带领课题组成员及其他学科教师进行研讨，主要从教师的教学行为是否尊重学生的认知规律、是否达到了学习的效果等几个方面有目的地进行研讨，从而让每位成员通过案例知道该怎么做，并以此指导自己的教学。

在研讨过程中，主持人赵小青针对案例，组织课题组成员及部分教师研读案例、分析案例、谈自己的体会等。

孩子别哭

教育是一门学问，更是一门艺术；教师不但要教书，更要育人；课堂教学不仅仅要引导学生探索知识、训练学生能力，更要突出人文性、培养学生人格……

前段日子，我们在复习课上练习了一道选择题：把 4 米长的绳子平均分成 7 段，每段是全长的（　），每段长（　）。

A.1/7　　B.1/7 米　　C.4/7　　D.4/7 米

题目出示后，同学们思考了片刻。随后，我请举手的学生分别说出自己的答案，结果出现了三种答案：A、D，B、C 及 A、B，大多数同学选择的是第一种答案。我很高兴，因为这一部分知识比较难理解，这个班的同学竟然有这么多选择正确的，说明同学们学得不错。随即，我发现我最得意的“弟子”，数学最优秀的学生——杨曼婷竟然选择了 A、B 这个错误的答案。那些选择正确答案的同学究竟是猜的还是真正理解了？

我看看黑板上的这道题目，稍停片刻说：“我认为选A、B者正确（老师故意说错）。”我的话音刚落，大部分同学脸上立刻露出了疑惑的表情，只是那两位选A、B的同学在庆祝自己的胜利。也不知是哪位学生说：“老师，我觉得应选A、D。”与此同时，有学生应和着：“就是。”这时候我趁机追问了一个“为什么”，那位学生立即站起来阐述了自己的理由。哦，看来学生是真的理解了。我又假装看了看题目说：“哎呀！老师看错了！此题确实应该选A、D。”班里顿时炸开了锅，那些选A、D的同学发出了热烈的欢呼声！这时，我看到了杨曼婷同学坐在那里一言不发，并且不停地抹眼泪，我没作声，同学们好像发觉了什么似的，立即把目光投向了她，她好像哭得更厉害了。

看到此情此景，我意识到，对于优秀的学生，既要保护他们，也要教给他们如何承受挫折。于是我顺势说：“请不要哭，在求知的道路上会经常遇到麻烦或失败，这不算什么，关键是发现错误的原因、寻找成功的方法！你看老师都做错了，明白错误的原因也是一种提高！”听了我的话，杨曼婷带着眼泪看着我笑了。

上述这类题可以说是小学阶段最为抽象、极难把握的题目，每届总会有学生在这里摔跟头。在我的“捧场”下，杨曼婷同学讲出了自己原来的解题思路和想法，说出了自己失误的原因。我也借此机会向全班学生再次讲解了解答此类题目的关键，并向大家强调一定要区别“分率”和具体“数量”在解决实际问题中的用法。

课堂教学案例《孩子别哭》研讨实录

案例作者：司红宁

参加人员：赵丽萍、司红宁、张静、张荣英、李海霞、张真、孙雪梅、张玉琴、谭润杰、辛玉、吕建宝

主持人：赵小青

研讨地点：梁苑小学一楼会议室

研讨时间：2014年10月23日下午

研讨过程：

第一个层面：阅读案例，研讨案例中司红宁老师的做法

教师1：司老师的做法我非常赞同，他是一个很有智慧的老师。教师不但要教书，更要育人，课堂教学不仅要引导学生探索知识，训练学生能力，更要突出人文性，注重学生人格培养。司老师在这方面做得恰到好处。

教师2：我认为司老师的做法是正确的。特别是对于杨曼婷同学的处理上：

对于这位优秀的学生，既保护了她，同时也教会她如何承受挫折。正像司老师所说的：在求知的道路上会经常遇到麻烦或失败，这不算什么，关键是发现错误的原因、寻找成功的方法！

第二个层面：研讨教师由案例引起的对素质教育的思考

教师1：从素质教育方面去看，我们教师对于优秀的学生，既要保护他们，也要教他们如何承受挫折。关键是引导学生发现错误的原因，寻找成功的方法。要让他们知道，明白错误的原因也是一种提高。抗挫折教育也是素质教育的一项重要内容。

教师2：我觉得司老师驾驭课堂能力非常强，方法多样、灵活，教会了学生知识，尊重了学生的人格，维护了学生的尊严，让学生不仅认识到了错误的原因，还找准了自己学习的目标。

教师3：通过这篇案例，我对当今素质教育有了更明确的认识。作为老师既要灵活把握课堂教学，更要把育人当作教育的重中之重，当作教育的核心。教育是一门学问，更是一门艺术。儿童都有表现自我、期望成功的心理特征。那些能力强、成绩好的往往占据舞台中央。他们的出色表现，导致其心理上产生了一种巨大的优越感，当遇到挫折时，他们就不知所措，承受不住心理上的压力。比如本案例中的杨曼婷同学在答错的情况下，觉得很没面子，哭了起来。司老师做得非常好，既保护了孩子的自尊心，又教育她学会承受挫折，让学生明白挫折和失败并不可怕，关键在于如何对待。

第三个层面：研讨本案例对自己在教育教学中的启发

教师1：在以后的工作中，我们面对那些抽象、极难把握的题目，要引导孩子讲出自己原来解题的思路和想法，说出自己失误的原因，并可随机应变，借此机会向全班学生再次讲解解答此类题目的关键。这样就会达到事半功倍的教学效果。

教师2：看了这个案例，我感觉课堂教学应面向全体学生。教师不但要教书，更重要的是要育人。我也深知教育既是一门学问，又是一门艺术，教育是需要智慧的。以后我在课堂上，一定要关注到每一位学生，使每位学生都不失自信，在愉快的氛围中快乐地学习。

教师3：这个案例给我的启示是作为一名教师，在知识上要培养学生解决问题的能力，教给他们解决问题的灵活方法；在学生人格培养上，既要保护他们，又要教育他们如何承受挫折。对待中等生、学困生，我们也应想出不同办法来教育学生。

教师4：这个案例给我的启示是教师的课堂教学具有很大的机动性。作为老师，不仅仅要具有全面的学科知识，还要在课堂上做到随机应变，面对学生的各种反应当机做出恰当的判断与引导，要善于激励、赏识学生。

主持人：通过对本案例的研讨，大家对案例中司老师“善意”的错误这种做法给予了充分肯定，他让我们认识到在课堂上应做到“心中有学生”，保护学生心灵，尊重课堂上学生的主体地位。司老师通过自己精心设置的“错误”，让学生明白老师和优秀学生在解决问题时也会出现错误，从而激起学生学习的热情，增强学习数学的信心，鼓励他们要相信自己。这样做真正保护了学生脆弱的心灵，这真是一举两得。在今后的教学过程中，做教师的我们一定要关注学生，关注教学全过程。

按照“筛选案例”“研讨案例”的步骤，在实施过程中，课题组每个教学共同体都根据实际情况，整理了自己的教学案例。组内定期开展校本教研，并明确主题，落实主持人。

语文教研组在集体备课的基础上，形成个人特色教案，研究如何利用课堂教学提高学生阅读水平，如何激发学生阅读的兴趣。

数学教研组在集体备课的基础上，以问题性研究为主，培养学生的探究意识和解决问题的能力。

在实施过程中，我们要求课题组成员按照教研主题，以落实学生学习效果为目标，增强教师对教材目标达成的诊断意识，提升教师把握教学目标的能力，促进研讨活动的持续深入。

三、课题实施的收获

在课题主持人的引领和鼓励下，我校逐渐形成了“课前预习式”“问题探究式”“单元学习式”“主题学习式”“以学代讲式”等课堂教学模式，并在课题实施中对其进行不断完善和发展。“活力课堂”突出了以教师为主导、学生为主体的教学原则，提高了课堂教学实效性，在实践中深受广大师生的欢迎。经过一段时间的课题研究，我们在两方面收获最大：

第一，通过实践，我们对如何更好地开展课题研究，有了更明确的方向。

1. 科学地设计学习问题，使共同体主持人的“引领”和“鼓励”作用更具有目的性和针对性。

2. 采取多元的评价方式使学习共同体主持人的“引领”和“鼓励”作用达

到最大化。

3. 以课堂案例开发为依托，推动学习共同体专业化发展。

第二，通过实践，收到了明显的成效。

1. 教师积极参与教研，对教材的理解更深入，把握教材目标更准确、清晰，课堂教学形式、学习方式多样化，课堂教学效率提升。

2. 教研组内教师合作交流主动性增强。教研主题明确，以教研主题为内容，组内同伴乐于互助，共享成果。组内形成教学教研相结合、边教学边反思的良好课改氛围。

3. 在课题实施中，我们也对学校活力课堂的形成积累了一些经验。

（1）课前准备做到有效

备好课是上好课的前提。教师只有深入钻研教材掌握知识点的难易程度，才能根据学生实际设计教学环节。教师要力求备课准确到位，做好课堂教学预设。因此，教师必须明确教材编写意图，明确每节课所学的知识点、知识块在整个单元、整册教材、整个学段所处的地位、作用，对每节课的重点、难点、关键点都做到心中有数。教材是供学生学习的材料，教师不能完全依赖教材，要利用教材，激发学生的学习兴趣，拓宽学生的知识面。为了有效地备课，我们尝试了“全过程备课”的方法。即先在每个教研组(备课组)内推选一位教师做代表，大家参与他“备课的整个过程”——就是指在校本教研中，教研小组所做的从最初理解教材、教学设计到实际上课后教案的修改，以及最后如何补救的整个过程。在主备教师的备课基础上，成员再提出自己的问题，大家一起解决，一起“磨课”，这个过程中教师既理解了教材又发挥了骨干教师的引领作用，同时也感受到了教学研讨的快乐。

课前只有教师做足功课是不够的，学生也要做好充分的准备工作。这就要求教师有意识地引导学生在课前做好预习工作，教给他们一定的预习方法。如：语文预习要通读课文，找出不理解的字词，利用工具寻求解释，思考课后问题，把不理解的句子画出来，做上记号，留着上课解决。数学要先预习例题内容，找出解题的方法、规律，遇到问题用笔画出来，等待上新课时重点关注。

（2）课堂教学做到有效

只有确保课堂教学有效，才能带来教学质量的提高。高效课堂要求教师要想法设法地将学生的思维调动起来，让他们积极地探索知识，并进而将之转化成为一种个人的能力。所以，教师要通过课堂改革，把课堂真正地还给学生，让学生真正成为课堂的主人，鼓励他们自主地探索知识。

引导学生主动学习。教师要根据教学内容、教学目的、教学对象，选择不同的教学方法。帮助学生找到合适的学习方法，一法为主，多法配合，灵活地运用各种手段，最大限度地发挥课堂上每一分钟的作用。通过实践，大家都认为让学生主动参与比教师讲十遍、二十遍的效果要好得多。例如，在语文教学中无论是精讲课文还是略讲课文，我们首先要求学生把书读通、读顺、读明白。读通就是让学生在读的过程中把不认识的字圈起来，把不懂的词画下来，把读不好的句子多读几遍。教师则在巡视当中帮助学生解决问题，将易读错易写错的字在黑板上写出，统一强调易错的地方，然后同桌互查、交流、互补。这样做其实是让学生真正成为课堂的主人。养成习惯，让他们明白学习是自己的事。久而久之，学生学习自然就主动起来。

组织学生合作探究。一堂课40分钟，只要能让学生的思维总处于一种积极活跃状态，能在教师的组织引导下去想、去做、去说，这就是一节高效的课、成功的课。教师只有做到真正尊重学生、关注学生，转变教学观念，积极倡导自主合作探究的学习方式，才能把课堂还给学生。教师只有摒弃传统的满堂灌的教学方式，将大量的时间还给学生去“探索”和“经历”，过程让学生参与，问题让学生提出，内容让学生总结，方法让学生归纳，才能彰显课堂活力，激发学生的学习欲望。

注重学生学法指导。俗话说：“授人以鱼，不如授之以渔。”课堂教学的高效更要落实在学习方法的指导上。我们要求教师在传授知识的同时，还应注重对学生学习方法的指导，要鼓励学生敢于提出疑问，引导学生发现问题，要留给学生自学、质疑的时间。我们认为，让学生学会提问、敢于提问、善于提问，比教给他们多少知识都重要。这样久而久之，在教师的不断引导下，学生发现问题、提出问题的能力会逐渐提高。养成习惯，终身有益。还以语文为例，我们教给学生使用“批注法”。在学习进入默读环节的情况下，学生拿着笔根据单元要求和课后问题，去静心思考，再去旁边批注出体会，即写出自己明白了什么、知道了什么、还有什么不知道，并把自己对文章的认识写出，以备下一个环节交流所用。坚持了一段时间后，学生们不仅在阅读能力方面有了大的提高，在写作方面也有明显的进步。

校长在学习共同体中的角色定位

靳翠萍

教学是一个复杂的系统工程，而在这个过程中作为学校领导，尤其是校长，要有自己的角色定位。那么，校长究竟要发挥什么样的作用呢？

一、校长要当好学习共同体中的引领者

苏霍姆林斯基说："学校领导首先是教育思想的领导，其次才是行政领导。"在课程改革中，校长要引领全体师生走进新课程，实现新课程目标，其自身必须有先进的、与新课程相适应的教育思想和办学实践能力。为达成这一目标，校长首先必须是一个"学习者"，必须是一个善于进行研究型学习的领路人。因为只有学习，才能使人拥有职业生涯中立足与成才的精神源泉，从而形成从精神品位到为人风格、从知识修养到专业智慧的日益完善、日益强大的支持系统。只有通过学习，校长才能够准确而深刻地领会新课改"人本"思想的实质和精髓，并在此基础上构建起自己的一套与新课程相适应的独特的教育思想体系和教育理论体系。

二、校长要当好学习共同体中的指导者

作为教师的教师，校长的指导有一种亲和力，能给教师一种动力，能给教师一种实实在在的受益。他不同于专家距离教师太远，有些遥不可及，可敬不可学，教师会在校长的指导下更积极地投身于课改。这就要求校长要立足校情，登高望远，对本校课改的进程及时把握，随时发现教师在课改中的经验和失误，把握好方向，总结好得失。因此，为了让自己能当好学校课改的指导者，校长首先把自己定位成一个与时俱进的"研究者"。一个好校长，首先应是一名好教师。教师的"用武之地"在课堂，新课改的关键和主阵地也在课堂。因此，校长要把学生、课堂教学作为研究对象，进课堂听课，以此来及时了解全校新课程改革情况，校长的率先垂范远比说教的作用大、效果好。

同时，校长在和教师们一起教“诊断”课堂教学时，发现了大家共同关注和思考的问题，于是就组织教师们把这些问题通过概括提炼，升华为有价值的课题，开展课题研究，让师生们在反思中思考，在思考中变化，在变化中进步，在进步中成长。

三、校长要当好学习共同体中的践行者

校长只有真正走进新课程，走进课堂，在教育教学现实中才能有真切的课改体验，才能较好地把握课改的节奏、进程与方向，才能更好地觉察治校方略中的不足，才能更贴近师生实际，更有针对性地指导课程改革。从某种意义上可以说，一所学校只有拥有勇于探索、积极投身于教学改革的校长，才能有改革型的教师。

四、校长是学习共同体的提升者

语文课的教学分为：“交流预习”“互助探究”“分层提高”“总结归纳”“巩固提高”五个步骤，教师运用起来可操作性强、实效性强。校长先让所有教师按模式上课，再结合自己的教学实际形成独特的教学风格。为了提高活动的质量，学校都有具体的工作计划、管理章程、活动登记表、评定细则等，统一实行定人数、定地点、定时间、定内容、定教师的活动安排，坚持做到每周有检查、年底有验收，实现了智育和德育并举。语文课的学习范围已经超出课堂，扩大到生活的方方面面。通过学习，使学生的多种能力都发生了质的飞跃，也有效地促进了学生思想道德发展，真正做到了“把时间还给学生，把健康还给学生，把能力还给学生”。

五、校长是学校品牌的推广者

王国维认为，古今之成大事业、大学问者，必经过三种之境界：“昨夜西风凋碧树，独上高楼，望尽天涯路。”此第一境界也。“衣带渐宽终不悔，为伊消得人憔悴。”此第二境界也。“众里寻他千百度，蓦然回首，那人却在灯火阑珊处。”此第三境界也。成大事业、大学问者，要达到第三境界，必须有专注的精神，反复追寻、研究，下足功夫，这样经过多次周折，经过多年的磨炼之

后，自然会豁然贯通，有所发现，有所收获。在品牌创建中，校长的角色尤为重要，我们的祖校长无疑是一个成功的例子，总结、提升、推广一气呵成，当然这种成功是用汗水和心血浇铸的。风物长宜放眼量，教师最信赖的不是批评家，不是指出教师有何失误的人，而是那些努力奋斗的人。他们如果得到成功，那是奋斗的结果；如果不幸失败，至少也是敢于冒大风险后的失败。因此，绝不能把他们这些战士同不知胜利为何物，又不知失败为何物的冷漠、胆怯的人们相提并论。所以成功的校长应该是一个懂教育、有思想、善创新的人，是一个有追求、有事业心和责任感的人，是一个具有时代感、全局观念、战略思维的人，是一个关注社会和谐、心系教师发展、致力于学生成才的人，还是一个公正、坦诚、守信的人。

隐形的翅膀：柳园口中学学习共同体构建

冯平澜

随着社会的发展，团队合作精神和合作方式越来越受到人们的重视。孔子说“三人行必有我师焉”，又强调“独学而无友，则孤陋而寡闻”，这说明彼此切磋、交换心得，有助于个别学习。学习共同体为学生开展互助合作学习搭建平台。学习共同体不仅强调学生要获得认知方面的发展，而且还力求使学生在学习过程中得到乐趣，融知、情、意、行为一体，兼顾认知、情感和技能等多种教学目标的协同达成。学习共同体可以促进学生良好的非智力因素的发展，提高学生的自我意识、合作互助意识、责任意识以及人际交往的技能，并促进学生的个体性与群体性的协调发展。学习共同体从师生关系、生生关系、学习评价制度等方面都大大改善了学生的学习氛围，使学生乐学。

提出“学习共同体外部环境的建构”就要研究学生怎么学，如何让学生好学、学好，教师要把帮助学生更积极、更有效、更快乐地学习作为主要的教学工作来做；教师要把学生作为重要的教育资源，教师的作用在于激发、调动学生不断求知的欲望和信心；教师要尊重学生个性化的发展特点，遵循学生的自主发展规律……这些改革都会给教师带来前所未有的观念和行为上的变革，教师只有在实践研究中把握规律、掌握方法，才能为学生插上一双隐形的翅膀，让他们飞得更高飞得更远，成为社会需要的人才和建设祖国的栋梁之材。

为此，我们实施了“学习共同体外部环境建设研究”，真正把学生综合素质的发展放在首位，规范学校管理，把促进学生成长与教师发展联系起来，把办特色学校与学校的和谐发展联系起来，这一切是形成自己的办学特色的有效途径。

我校依据学校实际情况对教室座位进行重新调整，将小组成员的课桌拼组在一起，形成长方形结构：分成6—8个小组，小组成员围坐四周，中间为活动展示区。这样，教室可划分成5—6个大的区域，每个小组间留有足够空间，方便教师和学生讨论与交流。校园网设置网络学习平台，以年级或班级为单位，将一些学习资料、作业、问题放到网上，供学生阅读、思考、讨论，将一些优秀的教学视频采取超链接的方式放在网上，为学生的个别化学习提供广阔的空间和丰富的资源，并且设置网络交流平台和讨论专区，便于学生进行非共时的交流、讨论。

学习共同体是一种鼓励协作、互助、共进，倡导合作、互惠、团队的学习方式，体现的是一种共同的精神与追求，力图发挥群体中每个成员的积极性、创造性，通过彼此之间的互补、协作、互促，通过群体成员之间的人际互动和深度交流，互相激励，共同探索，使各成员在群体中获得最佳的发展。因此，为了鼓励小组合作和团队思考，我们通过黑板报、文化角、标语，营造团结、合作氛围，推进学习共同体建设；让各小组为自己的团队设计一个有特色的名字与口号，以此增强共同体的凝聚力；利用班级学习园地、网络平台、小板报，展示合作学习成果；通过交流分享，创设合作文化。

鼓励教师创设积极的、健康的教学氛围。让教师通过活动开展、规则执行、教学游戏、小组竞赛、表扬鼓励、非言语交流等方式，为小组合作提供心理支持，使学生在学习中感受合作的愉快，享受合作的成果，体会合作对个人成长的独特价值。合作是学习共同体的基本理念，也是学习共同体实现学习目标的基本途径，对学习共同体的评价的重心是小组成员的共同进步与整体提高，而不单单是个人的进步。因此，学校应鼓励教师通过评价小组表现及成果，强调合作价值，凸显合作意义，鼓励、引导小组成员之间更多地合作、互动。小组评价的内容包括：小组成员的参与情况、互动情况、规则执行、讨论深度、观点的新颖性和成果的创造性，鼓励个性化展示和特色化表现。对那些提出新颖观点的小组予以特别加分，激励小组成员之间深度交流与独特探索，以培养创新思维和创造才能。小组合作评价要有助于培养小组成员的成就感、荣誉感，强化归属感、团队意识。

作为一种新的教学组织与精神追求，学习共同体的建设是一个长期而艰巨的过程，需要一定的制度支持和相应的管理措施。对此，学校管理进行了模式转换和制度创新。

①教学时间弹性制度

常规课堂时间固定，每节课40分钟或45分钟，它适合教师主导下的单元教学，要求学生适应固定的教学内容与教学方法，但不能适应学习共同体的需要。因此，教师应根据不同共同体活动所需时间划分教学时段，在不打破常规教学时间设定的前提下，实行弹性教学时间制度，根据教学需要，灵活安排，不强求一致。

②网络教学制度

网络学习共同体需要依托一定的网络平台。网络教学不同于一般的教学，其持续发展需要相应的技术支撑和制度支持。因此学校建立了学习共同体网络教学管理制度，对网络教学的任务、内容、方式、评价及其责任做出明确的规定，科学引导，规范管理。

③教学研究制度

为了学习共同体的常态开展和有效实施，我校开展定期的研究活动，围绕学习共同体建设的问题进行研讨，举办公开课，进行教学观摩；确立小型研究项目，开展课题研究，对不同层次、类型和不同学科学习共同体建设中的问题开展行动研究；定期交流研究成果，讨论问题，分享经验。

④建立教师共同体

教师共同体是学生共同体的重要支撑。为了学习共同体的有序运行与持续发展，我校建立了学科教师共同体、备课教师共同体。通过学生共同体、教师共同体、师生共同体的建设，研究与解决学习共同体存在的问题，使各类学习共同体协调运行，各种共同体活动有效开展，切实提高了课堂教学效率。

总之，在我校全体师生特别是校领导的共同努力下，学习共同体的建设已逐渐走上良性发展的轨道，为我校高效课堂的建构，为我校教师的专业化成长和学生良好学习习惯的养成注入了活力和动力，为我校教学质量的提高、学生的成长插上了一双隐形的翅膀。

第六章
优秀课堂教学案例选编

还时间给“珍珠生”

开封市第二十五中学　陈　华

我所带的班级是我们学校的理科“珍珠班”，“珍珠生”在我们学校算得上是学习方法有道、智力较高、基础较扎实、成绩较优异的尖子生，他们穿着基金会统一配发的珍珠服，带着自信和荣耀，在高考指挥棒的引领下，早已成为校园的焦点、老师和家长心目中的宠儿。这些孩子积极上进、勤奋好学、时间观念较强，他们渴望进步和成功，对老师的要求也比较高。

记得原来高一、高二的时候，我认真上好每一节化学课，我细致讲解每一个知识点，孩子们认真聆听并做好笔记；练习课中我细致讲解每一个选项，孩子们认真听并捕捉记录有价值的信息。可以说，学生的根基打得很牢。没想到，就要上高三的时候，一切都变了。记得那是高三开学之前，按照惯例，年级段搞了一次高三接轨考试，让学生小试牛刀，初步定定位、找找感觉。我们的习惯是卷不过夜，很快接轨考试成绩出来了。同学们考得很不理想。我耐心地分析了试卷上的每一道题目和同学们的答题卷，并针对同学们答题中出现的问题精心备课，准备上两节高质量的评卷课。

上课了，我先对试卷和考试的情况进行了全局分析，然后便开始了逐题讲解。可是当我讲了几分钟后，发现班上的听课情绪有些不对劲儿，有点儿压抑、沉闷，尤其是前几名的“小学霸”“小学神”，低着头，好像完全游离于我的课堂之外。我心里暗暗生气：他们的成绩不理想，听课态度还这样，到底想干什么？于是我稍稍缓了一下，用严厉的目光环视了一下教室。教室里很安静，就连低头干“私活儿”的“小学霸”们也好奇地抬起头来，开始听我讲解下一道题，但是我仍能够隐约感觉到这其中的不对劲儿。在将就着讲完这一道题后，我在黑板上呈现了一道同类型的练习，让同学们进行巩固练习。趁着大家都在思考、演算，我从讲台上走了下去，走到了前几名“小学霸”跟前，小声问：“你们是不是没听我讲卷子，而是干‘私活儿’了？”班长汤善彪（几乎总是我班总分第一）立即抢着回答：“老师，这一次我们没考好，昨天试卷发下来后，我们已经认真地纠错了，做错的地方也搞定了，就有几个地方很纠结，今天您再讲一遍，我觉得再听一遍有点儿浪费时间，我先干别的了，等您讲到我不会的那几个地方时，我再听就行了。”我突然意识到，与其让同学们将就着听课，倒不如把思考的时间还给学生，“珍珠生”自己能够酝酿出来的东西，何必还要占据课堂的宝贵时间？于是，我对全班同学说：“同学们，这次考试是对我们平时学习的一次阶段性检测，老师相信大家昨天拿到化学试卷后，已经对试卷进行了认真的分析和纠错，现在还有 25 分钟左右的时间，请我们 10 个学习小组分组讨论一下，小组内解决不了的问题由我统一讲评。”瞬间安静后，教室里马上响起了讨论的声音，大家情绪高涨。大约 15 分钟后，同学们讨论的声音渐渐停了下来。10 个小组的组长将统计情况汇总给我。快速浏览之后，我发现很多问题经过孩子们的消化处理是可以解决的，根本不用再浪费时间从头讲到尾，共性问题只不过就那几个小地方。于是我用了不到 10 分钟的时间将这几个共性问题统一讲评、剖析了一下。通过这几个小地方，我了解到学生对这些方面的问题领悟的角度和不成熟的程度。我很震撼，原计划讲两节课的卷子，结果讲了一节课就轻松搞定了。老师解脱了，学生收获更大了。唉！殊不知，我们曾经浪费了学生们多少宝贵的时间啊！

课下，我又询问了几个小组的组长，他们普遍反映这样的方法使学习效率更高，期待高三的讲评课多多采用这种方法。自从高三开学后，只要是处理试卷和上习题课，我会提前公布习题的答案，让同学们先核对一下自己做的情况，对做错的题进行反思、讨论、请教、酝酿，将情况以小组为单位上报给我，我有针对性地将共性问题统一讲评。就这样，还时间给“珍珠生”，可以使课堂更高效。

以前我总有一种顾虑，害怕学生不能很好地独立完成任务，因此只满足于“自编自导自演”，只有这样，我心里才觉得踏实，但是却忽略和剥夺了学生在探索过程中应该获取的快乐。当我亲身感受到那热烈的讨论气氛，我心里满是欣慰。我们要相信学生的能力，该放手时就放手。在接轨考试后的复习、练习和讲评过程中，由于把时间和主动权还给了学生，同学们的学习热情不断高涨，成绩提高得很快。在9月底举行的开封市定位考试中，我的这个“珍珠班”共64人，化学单科一本上线35人，二本上线24人，三本上线5人（以上人数不累计）。甚至在理综试卷中，化学满分100分，班里将近10人达到90分以上，最高达到98分，及格率100%，优秀率接近60%，这样的成绩对于我们学校来说，实属不易。

很多老师都在埋怨：为什么很多知识点和题目曾经讲过很多遍，学生就是记不住？不管我们讲多少遍，如果学生不能转化成自己的知识体系，都是徒劳。让学生去处理，这样他就不得不思考，而且必须积极思考。把时间还给学生，把课堂还给学生，把学习的主动权还给学生，学生的学习能力就会得到提高，当然，这对教师驾驭课堂的能力提出了更高的要求，教师也要不断地提高和充实自己。

无论多么名贵的珍珠，都会有或多或少的瑕疵，我们应该了解每颗珍珠的成色与价值，合理设计，让它们彰显各自的光彩。同时，教师也像一颗珍珠，也存在不足和盲点，在课堂的引领和课后反思过程中，教师可以获得相应的成长。我们的“珍珠生”需要高效课堂！

失之东隅，收之桑榆

开封市第二十五中学　房翠敏

高三一模考试刚刚结束，教室里弥漫着一股低落和悲壮的气息。文科生面对数学和文综的第一次综合难度的提升，尤其是文综学科的历史题是在试卷和各部分的最后位置，一场试考下来学生发挥失常的很多，普遍反映历史答题不理想。怎么办？作为老师一模考试后的讲评，就面临着如何帮助学生正确认识并提高历史学习积极性、改进学习方法和答题技巧的问题。

试卷讲评课首先在年级“历史学霸”所在的班级进行，学生往往以他为标杆，难题什么的都倾向于推他出来解释和解决，恰恰他这次也马失前蹄。平时考试全对的他这次竟然错了三题，而且恰恰是不该失误的知识性试题。当时他反映考完试后刚坐下就发现写错了。今天一上课我就发现他垂头丧气地趴在桌子上，如同霜打的茄子。他可是班级历史学科的学习标杆，如果不能很快从一模失误的阴影中走出来，将影响下面的历史复习的整体推进。于是我改变了上课策略，一开始就设计了“一模历史考试大家谈”的环节，让大家谈谈文综三大学科综合后做历史题的感觉。

“当我写到历史选择题的时候头基本已经晕了，好多题都是下意识凭感觉写的。”

“我答历史题的时候根本没看清题目要求是啥，我就怕时间不够，直接把我感觉对的都用最快速度写上了，下来一看清题我自己就恨自己……”

“我是先做的历史选择题，再做地理和政治的，因为我感觉历史的知识细节太具体并且题目思维关卡比较多，安排在后面写容易精力下降，增多失误，所以这次我感觉自己失误性错误几乎没有。”

“我一般是按照顺序做题，但是确实到最后精力下降，头晕，看不清，所以不该错的地方错了很多，这次我历史错了7个，平常最难时也就错两三个。”

“就是就是，我错了9个，其实应该只错3个。”这是一个性格乐观的同学在大声汇报自己的失误情况。

在这名乐观的同学的带动下，出现失误的同学纷纷发言。看到同学们大多都出现了失误，“学霸”同学的心理有所释怀，头抬起来了，恢复了课堂上应有的神采。我趁机归纳道：“看来这次历史考试的失误是一般性客观原因占了相当比例，失误是正常的，也正是这个失误给我们敲了一个警钟：大家缺乏适应性的文科综合的大强度训练。同时也反映了大家历史知识的具体细节存在着漏洞。知识体系的不完整和不准确是导致失误出现的根本原因，我们通过一模再次发现和认识到知识的系统掌握是历史能力和正确思维分析的前提和基础。”

同学们，尤其是“学霸”，深有同感地点了点头。下面的试卷讲评就顺利进行了。

进入高三，练习和考试总会铺天盖地而来，学生的考试失误总是难免的，但是在失误中锻炼学生的心理承受力和完善学生的知识结构也是我们考试的目的，引导学生在失误中做到“失之东隅，收之桑榆”，是我们作为高三教师必备的能力。

从“DC”说开去

开封市第二十五中学　张颖侠

2015届高三年级的学习已经推进了将近4个月了，按照惯例，12月3日、4日，年级段举行了月考。说到讲评试卷，对于我这个从教20年的教师来说，是再平常不过的常规教学。今天，我就像一位刚刚采摘过果蔬的果农，满载而归，期待与人分享。我的心头装满了感慨、遗憾与ABCDEFG，当然经验总结必不可少。连堂课下来，没有故事，没有意外。下午一位同学找到我，要求单独开小灶。No problem！ A small case.（没有问题。小菜一碟。）欣欣然，我们二人开始了试卷解读。面对试卷，恰似老友相逢，轻车熟路。

讲到D篇第三段一句，The American Psychological Association Commission on Violence and Youth reported on a study of first and second graders in Washington DC：45% said they had witnessed muggings(行凶抢劫)，31% said they had witnessed shootings, and 39% said they had seen dead bodies…，她突然问道：“老师，能打断一下吗？这个‘DC’是什么意思？”“它是华盛顿特区Washington District Columbia的缩写，即美国首府。这个哥伦比亚特区是为了表彰哥伦布和美国第一任总统华盛顿而设定的。纽约市可不是美国首都哦！”“哦，哈哈……”笑声爆发了近一分钟。“什么情况？有这么好笑吗？”我心里的疑惑写在了脸上。“老师，你别生气。我笑是因为我在考试的时候理解错了！我还以为是DC漫画。”“纳尼(日语：什么)？没有听懂。”“DC漫画。DC Comics是美国的一家动漫公司。它们曾经创造出了世界上第一位超级英雄——超人，蝙蝠侠也是。现在旗下还拥有闪电侠、绿箭侠、绿灯侠团队……这回轮到我瞪着眼听她在讲了。“所以考试时，这篇文章我完全没有看懂。本来我的英语也不好。”“原来如此。”

由此，我想：我们还是生活在同一个星球的人吗？然后，我陷入了沉思。我从网上搜词条DC，不仅知道了DC中国粉、MARVELLOUS漫威粉，而且知道了DC是数码相机，是一款板鞋品牌，是泰国一款化妆品品牌，是西班牙运动员DC（迭戈·科斯塔）大帝。唉，说多了都是泪。突然，被我无数次忽视的微信内容开始在面前跳舞：Bilibili网（哔哩哔哩网，一家能让观众边看视频边评论的网站，那些飘在屏幕上飞逝而过的评论被称作弹幕），还有海贼王、TFBOYS、动漫微视角……另外，“二次元，三次元，2.5 次元”这几个词，更是让人云里雾里，不知所以。网络告诉我：“次元”源自日语，意思就是“维度”。比如“三次元”即三维，“二次元”即二维。随着日本动漫在中国的普及，“次元”这个词得以流传开来。日本 ACG 作品当中所指称的“次元”通常是指作品当中的幻想世界及其各种要素的集合体。例如一个规则与秩序与读者现存的世界完全不同，比如说魔法或钢弹所存在的世界，经常被称为“异次元世界”，或简称为“异次元”。

另外，在传统上以平面媒体所表现的虚拟角色，如漫画或动画中的人物，因其二维空间的本质，而常被称为“二次元角色”，以有别于现实（三维空间）的人物。但是，以三维电脑图像所制作的角色，因其处于虚拟世界又具有立体性的概念，而被称为“2.5 次元角色”。立体造型的玩偶等物，从本来的定义来说应该是三次元角色，但因为本身通常基于二次元角色立体化而来，又或者强调其虚拟的本质，所以有时候也被称为“2.5 次元角色”。

作为一名教师，我应当是这样的：不仅有良好的从业精神，精湛的专业知识和理论基础，还应当有服务意识及不断求新意识，这样才能在教师专业化的道路上越走越远。我问自己：在常规教学中，在日常的师生交往中，我做到了教学相长、其乐融融了吗？答案是：No,not exactly！这次的师生谈话着实触动了我。我，一名普通的英语教师，虽然正生活在这千载难逢的伟大的信息时代，对于扑面而来的信息，各种新生事物，却没有积极地响应它、拥抱它！反应迟钝，落伍是必然的，与学生的信息不对等也是必然的。

人说：你若病，要你命。我不想丢掉“性命”，我想满血复活。于是我给自己抓了这样三服药。第一服药：敞开心扉，倾听学生的声音，采撷他们新的信息和思想。第二服药：拥抱互联网，对待互联网要像对待每天温暖的太阳一样。第三服药：学会享受这份能带来惊喜、失落与挑战的教学工作，努力争取常教常新。至于疗效，只有交给时间去检验了。

台湾作家三毛在她的书《送你一匹马》中这样写道：老师不是飞蛾扑火的浪漫烈士，老师骨子里是个有良知的生意人，讲课自然会问：自己给了学生些什么？学生又给了老师什么？如果只是给而没有收，老师便退；如果收而没有给，老师更当退，但是急流勇退之前的持、守、进、执的坚持仍然有待时间的考验和自我价值的判断与选择。

谢谢你，丫头。我给了你经典，你给了我时尚。

关于练字的争论

开封市第二十五中学　王玉敏

虽说在高中任教时间不长，却也在平时教学工作中遇到过五花八门的问题。作为一名工作在一线的教师，面临相同的课程、相同的学生，每节课却都要接受各种各样的“出其不意”，面对各种各样的挑战。在这些出其不意和挑战中，有一次关于练字的争论，让我至今难忘。

我所带的这一届学生，从高一年级一入校，英语老师就要求他们按照要求练习英语书法。为了让学生把英语写得漂亮，至少写得“看着顺眼”，我们组里的老师不仅留给学生书法作业，印发临摹用的文章，还举行过几次英语书法比赛。

事情发生在高二年级下学期的一个理科重点班。对于这类班级的学生，有很多老师担心存在上课纪律不好、作业交不齐等问题，我很少担心。可在平时的作业中总是发现有那么几位同学的字写得好像来自外星球人之手或者像抽象画。我一开始会在这些同学的作业后面附上“小伙子（丫头），咱该练练书法了。”“字如其人，不能光人长得帅，咱把字也写漂亮吧！”等这样的批语。下次交作业的时候，会发现有两三个同学的字会比上次工整一些。

在用批语劝告了几次，并当面私下聊过之后，仍然有四五个学生对这件事情不重视，在写作文的时候字“飞”得老高。我很着急也很生气：现在都已经高二下学期了，字还写成这个样子。每次考试，作文写的什么阅卷老师都看不明白，非常影响作文分数。终于，在一节晚自习讲评试卷作文时，我爆发了，点名批评那几个“钉子户”，并要求他们工工整整地抄写我们正在学习的课文，在下次晚自习的时候交给我。他们都答应能做到。

两天之后的晚自习，这几个同学的作业交了上来，每个人都比之前写得工整了。我正高兴的时候，发现一位同学没有按照我的要求把课文抄完，而是只抄写了不到一半的内容。这位同学平时喜欢表现“我有个性”。趁着课间，我把他叫到我身边。“×××，你这次的字体很工整，可为什么课文你只抄写了这么点，和我的要求一致吗？”　“不一致，可是老师，我觉得我也完成了你交代的任务。”他的回答让我吃惊。他接着反问我：“老师，你让我们抄课文的目的是为了练字，是吗？我觉得我的字抄写再多的文章也就这样了，所以我觉得练字的目的达到了，我就不抄了。”他的态度理直气壮，并且我听着似乎也有道理。虽然我一定程度上认同他的话，可是我还是想告诉他，答应完成的事情一定要不折不扣地做完。“你的道理，老师也认同一部分。可是你答应我的是工工整整地抄完全篇。你做到了吗？你再想想，如果一个军人上了战场，杀了几个敌人之后，自以为完成任务，自己先撤退了，这算逃兵吗？再说，你怎么就知道你的字只能练到这种程度呢？”面对我的问题，他没有任何迟疑地说：“反正我觉得我的字就这样了，而且你让练字的目的也达到了，再练也多余。”之后的谈话一直纠缠在练字的目的上，他油盐不进地坚持他的意见。我也没有让步，甚至我都能感觉到我心里冒起了一团怒火。可我暗示自己要忍住，如果当众对这位学生发火的话，以后肯定更不好开展工作，还会让他对英语的抵触更大。我做出了妥协：“这样吧，你觉得你的字只能写成这样了，老师也不强迫你非得现在把剩下的课文抄完。我尊重你的看法。咱们这样行吗？两天之后你再交给我一篇书法练习，任何材料都可以，字数你来定。我们看看你是不是只能把字写成这样。”听我这么说，虽然他嘀咕了一句“练这东西真的很无聊”，可他还是答应了。经过多次练习，他以后的作业字体虽说不上多漂亮，可起码干净了，工整了。

这件事我印象深刻，我一直在想：现在处于高中阶段的孩子，在很多事情上是非常坚持自己的看法的，考虑事情的角度也各有不同，并且很难被说服。遇到这样的孩子、这样的问题，作为一名老师，该怎么办？一味地强制学生听从自己的命令，还是做些退让，用折中的办法去解决问题？通过教学当中遇到的状况，我认为：第一，不论是老师，还是学生，首先是独立的个体，并不存在谁管制谁，谁服从谁的问题。当出现分歧的时候，“平等、尊重”是原则。管制的氛围越浓，学生的抵触情绪也许就越大，往往适得其反；相反，在一定的规则下，平等地与他们对话、相处，并尊重他们的想法，往往会得到学生的认同，从而更好地开展教育。第二，当学生对事物的看法或看事情的角度出现问题的时候，作为老师一定要严词厉色地对其进行批评吗？也许我们可以换一种方法，让他在实践中意识到自己的问题，并加以改正。

兴趣决定成绩

开封市田家炳实验中学　黄　鑫

学生本来是喜欢学习生物的，但由于他们的知识面比较窄，而很多生物知识又深奥难懂，所以他们容易产生畏难情绪。常规的教学方法往往使学生对生物课逐渐失去兴趣，课堂如一潭死水，更不用说教学质量了。

怎样激发学生的兴趣？如何使深奥的知识浅显化呢？自去年以来，我尝试着用形象的比喻来激活生物课堂，取得了较好的效果。我在教高二年级生物必修3“免疫调节”时，确定了这样一个教学思路：用学生感兴趣的事例来比喻免疫系统的三道防线。原本之前我还一直在想用什么样的比喻学生更能理解，也便于记忆。正纠结的时候，我看见第四排的一位同学还沉浸在手机游戏里，连上课铃声都没有听到，看到这个场景，我突然有了主意。上课以后，我开始给大家介绍免疫力和免疫系统的问题。“病原体侵害人体健康要通过三道防线，皮肤黏膜是第一道防线，吞噬细胞和溶菌酶是第二道防线，特异性抗体是第三道防线。这三道防线好比是你们打游戏时通过的关卡一样，你就是一个病原体，第一关比较简单，你只要看一下游戏规则，找到突破口，比如鼻腔或者口腔就能通过。第二关是溶菌酶和吞噬细胞，游戏难度加大，简单的规则已经不能满足过关需求了，你需要查看一下游戏攻略，讲究战术，自己变得强大之后才能过关。第三关就是终极之战，面对专门因你而生的抗体，也就是‘终极大 Boss’，一般的水平是不能通关了。这时，你可能需要请求外援。”这时，我看到所有的学生都在认认真真地听讲，没有一个走神或者玩手机的了。“需要请求什么样的外援呢？”我问大家。“老师，可以开外挂，就跟病毒似的，直接把淋巴细胞破坏，就能通关了！”“非常好！”这节课，由于有了这个比喻，学生的思维十分活跃，表现也很积极，真正弄懂了免疫系统是怎样发挥作用的相关知识。

为了促进学生思考，我还引进了竞争激励机制，让学生相互评价，使同学们消除障碍，展开想象的翅膀，让他们自己设计了很多形象的比喻，将问题化难为易，收到了事半功倍的效果。

形象的比喻不仅适合高中生物教材内容，而且适应学生的思维特点。形象的比喻既是激活思维、启动探究的动力因素，也是使教学活动环环相扣，教学关系和谐融洽的重要因素。教师应注重从学生的生活世界中选择情境内容，形成恰当的比喻，打破学科世界与学生生活世界的界限，促进学生由生活走向学科，再由学科走向生活，将记忆的内容运用形象、生动的语言进行描述或表达，把深奥的事物形象化、复杂的内容简单化，生动地再现教材的思想内容，给予学生直观感和动感，使知识深深地印在其记忆深处。

生活即教育

开封市田家炳实验中学　　宋　锦

转眼间，我从事地理教学工作已将近两年了，教学过程中令我印象最深的是高一的一节天气系统课。

还记得那是下午第一节课，由于中午下雪了，同学们玩得很兴奋，到了上课时间，大家仍然叽叽喳喳地讨论、打闹、说笑、扔雪球，全然没有意识到已经上课了。看到这种情况，我很生气，想训斥他们，但是那一个个灿烂的笑脸又让我实在不忍心。看着教室外面肆意飘洒的雪花，我转念一想，本节课要讲的是天气系统，昨天和今天的天气变化情况正好符合课堂内容，这不正是最现成的天气现象吗？！

于是，我微笑着问大家："大家很喜欢雪吗？""喜欢！"同学们异口同声地回答。我接着又问："那我们应该如何从地理角度解释下雪这种天气现象呢？"看着他们迷惑的双眼，我知道这个话题已经成功地吸引了他们的注意力。"那么，接下来请大家预习课本，试着回答老师刚才的问题，可以讨论！"我的话音刚落，同学们就开始了热火朝天的讨论。

讨论结束之后，我特意找了一个平时比较调皮的学生来回答问题，因为在讨论过程中我看他对本节课内容很感兴趣。

"老师，我认为下雪在本节课中对应的天气系统是冷锋，因为昨天天气预报中说冷空气南下，我们这儿才降温下雪的。"这个学生回答道。

"那在冷锋中冷暖气团哪个势力更强呢？"我继续问。

"应该是冷气团，是冷气团把暖气团推走了。"

听到这位学生的回答，我觉得特别欣慰。他既结合了课本上的知识又联系了生活中的经验。本来课前我还在为难如何更清晰地讲解这部分内容，没想到联系实际可以将知识讲得如此容易接受。借助于雨雪天气，我顺利地讲完了冷锋的概念和特点，而对于冷锋过境前后的天气状况，我仍打算让同学们结合这两天的天气变化从气温、气压、晴雨情况进行总结。

经过一番讨论，我又找了一名学生预测冷雪过后开封的天气情况："冷锋过境前，开封由暖气团控制，天气晴朗，气温高，气压低；过境时，雨雪天气，降温，大风，就像今天这样；过境后，由冷气团控制，明天晴天，气温降低，气压升高。"

"很好！今天这位同学为我们做起了天气预报员，那么明天天气是否真如这位同学所说，让我们拭目以待吧！"在这样一种轻松愉快的氛围中我结束了这堂课的教学。

伟大的实用主义教育学家杜威曾提出"生活即教育"的理念，从事一线教学工作以前，我只是单纯地记住了这个理论，而在这堂课中，通过利用生活中的天气现象让学生形象地理解了地理知识，我深刻体会到了这个理论的实践意义，这也使我更加坚信在以后的教学中要从生活中出发，灵活运用教育理论。

摆脱自卑　走向阳光

开封市田家炳实验中学　　吴继红

"不论贫富贵贱，人人都有出彩的机会。"孩子们站立在走廊里，漫步在学校的操场上，翻滚在草坪内，自由地聊聊《创世纪》，说说泰戈尔，而不是膜拜这个世界的权力。让他们感到光荣的是他们拥有诚实勇敢的品格，而不是财富的充盈。每个人的梦想都不一样，上天无法给予，只能让我们每个人努力去实现。作为一名教师，我们的梦想是什么呢？那就是让每一位学生都能成才，让每一位学生都能实现自己的梦想。

前几天，我收到了几年前毕业的学生的一封来信，信虽不长，但令我感触颇深，思绪万千。他写道：

尊敬的吴老师：

您好！

感谢您高中三年来对我的关心和帮助。您使我从自卑走向自信，从而走向

成功。记得高一时您去我家看我爷爷吗？我爷爷虽然不能陪伴我了，但是在我的心里始终有一个亲人——他一直关心我、帮助我。老师，您让我明白了自身的价值，有了人生目标、奋斗的理想……

读了这封信，我眼前又浮现出了多年前一个学生的身影——瘦瘦的小个子男孩儿，忧郁的眼神，略显苍白的脸上表现出没精打采的样子。

高一开学已经两个多月了，同学们彼此成了好朋友，无话不谈。唯独有一位同学，每天独来独往，沉默寡言，上课也不发言，更不会主动去和老师交流，他就是给我写信的那位学生张小龙。

"你为什么不和其他同学一块儿玩呢？"有一天我问他。"我不想和别人一块儿。"他腼腆地说。"和同学们一块儿，有事能互相帮助，不是很好吗？"我说道。"我觉得一个人更自由。"他的回答出乎我的意料，我听后有些愕然，感觉他似乎缺少些什么，导致他与别的同学不能正常交往。是孤芳自赏？或是不屑与别人交往呢？在接下来的一周内，从不迟到的他连续多次迟到。有一次上课5分钟了，他才气喘吁吁地跑了过来。"你怎么又迟到了？下次再迟到就请你家长过来！"我只是吓唬他一下，提醒他下次注意就是了。而他却表情十分紧张："老师，下次决不会迟到了，千万不要请家长！要不我就不上学了。"我感到有些不对劲。没有犯什么大错，说让请家长同学一般并不害怕，他怎么这么紧张？与他交流，问他什么原因他也不说。

第二天早读后，天气寒气逼人，7点多钟的天色还很阴暗，我上班路过菜市场看到前面有个熟悉的身影正在地上捡菜叶。这不是张小龙吗？他可能发现了我，立刻走出了菜市场。他拾菜叶干什么？我有些不理解，就紧跟在他的后面。见他进入了一座老式筒子楼内一间屋里。为了不让他知道，我决定等他上学走后，到他家去家访一下。来到屋内，漆黑一片，十多平方米的房间里除了一张大床，再没什么像样的东西，连电视都没有，只有爷爷坐在床上。从与他爷爷的谈话中得知，张小龙从小失去了父母，一直与爷爷相依为命。家庭环境造成了他孤僻、内向而倔强的性格——不善言谈，更不愿与别人交往。从小他就很懂事，从不向爷爷要玩具玩和买零食吃。爷爷靠卖菜维持生计。由于近几天爷爷生病，没了经济来源，他只有早晨上菜市场拾些菜叶，回家后匆忙为爷爷做饭，然后再急忙赶回学校上课。我明白了这几天他为什么总是迟到，我知道了他为什么不愿与同学交往：自卑和自尊使他不想让别人知道自己的家庭状况。他默默地承担着成人应该承担的责任。在以后的日子里，我有意识地安排他当了小组长、卫生委员等，使他能够有机会与同学们多交流。我经常找他谈学习，谈生活，交流思想心得。他的性格逐渐变得开朗了许多，和同学们渐渐成了朋友，并且顺利考上了大学。

虽然这件事已过多年，但常常让我不能释怀。当今新课改要求以学生为本，把课堂还给学生，学生多参与、多动手，让学生体验学习的快乐，享受成功的愉悦。在普通高中求学的学生，往往自我感觉程度不好，存在自卑心理，不愿主动参与活动。这就要求老师在学生性格培养方面多付出努力，一个人无论做什么事，只有自信、自强，才能走向成功。孤僻、自卑只能使自己的人生之路越走越窄。人的性格形成有多方面原因，遇到犯错的学生，不要一看到表面现象就下结论，一定要看清问题的本质。近几年校园内发生的大学生侵权杀人、自闭症跳楼自杀等不良事件，都与学生长期自我封闭从而形成了严重的自卑心理有关。高中学生学习压力大，适当释放和及时疏导尤为重要。

我们打开窗户，迎面而来的就是阳光，那不仅仅是生命之光，更是希望之光！走向（拥抱）阳光，我们的心里会泛出一层光亮；敞开心扉，犹如用手捅开窗棂纸，哪怕那纸只有那么薄薄的一层，也会让我们感觉到温暖。让每一位学生都能成才，让每一位学生都能实现自己的梦想是教师的使命和教育的目的。只要我们教师关注每一个学生，因人施教，就能使一些不该发生的悲剧消失在萌芽状态。我们每个教师都应该早一点发现，多一些关注，让学生摆脱自卑，走向阳光。

一封情书

开封市田家炳实验中学　　谢秀灵

课前10分钟，“李明的老婆又来信了！”班级通信员王明东的一声喊叫，就像一瓢水倒进正在翻滚的油锅里，欢笑声、追逐声使原本平静的教室顿时乱成一团。我走进教室，学生马上安静下来，只有李明和王明东两个人手扯一封信。我发现李明涨红了脸，已经满是怒气。虽然我也认为这封信具有特殊性，但为了稳定李明的情绪，我看了看信，装作漫不经心的样子说：“明明是封普通的信，没什么稀奇的，还给你，李明。”在学生们惊诧的目光中，我将信还给了李明。

从班主任那里得知李明各方面表现都不错，只是性格内向，我感觉应该不会有“意外”事情发生在他身上，可是这封信的出现又使我担心起来。

下课后，我将李明单独叫出来，我首先指出了王明东的不妥当行为，当我问到信的来源时，李明紧张得要命，说“是我一个表姐”，头更低了。一看这情形就知道他在说谎，我舒缓了一下语气，说：“你知道做人要诚实，你父亲应该认识这个表姐，我可以打电话了解的。”李明一听慌忙抬起头，用哀求的口气对我说：“张老师，这件事情您千万不要跟我爸爸说。”“说实话就好，我可以替你保密。”我微笑着点头答应了李明的要求。

于是我坐了下来，李明慢慢讲述了“情书”背后的故事。

李明喜欢上网，半年前，他在网上认识了一个叫白雪的女孩。可能是兴趣和爱好相似，他们聊得很投机，成了名副其实的网友。后来他才知道，白雪其实是我市外国语学校的一名女学生。善解人意，愿意倾听他心中的想法和苦闷。白雪每个星期都要和李明聊几次，话题广泛。李明从白雪那里得到了很多安慰、理解、支持和鼓励，他原本内向的性格逐渐开朗起来了，学习成绩也进步了许多。可是好景不长，李明的爸爸知道了这件事，认定儿子在学坏，一怒之下不允许他再上网了。后来李明就经常用写信的方式和白雪交流。

听完李明的讲述，我才知道“情书”的背后还有这样一个出人意料的故事。望着他走出办公室的背影，我的心难以平静下来。白雪，多么好听的网名，虽然我们不认识，但可以想象，她一定是一位美丽、善良、富有热情的好学生。有一句广告词说“沟通无处不在”，是啊！沟通不应该受到距离的限制，也不应该拘泥于固定的形式。对于有些性格内向的学生，书信、网络聊天不失为合适而有效的沟通方式。看来我是应该转变自己的思想观念和教育方式了。

握你之手，共同前进

开封市第五中学　　张海英

一次语文课的默写，按照惯例同桌之间相互交换默写本，我发现两个女孩子并未按照我要求的将自己的作业本交给同桌，而是一个向前找别人，一个向后找同伴。我惊诧，再细看，问题更明显：桌子还拉开了几厘米的距离。

第二次，亦如此。

第三次，还这样。

看到她们的关系日益僵持，我坐不住了。

于是，一个早读，我将其中的一个叫了出来，开门见山，我直接问："你和同桌怎么了？"她说："没什么。"我又说："都高三了，是闹矛盾的时候吗？"未等我再往下说，她哭了，哀哀切切地哽咽着说："我也不知道怎么了。"那种神情，触动了我心底那根最柔软的弦。我说："好了，别哭了，我对你只有一个要求，张开嘴，叫同桌的名字，让她来找我。"

当另一个女孩子出现在我眼前的时候，我看到的同样是一张善良的、害羞的脸庞，未等我开口，她先说："老师，我没和同桌吵架，只是不知道怎么了，忽然有一天就不说话了，可能怪我脾气不好吧，我们真没吵架。"这时候她的脸透着内敛，还有刚毅。我说："老师相信你，和你同桌一样，刚刚她也告诉我没吵架，只怪她自己性格不太好。"她此时的脸上有着疑惑，带着感动。她又说："老师，不怪她，真的怪我！"于是，我听到了关于她的家庭情况，原原本本，毫无保留，我也更深入地了解了这个女孩子的情况。最后，她又说："我从没告诉过别人啊！老师，我也知道自己的脾气不好。"稍作沉思，我说："感谢你对老师的信任，我想对你说，你的秘密在我这里很安全。还有，你是一个美丽而又坚强的女孩子，我很欣赏你，也相信你能处理好与同桌的关系。"边说边用鼓励的眼神看着她。

当两个女孩子同时出现在我眼前时，我惊讶：我看到了两只拉在一起的手！

我笑了，由衷地笑了，只是说："我看到了两个美丽的女孩子，我感受到了两颗勇于自责的心。可以给对方一个微笑吗？"

看到两张同样害羞却兴奋的脸庞，看到她们抱在一起的场景，我又笑了，欣慰地笑了！

是啊，拉着彼此的手，共同奋斗！

一位教育家曾经说过："教师的天职是让学生健康成长，不只是身体，还有心理。"是啊，作为老师，我们关心的不应该只有学生的成绩，还应该有他们生活中的点点滴滴。有时候，老师的一个眼神，一个看似不经意的动作，可能就会带给学生无穷无尽的力量、源源不断的动力。同时也要拥有一双善于发现的眼睛，老师自己通过观察发现的要比学生主动告诉你的多得多。发现学生间的问题，用心帮他们解决问题，也是作为教师的基本职责。

善用教学机智 创设有效课堂

开封市第五中学 李振华

课堂教学是师生互动、共同发展的动态过程，因此即使教师课前进行了周密的准备，在教学过程中仍然会有一些意料之外的事发生。有时预先设计的问题超出了学生的实际水平，一时让你尴尬万分；有时一件小事的发生导致课堂的失控，一时让你不知所措；有时调皮学生的捣乱，一时让你哭笑不得……而这种种意外，都需要教师用自己的教学机智去处理，从而使课堂顺利进行。如果能巧妙地加以利用，就有可能把它们融入课堂教学，成为支持课堂教学的资源，提升课堂教学的有效性。

作为一名教师，我当然也会遇到带来“surprise”的学生，下面就谈谈我经历过的一个课堂插曲以及应对的方法。在学习Unit 4 Wildlife Protection阅读课时，我布置了一道讨论题：What can we do to protect endangered wildlife in China？在学生讨论时，我突然听到一个学生小声嘀咕：“现在生吃猴脑、鲜尝驴心已成为时尚，那是身份的象征，怎么保护得了呢？”同时，还听到周围一些学生的嬉笑声。此时，该对这个学生随意插话而带来课堂骚动的行为斥责一番，还是……突然，一个念头在脑海中闪过：何不顺水推舟，把问题还给学生，让他们去解决呢？于是我因势利导引出话题：

T：That student is a careful observer. It is said that the Cantonese dare to eat everything that flies in the sky except the plane and everything that swims in the river except the ship. Have you ever eaten wild animals？

这时学生们的情绪一下高涨起来，他们一一列举自己爱吃的野味。此时我把话题一转，提出了两个问题并引导学生分组讨论：

T：Do you think it is a good habit to eat wild animals？ What will happen if people go on eating wild animals？

S1：I don’t think so. Because some animals will die out.

S2：Neither do I. Because the balance of nature will be destroyed.

S3：Our living conditions will get worse.

S4：In a word, we are bringing trouble to ourselves if we go on eating wild animals.

T：Very good. As a student, what should you do to protect wild animals？

S5：I think we should create more habitats for wild animals.

S6：We should collect money to build more nature parks.

S7：We should no longer eat raw wild animals, which will do harm to both human beings and wild animals.

S8：Never pollute the environment and cut down trees

…

由于有了前面的讨论作铺垫，学生很自然地谈到要改变爱吃甚至生吃野味的习惯，要从我做起，并以实际行动影响周围的人。全班学生在讨论中非常投入，他们在小组活动中既锻炼了语言表达能力，又受到了保护动物的思想教育。这真是一笔意外的收获啊！

教学的有效性是所有教育教学改革的共同追求，提升课堂教学的有效性是巩固课程改革成果，实现新课标教学目标的关键。教学机智在创设有效课堂、实现有效教学和优质教学过程中具有不可替代的作用。教师在运用教学机智时，应把握两个基本原则：第一，教师应遵循因势利导，克服缺点，达到正面教育效果的原则。第二，教师要认识到每个学生都有这样或那样的优点和长处，蕴藏着等待激发的积极因素。案例中那位同学的一段意外插话，偏离了讨论的话题，转移了原本认真思考的同学的注意力。作为教师，我没有采取严厉批评的方式，而是因势利导，把该生提到的现象融入课堂讨论中，从而让学生更加深刻地认识到保护动物的重要性。

在处理这起偶发事件时，我把握了以上两条原则，认识到课堂上的节外生枝也是正常的，这是学生思维花朵的盛开，是学生学习自主的表现，更是学生在课堂上生命之泉的涌动，并且及时捕捉学生的奇思妙想，开发学生的创新潜能，让智慧之花闪耀光芒。我觉得应该设身处地地站在学生的位置上去帮他们看这个问题，绝对不能逃避。这里我既回答了这个问题，又轻松地把学生带回到原来的话题上，同时也营造了一种宽松、民主、和谐的教学氛围。假如当时我对其严厉批评，那又会怎样呢？结果可想而知：正常的教学秩序被打乱，学生的自尊心受到伤害，当然教师的威信也会随之降低。事实证明，教师对学生所持的心态不同，处理突然事件的方法不同，产生的效果就会截然不同。因此教师应当坚持正确的教育原则，针对不同的情况采取不同的处理方式，因势利导，激发积极因素，以获得正面教育效果，从而提高课堂教学有效性。

教学机智应当成为我们每位教师必须具备的一种能力和素质，拥有良好的教学机智，会对我们提升课堂教学水平起到积极作用。但是教师的教学机智不是一朝一夕就能够形成的，它必须在不断的反思与经验积累过程中获得。我相信，通过不断的学习和总结，我一定能够成为善于运用教学机智创设有效英语课堂的智慧型教师。

用我之心，伴你飞翔

开封市第五中学　　程秀兰

本学期，我教了两个重点班，两个班的程度都相当好。

新高三第一节课之前，一个学生告诉我："老师，咱班又进了十几个人，还都是普通班的！"听及此，我也惊讶：本已60人的教室，再进十几个人，确实是个问题。

第一节课，我带着疑问走进课堂，用疑问的目光环顾教室，发现教室的最后一排坐着一些我不熟悉的学生。应该就是他们了，我暗忖。再打量，发现他们之间没有一个人抬起头来，都是一个个低着头。

说不出的感觉涌上心头，是怜悯吗？我不清楚。是同情吗？我也不知道。或许是他们那颗颗低垂的头触动了我心底那根最柔软的弦。于是，我说："欢迎我的老学生，因为时隔一个假期，又见到了你们；同时，也欢迎我的新学生，不管你们是谁，来自何处，只要坐在我的班里，就是我的学生。"

此时我看到，最后排的几个学生悄悄抬起了头，看了我一眼之后，又匆匆低下了头。

我知道，在他们的眼中，我的心中已经为他们留下了位置，承认了他们的存在。有什么比得到承认更好的呢？

几节课后，语文连排课，按照惯例，要默写。恰逢难度较高的《离骚》，老学生，我不担心；新学生，我一无所知。终于，未作迟疑，我让学生一次默写完。立于讲台，我发现：老学生们低头写着，顺利而流畅；新学生们也在写着，写写画画，走走停停。

结果，意料之中：十几个人中，只有一个学生能完整地默写完毕。

怎么办？纵容的话，他们将永远赶不上大队伍；批评的话，会不会让他们更加自卑？权衡再三，我说："虽然各班的进度不一样，但我想表扬一个人，那就是丁一同学，听说他们班以前从没让默写过这一篇，但今天他依然能够完整地默写下来。能不能写全对是你暂时的能力，但会不会背是你的态度。我从不会拿双重标准去衡量坐在同一个班级的学生，因为只要你用心，你也可以。其他在座的同学，如果你认为你不如人，你就一定会不如别人；只有自己看得起自己，才能追上甚至超过别人！”

第二天晚自习，我发现我空着的水杯盛满了热热的水，我诧异的同时，捕捉到了来自墙角一个安静的小女孩儿的紧张而又带些羞涩的目光，我笑了，发自内心的。

第二次的默写，照样不容易，白居易的名作《琵琶行》，这一次，无人掉队！

苏霍姆林斯基说过：“没有爱，就没有教育。”爱学生，爱之有度，以真心待学生，收获的将是整个春天里那姹紫嫣红的春色！对于刚刚进入陌生环境的普通班的学生来说，重点班并不意味着荣耀，可能在某种程度上还导致了心理上的自卑。所以，让他们相信你的真心，了解到你全心全意的接纳，并让他们看到你将他们与其他学生一样看待，这，将比任何一种方式更奏效。

我将用我之心，陪伴学生成长，撑起他们飞翔的翅膀！

情景引入发生的教学事件

开封市第五中学　　刘汴玲

为了利用有趣的情景引入课题，活跃课堂气氛，讲“摩擦力”时我设计了两个小实验，其中之一是：找一根粗细均匀、长度约1米的棍，让两个学生手握两端沿棍的方向拔河，找出赢的一方，在赢的一方棍子上涂上护手霜，再进行第二次比赛，从而引出摩擦力。

首先在五班（普通班），课前学生对我带来的长棍非常感兴趣，外向一点儿的学生还将棍拿起来摸一摸、捋一捋，点着黑板模仿老师讲课使用教鞭的样子。上课了听说要用它做小实验，学生们立即兴奋起来，男生还纷纷举手，跃跃欲试。根据事先的设想，我找了身材魁梧看起来就觉得力气很大的黄子文和身材匀称偏瘦的周腾越。比赛开始，两人互不示弱，双手握棍均不松手，最终黄子文将周腾越连人带棍拉到了自己一方，在同学们的欢呼声中露出胜利的微笑。我顺理成章地迅速拿出护手霜挤到黄子文手上对他进行奖励，又顺便将棍的一端也涂上护手霜。第二局开始，如我设计，周腾越获胜。我趁机采访黄子文，问其失败的原因。黄子文说手太滑了。我又问周腾越那边滑不滑，他说不滑。原来获胜除了自身的力量，还有什么帮了忙？摩擦力。今天我们就来进一步研究一下摩擦力。

接下来八班（重点班），课前学生依然对长棍感兴趣，上课时安排李孟奇和蔡峰比赛。李孟奇获胜，我拿出护手霜要奖励李孟奇，但他笑着一直推辞，说他是男生不涂护手霜的。这样场景就没有在五班自然展开，我只好将棍的一端涂上护手霜。第二局开始，我将有护手霜的一端递给李孟奇，谁知他迅速将有护手霜的一端调给了蔡峰。情况不是我的预设，重点班的学生真是不一样，我的心中虽有些不爽，但迅速调整……

最后是九班（自强班），综合前两个班的情况，在威猛敦实的崔岩和身材匀称的李笑猛比赛期间，我将自己一只手掌上涂了好多护手霜。果然按我和同学们的预料，崔岩获胜，我马上用涂了护手霜的手紧握崔岩的手表示祝贺，另一只手拍拍李笑猛鼓励他不要气馁。一切都按预设毫无痕迹地自然进行，第二局李笑猛获胜。崔岩不甘心，再来一局，仍然是李笑猛获胜。什么原因呢？在学生的质疑中我说出这一小细节，在学生的笑声中，让学生分析原因，引入课题。

我在情景引入教学实践中发现，课堂在向未知方向挺进的过程，在“目标—过程—结果”的演变过程中，尽管预设得精彩，但伴随着课堂教学活动的展开，教学不一定都能按照预设的固定线路行进，随时都有可能发生意外情况，也会“生成”许多无法预知的精彩。

在“像”与“真”之间
——对一节素描写生课的回忆与感悟

开封市回民中学 杜 敏

在中学素描教学中，学生很喜欢写生课，而如何引导学生正确理解素描写生却是一项被我们长期忽视的教学内容。通常意义上讲，学生上素描写生课都是对景对物的现场描摹，即以客观为对象，通过量比例、上明暗等，怎么看就怎么画。久而久之，一部分学生为自己能画得很“像”而暗自欣喜，而另一部分学生则随着坐的时间的延长，就像瘪了气的气球，他们练习时或是简单地重复或是乱画一气应付了事。为了改变这一现状，我决定换一种素描写生方案，活动按学生所需分组进行。

一上课，我对学生说：“今天，我们上素描写生课，写生的对象就是这组瓶花，要求忠实于你自己的感觉，可用多样化的形式（具象、意象、抽象）任选其一来画。”话音未落，画室随即热闹一片：“这么多花，怎么画啊！”“先看，然后找准自己的位置……”我就势拉过写生桌旁的一个写生凳，向学生示意坐下，重申道：“注意，整体看！画花是一种感觉，我们画的是画儿，忠实于自己！”

伴随拉凳子的声音、削铅笔的声音……画室里渐渐安静了下来，已经有一些学生拿着画笔开始构图量比例，还有部分学生在张望，看看左边的，瞧瞧右边的。又是那几个学生，我发现后门边的三四个男生又准备胡涂乱画，暗压心头恼火走上前，问：“你们不喜欢写生吗？”“不是。”一个学生回答。“我们喜欢自己随便画，老师。”另一个学生补充道。“随便画？”我一听就想急，但看着这位学生手拿橡皮在画纸上擦了擦，通过这个不经意的动作，我觉察到学生不是故意捣乱，便接着问：“是不是以前没画过，画不好？”他抬起头，笑了笑回答道：“我在一本书上看到‘照着对象来画画只能叫作模仿’，我不想成为模仿者而想成为创意者。”这让我很震惊，谁说我们学校的学生程度差？！他们连古希腊哲学家柏拉图和亚里士多德的思想理论都晓得！只是说了其中三分之一，学生还是学生。剩下的三分之二还是我来告诉他们吧。我说：模仿者模仿的对象是有前提的，古希腊哲学家柏拉图认为理念至高无上，你画画若模仿现实对象，画的再“像”也不“真”。他的弟子亚里士多德就提出，模仿时要加进人的创造，通过人的加工创造后的模仿才接近“真”，才向艺术靠拢。为此，我们画画就在“像”与“真”之间，也可以说是“创意”，但绝不等于“胡涂乱画”。因为我们画画中的“创意”是有依据的，也可以理解为“艺术源于生活又高于生活”“不是缺少美而是缺少发现”。要不然老师一上课就告诉你们“可以用多样化的形式，忠实于你自己的感觉，我们画的是画儿或说是艺术”呢。听了这一席话，学生连连点头。他们拿起画笔开始用心画了……

美国心理学家布鲁纳说：“人的灵魂深处都有一个根深蒂固的需要，那就是希望感到自己是一个发现者、研究者和探索者。”的确，学生的潜能需要我们去发现，更需要我们来引导。学生的大脑不是一个需要填充的机器，而是一支等待被点燃的火把。他们的表现有时确实出乎你的意料，而他们的信心确实需要我们来激活，学生们的热情与快乐同样更需要我们来点燃，这不正是教师的创意与艺术——在“像”与“真”之间吗！

把课堂真正还给学生

开封市回民中学 靳 颖

刚参加工作的时候正好赶上新课程改革，新的课程标准不同于以前的教学大纲，要求我们教师在教学活动中要转变教育思想，以学生的发展为本，要充分体现学生的自主学习、积极探索的精神，让学生成为课堂的主人。一开始我一直有顾虑：调动学生的积极性，让学生自主学习这个设想很好，可是如果把数学课堂交给学生，学生能按照我设计的教学思路走吗？万一上课讨论问题时“跑题”了怎么办？那样不是影响了正常的教学进度吗？所以在一开始教学时还是以教师的讲授为主，极个别问题才会让学生自主探索，课堂气氛一直不是很活跃，直到九年级的一堂数学课后，我才深刻体会到教师在课堂中转变角色的重要性。

那堂数学课主要学习圆周角，我先讲解了圆周角定义，然后结合课本例子证明了圆周角定理：在同圆或等圆中，同弧或等弧所对的圆周角相等，都等于这条弧所对的圆心角的一半。在处理完练习的时候，我习惯性地问了一句：“对于刚才这道题哪位同学还有不懂的地方？”

这时，一个平常上课很活跃的男生举起了手：“老师，刚才我在圆上画了一条直径，我发现无论圆周角的顶点在什么位置，直径所对的圆周角总是个直角。”

我当时一听心里十分生气：你这根本就是答非所问嘛！而且在我讲练习题的时候你不认真听讲，竟然“开小差”，以后题不会做怎么办？于是我随口问了一句：“你怎么那么肯定它们都是直角？”

“我一个一个用量角器量的啊！”他很快回答道。全班同学都笑了，还有几个同学反问他：“你量得一定准吗？万一那些角都比直角小一点或者大一点，你没量出来呢？”

我正准备告诉他，他发现的这个结论实际上是正确的，但他的验证方法不科学，并且还要批评他上课不认真听讲，但忽然间想到，他发现的这个问题其实就是我下面要讲的圆周角定理的推论，而且我还要教给学生证明方法。既然有学生提出来了，而且大家也都很有兴趣知道这个发现是不是正确的，我何不借这个机会鼓励他们积极思考，去寻求答案呢？

于是我说："这位同学刚才发现问题的过程实际上是我们在学习数学中常用的一种思想——'归纳和猜想'，这也是我们发现新知识的常用方法。我们前面学过，人们总结的命题有真有假，那么刚才这个命题究竟是不是真命题，我们能不能运用学过的知识，用逻辑推理的方法来证明它呢？下面大家分组讨论一下。"

几分钟后，几组同学派代表分别展示了他们的证明过程，有用内角和的，有用等腰三角形的，还有作几条辅助线构造圆内接四边形的，其中也有出现错误的地方。这时，台下有一个同学大声说："老师，我有一种方法比他们的都简单。"

在全班同学的注视下，他大步走上台，指着黑板上的图说："直径可以看成是半圆所对的圆心角，它是180°，根据刚才我们学的圆周角定理，在同圆中，一条弧所对的圆周角等于它所对的圆心角的一半，所以，无论圆周角顶点的位置怎么变，直径所对的圆周角都是90°，是直角。"

全班同学都露出了恍然大悟的表情，还有同学懊恼地说："就是，才学的东西，刚刚我怎么就没想到啊！"

我趁机对他们说："这位同学的证明思路很清晰，方法也很好理解。就是因为他懂得了把我们学过的知识当作解决新问题的武器，做到了我们常说的'学以致用'。所以，我们在学习新知识时一定要认真，只有这样，你才能运用已掌握的知识去探索更多的新问题，不断拓宽你的知识面。"说完，我意味深长地看了一眼因为上课"开小差"而提出这个猜想的同学。

在接下来的时间里，学生们听讲都很认真，并且积极参与新知识和练习题的探讨，学习热情比以往都要高，课后练习完成的情况也反映出他们牢固地掌握了这节课所学的新知识。就这样，一个因为学生"开小差"而提出的猜想调动了全班同学学习的积极性，达到了更好的教学效果，也使我认清了新课程对教师的定位。教师应作为组织者和引导者，随时洞察学生的思想，及时调整教学导向，并适时给予指导和帮助；要善于激发学生的积极性、主动性和创造性，能敏锐捕捉学生的思维火花，在突出学生主体地位的同时，把握好课堂节奏。

爱因斯坦曾经说过："提出一个问题往往比解决一个问题更为重要，因为解决一个问题也许只是一个数学上或实验上的技巧问题。而提出新的问题、新的可能性，从新的角度看旧问题，却需要创造性的想象力，而且标志着科学的真正进步。"数学猜想，实际是一种数学想象，是建立在事实和已有经验基础上的一种假设，在猜想过程中，新旧知识的摩擦会激发学生智慧的火花，使其思维会有很大的跳跃性，从而提高数感，发展其推理能力，锻炼其数学思维。所以在数学教学中，我们教师应把课堂真正还给学生，引导、鼓励学生大胆提出猜想，发表独特见解，不断去发现，去探索，去解决，主动学习新知。

让课堂教学与生活实际结合起来

开封市回民中学　　李　颖

晚上做饭熬米汤，刚好新买的芋头可以切点放进汤里。可是就在我削芋头皮的时候，感觉两只手都痒痛难耐，像有无数只小虫子在啃咬似的，钻心地难受啊……于是我上网查了查原因，原来生芋头的皮含有碱性很强的黏液，能引起皮肤痒痛，解决方法就是将手放在火焰上方持续烘烤10分钟，非常有效。原理是甲酸在火焰上方烘烤之后受热挥发离开皮肤，即可缓解痒痛。同理，熟的芋头皮不具有引起皮肤痒痛的可能。也可以在切之前在手上抹些醋就不会痒了。

第二天上化学课，刚好要讲“酸与碱之间会发生什么样的反应”。我灵机一动，开始讲起了头天晚上发生在我身上的故事。学生们一看我今天不讲课反倒拉起了家常，而且讲的故事还很新鲜，都听得很专注。讲完后，我话锋一转：“大家如果想要知道以后怎么摆脱这种困扰，那么就来看我们这节课要学习的内容。”就这样很自然地从芋头的问题过渡到了酸和碱之间的反应上来了。先讲的是中和反应，当稀盐酸被逐滴加入氢氧化钠，酚酞的红色慢慢褪去时，有一个学生兴奋得喊起来：“氢氧化钠没有了，它俩发生反应了！”这时另一个学生立即反应道：“就像削芋头皮之前在手上抹醋一样，酸和碱能中和！”我趁机对他们大加赞赏：“你们说得都很对！看来这节课我不用讲，大家都已经学会了！”学生们听到我的鼓励后都感觉美滋滋的，脸上洋溢着成功的喜悦。原本很沉闷的课堂因为这一个小故事一下子活跃了起来。在整个教学过程中，学生都能积极主动地参与学习，情绪高涨，切身感受到了学习的快乐。在讲到“中和反应在实际生活中的应用”环节时，由于思路打开了，几乎每个学生都能举出好几个生活中的例子，从中和酸性土壤，酸雨的整治，再到蚊虫叮咬后如何处理，还有家中厕所、厨房的去污等生活、生产、学习各个方面都有涉及。

从这节课中，我受到了很大启发：设计问题要从学生熟悉的生活情境出发，要符合学生的认识发展规律，这样学生会处在兴奋状态，学习兴趣也比较容易被激发起来。作为教师应善于从学生的角度思考和看待问题，努力把握学生的心理，把课堂教学与生活实际结合起来，不仅要教给学生课本知识，更重要的是要教会他们生活技能；让学生都能感受到学习是为生活服务的，生活处处皆学问，生活即化学，化学即生活！这样，我们的化学教学会更真实、更精彩！

课堂上的手机铃声

开封市回民中学　　梁　媛

不准携带手机进课堂是学校的惯例，但总有个别同学抱着侥幸心理。一旦在课堂上被老师发现，他们会找出诸多借口拒绝上交，甚至还会顶撞老师，大有鱼死网破之决心。

以往在课堂上遇到这种情况时，我总是强势地没收学生的手机，还板着脸毫不留情地训斥他一番，搞得学生灰溜溜的，自己上课也没了心情，后面的课堂氛围极差，原本流畅融洽的教学流程被彻底打破，极度影响教学效果。

这一次的手机铃声突发事件发生在周一上午第一节语文课上，彼时，我正引导学生归纳文言虚词“其”的用法和意义。

“女子十七不嫁，其父母有罪……”我话音刚落，就听见一阵尖锐的手机铃声响起来：“妹妹，妹妹就要嫁人啦……”全班同学强忍着笑，惊恐地看着我，等待着我的爆发。要知道，手机可是学校日常管理中的“严打对象”，尤其在“老班”的课堂上，大家都认为这个胆敢拿手机的学生“死定”了。

我本想像以往那样处理，但一想到处理后学生的学习状态，又有了些许犹豫，如何才能更好地解决这个突发事件呢？压抑住升腾而起的怒气，灵机一动，我微笑地调侃手机主人：“感谢你手机的配合，我这刚说到女子十七不嫁，其父母有罪，它马上回应妹妹就要嫁人啦，但这种情况出现得不合时宜呀！学校对手机的治理，你懂得，怎么办？该不该收掉？”

全部同学马上起哄，异口同声：“该——”

我微笑着对手机的主人说：“迫于大家的压力，我不得不没收你的手机，否则，对不起观众啊！”全班又是一阵欢笑，笑声中，他满脸歉意地把手机交给了我。

下课后，那个学生主动找我承认错误，说他很抱歉打扰了我的上课，浪费了大家的宝贵时间，他愿意接受任何处罚。面对学生的主动与诚恳，除了欣慰，我还能发火吗？

事后回想，面对这次突发事件，我克制住了自己的情绪，改变了以往严厉刻板的风格，用冷静的态度、幽默的语言绕开了矛盾的焦点，让学生在轻松愉悦中学会了反思，并乐于接受我的要求。这样一来，不但我自己的心情没有因此发生改变，能心平气和地进行下面的教学，更令我欣慰的是，“突发事件”之后，学生们的精力更加集中，思维更加活跃，师生间的配合更加默契了。

课堂教学，难免会遇到这样那样的突发事件，明智的做法是控制好自己的情绪，平静心情，冷静而灵活地处理它。我的灵机一动、一番调侃避免了很多麻烦和尴尬，而且让学生从内心接受我的处理方式，下面的课程进展得很顺利，学生们很配合，反而使课堂氛围更加和谐融洽。我们常常告诫学生遇事要冷静，冲动是魔鬼。作为老师，我们自己更应该具备这种素质，这不仅是给学生台阶，更是对课堂教学的尊重。它不但直接影响到学生的内心世界，还会让学生在潜移默化中学习老师的处事方式。

在质疑中深思　在深思中感悟

开封市回民中学　　孟宪兰

爱因斯坦说得好：“提出一个问题往往比解决一个问题更为重要。”确实如此，任何重大的突破都来自不断的怀疑和发问，而不是来自盲目的肯定和接受，“疑”是思之始、学之端。

那天，我们学习王国维的《人间词话十则》，王国维把艺术境界分为“有我之境”与“无我之境”两种，学生对“有我之境”很顺利地理解了，“有我之境，以我观物，故物皆着我之色彩”，即诗人在描写自然景物时，偏重于主观情思的直接流露。对王国维所举的例句“泪眼问花花不语，乱红飞过秋千去”“可堪孤馆闭春寒，杜鹃声里斜阳暮”大家非常赞同。

但是在研读“无我之境”时，我们班语文程度很好的李璐璐突然站起来大声地说：“老师，王国维说错了。”我心里一惊，忙问：“怎么错了？”李璐璐理直气壮地说：“他在解释‘无我之境’时举陶渊明的诗句‘采菊东篱下，悠然见南山’是不对的，‘采菊’是谁采菊？‘见南山’是谁见南山？肯定是‘我’

了，怎么能是‘无我之境’呢？”

“一石激起千层浪”，同学们议论纷纷，有不少学生支持李璐璐，有的学生从文章中找到王国维解释的“无我之境”即“以物观物，不知何者为我，何者为物”，并且故意把“以物观物”重读。还有学生认为，既然“不知何者为我”可见仍有我，只是“不知”而已。有而“不知”，并不是“无我”。

于是学生暂时得出结论：王国维的“有我之境”和“无我之境”是矛盾的，因为这两种境界都“有我”，只不过前者“知”我，后者“不知”我罢了。我因势利导：“为什么‘有’我而‘不知’我呢？”学生们立即陷入沉思，一个反应敏捷的学生突然醒悟：“因为诗人忘我了，他已经和大自然的景物融为一体了。”大家豁然开朗，原来“无我之境”乃是“忘我之境”，这才真正是王国维说的“无我之境”。“不知”我是因为诗人“忘”我了，他已经和大自然的景物融为一体了。原来这“无我之境”乃是“物我合一”之境，这是最高的“无我之境”啊！

学生大胆地质疑，并在我的引导下，深入思考，合作探究，对文本有了更准确、更深刻的理解。“尽信书不如无书”“吾爱吾师吾更爱真理”，在课堂上，当听到“老师，我有一个问题”“老师，我不同意你(他)的观点”“老师，我有一个想法”等诸如此类的话语时，表明我们的学生已学会独立思考，他们的创造力已经被激活，有了独立、批判、创新的思维。

新课改下的语文课让他们敢疑、善疑，启迪了学生的智慧，促进了其语文学习。语文课堂不再是刻板地走程序，不再是沉闷地灌输，而是师生对话的平台，是心灵交流的过程、智慧碰撞的过程。这样的语文课堂才是我们所追求的思维活跃、激情飞扬、突破预设、生成不断的课堂。

“我没有睡觉，只是在忙着钓鱼和生豆芽！”

开封市回民中学　孙凤君

俗话说：“春困秋乏夏打盹。”夏日临近时，在课堂上打瞌睡的学生就会日渐增多，直接影响到课堂教学效果。

那是5月下旬的一个炎热的下午，我在高二（3）班上课，正讲着“两点论和重点论相统一”的内容，这一知识点对学生来说本就抽象，较难理解和掌握，又因为是下午的第一节课，同学们参与的积极性不高，课堂气氛颇为沉闷，有好几个学生竟然打起瞌睡来。

难道就这样上完这节课吗？我不能！为了改变课堂状况，让学生打起精神，积极参与课堂，我立即停止分析，对学生说：“你们喜欢听笑话吗？”“喜欢。”学生异口同声地回答。“好，”我就给他们讲了一个关于睡觉的笑话：一位老师问一个课上睡觉的学生：“你为什么在上课时睡觉？”学生理直气壮地回答：“老师，我没有睡觉。”老师就问：“那你为何闭着眼睛？”学生辩解道：“我在闭目沉思！”老师又追问：“那你又为何直点头呢？”学生继续辩解道：“您刚才讲得很有道理，我点头表示赞同哪！”老师急了，问：“那你还为什么直流口水？”学生不慌不忙地说：“老师您讲得津津有味，我的口水不由自主就流下来了。”笑话讲完，学生们都笑得前仰后合，之前打瞌睡的同学也精神起来。我顺势补充：“看来我没有笑话里的老师讲课水平高，不能让大家听得直流口水，有些同学在忙着自己低头生豆芽或点头拉渔钩呢（边说边夸张地模仿他们打盹的动作）。如果我问你为什么睡觉，你的回答一定是‘我没有睡觉，只是在忙着钓鱼和生豆芽’！”同学们报我以热情而友好的笑声。

短短两分钟的调侃之后，学生的大脑神经得以放松，人也精神多了，课堂气氛随之活跃，参与的热情明显提高，课堂效果也得到保障。

类似这样的课堂突发事件几乎每天都会发生，这对教师来说，无疑是一种严峻挑战。但挑战与机遇是并存的，若利用得好，课堂突发事件便会转化为不可多得的教育良机，它能促使教师变通地、创造性地实施教育，因势利导，激发兴趣，调动情感，顺势拓展延伸，使师生间的沟通自然融和，形成共振，达到预想不到的效果，给课堂增添色彩；反之，不但会影响正常的教学进程，而且会错失教育的时机，使教师形象在学生心中大打折扣。维护课堂教学秩序、保障课堂教学质量的前提是要有爱心和耐心，要讲究艺术和方法，不能轻易发脾气，切忌采取简单粗暴的做法。那样只能恶化师生关系，对教育教学产生负面影响。只要教师平时留心学生感兴趣的事情，在课堂上时常幽他一默，恰当引导，完全可以化腐朽为神奇，调动起学生自主学习的积极性来。鉴于此，我认为合格的教师都应该是优秀的舵手，驾驭课堂能做到得心应手、游刃有余。

转变，从爬楼梯开始

开封市回民中学　　宗怡红

在生活中，几乎每个人都爬过楼梯。在爬楼梯时，需要一步一个台阶地上，虽然每个人的体质和年龄不同，爬楼梯的方式和速度也不一样，但不管你情况如何、速度快慢，只要你坚持不懈地一步一个台阶地上，最终总能达到自己想去的楼层。其实，学生学习的过程也就是爬楼梯的过程，特别是对那些学习能力较差的学生来说更是如此。

我所教的班级学生大部分来自农村，英语基础较差，学习英语相当吃力，成绩很不理想，最典型的要数张浩同学了。这个学生语文、数学成绩都还不错，唯独对英语不感兴趣，也毫无信心，英语课上不是睡觉就是看课外书，或者望着窗外走神，从来没有举手回答过问题，平时的背诵默写从不过关，考试测验也没有及格过，但他也从不把这当回事，因为他总认为自己不是学英语的料。

有一天放学后，我把张浩留了下来，带着他来到教学楼的楼梯旁，告诉他："在三楼我们教室的讲桌上有一个崭新的魔方，你去把它拿下来，它就归你了。""这还不简单。"说完他就"噌噌"地顺楼梯而上，很快就拿着魔方回来了，脸上一脸喜气，同时又半信半疑地问我："老师，你为什么要送我魔方，而且还要放在教室的讲桌上让我去拿呢？"我避而不答，反过来问他："喜欢吗？""当然。""你是怎么拿下来的？""顺楼梯上去拿的呀。""那你又是怎样上的楼呢？""我是一个台阶一个台阶……"说到这儿，他似乎明白了我的用意，"老师，你是想告诉我……""对，学习也像爬楼梯，你能爬上一个台阶，就能爬上一层楼、两层楼……只要你愿意，只要你坚持不懈，一个台阶一个台阶地向上爬，就能到达自己理想中的楼层，得到自己想要的东西，从而收获成功的喜悦。”听到这儿，他若有所思，两分钟后，他对我说：“老师，我明白了，我试试吧！”

于是，期中考试，我鼓励他考到40分，他做到了。期末考试，50分，他也做到了。第二学期的期中考试，他考了55分，期末，他考了65分，他终于考及格了。看得出来他异常兴奋，脸涨得通红。我趁机问他：“学英语难吗？”“一点儿也不难，只要踏踏实实一步一个台阶地去做。”“对，就像爬楼梯，你已经上了第一级，下一步就是第二级、第三级……最后到达你想去的楼层。照这样下去，你还可以考到70分、80分、90分，甚至100分，你一定能的，加油！”

就这样，张浩变了，整天像换了个人似的，天天不是背单词就是默句子、做练习，成绩也很快赶超了其他同学，成了学习上的佼佼者。

可见，在我们的教学工作中，作为教师，我们要对每一个学生负责，特别是对那些所谓的“差生”，不能一味地批评和放弃，而要利用正确的、有效的方式去引导他们、鼓励他们，让他们一步一步地去体验成功和收获的快乐，从而增强他们学习的动力，提高其自信心，使其完成从所谓“差生”到“优等生”的转变。

相信的力量

开封市金明中学　　查移娟

因工作需要，送走上一届毕业生后，我临时接了八年级的两个班。上任伊始，有同事提醒我：“你不看看他们原来的成绩？”我问：“为什么？”“好知道他们的底子啊。到时候进步了是你的功劳，差了也有差的说法。”我笑了，很久以来我都不这样做了，面对新的班级，我更愿意把它当成一张白纸，给同学们信心，我们共同描绘这张成长的画卷。

第一节课，我信心满满地走进课堂，让关爱的目光从每个洋溢着青春朝气且充满好奇的脸庞上滑过，随之把我的信任传递到每个孩子的骨子里。那节课，孩子们挺直的身板，专注的眼神，自信也有些怯意的神情让我看到了他们内心的渴望和潜在的热情。这让我更坚定了信心。

成长，也是伴随疲累和倦息的。

坚持了两个星期，一些孩子喜欢趴在桌子上、摆弄圆珠笔、抠手指头的老毛病开始再现了。一天我正背过身去板书，“咕咚”一声巨大的声响让我浑身一震。回过头，我看到了倒在地上的李 ××，还有后面倾斜的桌子，更有僵在孩子们脸上的表情。我愣了一下，赶紧过去拉起他：“摔疼了吧，赶快揉揉，下次可得小心点呀。”我的举动让班里凝固的空气缓和下来，更让李 ×× 和他后面那位同学惊恐的眼神平和下来。“同学们，你们一定是累了，我们来做个小游戏活动一下如何？”热烈的掌声淹没了我后面的话。有同学立即喊出了刚才摔倒的李 ×× 的名字，原来他是班级各类活动的金牌主持，有很强的串场串词组织能力，更是班级的开心果。只见他面无表情地走到讲台前，突然一个转身，做出的那个夸张又搞笑的动作伴着一句滑稽、幽默的台词，让全班在爆笑声中轻松起来。接下来的课应该是轻松带来的高效：我们不仅顺利完成了学习任务，而且从同学们熠熠闪光的眼神里，我看到了那种意犹未尽。

这让我想起了自己刚上班时面对同样状况的简单粗暴。我简单地认为是孩子们的恶作剧，简单地认为它是坏孩子的有意行为，总是粗暴地训斥孩子，粗暴地打断他们的辩解，以为这样就能树立教师的权威，以为这样就能教育好孩子。

其实，正如苏霍姆林斯基所说：“没有一个孩子是毫无才能的庸碌之辈。他们有着各种各样的兴趣和禀赋，每个人的思维、智力和才能都各有其独特的发展道路。只要遇到合适的土壤，每个人都能取得属于他自己的发展成就。”

带着这种信念，我时常反省自己的教育教学行为，努力寻找最能实现教育教学目的的好方法，耐心倾听孩子们的心声，不断从书本中吸取营养，从优秀教师的身上学习长处，和同学们一起成长。抛却了过去的简单粗暴，我发现教学生活原来如此美好。第一学期结束时，我们两个班的成绩一下子从年级后三分之一跃居中游，更让我高兴的是同学们在评教活动中对我的肯定。

我想这都是相信的力量。

给学生留个台阶

开封市金明中学　陈振玉

期末复习阶段，我在批改学生的课堂默写时，发现有两个学生对错情况完全相同。联系这两个学生的平时表现，初步断定是学习较差的甲偷看了学习较好的乙的默写。于是，我把甲叫到了办公室。

我首先询问甲最近有什么情况，她回答："没有。"在排除了可能影响她学习的客观因素之后，我直截了当地问："昨天的背默是你自己做的吗？"她犹豫了一下，怯怯地回答："是。"随后低下了头。她的窘态，证实了我的判断，于是我拿出一张白纸，想让她把默写当面再做一遍，然后准备严肃地批评她。

看着学生羞愧的表情，我迟疑了，脑海里闪过许多念头：我是要置她于难堪以显示我的威严吗？不，不能这么做！我又缓缓地把纸放回了原处，声调平和地对她说："好了，没有别的事了，你回去吧。"

第二天我刚到教室准备上课，甲就走到我跟前，交给我上次背默的内容，并附有一份检讨书，上面写道："老师，前天的默写是我抄的，您没有批评我，让我很感动。昨晚让家长帮我把默写重做了一遍，请您看我今后的实际行动吧。"

下课后我想了许多，事情如果不这样处理，而按我的原意，那势必使她陷入难堪，也许会使学生恼羞成怒，在师生之间形成严重对立。当时，甲没有马上承认抄了别人的默写，不过是自尊心所致。作为教师，应该尊重和爱护学生的自尊心。我没有马上批评她，而是平静地让她回去，这就给她留了回旋的余地和改过的机会。当我看到她补做的默写和发自内心的检讨时，我意识到自己的教育取得了真正的成功。

通过这件事，我认为不应动辄用过激的言词对有缺点或错误的学生进行斥责、教训，要给学生留个台阶，使他们有机会去判断自己言行的正误，体会老师的"言外之意"，从而自觉地提高自己的认识水平和思想觉悟，这应该是我们批评教育学生的出发点和归宿。

因一道电学填空题展开的一场竞赛

开封市金明中学　　王素平

周一，平凡忙碌的一周又开始了。上午第四节在九年级（3）班，我像往常一样上完了课正准备离开，这时司静问了一道电学填空题，是关于动态电路的。同学们为迎接中考，总是额外找些我没留的练习题。于是我就用我常年给大家用的方法：根据电源电压不变 $U=IR$，$U=I'R'$ 列两个方程解方程组，算了好几分钟终于算出来了。留下的学生听得好沉重。我心想这种题数学基础不好的学生算起来可是够呛，也就让我对成绩中等以下的学生不敢抱太大希望。那天下午在（1）班、（2）班上课时，我决定干脆也给他们讲讲这道题。

下午第一节课在九(1)班，我又费了半天劲写了半黑板把那道电学填空题讲完了，结果仍然有相当一部分学生没听懂。我都开始有些郁闷了，难题啊……正准备讲后面的内容，此时张珂举起手："老师，这道题我用了另一种方法。"我很震惊也很激动：还有另外的方法？！说老实话，这种题我讲了这么多次，从来没见学生再发言的！我赶紧让张珂到黑板上把她的想法写出来。她仅用短短的一行，列出了式子，顿时我和同学们都明白了。原来她利用电阻 R_1 始终相等列出了一个方程，对呀，这不是自己天天给学生讲的电路中电阻值一般不变嘛。看来我太迂腐、懒惰了，总觉得自己算得麻烦，就简单地认为这就是难题。

到（2）班，我还是有些不放心，把我的解法与（1）班张珂的解法介绍给学生，学生们自然更乐于接受张珂的方法。可是（2）班的同学不服气，王昊、张远帆、王楠桢等同学几乎同时表示自己还有不同的方法。我更震惊了！这可不是一两个方法啊！我唯恐他们一会儿忘掉，赶紧让他们把想法展示出来，全班沸腾了……

而且王昊和张远帆竟然还要再次提出新方案！看来学生的潜力无限啊！让他们逐一把自己的想法展现出来，那可是超过老师了！我别提有多自豪多得意了，其他同学有喜欢王昊的思路的，有喜欢张远帆的思路的，还有的能掌握三个方法的。我总结了一下，（2）班竟然列出来8种不同的解法。我把他们的想法逐一记录，关键是都比我的方法简单！我那个繁冗的解法已经没人想看了，包括我自己！此时掌声响起。同学们为自己喝彩。

九（3）班的学生平时上课很乖，不爱发言，总习惯老师"喂"给他们，也几乎不提异议，学习上被动些。前段时间一模考试，（3）班成绩不太理想，我想借着这道题激发一下他们，看看他们的潜力如何。当我把在（1）班、（2）班所发生的情景告诉了（3）班，看（3）班能否找到不同的解法时，他们果然一脸的不服气。可是光不服气不行，得有实力啊！

开始沉默，开始茫然……我也沉默，我在等……

有同学拿笔开始列式子，不行，画掉，再来……10分钟过去了，依然没人站出来，我开始想(3)班学生能力真的差吗？犹豫中……(3)班真的只适合"喂"吗？15分钟过去了，我都开始有点想放弃了。

班长王孜赫站起来了，有希望！潘王浩也站起来了，董盛楠也上来了，赵露菡、贾鹏飞……黑板上每人都在开发着自己的地盘，已经越来越拥挤了。5

个解法，8个解法。王孜赫、潘王浩、董盛楠每人想了不止两个方法。讨论越来越热烈，连平常最不好回答问题的汪露阳都有自己的解法了。同学们为自己的同学鼓掌加油！前面黑板写满了，后面板报也用上。下课了还不尽兴，还在讨论着新的方法。总结一下，已有了11个与他班不同的方法，他们所有电学计算公式与技巧都想到用到。太超乎我的想象，原来（3）班同学也能如此精彩亮相！

九（1）班在一模中考了第一，他们知道邻班有如此骄人的战绩会服气吗？肯定不会！但是他们还会有什么高招吗？我索性把课堂交给同学们，我来当学生吧。果然不出所料，不一会儿怪才张弛第一个上来，方法竟是如此简单，同学们会心一笑，掌声再次响起。赵子尧、韩俊逸——我的课代表们率先登场；自然少不了奇才王云鹤、学习标兵张宗梦阳；班长耿敬一和好友黄紫荆双双上场；一向不好言语的李博也很具有学者风范的样子给人做一解答。一人多解再次上演……铃声响起，一堂课结束了，（1）班同学还不忘查查自己班列出多少个不同的解法，大家一起查了又查，哦！18种解法！掌声响起来，我心中有无限感慨！下课了，同学们久久不愿离开，他们还在看其他同学的奇思妙想，噢！原来同学们的解法太多，有的同学还没看过来呢！

可就在此时陈帅阳又有了新思路，九（1）班的第19种解法诞生了，班上再次响起热烈的掌声！

细数一下，我的本子上已记录了这道题的36个不同思路、不同角度的解题方法。今天是学生教会我：要相信学生，要相信自己，要把课堂交给学生！学生的潜力是无穷的。解决问题的方法有很多，就看你有没有去努力寻找方法！

在“讨论”中收获……

开封市金明中学　　祁　放

在七年级中国历史的课堂上，我最关注的是学生的学习兴趣点在哪儿，如何让学生认真听，喜欢学，如何设计导入语引起学生的兴趣。学到“三国鼎立”这一课，我做了一番认真思考，精心设计，准备要好好讲一讲了。

上课铃声响了，我提出了导入新课的问题：“同学们，你最喜欢的三国人物是谁？请举出来，并说明一下为什么喜欢这个人物。”激发学生兴趣的导入语立刻引起学生的兴趣，他们把手高高举起，纷纷发表自己的看法，有学生说："我喜欢诸葛亮，因为他足智多谋，还通晓天文地理，他是个聪明有智慧的人。"有同学说："我喜欢关羽，他很忠义。""我喜欢赵云，他勇猛无比。""我喜欢曹操，因为他是成功的父亲，他培养了两个很有才华的儿子曹植、曹丕。"另一个同学站起来激动地说："你说得不对，曹操根本不是'三国人'，我爷爷说他是个奸臣，我不喜欢他。"他语音刚落，班里顿时炸开了锅。"曹操怎么不是三国人呢？"同学们纳闷儿了。我趁势引导："谁来解答这个问题呢？"有的同学迅速从书中查找，有的用手机上网查询，很快有同学说："三国从220年10月曹丕建立魏开始，那年曹操已去世了，曹操死于220年3月15日。他一天也没有在三国时期生活过，他不是三国人物，他是东汉末年的人。曹操去世后被葬于高陵，今河南省安阳市安阳县安丰乡西高穴村南，于2009年12月27日得到考古确认。"我夸奖这位同学道："这位同学会利用网络查找资料解答问题了，太好了，希望同学们能向他学习，让网络成为我们学习的巨大的资料库。"

这时我引导学生说："曹操究竟是个什么样的人物呢？两位同学的观点不一样，现在同学们讨论一下曹操这个人物。"有同学说："曹操在官渡之战中以少胜多，战胜袁绍，很快统一北方。所以他是位军事家、政治家。"有同学说："他小心眼儿，容不得别人超过他，杨修比他聪明，他就把杨修杀了。"有同学反驳道："他是个宽宏大量的人，官渡之战后，他发现手下有人与袁绍通信，不仅不查，反而将他们来往的信件都烧了。"有同学说："他很奸诈，明明是他给粮草官下令克扣粮草，却借管粮的头来安定军心。"有同学说："曹操是中国东汉末年著名的诗人，留下了《蒿里行》《观沧海》《龟虽寿》等诗篇。"……

争论还在继续，彻底打乱了我原本设计好的教学计划。但是，看看学生们争得面红耳赤和充满激情、充满探索精神的学习状态，我想，这不正是课改倡导的课堂应有的状态吗？把课堂的学习主动权交给学生，让学生的思维在碰撞中不断升华，这样的课堂才是体现课改理念的。苏霍姆林斯基说：在学校里重要的不是学到多少知识和技能，而是学会一种学习的能力。老师要善于捕捉学生感兴趣的话题，帮助学生去发现问题，去研究问题，进而获得解决问题的能力。我坚信，能让学生成为课堂的主人，学生会学习、善学习的课堂才是充满着活力的课堂。

笑声引发的激烈讨论

开封市柳园口中学　汪红焕

再过一个多月就要中招考试了，为了能让学生们在第二次模拟考试中有一个大幅度的提高，我们正在紧锣密鼓地进行着第二轮专项复习。大家都知道，复习课最难上，课堂气氛死气沉沉，老师一味地讲，学生痴痴地听，教学效果不佳，导致师生都很疲惫。最近我常常为如何提高复习课的质量而困惑。前几天一节很偶然的课使我茅塞顿开，有所感悟，原来复习课也可以快乐上，复习课也可以高效上。

按照计划，当天该讲专项五"代词的用法"。我在黑板上写下了一个由"who"引导的特殊疑问句"Who is the man？"，意在让学生明白在英语中问句的语序正好与汉语相反，从而让学生知道如何用英语提问，增强语感，并能流畅地与别人交流，可以顺利地完成情景对话中的练习。谁知一个男生喊了一句："这是谁的男人？"引得全班大笑，我也忍不住笑了起来。

好不容易不笑了，我就问："同学们，这句话这样翻译对吗？"

"当然不对了，应该是：这个男人是谁的？"

哈哈哈……话音刚落，全班同学笑得一发不可收拾，有的甚至笑出了眼泪，翟梦涵乐得都钻到了桌子底下。

终于平静了下来，我就让一个同学说出了正确的翻译：这个男的是谁?

看到正确答案，很多同学明白了英语和汉语在某些方面是不相同的。学生们还举出了很多类似的例句，在游戏中掌握了特殊疑问句的基本用法。看着学生们意犹未尽，我就借此机会把学生们分成两大组，一组代表西方国家的学生，一组代表东方国家的学生，让他们说说东西方文化的差异，看看哪组学生说出的句子又多又正确，在5分钟的准备之后，比赛正式开始了：

"In China,we eat with chopsticks."

"In our country,we don' t use chopsticks.We use forks and knives."

"In China,we put the family name in front of the first name."

"In our country.We put the given name in front of the last name."

"We Chinese people drive on the right of the road."

"In England,we drive on the left of the road."

"We shake hands when we meet for the first time."

"We are different.We hug or kiss when we meet for the first time."

"We shouldn' t be late for the party.It is impolite in China."

"But in Brazil we should be later."

下课的音乐响了，一节课不知不觉就这么过去了，学生们还不愿意罢休，说还有很多差异没有讲出来，积极性没有因为下课而减退。

在这节课上，我虽然没有过多地讲解，但学生们却有意想不到的收获。

鲁迅先生说过：没有兴趣的学习，无异于一种苦役；没有兴趣的地方，就没有智慧和灵感。作为一名合格的教师，我们要学会适时地进行兴趣的激发和积极情绪的调动，让学生自始至终处于兴趣盎然的探究氛围中。同时课下一定要认真备课、备学生，将课堂交还给学生，让他们成为课堂的主人，而不再是教育的傀儡。

转变就在一瞬间

开封市柳园口中学　　尚峰云

"丁零零……"上课铃声响起来了，我满怀激情地走进课堂。

这一节，我要讲的是八年级物理第九章第二节"液体压强"，因为这一节在力学里面是非常重要的一节，所以我备课时更加认真、更加充分，对上好这节课我满怀信心。

"同学们，我们上一节已经学习了固体压强，这一节我们学习液体的压强。液体压强有什么特点呢？下面请看一个小实验……"课堂在师生的紧密配合下有条不紊地进行着，课堂气氛逐渐进入了高潮。突然，我发现有一名学生偷偷摸摸在桌斗里玩起什么来了，眼光还不时偷偷瞄瞄老师。我仔细一看是张帅同学。这名同学平时学习成绩较差，我一直对学习不好的他较反感，看到他不专心听课不禁怒火上头，就想狠狠地批评他。但是为了不影响正常上课秩序，我克制了自己，狠狠地用眼睛瞪了他一下，给了他一个警告，继续上课。在师生共同总结推导出来液体压强计算公式 $P=\rho gh$ 时，我又发现张帅在下面玩了，就下定决心一会儿好好批评他一顿。

随着时间的流逝，不知不觉中，这节课进入了课堂练习阶段，我在黑板上列出了一道须用公式解答的练习题，请同学们举手解答，这时我注意到张帅同学的眼神犹犹豫豫不敢看我，看到我注意他，更是脸都红了。我就专门点名让他到前面来做，心想，一会儿做不出来我要当着全体同学的面狠狠批评他。结果不出所料，他不会做这道题，但他照着黑板上的公式把液体压强公式写到了黑板上。我正准备发火，他也低着头站到边上等着我发火了，可看着他低头站到讲台下，临发火前一瞬间，不知怎么了，我突然觉得自己不应该发火，心想换个方式处理这个同学吧，于是就微笑着说道："张帅同学这道题虽然没有解出来，但他已经知道解这道题要用哪个公式，并且公式写得很好，如能把相关的量代进去，就更好了。已经很不错了，同学们为他有勇气来展示自己鼓鼓掌好吗？"教室里立即响起了掌声。张帅回到座位上，不一会儿，我发现原本羞愧地低下头的他，不知什么时候又重新抬起了头……

这节课后，我发现张帅同学变了。在我以后的课上，他总是眼睛炯炯有神地看着我讲课，成绩也慢慢提高了。我对他的变化看在眼里喜在心头。我自己常常想，张帅同学的改变是不是因为那节物理课时，我对他的态度的改变带来的呢？

前不久的一天，张帅的语文老师赵老师拿着一本学生日记本找我，对我说："你看看这篇学生写你的作文。"我拿着张帅同学的作文本，认真地看起来。"我喜欢我的物理老师，我也庆幸碰到了我现在的物理老师，在那节课上，我做不出那道练习题时，我没有得到预想的狠批，而是他的鼓励与赞赏的话语，这些话语时时激励，我一定要好好学习……"看着看着，慢慢地我的眼睛湿润了。我为我那一节物理课中的一瞬间的转变而庆幸并骄傲。

意外收获

开封市柳园口中学　　张军杰

春夏秋冬寒暑交替，我从事教育教学工作已三十年有余，个人成长过程曲折异常，当初从老教师那里学到的是传统的教学模式，一教就是二十年，直到2001年新课程的实施，新的教学方法与新的教学模式纷至沓来，令人眼花缭乱，不知所从。清埔模式、杜郎口模式、小组学习模式等都有所尝试，均无所得。

正在我无所适从时，一次意外事情的发生，让我的课堂教学有了突破。

那是2003年5月的某天，准备充分的我正在详细地分析讲解一道综合性数学题时，突然，肚子痛如刀绞，来不及布置作业便直奔洗手间，10分钟后，疼痛逐渐消失。我再次回到教室，学生们三三两两围成一堆响声一片，我顿时怒从心生，大吼一声："你们在干什么？"教室里顿时寂静无声。这时一位同学举手怯怯地小声说："我们在讨论和研究老师刚才讲的题。"我一时没有反应过来，随即感到自己犯了一个错误，犯了一个没有调查就乱发脾气的错误，在我向全班学生道歉后，便问同学们有结果了吗，如果还没有结果，请同学们继续。由于老师的"纵容"，这下子课堂可热闹了，有的同学在演算，有的同学在讨论，甚至有的同学争论得面红耳赤，此时我不断巡视、观察，犹如救火队员一般。由于学生的学习层次不一样，有的正在讨论第三问，有的还在讨论和研究第一、第二问。就这样一堂热闹而有序的课堂教学进行曲在顺利进行。当我巡视和详细检查学生的课堂练习本时，不禁想起教学中经常提起的"因材施教"和"主动学习"。因为我们是农村中学，学生的学习成绩参差不齐，如果按照一般的教学模式，很难大面积提升学生的学习成绩。两极分化严重，到后来学生辍学的逐渐增多，这一直是困扰我校的难题。于是课后我立即反思应如何形成自己的教学模式。经过一个多月的尝试与探索，我结合学生实际，给不同层次学生布置不同层次的题目，学生学习数学的主动性、积极性得到极大的提高。中考结果出来后，我班成绩令人惊喜。大部分同学的成绩在90分以上，尤其是轩志宏、李晶、李明春等几位同学的数学成绩达到98分、99分（满分为100分），其中印象最深的是一个李姓同学，他平时的成绩只有四十几分，经过一个多月的积极学习，中考成绩达到了80分以上，全班平均成绩超过全市平均成绩27分。从此，我对这种教学模式进行深入研究与探讨，同时借鉴其他教学模式，形成了属于自己及适用于我所教班级的教学模式。

经过长期的实践和锤炼，我有了新的发现和想法，因为各地区、各学校、各届、各班的学生学情不一样，所以，每届的课堂教学模式，不能一一照搬，要因时、因人有所改变，更要细化分配教学目标，即根据每个学生的学习情况制定与其相应的学习目标。我认识到，一线的教师在教学改革中最有发言权，教学实践中的体会也最深。只要做到借鉴—实践—反思周而复始且锲而不舍，不断地积累、总结、整理，就能找到一种合适的教学模式。这样才能体现出素质教育的内涵，同时也促使自己成长，也能带领一批年轻教师成长，更能体现个人的人生价值。

一次不公平的处理

开封市柳园口中学　张荣娣

我与学生相处已有20多年了，这期间发生在师生之间的故事多得犹如天上的星星。当我仰望这无数的星星时，映入眼帘的老是那一颗，它总能立马搅乱我那颗平静的心。它散发出的不寻常的光折射出我与学生之间的一个不寻常的故事——一次不公平的处理。

2009年的春季，当时我是九（2）班的班主任，带领着全班40多名学生。这是一个不寻常的集体，它是由28个应届生、11个往届生，还有6个从其他学校转来的学生组成。这班学生经过一个学期的磨合，总算稳定下来，我也松了口气。

一天早上，我如往常一样早早到校，刚进办公室，带班领导就来找我了，说昨天晚上我班女生与（1）班女生发生了矛盾，（1）班五六个女生到我班闹事。我立马紧张起来，小步跑到班里找班干部了解情况。原来是我班一位叫刘洋的女生，拿了（1）班一位女生的精装日记本，被发现后，刘洋将日记本塞到我班一个叫李婷的女生的褥子下面，结果又引起了我班女生的公愤，两个班所有的女生都将愤怒的矛头对准了这个叫刘洋的学生。我该怎么办？在这个氛围中，我如果将这个女生批评一顿，将家长请来，势必会让刘洋背上骂名，面子上挂不住，从而导致她破罐子破摔，走上另外一条路，这样会毁了这个女孩的。我思忖再三，决定不再做一个公平的法官，我要做一次不公平的处理。

我将刘洋叫到一个无人的房间，开门见山地说："我不相信我一向信任的你会拿别人的东西，因为我知道你是一个珍惜自己名誉的女生，老师相信你，永远相信你不会成为一个不要名声的学生，因为人活着就要争气。"我的一番信任的话，在一圈都敌视的环境中无疑成了其一碗心灵的鸡汤，顿时，她的泪涌了出来，哭着说："老师，你相信我？"她用期盼的目光望着我，用不确定的语气反问我。我非常坚定地说："我非常相信你。你放心，我会把你的名誉放在第一位，只要你以后各方面处理得好，努力学习，我会处理好这件事的。""真的吗？"一丝怀疑从她目光中流露出来。我说："相信老师吧！"

我让刘洋回去，又把我班的李婷等几个学生叫了出来，心平气和地说："俗语说，群众的眼睛是雪亮的，你们的眼中是揉不得沙子的，但这一回，我要委屈你们一下，借此帮助一下即将走上邪路的学生，不知道你们愿意不愿意。”她们在我面前口无遮拦，叽叽喳喳表示不同意。我又说：“对于一个站在河边的人，我们是将她推向河里，以示我们的清白，出一口恶气，还是拉她一把，让她与我们同行？”学生们不再说话，好像在思考。我趁热打铁语重心长地说：“如果我实事求是地处理这件事，会有什么后果？你们想到了没有？我将刘洋狠狠地批评一顿，将家长叫来，刘洋会怎么做？你们想过没有？如果你是刘洋，你会怎么办？”学生们七嘴八舌地说：“如果老师让她留下来，她会活在同学们鄙夷的目光中，活在阴影里，她将不会幸福，痛苦一生。”另一个学生说：“家长领回去肯定其心理会受伤害，他们会对刘洋失去信心不再管她，刘洋也可能会破罐子破摔，走上邪路。”李婷说：“老师，如果是我，我就跳楼。”我接着说：“同学们，这就是我找你们谈话的目的。佛语说救人一命胜造七级浮屠，我们何不做一回佛呢？”同学们欣然接受了我的建议，以后不再提这件事。

我买了一个精装日记本，找到（1）班的班主任，告诉他我班学生已经承认错误，买了一个日记本赔给你班的学生，我们给刘洋一个改过机会，不让学生再提这件事，给她留一个面子。

这件事就这样风平浪静了。刘洋两个月后考上学走了，学生们也都离开了学校。我却久久不能平静，我这样处理问题违背了公理，没有实事求是，宽容了一个偷东西的人，并且让其他学生受了委屈，这违背了我一贯的处事原则，我做了一个不公正的处理，我的良心不安，我一直在纠结。

2012 年夏天我突然收到刘洋的一封信，信的内容很简单：老师，我是刘洋，我考上大学了，别的什么也不说，我只想说谢谢您，非常谢谢您。我知道，简单的几句话却包含了千言万语。

此时，我不再纠结，我的不公正的处理，可以说挽救了一个孩子。

“我们的家乡像‘乌龟’”

开封市开封县街小学　　申明展

义务教育课程标准实验教科书《品德与社会》四年级下册第一单元的学习内容为“一方水土养一方人”，目的在于让学生对家乡的环境、风土人情等有一个基本的了解，培养他们热爱家乡的基本情感，这是爱国主义教育的基础课程。

在单元教学的第一课时，为了激发学生的学习兴趣，我特意把一套中国政区的拼图板带进课堂，每个省区用不同的颜色区分，标注有名称。在形似“雄鸡”的中国大版图上大家找到了家乡河南，也明白了为什么河南又被称为“中原”“中原腹地”等相关知识。大家兴致正高时，我将河南的版图从“雄鸡”上拿下来，单独贴在黑板上，顺势提问：“大家看，我们家乡的版图像什么？”很快一只只小手举起来，有的说“像热带鱼”，有的说“像和平鸽”，还有的说“像树叶”……又有个同学站起来说“我们的家乡像‘乌龟’”，话一出口，教室里立刻变了一种气氛，有人沉默不语，有人表现惊讶，有人发笑，还有人干脆就一口否定：“瞎说什么呀！”课堂上这种突然的变化让我格外警觉，首先意识到又一个教育契机来了。“到底问题出在哪儿？”“该怎样处置？”我脑子里很快闪过十多年前一节语文课上出现的情景：当时我只是感觉有问题但诊断不出问题到底出在哪儿，无奈之下告诉全班同学：“这个问题现在不争论，下课再说。”今天，我微笑着先让自己保持冷静，告诉自己学生是课堂的主体，老师的作用是“引”，是“导”，不要轻易简单地“给”。我便顺着发言者的话说：“大家仔细看，这个版图不像乌龟吗？”又请发言者上台指给大家看，大部分同学都点头认可（如果到此为止，这点可贵的课堂火花就会即刻熄灭）。我又叫起刚才持反对意见的学生问:“你看着不像吗？”他莫名其妙地点点头说:“像。”“你还有其他意见吗？”“没有了。”再问大家谁想说什么，都没什么了（此刻，我多么希望他们有意见。可又不能因处理这点问题而完不成教学任务，只能自己搭桥）。我指着版图说：“同学们，假如这只是一个随意的什么图片、物件，谁说像树叶、像金鱼，像什么就像什么了。”我故意停顿一下，“可摆在我们面前的是生养我们的,我们世世代代赖以生存的家乡的版图啊！”说话中我特意强调“家乡”二字。“有人对着你说‘你的家乡像乌龟’，你高兴吗？”从大多数同学的表情可以看出他们应该是明白咋回事了，有人便用扭头看的方式批评那位说家乡像乌龟的同学，我马上拦住：“他没错，从形状上看家乡的版图确实像乌龟。”我顺手将“乌龟”板书到黑板上，“谁来换个说法，既能表现形似又能表达我们对家乡的感情？”很快,“海龟”“长寿龟”“神龟”……最后，大家异口同声：“我们的家乡像神龟。”课堂教学按计划继续进行。

课后，我想：学生的人生观、价值观的形成和培养绝不是靠简单的说教、一两次班会就能完成的。教育者要善于抓住细小的教育契机，适时启发、引导，逐步使孩子们形成正确的价值取向。

智慧在手指尖上

开封市开封县街小学　　殷晴乐

上课铃声响了，我站在教室门口迎接着每一个匆匆忙忙坐到自己座位上的学生。午后的暖阳斜斜地射进教室，此时，已是下午第二节课，孩子们对一天的学习内容应接不暇，显得有些烦乱、不安。望着那一张张萎靡、倦怠的小脸儿，我没有立即开始本节课的内容——乘法的认识，而是从容地播放起一段音乐，悠扬的旋律缓缓地响起，我伸出十指，要求孩子们端坐身体，跟我学做"智慧操"。

音乐继续靠近，仿佛雾里绽开的蓓蕾，仿佛山间潺潺流动的小溪，节奏愈来愈欢快，孩子们的心情随之兴奋起来，在我的示范引领下，和着节拍，他们迅速地变换着五指，在做第一节数字操，用五指的反复变换来表示0—10这11个数字。此时，音乐变换，犹如一泓明净的春水，又如林间婉转啼叫的画眉，孩子们随我转入第二节手指舞。只见他们那灵动小巧的手指像翩翩彩蝶在花丛中穿飞，置身其中，仿佛漫步在"桃花乱落如红雨"的芳林中，飞花片片；又仿佛行进在春天的霏霏细雨中，丝丝缕缕，点点滴滴。音乐继续进入第三节手腕操，春风、秋雨、晚霞、晨曦……这旋律犹如淙淙飞瀑、飒飒松风、啾啾鸟语、唧唧虫鸣，孩子们手腕翻转，音乐带着"六龙卷海、万马呼风"之势，时而如高悬半天、飞流直下的瀑布，时而又像波纹如绫的西子湖，一丝丝、一缕缕随风飘荡……

音乐渐渐舒缓、遥远，这充盈着清灵、质朴、粗犷、宁静的美的和声，在孩子们感情的琴弦上奏起，在整个教室里悄悄传递。短短5分钟时间，不仅驱除了孩子们的疲劳和困顿，而且让每个孩子用指尖与清新、壮美的自然融为一体，以全新的面貌和昂奋的精神状态投入到数学课的学习当中。

这就是我创编的"智慧操"。要知道，孩子天生是好动的，活动是孩子机体内部的需要。儿童的动作，特别是手的动作，与中枢神经系统的发育有着密切关系。有人说"手是思维的老师""儿童的智慧在他的手指尖上"，就是指儿童多动手操作，会促进其智力的发展。

紧接着，我让学生自己动手在课桌上摆小棒，并列出相应的加法算式和乘法算式。通过动手操作，借助形象思维，当学生初步理解了乘法的意义后，为进一步加深理解，我请孩子们将自己学具袋中的数字卡，随意取出几个相同的数字，算合在一起是多少，再列出乘法算式，看谁取得快、写得对。于是孩子们高高兴兴地取出自己的数字卡，李力取出了（2）（2）（2）三张数字卡，写出乘法算式是（2）×3=6；毛亚飞取出了（5）（5）两张数字卡，写出的乘法算式是（5）×2=10；李怡然取出（4）（4）（4）（4）四张数字卡，写出的乘法算式是（4）×4=16……随着孩子们正确地操作选择，我不断地给予表扬、鼓励，并启发学生取出不同的数字卡，于是孩子们又选择出如下数字卡，变换后也可以写成乘法算式：窦斌取出的数字卡是（2）（2）（4），数字卡（4）=2+2，所以这三张数字卡可以写成（2）×4；许舒雅取出数字卡（3）（3）（1）（5），数字卡（1）+（5）=（3）+（3），所以这四张数字可以写成（3）×4；王煜涵取出数字卡（5）（5）（7）（8），数字卡（7）+（8）=5+5+5，所以这四张数字卡可以写成（5）×5……

这样学生越选方法越多，兴趣越大，课堂气氛非常活跃，学生的想象力和创造思维伴随着手指的操作得到了充分发挥，他们既品尝到学习的乐趣，又沉浸在成功的喜悦中。

在整节课上，我始终强调学生动手，这也是由小学低年级儿童的思维特点决定的，儿童的思维在动作中进行，他们将来一切重大发现和奇妙发明所依凭的智慧能力正是从这里起步的，随着孩子们的成长，他们的思维由具体形象思维阶段向抽象思维过渡，但是动手能力一直是智力才能的强大刺激物，因为“实践出真知”！

俗话说：“心灵手巧。”“手巧”促使“心灵”，手是思维的镜子，要想让我们的学生得到更多的知识，变得聪明能干，富有智慧，那就让他们自己去动手、去发现吧！

“这不是我们学习的范围！”

开封市开封县街小学　　刘玉霞

一天，我在听一节三年级数学课，课题为“一位数除两位数”。老师出了一道应用题：“一只青蛙大约活6年，一只海龟大约活128年，一条比目鱼大约活64年。”老师请学生根据数学信息提问题。

有一位学生提出：“海龟的寿命大约是青蛙的几倍？”

还有一位学生提出：“比目鱼的寿命大约是青蛙的几倍？”

老师问：“谁还能提出其他问题？”

这时站起一位学生说道：“我提出的问题是，海龟的寿命大约是比目鱼的多少倍？”

老师诧异了一下，说：“这不是我们学习的范围！你坐下吧。”

紧接着在老师的启发下有几位学生提出了有关加减法的问题。老师表扬说：“你们真聪明！”

那位提出超范围的学生此时坐在位置上一头雾水，不知道自己错在哪里，也不明白提出加减法问题的同学比自己高明在哪里。我看到他那无助的样子真想上前告诉他：“现在学习的是‘除数是一位数的除法’，你提出的问题是‘除数是两位数的除法’，这是四年级的学习内容，老师当然说你超范围了。”可是仔细想想，这位学生本身提出的问题错了吗？没有！仅仅因为超范围就否定他的问题，这样合适吗？显然不合适。

“这不是我们学习的范围！”一句话把学生灵动的思维给遏制住了，看似简单的一句话，很可能扼杀了一位未来的数学家。小学生正处在对知识的渴求阶段，教师应对学生思维的闪光点给予充分的肯定、表扬，并多鼓励学生勇于自主探究、获得真知。教师不是为教材而教，而是为点亮学生心中的智慧火花而教；教师不能使学生的思维仅仅局限于教材，而应让学生站在知识的大海边，努力让自己成为学生的引路人、导航星。

如果时光可以逆转，我希望老师听到那位学生提出的问题后会眼睛一亮，说：“孩子，你说得太好了，这将是我们四年级学习的‘除数是两位数的除法’的内容，你很有超前学习的精神，希望下去以后能通过自学把提出的问题解决掉，老师相信你有这个能力！”

试想一下，这位学生听到老师充满激励的话语将会怎样呢？他不会再显得无助与困惑，他将充满自信地投入到解决问题中去，直到把问题弄明白、弄透彻，否则决不罢休，自主探究的科学精神就在这个过程中一步一步形成。

学习的范围可大可小，一切都需站在学生的角度来衡量，我想这也就是所谓的“以学定教”吧！

最后一份奖品

开封市开封县街小学　　王　莉

经过一天紧张的奋战，期末考试卷终于改完了，拆封后，每个老师如同辛苦一年的老农一般，满怀期待地整理着自己班的试卷，我也在其中。翻阅着试卷，一个个喜人的成绩映入眼帘，满身的疲惫顿时烟消云散。正在我满心欢喜时，一个数字映入眼帘："62"映衬着雪白的卷子，它显得那么刺眼，那么格格不入。不用问，这一定是小裴的卷子。我抱怨着朽木不可雕也，更感叹自己命运的悲惨。即使我已对他花费了多于他人百倍的心血，可他仍然毫不留情地给我这样残酷的打击。一股无名之火油然而生，脑子里盘算着如何把他痛批一顿，如何让他的家长认识到不管孩子的下场，只有这样才能泄我心头之愤。不出所料，也正由于他，我们班的平均分被拉下了好多。

散学典礼那天，我评讲完卷子，拿出给孩子们准备的奖品——星球杯（一种小食品）。这是考试前我和孩子们的约定，考完后我们要一起享受心灵和舌尖的双重甜蜜。虽然东西并不贵重，但孩子们都十分期待，因为有一种荣誉在里面。我表扬了成绩优异的学生，表扬了进步突出的学生，表扬了字体工整的学生，表扬了阅读全对的学生……表扬了所有能表扬的同学。一个个学生领了奖品高高兴兴地回到了座位上，把自己所有卷子整齐地摊在桌上，充满自豪地欣赏着。奖品即将发完，我一抬头看到了小裴，他坐在靠墙的一组，身体一侧紧紧地靠着墙壁，头深深地埋着，与周围谈笑风声的同学形成了鲜明的对比。想着那62分的成绩，我暗暗嘟囔着：活该。谁叫你平时不努力，非让你深刻反省一下，也借机提醒平时不努力的学生。我示意同学们安静，严肃地说："经过努力，同学们这次考得都很好，我们班最高分是98.5，而最低分是……62。"我故意拖长了声音。听到这里，有几个同学不由自主地扭头看小裴，好像已经猜到是他。我的余光也不自觉地扫到了小裴，只见他的头低得更狠了，满脸通红，极不自然地把卷子往下拉了拉，试图用胳膊遮住那个连他自己也不想看的分数。看得出他一定十分羞愧，内心充满自责与内疚。此时，我到嘴边的话却怎么也说不出口了。恐怕任何批评与指责都是多余的了，因为他正在承受着自己心灵的惩罚。

想到这里我话锋一转："想必同学们已经猜到了，考62分的是小裴同学，虽然只有62分，可从卷面书写看得出，他已经尽了自己最大的努力，所以今天这最后一份奖品发给小裴同学。如果他考试时的认真能用在平时，相信他一定能考72分、82分……"我的话音刚落，全班同学不约而同地鼓起了掌。

寒假结束了，小裴按时上交了寒假作业，字迹比平时工整了很多，没有一道空题。我知道，这是那最后一份奖品发挥的作用。多少时候，当学生犯错时，满心的怒气往往冲昏我们的头脑，让我们觉得只有大发雷霆才能解心头之气，殊不知，我们在发泄的同时也让学生的自我谴责、自我惩罚荡然无存。正确的做法是给他们留有余地，给他们改过的机会，用鼓励的话语、亲切的目光，热情地期待学生的进步。

让"乱说"成为"金点子"

开封市开封县街小学　　张　倩

作为一名教师，我经常遇到这样的情况：上课时当我明确地提出了问题后，学生却乱说一通答非所问，或是漫无边际说一些看似毫无见地的答案。相信这是每位教师课堂上都免不了的"小插曲"，此时焦灼、烦躁的情绪便会涌上心头。面对这些看似乱说的回答，很多教师为了抓紧时间完成教学任务，不等学生把话说完，就急忙给予了否定，常常把学生一些非常新颖独特的创意给扼杀了。前段时间在我的课堂上就上演了这一幕。

那是一节由我执教的公开课，我正在教学"12–9"的计算方法，对于这种较为简单的计算，我鼓励学生自己尝试去发现"12–9"的多种计算方法。在我的引导下很多学生发现了：因为3+9=12，所以12–9=3（想加算减）的方法，也有人说出了10–9=1，1+2=3（破十法）等方法，思路很清晰，语言描述也相当精彩，整个课堂气氛热烈而活跃。就在这时一个小男孩站起来说："我是这样想的，12–10=2……"当他刚说到这儿时，我想：糟了，他没看清题，说的不是12–9。想到这儿我就赶快拦住了他的发言："请听清老师的问题，是12–9不是12–10，看清题再回答好吗？你坐下再认真考虑一下。"就这样，没等他说完我就制止了他的发言，他很不情愿地嘀咕着坐下了，接下来的半节课他再也没举手发言，只是用一种迷惑的目光看着我。

伴随着清脆的铃声，下课了，其他学生都出去玩了，他却低头慢慢地走到了我面前，小声地说："张老师，我上课时想说的就是12–9的计算方法呀，你为什么不让我说完呢？""可你说12–10=2，这可不是减9呀！"我提醒他。"我是这样想的，先算12–10=2，12–9比12–10少减了1，得数就会比12–10的得数大1，就是3。可您没等我说完就让我坐下了。"孩子委屈地低下了头。

听了他的解题思路我不禁一愣，是呀，这是多好的"金点子"啊，他没有拘泥于书上和其他同学的方法，而是通过自己的努力想出了更为独特的计算方法，这不正是学生创新意识的最好体现吗？可惜我剥夺了他发言的权利，想到这里我后悔不已，事后我向这位学生很诚恳地道了歉。

学生的话给我敲响了警钟，真的，千万别小看了这些娃娃，别看他们年纪小，但有时他们的思维却比成人开阔，他们敢说、敢想，很多别出心裁的想法是连老师都想不到的。心理学研究告诉我们，每个人自身存在的潜能是巨大的，只要不断开发这种潜能，人人都能成功。因此教学中，教师要尊重每一个学生的权利，保护每一个学生的创新精神。哪怕是微不足道的见解，教师也要给他们展示自己的机会，教师要利用教学中一切契机，为学生搭建展示创新的舞台，对于合理的见地，更要给予充分的肯定，不合适的地方只要通过适当的引导与评价，也能让这种乱说成为很有价值的"金点子"，让那些不愉快的"小插曲"远离我们的课堂。

调皮的"马车夫"

开封市开封县街小学　李　磊

在课堂教学中，总有一些意外的"小插曲"出现，在我的音乐课中曾经就上演了这样的一幕：

"同学们！一年四季各有各的美：春花秋月，夏荷冬雪。在冬天，最美的时刻我想应该是大地银装素裹的时候吧。今天，老师就给大家带来一首歌曲《银色的马车从天上来了》，让我们一起走进这银色的世界，感受冬天带给我们的乐趣吧！"

说完导语，我给大家播放歌曲，同学们都在认真聆听。突然教室里传来清脆的"啪啪"声，顺声看去，只见一个男生左手做着拉缰绳的动作，右手甩着马鞭在做赶马车的动作，嘴里还发出甩鞭子的声音。安静的教室立刻充满哄笑声，我一下子火冒三丈，黑着脸站在那儿望着他。看见我一脸严肃的表情，他立刻停了下来，班里的笑声也渐渐消失，教室里变得鸦雀无声。同学们都盯着我看：一场“暴风雨”即将来临……

本想发火的我，望着全班同学，再看看他一脸无辜的表情，理智告诉我：中断教学去批评他是不明智的选择。于是我强压怒火，稍作调整后轻声对他说：“你看，在座位上赶马车有点太挤了，不然你到前面来吧，这里地方大。”听我这么一说，他有点不知所措，犹犹豫豫地离开座位，坐到了我给他指的地方——钢琴旁边的一个凳子上。而我，则像什么也没发生似的继续上课。

同学们在我的指导下开始学唱歌曲，当第一遍视唱歌谱时，他们唱得不太熟练，歌声时有时无，但就在这断断续续的歌声中，我却听到了钢琴旁边传来的清晰且流畅的声音，这音调准确的声音竟然是从他的嘴里发出的。

一个大胆的想法突然在我脑子里出现：让他来给大家示范一下歌谱的演唱。听到我的邀请，得意的表情浮现在他脸上。当他的歌声结束时，我不由得带领全班同学一起为他鼓掌。一向爱做鬼脸调皮捣蛋的他，此时竟不好意思地低下了头。

接下来，同学们在他的示范下很快把歌谱学会了，而他也不再像以前那样出怪音、做鬼脸影响同学听课了。

学会歌曲演唱后，我悄悄地问他：“还想赶马车吗？”“啊？！”他很吃惊地看着我，很快点了点头。我冲他笑了笑。“同学们，让我们坐上银色的马车，一边唱歌一边欣赏美丽的冬景吧？”“好！”学生齐声应答。“我给你们请了一位调皮的马车夫，欢迎他上场！”

这下可找到用武之地了，在他的带领下，全班同学边唱边做着各种自编的动作：“银色的马车从天上来了，车上坐着小雪花……”愉快的歌声回荡在教室里。

课后我想，如果当时我发火训斥他，这节课又将会是怎样的结果呢？试想，当他们无心犯错时，最想得到的是别人的包容和理解，所以老师要善于抓住时机正面引导那些不经意间犯下小错误的学生，而不是粗暴地批评和惩罚。人非圣贤，更何况我们面对的是一群孩子！

苏霍姆林斯基说过：“在每个孩子心中最隐秘的一角，都有一根独特的琴弦，拨动它就会发出特有的音响，要使孩子的心同我们的话产生共鸣，我们自身就需要同孩子的心弦对准音调。”作为老师，只有善于捕捉教育时机，让自己的心对准孩子的心弦，才能真正达到教育孩子的目的。

教育植根于爱！

让我们用善良和宽容的心去影响学生，也让他们用同样真诚的心去爱学习、爱艺术、爱他人、爱集体吧！

“己所不欲，勿施于人”——学会尊重他人

开封市开封县街小学　　高　丽

他是个顽劣的孩子，父母离异，跟爸爸和继母及继母生的小妹妹生活在一起。他讨厌学习，不知如何与其他孩子相处。他敏感多疑，自我保护意识很强，自控能力差，很难控制自己的情绪。面对这样的孩子，真不知如何教育。我想，千万不能把他当成一个特殊的孩子，从我接任这个班开始，我就把他和其他孩子一样看待：不用异样的眼光看他；不让他坐特殊座位；不在别的老师和孩子面前对他指指点点；他有错不在班里公开批评，有进步也不夸大表扬；时刻让他意识到他和别人一样，别人能做到的，他可能一时做不到，但也要学会慢慢做到。

就这样，一个学期过去了，他仍然不太爱学习，但也渐渐学会了遵守纪律，打人的恶习只是偶尔犯一下，能正常参加班里和学校的活动了。我为这个孩子的进步而欣慰。可是，新学期刚刚开始不几天，他又发生了点小状况。

那天，第一节语文课下课后，我没有立即回办公室，而是在班里待了一会儿，忽然有一个女孩子满眼含着泪，一脸委屈的样子，来到我面前：“高老师，××打我的头。”我立刻心疼地说：“打哪儿了？让老师看看，疼不疼？”“有点儿。”“你招惹他了？”我轻轻摸摸孩子的头问。“没，我刚在座位上坐着呢，他走过来，照我头上打了一下，然后跑了。”“真气人！”在我的安抚下，女孩子的情绪没那么激动了。“好吧，你去把他叫来。”

没一会儿，他晃着膀子，摇着脑袋过来了，满脸的不在乎，大概已经料到我把他叫来会有什么事，似乎也做好了随时挨批评的准备。顿时，我有点火大，“手脚不老实，老毛病又犯了！”真想劈头盖脸地训他一顿，但转念一想，对于这样的孩子训斥已经成为家常便饭了，估计他最不怕的就是挨批了，还是心平气和地教育吧！

于是我微笑着望着他说："听说刚才你拍人家头了，有这事吗？"

他警觉地看着我，我没生气，他反而有点心虚了："噢。"

"那你能告诉我为什么要打她的头吗？"我盯着他继续问。

"我没打她，我跟她玩呢！"一听到"打"这个字眼，他似乎特别敏感。

"噢，好吧，我用错字了，我相信你没打她。无缘无故，你应该是不会随便打别人的。但是你喜欢这种玩的方式吗？"

"还，还行吧！"他晃着脑袋说。

"这样吧，你看你拍了她的脑袋，表达了友好，有来无往非礼也，是不是她也应该拍一下你的脑袋还礼呢？当着老师的面，就由她再拍一下你，表示还礼吧！"

见他没有表示强烈的抗议，我对女孩儿说："现在由你再拍一下他的脑袋，注意力度要和他拍你时的一样大，不能太轻，也不可以太重。"女孩儿有点不好意思，我对她使了个眼色，她很聪明，立刻会意了。

女孩儿举起了手，他紧张地低了一下脑袋，只见女孩儿的手轻轻从他头上滑过，几乎没有碰到男孩儿的脑袋。男孩儿疑惑地看着女孩儿。我立刻问女孩儿："哎，你怎么拍得这么轻呢？刚才你找我的时候哭了，能告诉我们为什么哭吗？"

"刚才他打得有点疼。我正在看书，忽然被拍了一下，也吓了一跳。"女孩儿说。

"看来，她不喜欢你表达友好的方式，你把人家弄哭了。那你知不知道，老师让她再拍你一下，她为什么不借机狠狠地给你来一下，好报仇呢？"我问男孩儿，男孩儿不说话。

"因为她知道自己不喜欢的做法，不能用在别人身上，这叫'己所不欲，勿施于人'，老师把这句孔子说过的话送给你。你想用拍她脑袋的方式跟她玩，可她并不喜欢这种方式，所以我们要用别人能接受的方式和别人交流，明白吗？这叫尊重别人。"

"老师，我知道了。"他爽快地答应了。

一场矛盾就这样化解了。我想男孩儿应该能够多少明白点什么叫尊重别人了，那就是在意别人的感受，用别人能够接受的方式对待别人。我想，让他学会尊重的前提，是作为老师的我首先学会如何尊重他吧。不管他是一个多玩劣的，有多少毛病、缺点的孩子，他也有权利得到别人的尊重。那么我对孩子们的教育就从尊重每一个孩子开始吧！

让金子发光

开封市第二师范附属小学　　程　雅

我曾经接过一个班级，班中有一个孩子非常地内向。开学之初，这个孩子的妈妈悄悄告诉我，这个孩子以前患有自闭症，让我特别留意点儿。在一段学习生活中，我发现这个学生基本上没有说过话，上课从来不会主动举手回答问题，即使被强制拉起来发言，他站起来之后要么一声不吭，要么声音小得连他同桌都听不见，像说悄悄话一样。毫不夸张地说，我数次走到他的位置旁边把耳朵靠近他，很努力地听他回答问题。

我决心改变这个孩子。一次课前十分钟朗读时，我故意点这个孩子为领读人。他立即不知所措地看着我，显得特别地紧张和不安，好一会儿也不站起来。我轻轻但坚定地说："孩子，请你先站起来好吗？"他半天才慢慢地站了起来，低着头，红着脸，眼神很慌乱。我走到他跟前，抚摸着他的头温柔地对他说："你领着大家读吧，我相信你！"他那双无助的大眼睛忽闪忽闪的，泪水直在眼眶里打转。"大胆些，孩子！"我继续鼓励道。但是他始终呆站在那里无动于衷，无论我怎么劝说，他都说不出一个字来，所有的学生都看着他，这时候他的表情已经有些扭曲了。我柔声地告诉他："老师知道你此刻心里是极其痛苦的，但是你必须战胜自己，要豁得出去，要给自己力量，如果不迈出这一步，你将永远蜷缩在那个阴暗的角落里，永远躲在那个蜗牛壳里。老师希望你像一个真正的男子汉勇敢地面对自己，战胜自己！"我说得慷慨激昂，其他的同学都十分动容，这个孩子依然呆若木鸡地站在那里。之后我让所有的孩子给这个孩子报以掌声鼓励，所有的孩子包括我自己都开始使劲地给他鼓掌。我表情很严肃，我想让他知道同学们都在支持他。但是这个孩子仍旧没有说出话，他显得很着急，几次试着想张嘴可都没有出声。我让学生们的掌声不要停，再大些，再大些！学生们此刻也很给力，大家没有抱怨，都是真心地想去帮助他。掌声就这么一直响着，没有人停下来。持续了两三分钟，说实话我的胳膊都酸了，可是学生们的掌声依然没有停下来，我知道现在这个孩子的内心一定是无比挣扎的。我示意大家停下来，语重心长地对他说："孩子，你看到了同学们鼓励的目光，听到了同学们激励的掌声。如果你不开口，战胜不了自己，那么我和同学们该多么失望呀。”他听后头更低脸更红了，我想：坏了，这次又以失败告终。正当我绝望时却看到他艰难地抬起头，嗫嚅了半天终于开口了，依旧是低得听不见的声音，但所有的同学都用非常洪亮的声音回应他，我也深深地吸了口气。朗读完毕了，我示意他坐下，极其诚恳、极其兴奋地对他说：“孩子，你太了不起啦！你是一个真正的男子汉，你战胜了自己！我为你骄傲！”

第二天的课前朗读，我依旧点他领读。这次虽然他还是扭捏了一会儿，但是在同学们的掌声之后，他站起来了，声音依旧很小，但是明显比上一次自信多了。领读完毕，我和同学们依旧给他掌声，我依旧非常诚恳地鼓励他。第三天又是课前朗读，我仍然让他领读，这次他竟然不好意思地笑了笑，然后腼腆地站了起来。我很惊讶，因为这是我第一次见他笑。这次，他的声音响亮多了，我站在教室前面竟然可以清楚地听见他的声音，尽管比起其他同学，他的声音仍然柔弱，我依然很高兴，同时充满了成就感。“同学们，我们都应该向他学习，因为我觉得，能战胜自己的人是最值得敬佩的人。”我拍拍他的肩膀继续说，“即使爬到最高的山上，一次也只能脚踏实地地迈一步。我希望今后可以慢慢地看到一个不一样的你，一个充满活力、充满自信的你。”他笑了，笑得那么开心；我笑了，笑得那么爽朗……

教育的本质在于激励、唤醒，每个人都有巨大的潜能，可怕的不是你更多地看到了学生的不足，而是没有看到他们所具有的巨大潜能。俗话说，只有亲其师才能信其道，作为老师要成为学生可以信赖的知心朋友，要用激励唤醒、开发每个学生的潜能。其实他们每个人都是金子，我们的任务是如何让他们发光。

课堂中的“小插曲”

开封市第二师范附属小学　　陈伟华

伴随着清脆的上课铃声，同学们快步走进教室，坐在自己的座位上，静静地等待着课的开始。我满意地环顾了一下教室，便马上和同学们一起开始了今天的学习。

正在我神采飞扬地演示着手中的教具为大家讲解着例题，同学们聚精会神地听讲时，一个不和谐的画面突然闯入我的视野：只见坐在第三排的小哲眼睛看着前面，身子坐得笔直，好像还向后用力挺着。再往后仔细看，坐在后面的小奇双手扶着桌子，眼睛紧紧地盯着小哲的背影。哦，原来是发生小矛盾了！为了不影响其他同学听讲，我迅速用严厉的眼神告诉他们：赶紧停下来，好好听课！还真有效果，他们两个都坐得端端正正，思想也集中到了我这里。我继续讲着我的内容……

“好了，同学们，通过刚才的演示，你能得到什么结论呢？请大家思考一下。”同学们都在静静地思考。“吱扭”“咣当”刺耳的声音传进我和同学们的耳朵，大家的目光唰一下子都射向小哲与小奇。“好啊！原来你们俩一直都没停止啊！”想到这儿，我大喊一声：“你们俩给我站起来，不知道上课啊，刚才都制止过你们了，还在弄，不听课啊？”小哲说：“他光往前挤，我都没有地方了！”小奇也毫不示弱：“我的地方也很小，他的地方比我的大！”“我要和这一排桌子拉整齐”……他俩的眼中已经没有课堂的存在，同学们的思绪也在他俩的争辩中变得支离破碎，更甚的是，周围还有几个调皮的男生跟着起哄。好好的一节课就这么……

不能因为这“小插曲”影响我的正常教学，也不能让其他同学蒙受损失，想到这儿，我强压着自己的情绪，然后拍手示意大家都坐好，严肃地说：“你们两个都有错，谁也别说谁，下课再解决。现在全班同学都要认真听课。”就这样，这堂课在我的控制下，平稳地结束了。

是真的结束了吗？我不知道我这样处理是否得当。回到办公室，我细细回想：这节课虽然有个“小插曲”，但还是按照我的教学计划进行着，同学们也学到了这节课的知识。应该算是比较顺利的一节课。小哲和小奇后来也没有再去动各自的桌子，倒也安静。可他们两个在后半节课也一言未发啊！是否真正融进学习，我不得而知。虽说矛盾下课解决，不影响上课，孩子们能等到吗？

在日常的教育教学中，难免会有学生犯这样或那样的错误，我们面对学生的错误，很容易陷入困境：是对学生的过错予以惩罚，使得犯错的学生“惧怕”自己，以继续进行自己的教学，还是就地解决问题，耽搁教学任务。我想用自己的教育智慧与理性去恰当处理，或许这才是教师专业发展之道。学生的“小错误”无非是爱做小动作，或是逗弄旁边的人，这些都没有必要跟犯错者在课堂上较真。教师的冷处理，也许会让学生意识到自己行为的不当；私下交流，客观地指出学生的缺点和不足，也许更能让学生感受到老师对自己的关爱，从而发自内心地认识到错误进而自觉改正错误。最后追问，作为教师的我们，能够为学生的错误行为做点什么？

请保持一双善意的眼睛

开封市第二师范附属小学　杨　洋

2012年休完产假，我接了两个一年级新班，到今年已经第3个年头了。班上的孩子像我的孩子一样，看着他们一点一点地成长，有开心，有生气，有快乐，有苦恼……

最近我发现升入三年级下学期的他们又有了“新花招”。他们交上来的数学家庭作业改动的痕迹非常明显，作业有改动的人数也在增多，是家长给孩子检查作业时改动的吧，我先是自我安慰地想。

直到有一天在改作业时发现连续4本作业的答案都是相同的错误，我断定这已经不是一种“巧合”了。

“才三年级就开始抄作业了，准备抄到什么时候！现在的学生啊！”我边改作业边向同组的老师抱怨，她们说自己的班也有这种现象，怎么办呢?

首先要冷静，在班上发一顿火也不起什么作用，他们毕竟只是孩子。经过一个晚上的思想斗争，我还是决定先观察一下再说。

第二天一大早我就悄悄地来到教室，从半开的门看过去，三三两两的孩子在一起，有的在玩，有的在说话，并没有发现我。我又往门边躲了躲，看到几个孩子摊着作业，嘀嘀咕咕地说着写着。

这时已经有孩子发现了我，说话的也不说了，很快回到自己的座位上；而那几个摊着作业写的孩子并没有因为我的到来而收起作业停下来。我走到他们的跟前，轻声地问：“你们在干什么？”

一个胆大的孩子马上说：“他这道题不会写，他问我。”拿笔写的孩子也点点头。

“怎么不问我？”我马上追问道。

他不说话。“那课堂上也可以问啊！”孩子只是点点头。

我马上又说：“那他给你讲的你听懂了吗？”这次他说话的底气足了，说：“懂了，我把加法算式列成减法的了，诚诚说画画图就知道了，我现在知道了。”

“嗯，对。”我笑着点点头，平静地离开了教室。

这天晚上我想了很多，在我去教室之前，我是戴着“有色”眼镜看待这次的“抄作业事件”的。可是很显然孩子并不觉得这是“抄”、这是不好的行为。在他们的眼里可能把作业摊在一起，看一看，对一对，抄一抄并没有什么大不了，这只是他们对于数学答案“对”的一种渴望，他们希望正确，希望成功，希望被肯定。而作为老师的我，差一点把它升级成品德问题。

第二天，我在班上宣布了一个决定：数学作业中如果有不懂的问题，第二天早上几名同学在一起可以讨论，选择大家都认为合适的方法，互相讲一讲，认为自己作业中不对的可以改正，不会写的听别的同学讲明白后可以写上，孩子们都表示同意。从那天开始，上课爱讲算理的孩子多了，有的孩子动不动张口就说：“我是这样想的……”

“人之初，性本善。”作为老师的我们不应该以成人的思维模式去想孩子的问题，用饱含善意的眼睛看到的就会是善良的孩子，有些消极的思想有时是不是我们大人强加给孩子的呢？其实他们的想法很简单，他们的心很善良，他们很单纯。请我们每个老师都拥有一双饱含善意的眼睛，让我们发现一个个善良的孩子！

真实的感动

开封市第二师范附属小学　　郭　瑜

“老师，这是真事儿吗？”

“老师，哪会有这么傻的人啊？自己儿子都不管，先救别人！”

……

这是参加优质课比赛前的第一次试课。孩子们课后一连串的问题，让我清醒地意识到这一课我讲得有多么失败。《桥》这一课，教学目标是让学生感受到老汉在危险面前沉着冷静、舍己为人、大公无私的高尚品质。而实际上，面对这么一篇感人的文章，学生自始至终都是一副很茫然的样子，没有被文中的人物打动，也没有被我的激情感染，课下又提出那么多疑问。

想想自己的教学设计是经过深思熟虑的，但为什么偏偏出了这么大的问题呢？经过不断反思，我终于找到了答案。文章中所描述的事离学生的生活太遥远了，虽然学生已经了解了许多优秀人物的英雄事迹，但在现实生活中大多数学生根本没有关注过这样的人，他们缺少这样的生活体验，因而，他们对这类人与事持怀疑态度。

细细想来，这哪能怪孩子们呢！随着社会经济的迅速发展，金钱的地位日益突出，人与人的关系处处和利益挂钩，在生活中已经很难感受到邻里亲情，很少看得到热情互助的情景，看到的更多的是人们对于贫穷的漠视，对于苦难的漠然和对于需要帮助的人们的漠不关心。现在的家长也迫于各种压力，在生活中扮演着各种角色，有着多副面孔，孩子们耳濡目染、潜移默化，也渐渐远离了童真，学会了冷漠。

新课标指出："培养学生高尚的道德情操和健康的审美情趣，形成正确的价值观和积极的人生态度，是语文教学的重要内容。"这是时代的呼唤，是社会发展的需要。我们如何才能让语文课程丰富的人文内涵真正走进学生的心灵呢？

带着这样的思考，我又走进了《桥》的课堂。课前，我布置了让学生寻找身边能感动自己的好人好事的任务，如从报纸上看到的，从别人那里听说的，或是自己亲眼看到的，然后说给班上的同学听。这次课前"热身"，使文本渐渐贴近学生的生活了。上课的时候，我先给学生讲解放军战士抗洪抢险的故事，再播放几组汶川地震中抢险的真实镜头，让学生在真实的情境当中自然而然地释放自己的情感，然后开始学习课文。这次的教学效果果然与上次截然不同，课堂上学生的情绪被最大程度地调动起来了，他们的话语都发自内心，朗读充满了深情。有几个情感丰富的女生带着哭腔把感人的句子读给大家听，她们的情绪迅速感染了大家，让大家的情感又一次得到了升华。此时教师已无须再说"他永远活在我们心中"，老支书的人物形象早已成为一种伟大精神的象征深深根植在学生心中，一切都是那么自然、流畅。真实的感受、真切的情感比任何语言都更有力量。

两节课有如此巨大的反差，让我更深切地感受到只有教学内容和学生已有的生活经验相结合，才能够碰撞出情感的火花。由此可见，语文课程人文性的渗透不是简单的知识的传授，它是一种感受，是一种领悟，是情感共鸣的弦乐，是心灵净化的乐土。记得赞可夫说过：课本知识如果没有经过教师心灵世界的加温，传授越多，您的学生将变得越冷漠、越无知。

是的，教师不仅仅是知识的传授者，更是教育资源的开发者。教师要善于将高尚的情感、独特的人生体验转化为创设良好的人文教育环境，可供学生解读的教育资源，这样才能真正进入学生的心灵，使文本、学生、教师三者融为一体，引领学生真实的感动，创设出最精彩、最和谐、最动人的语文课堂！

一只麻雀惹的“祸”

开封市第二师范附属小学　　吴小磊

这本来是一节和往常一样的课，不料却被一位“不速之客”打破了平静。一只小麻雀突然从窗外飞了进来，霎时引来了学生一片轻声尖叫。我想它很快会找到出口飞走的，没有因此停下而是继续讲课，学生也因为我的态度不敢“造次”。尽管我边讲课边用眼神警示学生，但是显然不起什么作用，他们的眼神在偷偷地追随着小麻雀，身在教室心在麻雀了。我真心期盼着麻雀赶紧找到出口离开教室，可是这只“入侵者”不知是晕头了，还是受了点伤，总是跌跌撞撞地在教室里飞来飞去，无论到哪儿都会引起一阵小小的骚乱。这时我的大脑高速旋转：“怎么办？”记得曾有一位语文老师写过一篇文章，说的就是课堂上飞来一只小麻雀，她放弃了本节课的预设教学，因势利导让学生围绕此事写了一篇作文。可我是数学老师啊，而且我今天讲的内容和麻雀怎么也挨不上边啊！唉，算了，反正这样课是讲不下去了，先想办法把这小家伙弄出去。“同学们，我们先把小麻雀捉住吧。”听到我这么说，教室里顿时一片欢呼声。几个调皮的男生跟在我后面追赶麻雀。这时不知谁喊了一句：“老师，小心禽流感。”嘿，懂得还挺多！我一听有道理啊，就从讲桌里找了一块桌布套在手上，还能防止小鸟啄手。就在同学们七手八脚的帮助下，我们很快捉住了这只“入侵者”。

这时又有几个男生喊道：“老师，找个盒子把它装进去。”看来他们是想把小麻雀当宠物了。

“我们是喂不活它的。”我回答。

“为什么？”

“因为小麻雀从小在野外生长，习惯了无拘无束的生活方式，当人们把它捉住时，它会感到恐惧，还会因失去自由而愤怒，它会采取绝食的方式以示抗议，直至死去。如果有人把你们关在笼子里，你们会快乐吗？”刚才喊着要把小麻雀关起来的学生不好意思地笑了。最后在学生们注视下我放飞了小麻雀。“同学们，提醒大家如果见到生病或死去的鸟类时，最好不要去碰它们，以防禽流感。好了，让我们回到刚才的学习内容，继续上课。”

课堂上难免会发生一些偶然的、突发的事件，作为一名优秀的教师要能及时采取应对之策。尽管本节课因时间关系练习没做成，教学任务没有按原定计划完成，但我感觉还是很有收获的。第一，以学生为主体，改革课堂教学的着力点，尊重学生的主体地位，从学生的需求出发，教师的教要为学生的学服务。如果当时不考虑学生的年龄特点，教师还是一味地“注入”，或是简单粗暴地强制学生听讲，就忽视了学生的主体性，其结果是教师的教与学生的学就像两条平行线，永远不会产生思维的碰撞。第二，渗透思想品德教育。小学思想品德教育的实施，是一个启发渗透和感染的过程。作为数学教师，除了要把思想品德教育渗透到数学知识教学中，还要留意课本以外的、发生在学生身边的事，潜移默化地对学生进行思想品德教育。今天学生就真实体会到了自由的可贵，学会了爱护小动物，善待他人。第三，构建和谐的师生关系。正是教师关注到了学生的学习情绪暂停讲课，“蹲下身子”和学生一起捉麻雀，这小小的举动带给他们多大的温暖和快乐。在那一时刻，他们毫无保留地向我展示了自己真实的想法，师生关系前所未有地融洽、和谐。事实证明在后半节课的学习中，学生投入了极大的学习热情，他们更加敢想、敢说、敢做、敢真实地表现自己，他们给予了我更多的信任与热爱，这不正是每位老师所期望的吗？

意想不到的收获

开封市第二师范附属小学　　汪莉芳

教学是教师的教与学生的学的统一，这种统一的实质是交往、互动。在传统的教学中，教师负责教，学生负责学，教学就是教师对学生单向的“培养”活动，它表现为：以教为中心，学围绕教转；以教为基础，先教后学。教学只是教与学两方面的机械叠加。新课程把教学过程看成是师生交往、积极互动、共同发展的过程。因此，我认为在课堂教学中，坚持以学生为主体，让他们主动求索，就会有所发现，有所创造，也会给我们以新的启迪。

那天我们学习《雨点儿》一文，在孩子们有感情地分角色朗读第1—4段后，我问：“小朋友们，如果你现在就是可爱的大雨点儿或小雨点儿，你会去哪里呢？”孩子们纷纷举起了小手，有的说：“我是小雨点儿，我也要去有花有草的地方！多美啊！”有的说：“我是小雨点儿，可是我要和大雨点儿一起去没有花没有草的地方！和大雨点儿在一起多安全啊！”还有的说：“我是大雨点儿，我也想去有花有草的地方，因为有花有草的地方空气清新啊！”面对学生各种不同的答案，我暗自高兴，觉得自己的教学设计大大调动了孩子们的学习积极性。

接着，我又按自己的教学计划提出了新的问题：课文中的大小雨点儿分别到了哪儿？为什么到这些地方？我把孩子们分成了若干小组，让他们自己学习第五段，从中寻找答案。孩子们在组内畅所欲言。之后，全班交流。一个小女孩自己站起来滔滔不绝地说：“我知道了！没有花没有草的地方泥土很干很干，种子在黑黑的地里长不出来，大雨点儿力气大，能让那里的泥土很快就湿了，这样就能长出红的花绿的草了！”另一个孩子也灵机一动，脱口而出：“有花有草的地方，泥土应该有点湿润，所以长得出花和草来，现在它们只是口渴了，小雨点儿去的话，它们喝了水，花就会更红，草就会更绿了。”听了孩子们的发言，我感到非常满意，觉得整个课堂教学完全按照自己的预设一步一步进行着，本课的教学重点和难点也已这样被我巧妙地突破了，我正心满意足准备进行下一个环节时，突然有个学生高高举起了小手，而着急要按照计划进行下一个环节的我再三示意他把小手放下，可他却执意一直高举小手。无奈，我不耐烦地请他站起来发言：“老师，刚才听了同学们的发言，我受到启发，有了新的想法，我觉得小雨点儿和大雨点儿真聪明，哪个地方最需要它们，它们就去哪儿。”我喜出望外，这个孩子的见解更为深刻，超出了我的教学预设范围，他认识到了雨点儿去的是最需要自己的地方，于是我立即肯定地说：“对，你的想法很正确，它们确实去的是最需要自己的地方。”面对这份意外的惊喜，这回，我没急着往下讲课，而是顺势问孩子们：“现在如果你是大小雨点儿，你会去哪儿？”孩子们跃跃欲试，有的说：“我是大雨点儿，我要去荒凉的沙漠，让沙漠变成绿洲！”有的说：“我是大雨点儿，我要去刚发生火灾的地方，那里的草啊，树啊，都没了，我要把那里变得美丽！”有的说：“我是小雨点儿，我要去城市，把灰尘都消灭，让城市永远没有雾霾！”……听着稚嫩的童音，我的心灵也得到了一次净化。他们，不仅是善思的孩子，更是有爱心的孩子，学得好，想得妙，说得更棒！他们就是一群可爱的雨点儿！从他们精彩的发言中，我对课文有了更深的理解，我对课堂教学组织有了新的认识，我的情感又得到了一次升华，我要永远珍藏这份意外的收获！

课堂上，通过教与学的交往、互动，师生双方相互交流沟通、相互启发补充，分享彼此的思考、经验和知识，交流彼此的情感、体验与观念，丰富教学内容，求得新的发现，从而使我和我的学生达到共识、共享、共进，彼此形成一个真正的学习共同体，实现教学相长和共同发展。

第斯多惠说："科学的知识是不应该传授给学生的，而应当引导儿童去进行探讨，自己去推论，给他们讲的应该少些，而引导他们去发现的应当多些。"在教师的引导启发下，学生乐于思考，主动探索，大胆质疑，敢于标新立异的智慧与灵性将会得到多角度的展示。课堂教学中，坚持以学生为主体，让他们主动求索，把新信息和已知信息结合起来，纳入已有的认知体系，并寻找出某些联系，从而产生新的组合，就会有所发现，有所创造。这种方法使学生思维活跃，也使我们经常会有意想不到的收获！

有效互动，方能让课堂呈现精彩

开封市第一师范附属小学　　孙永杰

前不久，在"同研一节课"教学观摩活动中，我有机会聆听了两位老师分别执教的人教版五年级下册《自己的花是让别人看的》一课，领略了其不同的教学风格，也产生了诸多思考。

第一节课上，美丽的女教师一上课就先为学生十分详细地介绍了作者季羡林的相关情况。接下来的阅读教学中，她一边为学生呈现精美的街景画面，一边声情并茂地描述所看到的奇丽景色，俨然是一位优秀的德国风光讲解员。看看孩子们，整齐而安静地坐在那里，专注地聆听着、欣赏着老师精彩的演说。在学习过程中老师还补充介绍了房东欧朴尔太太和作者季羡林的《再返哥廷根》等大量的课外资料，以此丰富学习内容。整堂课，教师妙语连珠，激情澎湃，似乎有说不完的话题，真是忙碌不已。而学生在老师的牵引下有序地回答老师提出的问题，有感情地朗读了几处重点句子，并在四人小组简单交流了对"人人为我，我为人人"的理解。不知不觉下课铃已响，可老师仍在十分投入地为学生总结文章中心及写作特点。我看了一下手表，足足延长了5分钟。当我问她上课的感受时，她颇有感触地说："我觉得内容太多了，时间都不够用！"

第二节是一位帅气的男教师，他由课题入手，引导学生从自主质疑开始学习，然后围绕所提出的主要问题——作者在德国看到了一种怎样奇丽的景色？为什么说是"奇特的民族"？——组织学生进行探究性阅读。课堂上顿时热闹起来，学生在课堂上尽情地自由朗读，还先后进行了5次四人小组讨论交流。

教室一时成了学生自由畅谈的天地，孩子们说得可谓是热火朝天。多半时间教师只是站在一旁静静地倾听，不时微笑着点头示意。估计时间差不多了，只见男教师走向讲台进行了全课总结。课后，这位男教师告诉我："把课堂还给学生，感觉轻松多了。"

欣赏了两位老师的课堂教学，课后我陷入深深的思考：新课程提出课堂教学是师生互动的过程。然而综观当下的课堂教学，明显存在着互动有效性不理想的问题。——女教师主观上为了让学生多学一点，讲得面面俱到，为孩子呈现过于丰富的课外资料，反而冲淡了课文的主要内容，占去学生自主研讨的时间。由于学习内容与问题过多，其结果是该互动的时候没有互动，学生围绕教师转，教师又不自觉地成了课堂的主角。所以我认为，要让学生充分动起来，首先要给学生充分的学习与交流表达的时空，绝不能跟学生抢时间。要让学生真正参与课堂，不仅要口动、手动，而且要心动、情动，不断提高学生参与课堂的程度。

同时，要真正实现课堂教学互动，学生动，教师也要动，要充分发挥教师在课堂教学中的主导与调控作用。而不是像那位男教师一样，在课堂上似乎不敢说话，或是一味地肯定学生的回答，完全成了旁观者。我认为，真正互动是在师生之间的信息交流之后，应该有也必须有新的知识的生成。如课堂上教师用启发性的读书评价指导学生有感情地朗读；及时地点拨帮助学生加深对重点词句的理解；也可采用现场采访的方式，与学生交往互动。

课堂是师生互动、心灵对话的舞台。要提高课堂教学互动的有效性，必须要有对课堂教学互动正确和深层次的认识，不断优化教学设计，不断提高教师对课堂教学互动的调控能力，或许老师们对此问题还有不同的见解与策略。相信，有效互动，方能让课堂呈现精彩，实现教学相长和共同发展——这是我们的共识。

读《小猫种鱼》所想到的

开封市第一师范附属小学　　唐玉莉

一次，一年级阅读课上，我指导学生读《小猫种鱼》一课。原文如下：

"农民把玉米种在地里，到了秋天，收了很多玉米。"

“农民把花生种在地里，到了秋天，收了很多花生。”

“小猫看见了，把小鱼种在地里，它想收很多小鱼呢！”

文章短小精悍，结尾给人留下了思考的空间。当学生阅读过后，我提出一个问题：“小猫把鱼种在地里，到了秋天，它能收到很多小鱼吗？”话音刚落，学生便争先恐后地举起了手，一生说：“不能。鱼又不是种子，怎么能种在地里呢？”一生说：“鱼是生活在水中的，离开水，它就会死的。”还有一生说：“到了秋天，小猫只会收到鱼的骨架。”

我见学生兴趣盎然，便又接着说：“好的。下面请大家再动动脑筋，试着模仿文中的语言说一句话。随机板书：农民把_____种在地里，到了______，收了______。一会儿工夫，又是小手如林。一生说：“农民把苹果种在地里，到了秋天，收了很多又大又红的苹果。”这时，一生迫不及待地站起来，发表自己的看法：“老师，她说得不对，苹果是在苹果树上开的花、结的果，和玉米、花生不一样。”我点点头，他也高兴地坐了下来。一生说：“农民把西瓜种在地里，到了秋天……”话未说完，他好像意识到自己说得有问题，小脸红红的，站在那里一动不动。“谁来帮帮他？”我的一句话打破了尴尬的局面，安静的教室气氛又开始活跃起来。一生说：“人们总是在炎热的夏天享受美味的西瓜，可以这样说：农民把西瓜籽种在地里，到了夏天，收了很多西瓜。”这时，大家不约而同地为这位补充发言的同学鼓起掌来。

随后，有更多的同学跃跃欲试，一生说：“农民把大米种在地里，到了秋天，收了很多大米。”一生说：“农民把辣椒种在地里，到了秋天，收了很多辣椒。”一生又说：“农民把大豆种在地里，到了秋天，收了很多大豆。”……对于这些说法，教室里没有不同声音，显然孰是孰非，无人争议。

为什么会这样呢？我想：这源于学生感性认知少，想当然的多。正如《小猫种鱼》一文教育我们的：经验不可生搬硬套，种鱼得鱼的荒谬想法纯属缺乏科学常识。水果、蔬菜、粮食作物均有自己的种植方式和生长规律，大自然就是一本百科全书。对于在城市里长大的孩子，应注重培养他们多观察、多思考、勇于质疑的习惯。鉴于此，我让学生将《小猫种鱼》的故事延续到课下，请其了解大米、辣椒、大豆的种植知识，进而了解更多的农作物，收获学习的快乐。

善待学生等于善待自己

开封第一师范附属小学 沈 芳

“丁零零……”伴随着一阵优美的音乐声，我迈着轻盈的步伐走进了三（5）班教室。“请同学们把自己准备好的绘画用具放到课桌上，老师要检查今天用具的准备情况。”当我走到教室最后一排的时候，我又看到了低着头的他。他是这个班身材最瘦最小的孩子，也是很多老师心中“不听话的孩子”。“尚文龙，你的绘画工具呢？”他一声不吭地低着头。“尚文龙，老师问你呢。你的工具呢？准备了吗？”这时只见他的头低得更低了，“尚文龙，这是你第几次没带绘画用具了？8次？9次？你几乎每次都没有带过绘画用具，都是借用别的同学的，你不觉得自己很像……”就在将要说出最后两个字的时候，刹那间，我忽然想起来初中时发生在我身上的一件事。

记得那是七年级上学期，语文考试后的第三天，班主任王老师把考试成绩读给我们听。我听到了我的名字“沈芳，98分”，“什么？98分？这，这，这个是我的成绩吗？”我很是惊讶，因为在以往考试中，我的语文考试成绩都不是很理想。但回想起这次考试前我的努力复习，也应该取得这样的成绩，我很欣慰。回到家，我迫不及待地把这个好消息告诉了我的父母。父母也很开心，并表扬了我。一个星期后的一节语文课上，王老师把这次语文考试卷发了下来，让我们订正卷子上的错题。当卷子发到我手中的那一刻，我愣住了，卷子上赫然写着两个鲜红的数字“78”，“什么？78？”仔细审了卷子才发现自己真的是考了78分而不是98分。因为老师批改卷子时把7写成连笔所以登分的时候老师把它看成了9，也就有了刚开始的那一幕。“卷子订正完后，让家长签字明天早上早读时我要检查。”王老师说。

第二天早读时老师一个个地检查卷子的订正情况，当她走到我面前时我低着头把卷子颤颤微微递到了老师手中。“你怎么没有让家长签字？”显然老师很气愤，“你以为你这次考试考98分吗？你以为自己学习很好吗？”老师提高了嗓门大声训斥道。这时候我隐约觉得同学们都在看着我，一点自尊心都没有了，真想找个老鼠洞钻进去。当时的我好想对王老师说：“请不要这样说我，我不是有意的，我是怕父母失望才没有让他们签字的，其实我是个乖孩子，老师……”

想到了这些我调整了我的语气对尚文龙说：“你不觉得没有带绘画用具的话，自己的作品就不美了吗？你想让自己的作品颜色变漂亮吗？”尚文龙见我没有指责他，抬起了头小声说道：“想。”“那好，就让老师再相信你一次好吗？”“老师不是我不想带，是我根本就没有绘画用具。”“啊？为什么呀？”我很是惊讶。“爸爸妈妈都在外地打工，爷爷靠卖废品养活我，我不想再给爷爷增添负担，老师，对不起啊。”我终于明白了他为什么这么多次没带用具的原因。“好孩子，你真了不起，这么小就知道为家人着想了。”“孩子，你等着。”说着我就连忙走向讲台把我的一套绘画用具拿给了他。“孩子，这套用具送你，老师相信你以后一定能画出最美的作品。”“谢谢老师！”只见尚文龙的眼睛有些湿润了。

通过这事我反思：作为一名小学教师，在校园生活学习中应该是一个多角色的扮演者，我们不仅仅是传授给学生知识的老师，也应该是他们的亲人、朋友。我们在与学生沟通时要用心倾听，使学生愿意信赖并倾诉内心话。

教学艺术的本质不在于传授，而在于激励、唤醒和鼓舞。激励性的语言能使学生保持积极舒畅的学习心境，唤起学生的学习热情与兴趣，从而产生不可低估的力量。对孩子来说，一句赞扬的话比十句责骂更有效。教师坚持对学生的优点、努力、进步、成绩进行肯定与表扬，是学生前进的不竭动力，也是教学的有效方法。若一位老师能巧妙运用各种语言表达的技巧，则必能创造一个和谐学习的氛围。教师的语言有感人的力量，教育才会获得成功，教师工作才会充满乐趣。总而言之，善待学生就等于善待我们自己。

科学的疑问

开封市第一师范附属小学　朱占岭

今天科学课上，我和学生们一起探讨定滑轮和动滑轮的规律。按照教学设计，我引导学生先从定滑轮开始探究，通过演示—质疑—讨论—实验的步骤逐步展开课堂教学。在活动中使学生体验到定滑轮能改变力的方向，但不能省力；动滑轮能省力，但不能改变力的方向。

正当探究有序开展时，一名平时爱思考问题的学生把手举得高高的。我知道他又有新的疑问了。于是我便请他站起来发言。“老师，你能告诉我为什么定滑轮能改变力的方向却不省力，而动滑轮能省力却不能改变力的方向吗？”他的话音一落，我的心不禁为之一震。我知道，他的问题很有深度，是一个继续探讨的好问题。可这个问题并不在小学科学教学大纲范围内，只有到初中，甚至高中以后才有涉及。况且，现在本节课的教学任务还没完成，如果改变方向，和学生展开探讨，必然无法按照既定的教学计划完成教学任务，下节课还不知道要浪费多少时间才能补上。可如果不探究，直接给出学生答案或推给学生课下自己思考，这必然会打消学生质疑的积极性，所造成的损失是无法弥补的。

看着全班学生迷惑和期待的神情，原有的犹豫一扫而光。我决定要保护学生的兴趣，尊重学生的质疑，和学生一起进行更深入的探究。我不能不顾他们的感受，只顾完成教学任务。

“同学们，还记得前几节我们学过的杠杆吗？我们来思考一下，杠杆和滑轮之间有什么相同之处。”此时讨论开始了，争论越来越激烈，问题越来越深刻，答案越来越清晰。最后同学们笑了，会心地笑了。我知道那笑声中包含着收获的喜悦！

和作文过招

开封市金明小学　侯　露

预备铃响起，沸腾的教室安静了下来，看着学生们书桌上准备好的作文本，我又开始犹豫了。作文课上了无数回，然而总找不到突破的方法，讲写作技巧，讲修辞手法，讲谋篇布局，学生们仍然似懂非懂；讨论、游戏、观察，气氛倒是热闹，可写作时孩子们还是无从下笔。

“生活就如源泉，文章犹如溪水，泉源丰盈而不枯竭，溪水自然活活泼泼地流个不停”。我知道，孩子们的“写作难”是因为他们的现实生活不够璀璨，是因为在条条框框的束缚下他们对写作毫无兴趣。而我今天的作文课，虽然是自由撰文，可是孩子们又有什么可写呢？我倒先替他们发起愁来。

正当我思绪万千时，一声轻轻的哼唱在安静的教室里犹如一声炸雷，打断了我的思路，也使正在静息等待上课的学生顿时兴奋了起来，他们纷纷抬起头来四处张望，寻找声音的发源地，而那位“歌唱家”却丝毫没有察觉，仍然忘情地“演唱”着。学生们想笑而不敢笑，露出窃喜的表情，用眼神互相交流着。良好的纪律被破坏，我正要发作，又转念一想，一个大胆的念头闪过，对，这不是题材吗？于是我开始了一堂特殊的作文课。

我把那位“歌唱家”叫起，问他刚才哼的是什么歌，还没等他回答，台下早已嚷嚷开了：“是《半岛铁盒》！”“是周杰伦的！”“是周杰伦的新专辑！”甚至有人也开始了新一轮的演唱，看着学生们群情激昂，我暗喜，何不让歌词为他们的写作找找感觉？于是我们展开了激烈的讨论，周杰伦、阿杜、蔡依林、刘德华成了大家争抢的宝贝；《双截棍》《看我七十二变》《星语心愿》成了大家百说不厌的话题。这些歌大家都耳熟能详，歌词张口就能道来。我们发现了歌词是一种非常优秀的文学形式，它精练准确，而且运用了诸如比喻、夸张、通感等文学手法，很多句子来源于作者对生活的细心观察，描写得相当细腻，深受大家喜爱。

看着课堂气氛一步步走向高潮，我就开始了计划的最后一招——根据身边事自编歌词，没想到我话音刚落，学生们就已迫不及待地拿出了笔。喧闹的教室安静了，学生们在本上唰唰地写着，时不时抬起头望向某处，时不时地沉思一会儿。看着他们认真的样子，我陷入了沉思，过去，家长和老师都不赞成学生听流行歌曲，原因无非有二：一是，歌词里有描写爱情的所谓“少儿不宜”的内容。其实大可不必，爱情这永久的话题不但在歌词中，就是在古诗文中、在很多名著中也常常出现，你能因此而不让学生读诗词、名著吗？只要家长和老师正确教育和引导，它并不是什么“少儿不宜”的。二是担心孩子过于沉醉于流行歌曲而乐不思学。其实，听流行歌曲和学生们打球、下棋一样，只是一种爱好，只要正确引导没啥问题，怎能因此而让学生错过美的熏陶呢？

下课铃响了，学生们交给我的作文本上写着一篇篇自己的作品，有根据刘欢的《好汉歌》改编的《道歉信》，有根据周杰伦的《龙卷风》改编的《上学记》，有根据周华健《朋友》改编的《我的温柔好友》……看着这些充满灵性的文字，我再次陷入了沉思。从我们系统化的课程设置上来看，用能力构建的思想编教材，作文训练从低到高，有严格的训练序列和内容安排。教师在课堂上用语言主义的教学目标、技术主义的教学方法教作文，帮助学生或选材、构思，或念范文、拟提纲，或提示注意事项，教师为了生活却不顾生命之累，学生不喜欢作文却要为作文所烦，谈何兴趣可言？

文学来源于生活，作文当然也如此。反思失衡的作文教学，苏霍姆林斯基的所言所行一再昭示我们：“强调学生用感觉去理解词汇而不是用词汇引导感觉；用思维编织语言而非语言规范思维；用情感升华主题而不靠主题定格情感。”那些印入了儿童意识的生活画面正是他们习作的基础；汩汩流淌的纯真童情正是他们思维的源泉。触摸学生情感的温度，才是作文教学的招数。

意 外

开封市金明小学 强海霞

一次意外的经历，给我留下了极其深刻的印象。记得那次原本定在周五的春游计划，被一场大雨冲得无影无踪。学生们沮丧地坐在座位上。我走进教室一见这架势，知道今天的语文课上起来一定很吃力，学生肯定没心思上课了。

于是我灵机一动，顺着学生此时失望的心理，在黑板上写了一行字：“今天我真失望！”然后对学生说：“我知道大家对春游盼了好长时间，现在好不容易等到了，又因为下雨去不了，一定特别失望吧！”此话一出，学生们有的有气无力地点点头，有的抱怨了起来。紧接着，我马上又说：“你们这样瞎抱怨也不是个办法，我们不如围绕着这句话，把自己不满的情绪用笔发泄出来，先说一说再写成一段话吧！”这时的学生由于心里充满了各种不满的情绪，所以让他们写这样的一段话，简直是求之不得。

有的学生写道：“今天我真失望！一次盼望已久的美好春游，从我身边擦肩而过……过了一夜，还在下雨，我只得对空长叹。”

有的学生写道：“今天我真失望！昨天晚上，我和妈妈去超市买春游的食品，我心里满怀激动，心想：明天要去春游了，我一定要玩个痛快，在草地上翻几个跟头，或伸开四肢晒晒太阳，一定很舒服……晚上我翻来覆去，刚睡下，我又跳下床，看了一下窗外，没下雨，我心里平静了一点。半夜一点钟起来，再看看还没下雨，我的心终于着地了。6点到了，外面‘沙沙沙’，我知道一定是下雨了……”

还有的学生写道：“今天我真失望！上课铃响了，我不经意间看了一下窗外，啊，雨停了！天公同意让我们去春游了。可上课铃响了，它把一阵悲哀传入学校，传入教室，传入每个同学心中。我苦恼，我忧愁，我悲哀。老师上课了，我仍然情绪低落，无精打采。连老师提出的最简单的问题也答不出。大家像泄了气的皮球。懒洋洋地坐着，连举手的力气也没有了……”

由于是真实情感的流露，所以学生写起来通畅自如，好词好句层出不穷，毫无平时为完成作业而写作文的那种“挤牙膏”的情形。学生那种急切盼望春游，又因下雨而万分失望的样子、心情，被他们自己描写得淋漓尽致。

学生不满的情绪终于有了一个发泄口，但让他们发牢骚并不是我的目的。于是我话锋一转，给他们讲了一个故事，大意是：一个人掉进了乱石沟里，被人救起后，已浑身是伤，但他却哈哈大笑。别人都很纳闷，他解释说：“真是万幸，石头没刺伤眼睛。”我用这则故事告诉学生，任何事都有它乐观的一面，只有用乐观的心情去做事，才会觉得快乐。

于是，我又在黑板上写了一句话：“今天不去春游也有好处！”起初学生为难，但静下来一想，他们又写下了两段不错的话。

“今天不去春游也有好处。雨下在身上也许会感冒，在这么湿的草地上翻滚多不舒服……”

“今天不去春游也有好处！植物园里现在一定湿淋淋的，泥土还不知是什么样呢，一坐下来，肯定会把衣服弄湿的，再说小草有了这场雨，就可以快乐地生长了！”

在这节不同寻常的语文课上，我根据学生的心理让他们写了两个作文片段，而且效果很不错，许多学生后来的周记都以此为题材。写作本身就是为生活的感悟而写，它不应该被命令所裹挟，被烦闷所压迫，被平淡所充斥。弄清这个目的，学生写出的文章少了干涩，多了感情；少了幼稚，多了成熟。水到渠成！另外也让学生明白“人情练达即文章”的道理。一次意外的经历，一次意外的收获，既提高了学生的写作能力，又激发了学生写作的兴趣。

“打掉”团伙

开封市金明小学　　聂卫东

随着学生的年龄增长，尤其到了小学中高年级以后，有共同爱好和性格相近的学生就开始聚集在一起，校内校外在一起集体活动，团体意识比较强。这就是我们常说的“团伙现象”，这是孩子成长过程中的正常现象，孩子在到了一定年龄阶段以后，有选择地进行交友，是他们人生中必须而且是必然经历的一个阶段，在这个阶段老师和家长就应该关注孩子的交友情况，了解孩子所处的“团伙”是怎样的一个集体。

朋朋，男，五年级学生，在一天下午放学后，伙同本班几个调皮的学生在校门外和另一个班的几个孩子打群架，理由是另一个班的孩子在学校抢走了朋朋的一本课外书。为了要回自己的东西，他叫上本班的好朋友一起去讨回，结果发生了冲突。这正好被当天执勤的老师发现，及时制止了打群架事件的发生，把几个学生带回学校了解事情的来龙去脉，并联系班主任。

我是朋朋的班主任，在处理本班学生和外班学生打架的这起事件中，偶然发现班中男生存在着大小不同的几个“团伙”，并且我在家访时了解到每个团伙中的每个成员层次各不相同，家长对自己的孩子所参与的活动了解很少，甚至全然不知，其中有结伴泡网吧的，有结伴上书店的，有结伴探讨自然地理的，还有结伴常在室外跑着玩的等。

我专门找个时间把朋朋叫到办公室进行谈心，了解情况。

我问朋朋，老师知道你平时话语不多，学习也比较努力，怎么最近老和班上那几个爱惹事的孩子在一起玩？朋朋回答我的却是，我们在一起说得来呀。我一听他这么说，就接着问他，他们平时也不爱学习，你们怎么说得来呢？而且还纠集同学打架。朋朋马上回答，您不知道老师，平时外班和本班老是有几个同学欺负我，我和他们在一起就没人再敢欺负我了，作为回报，我让他们抄我的作业……

我无语了，带着这个问题，专门拜访了心理咨询科的张主任，他是教育心理学专家。张主任翻阅了有关资料，有调查显示：在校交朋友的男孩子是“一起玩”“对脾气”“聪明”；女孩子是“对脾气”“一起玩”“亲切”。尽管男生女生都是“一起玩”“对脾气”占上位，但男生占第一位的是“一起玩”，而女生却是“对脾气”。这个结果可解释为：男孩子的游戏是“团伙游戏”，要交朋友形成团伙就必须有一个“玩”的前提，这也就是男孩子极易形成“团伙”的原因所在。

他们都有一个共同点：就是抱成团儿，打破头也不出卖自己的伙伴。他们的“团伙”游戏用在学习上的很少，大都是“吃”“玩”，探讨网络游戏的经验，在外边（包括在校）进行打群架或共同处理某一件事，甚至聚集到某个同学家中，举行仪式喝血酒，美其名曰“结义弟兄”。

我这时茅塞顿开，心想已经了解他们“团伙”的奥秘了，我就试着把他们团结起来，发挥学生中“团伙”的凝聚力，让孩子们结交朋友的同时，也善待其他的“团伙”，体验集体的力量和荣誉，在以后的学习和生活中善待他人。

精心做了两天的准备工作后，在一个休息日我找了个带他们出去玩的理由把他们集结在了一起，带到了郊外，把四个“团伙”中原有团伙成员分成小组，开始了一次“寻宝”行动。由于我的精心设计，不管从线索上、寻宝图上、藏物的地点上，还是挖掘上和最后的分配上，都必须靠四个组的团结协作才能够完成，使这些天真的孩子们深刻领悟到集体的力量。最后在草地上分享成果时，几个有威信的孩子领悟出老师的良苦用心，私下商量后，相互剖析了自己和别人的不足，领悟到结集“小团伙”对班级带来的不良影响和后果。孩子们向我做出了保证：我们不再结帮瞎玩了，大家团结一心为班级争取荣誉，做自己应该做的事情。从此以后一直到毕业，这个班级不管是从整体成绩上，还是好人好事、竞赛成绩上都处于领先，同时，这些孩子也在进取中找到了自己的价值。我这种因势利导的方法，在处理高年级“团伙”的问题上，不失为一种可以借鉴的方法。

“它们”究竟指的是谁

开封市金明小学　王激敏

随着新课程改革的深入，学校的课堂也渐渐地发生着变化。作为一线教师，在教学中应挖掘和利用学生的创新思维，巧妙地将课堂教学引向生生、书生、师生的对话，注重课堂的活跃点——多方对话。在人教版《松鼠》一课的教学中，我以文本教材为载体，以学生的思维碰撞为着力点，赋予课堂以生命和活力，让语文课堂因对话而精彩。

记得那次课堂上，我们和往常一样处理着练习题。当说到“松鼠和山鼠一样警觉”的一道判断题时，面对这无可厚非的答案——错，个别同学竟然唱起了反调，执意认为是对的。哦，是对的？怎么可能，多么明显的结论啊！我寻思着，做出的第一个反应是：这拨学生上课肯定没认真听，再加上绝大部分学生认为是错的，也极力反驳着，一股无名火涌上心头。正想斥责他们的三心二意，一抬头看到了我们班的“牛角尖大王”也在唱反调的行列中，我克制住了自己的情绪。因为我知道不以理服他，即便给他正确答案，他也会和你硬撑到底的。对，得说服他！何不借正方之口说服他呢！于是，我说：“如果这是一道辩题，而反方同学又提出了自己的异议，那么正方同学能摆出自己的理由去反驳他们吗？”话音刚落，还未从前几天的辩论赛热潮中走出来的同学们一下子来了劲，纷纷自信地举起了手。

“我认为是错的！”正方的一名同学站起来说道，“把这道题放到课文中去理解，你就会明白。因为文中说：‘松鼠不像山鼠那样，一到冬天就蛰伏不动。’很明显，山鼠没有松鼠警觉，因此说它们‘一样警觉’是错的。”

正方同学还未坐下，反方的“牛角尖大王”马上站了起来说道：“对呀，正方同学说它们一样警觉是错的，但文中紧接着又写到一句话‘它们是十分警觉的……’正方又怎样解释呢？”

我窃笑，这个孩子还没辩够啊，真把这里当成辩论赛场了。其实结局已定，正方一定会赢。但我又告诉曾经作为反方辩手的“牛角尖大王”越是反方越具有挑战性。这个小家伙还真能较真啊！

“反方同学你们不能一叶障目，不见泰山啊！请你们认真读读课文的第三自然段，其中第三句话和第四句话之间是句号。也就是说这两句话的意思是不同的。你所说的‘它们’单指松鼠，而不是山鼠和松鼠。再说了，你把你刚才读的那句话读完：‘它们是十分警觉的，只要有人触动一下松鼠所在的大树，它们就从树上的窝里跑出来，躲到树枝底下，或者逃到别的树上去。’所以你们应该搞清楚‘它们’究竟指的是谁。”

我微笑着点点头，悄悄地看了一眼“牛角尖大王”。他虽然还有些不服，但已没有了起初的“牛气”。我知道他已经接受了正方的观点。

课堂在一次微型辩论会后又恢复了正常，但我的内心却久久不能平静。《课标》指出：“语文教学应在师生平等对话的过程中进行”，“阅读教学是学生、教师、文本之间对话的过程”。学生与教师以文本为中介，精神敞开而相互依存，相互对话与接纳，思维碰撞，心灵交融，心智启迪。学生在宽松的环境中既可以提出自己的问题，又可以发表自己对问题的看法，积极参与平等对话。课堂中学生与学生之间互相激发，互相辩论，共同思考，共同发展，各自舒展着自己的独立个性，张扬着丰富的内心世界。我庆幸给了学生一个平台，让我看到了学生的自信和精彩。

暗夜如何“织”上天空

开封市金明小学　　赵　欣

这节课，我们继续走进课堂，讲季羡林先生的《怀念母亲》。

《怀念母亲》一课中，季羡林先生以回忆的方式，介绍了作者对两位母亲——一位是生身之母，一位是祖国母亲“同样崇高的敬意和同样真挚的爱慕”，充分表达了作者对生身之母永久的悔恨，对祖国母亲不变的爱意。文字情真意切，打动人心，我很喜欢这样的文章。

一切和预期中一样，孩子们很快沉浸在季老的语言文字中，在字里行间，充分感悟季老对母亲、对祖国深沉的爱。

课堂是在品词的过程中被打断的。

我提了这样一个问题：“读读最让你感动的一则日记，说说读懂了什么，还有什么不懂的地方。”学生很快就找到了1935年11月16日的那则日记，声情并茂地读了起来，接着，一切如我预料，学生找到“然而这凄凉并不同普通的凄凉一样，是甜蜜的，浓浓的，有说不出的味道，浓浓地糊在心头”一句，细细品味“凄凉”“甜蜜”等词语。忽然，有个孩子站起来说：“老师，这一段‘我不开灯，只沉默地站在窗前，看暗夜渐渐织上天空，织上对面的屋顶’一句中，为什么要用暗夜‘织’上天空啊？”问题一提，我不由得心里“咯噔”一声，说实话，在备课时，我也在这个词上颇费了一番心思，但是教参上并没有涉及这个词，思考一番之后，我放弃了它。没想到，学生还是把这个词给拎了出来。说实话，中国的语言文字太奇妙了，有时候，一个词语，甚至一个汉字，在特定的语言环境，都会有意想不到的效果，而汉语言的模糊性，又给我们的理解带来一定的困惑，如何才能找到合适的方法，让孩子们恰当理解这个词呢？我飞速地在脑海中搜寻着储备的知识点，寻找突破口。

蓦地，李白的《菩萨蛮》出现在我的脑际，我整理下思路，向那个孩子笑了笑，示意他坐下，慢慢说道：“是啊，暗夜如何织上天空呢？大家都爱读唐诗宋词，趁这个机会，我向大家介绍一首被誉为‘百代词曲之祖’的词作，唐代大诗人李白的《菩萨蛮》。”说着，我将这首词迅速板书在黑板上，着重在第一句“平林漠漠烟如织”的“织”字下点了着重号。“看来，大诗人李白就曾经用过‘烟如织’的句子，可是，为什么要用到这里呢？”我向大家介绍，李白年轻时候就离开家乡，想要建功立业，干出一番大事业，可由于自己“安能摧眉折腰事权贵”的高傲性格，为当权者所不容，甚至被牵连入狱，流放夜郎，再也没回过家乡。深秋日暮时分，作者黯然登楼，一股浓浓的思归之情油然而生，远处沉沉的暮烟，令人伤心的寒山，漫入高楼的暮色，急飞归家的宿鸟，无不映衬着作者的“归愁”，而同样远离家乡，远离祖国的季老，在这样一个暮秋的黄昏，又通过织上天空的暗夜，向我们传达什么感情呢？听了我的介绍，孩子们的注意力已不再仅仅关注于“织”字本身的意思，而是更深一步对“织”字进行了感悟。一个孩子站起来说：“‘织’写出了天空逐渐变黑的过程，透过这个字，仿佛看到作者思乡的愁绪也渐渐涌上心头。”问题终于解决了，课堂又继续进行着……

课后，我也不断进行着反思，是啊，新课标提出，语文是实践性很强的课程，应着重培养学生的语文实践能力，而培养这种能力的主要途径也应是语文实践，应该让学生更多地直接接触语文材料，在大量的语文实践中掌握运用语文的规律。而对学生的语文实践能力的培养，需要教师博览群书，具有广博的知识，真正做到“厚积而薄发”，并能从多种途径去开发研究语文教材，善待教学过程中每一个意想不到的自然生成，从而，把对学生语言文字的训练落实到位。

变魔术

开封市第三师范附属小学　孙红英

“面积和面积单位”这部分内容对学生来说比较抽象，不好掌握，学生特别容易将面积单位和长度单位混淆。我校张军霞老师引导学生正确区分面积单位和长度单位的教学设计，可谓独具匠心，让学生在玩中牢固掌握所学知识，让人眼前一亮，拿来和大家分享。

一上课，张老师就对学生说：“同学们，今天这节课我们来玩魔术，大家比一比，看谁的魔力最大！”孩子们的热情一下被老师的这句话给点燃了。一个孩子大声问：“老师，玩什么魔术？”“是啊，玩啥呀？”孩子们急不可待地附和着。张老师微微一笑，神秘地说：“魔术呀，就在老师准备的练习题里，做完这道题，魔术马上就呈现在大家眼前。”请看黑板。

在（　）里填上合适的单位名称：

一个文具盒的面积是2（　）

数学书的周长是70（　）

一块地板砖的面积是16（　）

小红的腰围是5（　）

孩子们埋头做题，老师巡视，马上有人举手示意做完了。老师点了几个孩子的名字，让他们拿着自己的答案走上讲台。

“同学们，魔术马上开始，先请台上这几个学生来展示他们的魔力。”

“王金峰，你说第一题吧。”

王金峰答道：“一个文具盒的面积是2分米。”

“好！王金峰同学变出了面积是2分米的文具盒。”老师说完接着拿出一根课前准备好的2分米长的绳子，问：“同学们，见过这样的文具盒吗？能放文具吗？”

“没有，不能！”孩子们笑着喊。

“为什么？”老师追问。

“老师，那根本不是文具盒，那明明是一根绳子。”

“可我问的明明是文具盒，咋就变成绳子呢？”

“他把单位名称填错了！”

“谁有魔力把它变成文具盒？”老师向全班同学发出挑战。

“我，我……”大家争先恐后地举起小手。

被点到的同学说：“文具盒的面积是2平方分米。”

“她说的对吗？”老师问道。

“对！”孩子们齐声说道。

“为什么2平方分米就对呢？”老师又追问。

几个学生的回答都没有说服力，于是老师让学生分组讨论。

“老师，我们小组的同学用手掌测量了自己的文具盒，发现每个人的文具盒面积大约都是2平方分米。所以，我们认为文具盒的面积2平方分米是对的。”一个小组的代表首先发了言。

“老师，我们组是用1平方分米的正方形来测量的，结果和他们的意见一样。”第二个小组的代表说道。

他们的回答得到大家的赞同，老师也给予了肯定。只见老师顺手拿起一个面积约是2平方分米的文具盒说：“他们的魔力生效了，大家看，线段变成了文具盒！”孩子们开心地笑了。

接下来，孩子们就在这种“玩魔术”的游戏中练习着每一道题。台上最后一个同学发言：

“老师，最后一题我玩了两次魔术。第一次，我把小红变成了一个非常非常胖的大胖子，她的腰围我填成了5米。后来我想，我伸开胳膊大约有1米长，1米就已经这样粗了，5米那都成啥样了！肯定填错了。于是，我又用手量了量我的腰围，大约4拃半，然后，我就把小红变得苗条了，她的腰围成了5分米。”老师听完双手竖起了大拇指，教室里响起了热烈的掌声。下课铃声响了，孩子们还意犹未尽地沉浸在兴奋之中。

教育真是一门艺术，本来很抽象枯燥的概念，老师将它演变成了游戏，孩子们在玩中牢固掌握了易错易混的知识点，课堂精彩不断，这才是真正的寓教于乐。

呵护孩子的自尊

开封市第三师范附属小学 刘红娥

当今社会的孩子大都是独生子女，备受家长的宠爱、溺爱。因此，他们的自尊心也极强。作为家长和教育者，稍不注意就会伤害到他们的自尊心。而我们作为教育者，面对一群天真可爱的孩子，更应该触及他们的心灵，呵护他们的自尊。

在这一群天真可爱的孩子中，就有一个与众不同的孩子。他，聪明，逻辑思维能力强，学习成绩也很好，老师们都喜欢他。只是他性格内向，不善于表现自己。有一次在课堂上，就是因为我不了解他的这一性格而发生了一件让我感慨颇多的事情。

在我们的英语课堂上有一个环节，是在老师授完课以后，找一个同学到讲台上来领读所学的新知识。其目的有二：一是检查这个同学到底学会了没有；二是在检查这个同学的过程中同时又帮其他同学巩固了新知识，让其他同学更熟练地掌握句子。

那天，在进行这个环节时，我提问到了他。他站到讲台上刚领着大家读了几句，我就发现了他的发音有误，便及时给他纠正。可能是同学们觉得他的发音有些可笑，都不由自主地笑了。听到这笑声，他的脸唰地红了起来，生硬地说了一句：“我不读了！”见此情景，我连忙鼓励他说：“没事，接着读吧！每个同学都有读错的时候，更何况是新知识，只要及时改正就行了。”可他还是坚持不读，一连说了两句“我就不读！”这时的我突然意识到，可能是他认为同学们的笑声是对他的一种侮辱，一种讽刺。这种笑声让他的自尊心受到了严重的伤害。为了维护孩子的自尊，我就让他先回到座位上，等下课后到办公室跟他好好谈谈。

下课后到了办公室，我温和地与孩子交谈，小心翼翼地呵护着孩子的自尊。告诉他，他已经很棒了，并鼓励他要是能很有自信地继续下去，同学们会很佩服他的这种勇气。而同学们的笑声也不是一种嘲笑。这个孩子却告诉我说：“我认为这种笑声就是对我的一种嘲笑，或许其他领读的同学不会在乎，但是我在乎！因为每个人心中的想法都不同，我与他们不一样！你又不是班里的同学，你怎么就知道他们的笑声不是一种嘲笑呢？”听到孩子的这种心声，我大为震惊。是啊，我不是学生，怎么能片面地理解他们的心理呢？

我庆幸，我没有说出伤及孩子自尊的话语，而是让他回到了座位上，及时维护了孩子的自尊。我知道保护儿童的自尊心就是保护儿童的潜在力量。孩子的心灵是非常脆弱而敏感的，需要成人的细心呵护和理解。只有这样，他才会感受到真正的自尊，发展出自信。如果把儿童看成是不懂事的孩子任意去批评、指责，刺激他的自尊心，那么孩子就容易产生自卑、退缩、紧张，甚至憎恨、敌对情绪。

我认为，孩子的成长动力，来自他内心的体验，而不是与他人比较后的结果。这就是我们需要小心呵护孩子自尊、自信的基点。

课堂上的风波

开封市牛庄学校　殷小艳

今年我教的是四年级的数学课，每次课堂上，我总是对我们班上的几名学生特别留心，经常让他们到前面黑板上做练习题。因为，我觉得这几个孩子都是非常聪明的孩子，成绩不好只是因为学习态度不够端正，学习不够努力，我要多督促他们好好学习，力争让他们把数学成绩搞上去。

今天的数学课上，我讲完之后，又在黑板上出了4道课堂练习题，像往常一样，我除了随机找三名学生到前面来做，也让张明明同学到黑板上做最后一道练习题。他们很快做完了，我仔细一看，张明明同学将题目中的3抄成了2，结果答案错了。我对他说：“你看，你把3抄成了2，这个毛病改不掉，能做对题吗？上去改过来。”我看到张明明满脸不耐烦地站起身，到讲台上拿起黑板擦两下就把做题过程全部擦掉。我一看，就说：“你下去吧，没有那么多时间再让你写一遍了。”他转过身，把手中的粉笔向讲台上一扔，一副蔑视老师的神情。我看了很生气，就批评他说：“你这是什么态度？这样能学好吗？”他听到我的批评竟然顶撞我说：“你就是专门找我麻烦的，我就是这个态度，我不想学好怎么了！”我生气极了，就对他说：“下课跟我到办公室！”我忍着怒火将下面的课上完，一下课就带张明明到办公室，准备好好问问他到底为什么上课这样说。

对课堂上发生的这件事，我很生气，也很纳闷，他这是怎么了，是什么原因促使他有这样的举动？在办公室他说：“你老让我到黑板上做题，找我错误，你是故意找我麻烦，惹我生气。”他的话，让我惊讶，让我困惑，让我哭笑不得，也让我对他无可奈何。最后我对张明明同学也没有进行批评，我只是感到有点伤心。

之后，我对自己的做法进行了深深的反思，我认识到这可能是缺乏与学生沟通所造成的。如果及时了解到他不想到黑板上做题，了解到他在想什么，是什么样的学习态度，也不至于发展到今天这样的地步。再有就是自己对学生的关心和爱护，对学生的殷切期望没有让学生感受到，爱他们就要让他们知道并理解到。因此，我在课下对张明明等同学介绍了我的教学方法，让他们真正理解老师的方法和用意，最后让他们对老师提意见和建议，了解他们心中真实的想法，从他们的心声中，我得到了信心、力量，我及时改进自己的教育方法，促进了我的教学质量的进一步提高。

把生活小事寓于作文教学之中

开封市王庄小学　路佳香

对于小学教学来说，作文成了语文教师的一大难题，习作成了学生望而生畏的“烦心事”。为了写好作文，师生都必须付出许多努力，但常常收效不大。通过前不久一次作文课的实践，我对作文教学有了更进一步的认识。

我们村的盲人牛大爷告诉我说：“你们班的牛晶辉星期四在路上拿着根木棍比画着，跟在我后面边走边说：‘老瞎子，前面来车了，快躲开。老瞎子，前面来车了，快躲开。……’”听了牛大爷的讲述，我非常气愤，决心利用作文课好好教育他一下。于是双休日我给学生布置了一项特殊的作业：每人当一次盲人。

周二作文课的时间到了，一上课我就直奔主题：“孩子们，当一次盲人，感觉怎么样，好受吗？”孩子们的话匣子一下子被打开了，个个争先恐后地举手发言。

“早上我起床穿衣服时，由于看不见，把上衣穿反了，鞋子一样穿了一只，惹得爸妈捧腹大笑。”

“妈妈叫我到厨房吃早餐，由于走得太急，一头撞在门上，把我的头撞出一个大包，到现在还疼呢！”

“由于眼睛看不见，电视不能看，电脑不能玩，全天处在黑暗的世界里，我实在受不了。做个盲人太不容易了！”

……

同学们个个畅所欲言，只有牛晶辉默默地坐在座位上一言不发。我走到他身边对他说：“牛晶辉，请你说说当盲人的感受吧？”

“星期六中午，我爸妈有事不在家，下午两点多了还没有回来，我很饿，就自己泡方便面吃。由于看不见，一下子弄翻了，面全部洒在了地上，没办法我只好饿着肚子了。”

听到这儿，我觉得教育他的时机到了，于是对他说：“盲人的眼前永远是一片黑暗，他们无法像正常人一样学习、工作和生活。五彩缤纷的春天，枝繁叶茂的夏天，硕果累累的秋天，粉妆玉砌的冬天，他们永远无法用眼睛欣赏，只能用手去触摸，用心去感受。我们才感受了一次、一会儿，就遇到了这样那样的麻烦和挫折，而盲人却是日复一日，年复一年，那该是多么的不易呀！”

“作为一个残疾人，本身就有诸多的不易，还要受到社会上一些人的歧视和侮辱，对于他们来说犹如雪上加霜、伤口上撒盐呀！除了盲人，还有聋哑人，他们一辈子不能开口说话，有时候他们的意思会被别人误解，有时好心反被当成驴肝肺……”

说到这儿，我看到牛晶辉的脸红红的，低头不语。过了一会儿，他缓缓地站起来说：“老师，我错了，我不该骂牛大爷，放学后我就去向他道歉。”

“孩子们，残疾人没有错，身体残疾也没有罪，我们作为正常人，不应该去歧视他们，更不应该侮辱和欺负他们。相反，看到他们遇到困难，我们应该伸出援助之手去帮助他们。只有人人都献出一点爱，我们的校园才会变得更加和谐，我们的家庭才会变得更加和睦，我们的社会才会变成美好的人间……孩子们，请你们拿起手中的笔，把你此时的所感所想写下来吧！”第二节还没下课，全班同学就把自己认认真真写出的作文交上来了。我感到特别欣慰。

通过这次习作，我感受颇多。首先，要把写作教学与育人紧密地结合起来。作文是学生心灵的写照，是情感的流露。有什么样的认识和情感就有什么样的文章，叶圣陶先生说“文是心有所思，情有所感，而后有所撰作。”在作文的过程中育人，在育人的过程中作文。要树立“为做人而作文”的教学理念，要引导学生通过作文寻求做人的真谛。通过作文教学，要让学生认识到日常生活中什么事情该做，什么事情不该做。其次，写作教学要贴近生活，贴近学生的实际。新课标要求：“写作教学应贴近学生实际，让学生易于动笔，乐于表达，应引导学生关注现实，热爱生活，表达真情实感。”要想让学生由“压着写”转变成“想去写”，就需要老师想方设法去引导学生观察生活，了解生活中的一事一物。学生手中积累的素材多了，写文章时自然会水到渠成。最后，写作训练要遵循从说到写的顺序。说和写都是表达思想、进行交际的方式，说是写的先导，也是写的基础。说训练好了，就能极大地促进学生的写。在写作训练时，让学生先说后写，把要写的内容先说出来再写，并引导学生把说和写联系起来，这样说说写写，写写说说，不仅提高了口语表达能力，而且还能提高学生的作文写作能力。

作文教学不是件容易的事，在今后的作文教学中我会不断积极探索，在实践中不断总结经验，争取学会巧用各种方式，浇开孩子们心中的创造之花……

停电了

开封市王庄小学　　王建立

我自1988年参加工作至今已26个年头，其间我多次参加县、乡级公开课、优质课评选，2010年的市级优质课评选使我记忆深刻，至今难忘。

2010年，我通过各级评选，很荣幸地获得了参加市优质课评选的机会，得到消息后，我既紧张，又兴奋。于是，我开始为参加大赛做准备，选课题，做教案，查资料，熟读教材，把握重点、难点，预设课堂所能出现的问题，制课件，用自己的学生试讲，请有经验的老师指导……我紧张着、忙碌着、准备着、期待着，盼望比赛的到来。

终于，比赛的日期来到了。10月13日早上，我早早地来到比赛地点——马市街小学。先试了试课件，感觉不错，又和学生见了见面，聊了几句觉得也挺好，于是我满怀信心地坐下来，等待着比赛的开始。

第二节下课了，主持人大声宣布：下一个参赛教师是来自杏花营镇的王建立老师，执教的内容是人教版五年级上册“平行四边形的面积”，请王老师准备上课。我立即带着学生走进礼堂开始上课。“同学们，过去我们学过哪些图形的面积？”“长方形和正方形。”同学们齐声回答。随之课件上出现了一个长方形和一个正方形。“你们知道它们的面积怎么计算吗？”随着同学们的回答，课件上又出现了长方形和正方形的面积计算公式。“你知道它们的计算公式是怎么来的吗？”随着回答，课件上的图形中又出现了方格。随之，课件上又出现了一个平行四边形。“这是一个什么图形？你会计算它的面积吗？”同学们茫然，“我们要是能把它变成一个学过的图形就好了。”（我好像在自言自语）听了老师的话，同学们开始交头接耳地议论。看到这种情况，我引导道：“看来同学们有自己的想法，那我们分成小组讨论讨论，拿出自己准备的学具试一试，看能不能解决今天的问题。”于是，同学们兴高采烈地开始讨论、动手操作。教学在有序地进行着，看到这种情况我暗自高兴，一切尽在预期和掌控之中。我开始在小组之间观察指导，看到大部分小组都已进行完了，于是我又开始指导学生进行下一个环节的汇报交流。根据同学们汇报的情况，我准备进行指导讲解，当我的教鞭指向大屏幕时，突然停电了。当时我的头蒙了一下，怎么办？

我的“指导过程”“解决问题”“拓展延伸”全在课件中，没电了怎么进行，我也没带用手操作的教学工具，这可怎么办？汗唰的一下就下来了，没办法，课也得往下走啊。于是，我凭借多年教学练就的基本功，在黑板上用手直接画，拿着学生剪的图给学生讲解，总算把这节课进行了下来，但效果明显差得多。

通过这节课，我充分体会到了课前准备的重要性。如果我能在课前做好第二手准备，课程进行得就不会这么仓促，效果就会更好。特别是年轻教师更应该做好课前准备，预设课堂可能出现的各种情况，才能使教学效果更好。当然，非预设性的教学情况的出现是不可避免的，这更需要我们教师提高自身素质，充分发挥教育教学机智，以积极的心态去应对。也许，我们的课堂，会因为非预设性教学情况的出现，而变得更加精彩，使你和学生收获更大。

别把小鱼放进去

开封市马市街小学　董　芳

第一单元语文实践活动要求学生进行环境保护调查。我因地制宜决定调查黄汴河的水质，让学生拿几条小鱼做实验。小威带来了两条小草鱼和四条漂亮的小金鱼。我们用瓶子把河水灌回来后准备放小鱼，我问：“放哪一条小鱼呢？”同学们急忙答道：“小草鱼！”“小金鱼！”我正准备放鱼，一阵急促的喊声传来：“别！别！小鱼会被呛死的。”我循声望去，啊，小天使依依一脸的焦急。几个女生紧接着喊：“对！别放。”我说：“那可怎么实验呢？”小男生说：“放那个最小的！”“小鱼也是生命啊！”依依说。

同学们各抒己见，我说：“个子小，也是生命啊。你们也不大，遇到危险的事情先送你们去，你们愿意吗？”同意放鱼的同学不吱声了。实验还得进行下去，我寻求学生们的建议。“放树叶！”“放卫生纸！”……最后一致同意放卫生纸。当一缕卫生纸从瓶中慢慢抽出时，大家看到纸变成了灰黑色。啊！河水已经被严重污染了！唉，怪不得河里没有了小鸭子和小鱼，同学们一脸的惋惜。找原因吧。“河里有垃圾。”“上游河水少。”“工厂废水污染。”……怎么办？“不往河里扔垃圾。”“监督工厂，堵住污染源。”……

同学们的善良一直感动着我，大人们为孩子留下了湛蓝的天空，新鲜的空气，还是清澈的游着小鱼的河水了呢？那天我再次体会到“勿以善小而不为，勿以恶小而为之”。

不公平

开封市马市街小学 郭倩倩

我有个习惯，喜欢在教室批改作业。这天，当我正在专心致志地批改作业时，突然听到了同学们的讨论声，侧耳倾听，隐隐约约听到有同学说：“老师不公平。”我愕然了。

我快步走下讲台，来到同学中间，小声询问是怎么回事，他们都说没什么。

不行，我得查下去。因为公平对待每一位学生是我的原则，这关系到学生的身心发展和教学质量的提高。

于是，我走到张益豪身边，轻声问他：“我们可以出来谈谈吗？”他极不情愿地走了出去。

“你是老师最信任的孩子，敢于讲真话。现在能告诉老师刚才大家在议论什么吗？”

“不说不行吗？”

“还是说说吧！老师也想进步啊！”我很诚恳。

“老师，你说话不算数。你自己说要做一位公平的老师，平时做得也很好，所以我们都很敬重你。可是，今天你批改的作业，让我们感觉到你有点偏心。胡增锐的作业写得明显不如我们，可是他却得了A，你说，这公平吗？”

“哦！”我恍然大悟。我拉着他的手，语重心长地问他：“增锐的作业以前怎么样？”

“字体潦草，错别字连篇。”

“那你发现他最近有什么变化吗？”我急忙追问。

“好像有……”张益豪用手抓了抓脑袋，想了想，突然明白过来了，“老师，他最近字体变工整了，成绩也提高了不少。”

“你知道为什么吗？”

“不知道。”

“增锐和你们几个不一样，他以前学习成绩不理想，字体潦草，因此经常挨批评。其实，他内心一直很苦恼，他也想进步，可是就是提不起精神。所以我想给他一些鼓励，给他一些肯定和自信。表扬对你们来说如同家常便饭，可对他来说如同美味佳肴。如果用一个标准来衡量，这些学习困难的学生何时才能得到老师的表扬啊！所以，每当我看到他们的进步，我就禁不住想肯定他们，目的只有一个，让你们尽快成长起来，早日开出灿烂的花朵……”

“老师，你不用说了，我理解了你的良苦用心。”

张益豪转身走进教室，大声对全班同学说：“我们错怪老师了，老师所做的一切都是为了我们。这种充满爱心的‘不公平’才是最公平的。”

教室里响起了经久不息的掌声。

意外的精彩

开封市马市街小学　吴婷婷

周三的第一节课是语文课，我伴着铃声走进教室，孩子们已经做好了课前准备，静息着等待上课。这天我们要学的课文是《生命　生命》，杏林子的这篇文章写得很动人，课前我做了大量准备工作，不仅找了课文的朗诵版本，而且还收集了许多关于生命的美文。就等课上和孩子们共同学习文章了。

上课了，书写完课题，我顺势抛出一个问题，让孩子们说一说什么是生命。有的说生命就是活着，有的说生命对每个人来说只有一次，很重要……讨论完后，我让孩子们读读课文，从文章中找一找课文通过几个小故事告诉了我们生命是什么。孩子们认认真真地读起书来。我在过道里巡视孩子们读书的情况。走到教室后面时，我发现诺诺读课文不是很通顺，就弯下腰指点几句。渐渐地，我觉得读书声越来越小了，心想，这帮孩子们，又不好好读书了，看我一会儿不教训你们。把诺诺教会后，我抬起头看着前面的孩子，只见有几个调皮的孩子，手里拿着书，眼睛却不时往屋顶望去。而低头看书的同学，也偷偷用眼角瞄一瞄斜上方，很多同学都心不在焉。我有点急了，抬腿就往讲台上走。边走边想，坏了坏了，孩子们对这篇课文没兴趣吗？怎么都不好好读呢。想着想着，我走到了讲台上，刚准备责备孩子们不好好读书，只听教室的角落里发出轻轻的一声“呀——”，声音不大，却把全班的目光吸引了过去。我一看是班里的小淘气包欣华，他叫了一声后，手不断地在周围挥舞。不一会儿，他附近的几个孩子也拿起书拍打起来，只听他颤巍巍地说：“老师……蜜蜂要蜇我……”孩子们一下子激动起来，有几个大胆的孩子，站起来去捉蜜蜂，这下，刚才发现这位“小客人”的孩子们也叽叽喳喳地说起来：“老师老师刚才这只小蜜蜂就飞进来了。”“它刚才还差点蜇着我呢！”“哎呀我最怕蜜蜂了，我小时候就被它蜇过。可疼可疼了。”看到教室里那一团乱糟糟的景象，听到孩子们七嘴八舌的讨论，我心里那个急啊，好好准备的一堂课，就让这么个小东西给搅和了。我脸一沉，正要发火，转念一想，这会儿批评大家一顿，孩子们的心情肯定很低落，那这堂课基本也毁了。倒不如我请这位“不速之客”帮帮忙……

孩子们见我不说话了，纷纷闭嘴，不好意思地低下了头。我把书往讲桌上一放，调整一下心情，面带微笑对孩子们说：“这堂课我们换一个学习主题，我们来研究这只小蜜蜂，好吗？”孩子们猛然间抬起头，眼中刚刚熄灭的光又闪亮起来。我转身把黑板上的课题擦掉，写上七个字——不速之客小蜜蜂。然后让孩子们说说对小蜜蜂有什么了解。有的孩子说：“小蜜蜂身上有黄色的条纹，有一对透明的翅膀。”有的孩子说：“蜜蜂腹部有一根针，是采蜜用的。”我就顺势指导：“刚才这些同学说的都是小蜜蜂的外形特点，你们知道小蜜蜂有什么生活习性吗？”通过这个问题，让孩子们知道了蜜蜂属于群居动物，他们筑巢的本领很大，还会用跳舞的方式与同伴交流等。接着，我让孩子们给这位不速之客取个名字，这下孩子们劲头更大了。“应该叫它小淘气，因为它不在外面采蜜，而闯到我们的教室里来，多淘气呀。”“我觉得应该叫爱学习的小蜜蜂，因为它进教室和我们一起学习啊。”“叫小冒险家吧，它真勇敢。”……

“小蜜蜂真可爱！可这只小蜜蜂……”我欲言又止。大家的眼睛又都盯住了蜜蜂，它在教室上空奋力地飞着，想从透明的玻璃窗处飞出去。教室里静极了，这时只听到蜜蜂撞在玻璃窗上扑哧扑哧的声音。

一个小女孩，眼里已有泪光，小声地说：“大家都打它，它好可怜呀！”

又一个低垂着脑袋的孩子说：“这只小蜜蜂不小心飞进来，我们不该打它。”

一张仰着的小脸，带着关切道：“我们让蜜蜂飞回天空，飞回大自然吧。”

于是，坐在靠窗位置的同学赶紧打开窗户。一张张小脸满是期待……

不知为什么，也许是飞累了吧，这只蜜蜂此时却停在了电扇上，再也没有了动静。

我灵机一动说：“看来，这只蜜蜂不是不小心闯进来的，而是专门来听我们同学读书的，看哪些同学学习非常努力，像勤劳的蜜蜂。那我们开始上课吧，蜜蜂正静静地看着我们呢！”

接下来的语文课，我们继续学习《生命　生命》这一课，孩子们从小蜜蜂身上也看到了生命的力量，学起课文来劲头更足了。当天的作业，我布置了一篇日记。大家不约而同地将小蜜蜂闯进教室这件事记录了下来。孩子们写得活灵活现的。这只小蜜蜂的形象和当时课堂的情景跃然纸上。

事后，我非常感谢那只误闯教室的小蜜蜂，是它让我捕捉到了一次教育的良好契机，为我提供了一份很好的教育资源。孩子们不仅知道了写文章要从生活中寻找题材，更重要的是，孩子们看到了生命的力量！

善听则明，会读则聪

开封市梁苑小学　赵小青

在语文课上我经常发现有些不发言的同学，当我让他们再重复一遍老师的问题时，真有一部分是连老师的问题都复述不清楚的。甚至有学生在老师提出问题后还要再问老师："我不会做，怎么做？"有趣的是很多时候当我给提问题的同学再读一遍题时，他立即又明白了问题应该怎么解决。

于是我明白了：这些不发言不会写作业的同学，绝大多数是不善于听，或者说是不知道怎样去听，更别说养成思考的习惯了。应该怎么解决学生不会思考的问题呢？实践告诉我在课堂上引导学生从"善于听"和"学会读"入手是不错的良方。

在进行人教版五年级下册口语交际"让名著中的人物走上舞台"时，我先请学生读要求，边读边标出口语交际的步骤。然后小组交流，达成共识，再进行全班交流。

很简单的四步骤，学生竟然有四种答案。第一个小组代表发言时，他说是七步骤；第二个小组代表站起来就开始说他们是分五步骤，这个时候我要求他先给第一位发言的同学评价，"你是怎么看待他们组的回答，表明态度后再说自己的意见。如果相同可以省略，只补充不同的。"

第二组同学重新发言。先肯定了相同的地方，指出不同，并说明了自己小组的意见。

接着第三组代表发言，认为前两组同学的答案都不对，便开始说自己的见解。这时，我再次提出要求："为什么你认为答案不对，原因是什么，能指明吗？然后再说自己的意见。"

这样他们又重新理顺思路发言。轮到第四组同学发言了，这一次他们有了经验，能够先说自己对刚才发言同学的答案有什么看法，再说明理由，并陈述了自己的意见。

短短的一段话我们把它分成了几个层次，明白了作者的要求是什么，为什么要这样要求。虽然时间占得长了点，但再也没有一位同学说自己不知道该怎么去很好地完成口语交际任务了。看来，“听”不见得“懂”。让学生会听一定要给他以“如何听”的指导：对方说了什么，是怎么说的？和我的意见一样吗？有哪些不一样？我需要补充什么？这样有步骤地引导，学生自然有话可说了。

“学会读”也是很重要的。即使是一个小问题，不会读题就不知道如何下手。有这样一道语文练习题：“找出下面词语中的错别字，把正确的字写在后面的括号里。”

其实类似的问题我们以前多次练习过，但每一次都有同学忘记将“错别字”画出来。他们总是忽略了题目当中的“找出”要求。我认为是极简单的问题，可班里的陈厚铭同学还是来问我：“老师，这道题怎么做呀？”这一次，我没有帮他读题，更没有给他做任何解释，只是说，请你读一读题！

他开始读第一遍，面无表情，认字的感觉。而且这句话他读得很不流畅。

我让他再读第二遍，这一遍有了进步，没有读错，但字与字之间相同速度，没有词语的感觉。

重复读第三遍，这一次他知道将句子中的词有意识地读得紧凑些。

但我告诉他：“还是没有将题目的要求读出来。”

这个时候，旁边的同学有些着急了，“找出来”“写出来”。最不爱发言和思考的李程同学竟然主动站起来帮他读。

这一次他再读，一下子就找准了题目重点，而且还带着郑重其事的表情，那样子好像他在要求同学们。读过以后，他不好意思地笑了，拿起笔立即写起来。

只几遍的读题引导，他就知道如何解决问题了。看来，引导学生会读题也就是在帮助他学会思考。

像这样让学生“善于听”“学会读”，就把平平的文字读出了层次，犹如人一样变成了立体的。每一段文字都是一个立体的魔方，如果学生自己能解开这些谜，那他有什么理由不发言，有什么题目不会解呢？上述课堂上的两个小细节让我更深刻地理解了“老师是参与者，是引领者”的真正含义。

作文指导中不容忽视的“点”

开封市梁苑小学　赵丽萍

“母亲节”前，学校少先队组织了一次“感恩母亲”的征文大赛。为了能够让学生写出真情、真意，我设计了这样的教学思路：先创设意境，由母亲对孩子的爱谈起。再让学生谈母亲关爱自己的事例，最后我以自己为例，讲了对母亲的感恩和对母亲的怀念。最后，大家都认识到“‘谁言寸草心，报得三春晖’，我们应满怀感恩之心及时尽孝，把遗憾减到最小”。因为有了情感上的铺垫，写的又是自己最亲近的人，我相信这一次学生一定有材料可写。果然，很快个别学生有了思路开始提笔写起来，我也对学生的作文充满了期待。

但没过一会儿，我就发现有几个学生满脸的苦闷，没有动笔。了解后我知道了他们还是为写什么而发愁。其实根据我的了解，他们还是有很多内容可写的：

一位同学——他的父母为了能够给他提供好的学习环境，全家背井离乡到开封，在学校附近专门蒸馒头卖。可是他不能够体会父母的这份心意。也许是假期里父母有时让他帮帮忙，他心里是有些不情愿的，因为看到别的孩子可以随时出去玩，他总觉得自己太累。

另一位同学——他父母离异，母亲已经好几年没有回来过了。但据我所知，他母亲为了能见到他，已经到学校门前偷偷地看过他几次了。

班里还有两个男生，是一对双胞胎。他们不善于表达，平时说话都不流畅。一说要写作文，他们两个都皱起了眉头。

看来这些同学还是需要进一步指导。

想到这里，我走到第一个男生跟前问他：“每天早上你起床时，父母在做什么？晚上睡觉时，他们睡了吗？”他的表情仍有些麻木。我的心有些难过。家长为孩子付出了那么多，可是孩子并没有体谅到他们的辛苦。我继续启发：“白天在家里你父母一天的工作情况你看到过吗？把这些细节写下来，你会有感触的。”他低下了头。“好好想一想。”我鼓励他。

对于第二位同学我则安慰他：“妈妈虽然不在家里，但她是爱你的呀！你可以回忆和妈妈在一起的时候，还能记起的事情，给你的是快乐还是温暖？从这些小事中也许能感受到妈妈对自己的爱。把它写出来，表达你对妈妈的感谢。可以吗？”他听了我的话，点点头，趴在桌上思考了起来。

至于那一对双胞胎，我用他母亲带着他们两个和别的母亲带一个孩子做比较，让他们理解自己的母亲对孩子的爱一点儿也不少，可付出的却比别的母亲多得多。他们两个也能安下心来寻找事例了。

就这样，我在教室里一边做着个别学生的辅导，一边欣赏他们的习作，突然为自己能够如此了解学生而感到了快乐。正是因为对他们熟悉，对他们的家庭情况比较了解，才可能有针对性地进行引导。

很快有学生开始上交习作，看着看着，自己不禁感动起来。他们以《给妈妈的一封信》为题，有的是以一件事为主线，有的是直抒胸臆“妈妈，谢谢您”，还有同学抓的是“爱，踩着云朵而来”等难忘的瞬间。他们的语言很朴实，但感情却很真挚，有很多细节让我感动。

一位从小跟着奶奶长大的女生写原来认为妈妈偏心，后来通过一次考试失误让她体会到了母爱，消除了母女间多年的隔膜；还有一位父母离异的学生，意识到在经济紧张的情况下，母亲拿出钱来支持他参加武术考段，那是厚重的70元；还有一位平时特别娇气的男生写自己不懂得“子不嫌母丑”的道理，后悔伤了妈妈的心；有同学在信中哭诉自己对离开家庭的妈妈那种深切的思念；还有同学通过回忆母亲陪伴他参加网球比赛来表达对母亲的深深谢意……

那几位开始为写什么而发愁的学生也终于通过回忆写出了自己的心里话：

第一位男生通过回忆母亲在生活上对他的照顾，意识到自己平时在家里不够体贴母亲，对母亲态度野蛮，以后一定要改正。

第二位男同学，面对很久不回家的妈妈，他选择讲述自己得病时母亲陪伴他到郑州治疗的事情，在信中他说道：“妈妈是我的精神支柱，我相信妈妈永远爱我。”

那一对双胞胎兄弟通过妈妈为自己报兴趣班、做丰盛的饭菜等表示理解了妈妈对自己的爱，他们不约而同地在信中表示：“妈妈，我爱您！”

……

这一次作文的指导课，使我明白了：要想让学生们都能写出真情、实感，老师要重视“面”的指导，还要注重“点”的处理，也就是有针对性的个别辅导。只有这样才能帮助学生找准习作的切入点，挖掘情感的敏锐处，才有可能做到“我手写我心”。

我没朋友……

开封市梁苑小学　李岚华

课堂上解决的每一件突发事件，对我来说都是一个个珍贵的回忆。

“一二三四五六七，我的朋友在哪里？”随着孩子们稚嫩的歌声，今天音乐课上我们要学习音乐游戏《找朋友》。当大家随着欢快的音乐都找到自己的朋友时，班里突然响起了一声响亮的哭声，我的心一下悬在了空中，不会是谁受伤了吧？我赶紧让大家都坐回位置，才发现原来是班里最不合群的一个学生，在揉着眼睛哇哇大哭。我赶忙来到她的身边问：“你怎么了？是哪里不舒服吗？”她揉了揉眼睛说：“老师，没有人和我交朋友，我找她们跳舞，她们都不和我跳！呜呜呜呜……”原来如此，刚才揪起来的心，一下子放了下来，我来到讲台前面问：“同学们，你们为什么不和原野同学交朋友、跳舞啊？”下面的学生马上开始七嘴八舌地说起来了，“她平时表现不好”“她不讲卫生”“她不是好孩子”……各种各样的“告状声”让原本大哭的原野只顾眨巴眨巴眼睛，也不敢说话了。我用手制止了同学们并不准备停下来的责备声，说：“同学们，你们都是生活在一个班集体的小伙伴。如果你们只看到她的缺点，不能看到她的优点，排斥她，她就永远不能进步。我们应该互相帮助，互相爱护，努力让她成为我们中的一员，对吗？”学生齐声说：“对。”我又说：“原野，刚才同学们对你提出的意见你能接受吗？”原野边点头边抽噎。“原野过来让我看看你的小手。”我拿起她那一双黑乎乎的小手说：“嗯，确实有点脏。你们大家谁愿意成为原野的朋友来帮助她？”经过我刚才一番话的调动，大家纷纷举起了小手。看到同学们热情的小手，我又问：“原野你最想和谁成为好朋友，就请他陪你去洗洗你的‘小爪子’。”听了我的话，原野破涕为笑，她找来一位班里的同学和她一起去洗了洗手。一会儿，她们手拉手回到班里，我让原野把她的小白手展示给大家看，大家不约而同地鼓起了掌。这时我宣布我们的音乐游戏继续进行，欢快的音乐在教室里回响，原野和班里的同学们快乐地游戏着。

课后，回想起上课时发生的事情，我感慨万千。我应该感谢这次课堂上发生的事，它让我的学生们真正地做到团结同学、爱护同学，这不是简单的唱唱有关好朋友的歌就能教育到孩子的。感谢课堂上每次的突发事件，这不仅教育了学生，同时也教育了我！

解惑《格尔尼卡》

开封市梁苑小学　赵　敏

在小学六年级《美术》下册的教材中，有一节欣赏课，内容是西班牙著名画家毕加索的《格尔尼卡》。

在上这一课时，有一位同学突然把手举起来说："老师，这幅画很难看，我不喜欢它。"全班同学也随口说："这幅画太难看，我们也不喜欢它。"一时间，我的欣赏课陷入了僵局，《格尔尼卡》是一幅很伟大、很杰出、很有创造力的作品，我是继续带领学生欣赏还是终止呢？它可是世界名画呀！不行，我得想办法让他们欣赏这幅画，并且喜欢上它。

我走到那位同学面前，轻声问："你为什么不喜欢这幅作品。"他说："这幅画里面的人和马很丑。一点儿也不美，太难看。"另一位同学举手说："画里面感觉很乱、很恐怖。"还有一位同学说："画中没有鲜艳的颜色，全是黑、白、灰，感觉很压抑。"听完同学们的回答，我笑着说："你们说得太好了，我和你们的观点一致，当我第一眼看到这幅作品时，我也不喜欢，这幅画里面的人物确实很丑，内容很乱，颜色也不鲜艳，感觉很压抑。但是画家这样画，肯定有他的道理，我们不妨看一看画里面都画了些什么。"学生说道："抱孩子的母亲、牛头、马、断臂倒在地上的人、举灯的女人、奔跑的人……"画家在什么情况下画的这幅作品呢？我讲了一些有关《格尔尼卡》的故事。格尔尼卡是一个西班牙有名的小镇，那里风光旖旎、优美，人称"四月天"。在1936年10月，西班牙发生了内战。1937年4月26日，德国法西斯的飞机对格尔尼卡小镇进行了狂轰滥炸，格尔尼卡小镇当时正逢集市，2000名无辜贫民丧生，格尔尼卡被夷为平地，这一事件震惊了全世界，也震惊了毕加索。当他听到这个消息后义愤填膺，挥笔创作了大型油画《格尔尼卡》；这幅画全长349.3cm，宽776.7cm。

通过我的讲解，同学们仔细观察作品，并且分组讨论作品内容，看看同学们从中领悟到了什么？师生共同总结："《格尔尼卡》表现了城镇惨遭法西斯暴行的情景，呈现出一派悲壮气氛，画中有一位悲痛欲绝的母亲怀抱被炸死的婴儿仰天哭喊，一匹被刺伤的马仰头嘶鸣，马的身下躺着一名士兵，右手握着剑，左手拿着花，还有一位妇女从窗子里探出头，右手举着一盏灯、灯光四射，画面右侧是一个女人举着双手，抬着头在爆炸声中呼救，这一切把法西斯的罪行暴露无遗。”师生总结后，师问：“画中的人物为什么这么丑？”生：“为了表现人们的遭遇、恐惧、愤怒……而且为了表现丑，画家在作品中运用了夸张、变形的手法。”师：“颜色为什么不鲜亮，用黑、白、灰？”生：“如果用鲜亮活泼的颜色不适合当时的恐惧场面。”这幅作品是用剪贴的手法但达到的效果并不是真正的剪贴手法。而是采用手绘的方式表现出来的，那一块叠着另一块的“剪切”图形，仅限于黑、白、灰三色，更加突出画面的紧张与恐怖气氛。

我通过对画中各要素的分析和解读，讲解画的历史背景，使学生们终于了解到此画的特点。“这幅画表面上很乱，但在画面正中央，不同的亮色图像互相交叠，构成了一个等腰三角形，三角形的中轴恰好使整幅作品均分为正方形，使画面左右两边平衡，这幅作品绘画手法非常巧妙，你们现在对这幅画有何评价？”生：“《格尔尼卡》的绘画非常奇特，画风别具一格，我很喜欢。”

我讲完这些内容，学生顿时豁然开朗，疑惑全无，有一个学生情不自禁地站起来说：“原来《格尔尼卡》这幅作品，让老师赏析后是这样有内涵呀！”

通过这节《格尔尼卡》欣赏课，我深深领悟到：艺术是没有时空和地域之分的，当我们真正融入到艺术家创作的意境当中时，才能感受到它无穷的魅力。

让思维长上翅膀

开封市梁苑小学　张　真

今天是星期二，第一节课是我的语文课。“丁零零”上课了，我像往常一样胸有成竹地走进教室。今天要讲的是有关爱护树木，保护周围环境，维护生态平衡的一篇文章，我想这对于学生来说，内容浅显易懂，中心也比较明确。

课堂上同学们很快理解了小村庄原来的面貌，非常的美丽：森林、河水、天空、空气是那么令人心旷神怡。

当学习到小村庄的人们用锋利的斧头砍树造起一栋栋房子，制造各式各样的家具时，大部分同学都对村民的这种做法表示不满，认为不应该这样做。这时我们班一位刚转来不久的同学用不太标准的普通话说：“不砍树造房，那用什么？难道都得像解放军一样搭帐篷吗？村民们喂的牛、羊怎么办？”

他的话音刚落，教室里一石激起千层浪。

有的说：“不管怎样，砍树就是不对。”

有的说：“对呀，说不定村民穷，买不起砖瓦盖房呢？”

有的说：“农村哪像城市可以盖楼呢？”

还有的说：“现在的农村什么样呢？盖房真的需要砍树，我爸前几天刚给我买了一个新的书架，说是用木头做的，对身体好，这也是砍树做的吗？”

……

议论声越来越多，越来越大，几乎快成为正、反两方了。我此时也是一边看、一边听，脑子瞬间旋转几百圈，得想个对策呀，不能就这样下课呀！怎么办，怎么办……

有了，因势利导。

“好了，同学们，既然大家讨论得这么激烈，不如我们就像辩论赛那样，分正方、反方来各抒己见吧。”

接下来，调座位，各方讨论，找证词，十分钟下来，一切准备就绪。

开始辩论时两方争得面红耳赤，各不相让。

正方：“同学们，盖房我们可以想办法，家具也可以想办法。反方同学，难道我们真的像课文中的村民一样，对环境保护没有一点意识，自生自灭。最终走向灭亡吗？那我们的人生还有什么意义？”

反方顿时无言，是呀，破坏环境的危害真的很大！

此时的教室变得寂静无声。好，该我上场了。

“同学们辩论得很好，对本课的理解学习起到了重要作用。是呀，同学们，保护环境是人类的大事，你们看看我们身边的环境，雾霾天气造成了因呼吸道引起的疾病急速上升，河水的污染造成了多少生命逝去。看老师准备的图片，请同学们完成课后综合性学习作业，调查身边的环境情况，找出破坏环境的原因，寻求合理的整治办法，好吗？”

“好！”

我想，课堂上的因势利导，以学生为主体非常重要。学生学会了，学懂了，思维长上了翅膀，不是我们当老师最为高兴的吗？

从争论到安静，将理解埋在孩子们心中

开封市魏都路小学 李茜茜

在每个单元的口语交际中，我都坚持“让孩子多说”的原则，只要不偏离主题，想说什么说什么，自己的经历或是别人的感悟，哪怕是在作文书上看到的内容，只要你敢上台来展示给大家听，就能得到红星奖励。所以，我们班的孩子很喜欢上口语交际课，喜欢上台来展示。有时候单是口语交际就要用上三节课。可是，这一次的口语交际课却几乎没有学生上台交流。

这一次的口语交际主题是“爸爸妈妈对我的爱”，让孩子们举一些日常生活中的具体事例来说一说爸爸妈妈是如何关爱他们的。本以为这是一个最容易交流的话题，哪有父母不爱自己孩子的呢？父母关爱孩子的事情肯定能说出一大车来！可是当我宣布主题，进行活动时，孩子们却一个个面露难色。

“老师，我知道爸爸妈妈很爱我，但是实在是没有什么事情可说呀……”

“我也是……”

“老师，我和爸爸妈妈一天到晚说不了几句话，他们都在忙生意……”

“就是，就是，我上学时一天到晚在学校，到了周六、周日，他们又不在家……”

“老师，我只知道我犯错误时，爸爸总是狠狠地揍我，其他的事情真没有……”

“我觉得我爸爸也不爱我，总是打我……”

“老师，我的爸爸妈妈在外地打工，我一年也见不了他们几次……”

“我跟他一样，爸爸妈妈都不在家……”

……

孩子们七嘴八舌地议论着，抱怨的氛围越来越强。我听着他们的议论，心中也冒出了酸楚。的确，我们学校的生源以务工子女为主，这些孩子有的是留守儿童；有的父母虽在身边，可是父母却不得不为生计忙碌，没有过多的精力关注孩子。虽然我很同情他们，但是现在必须让他们停下抱怨，不然感恩父母的口语交际，就要变成批判父母大会了。

我喊出口令，孩子们安静了下来。我想让他们知道，父母对他们的爱可能没有书本上写的或电影上演的那么感人肺腑，可是他们的爱就在点点滴滴的生活琐事中。我说：“每天早晨叫你起床的是谁？每天为你准备早餐的是谁？每

天接你放学的是谁？当你出去玩，没有按时回家，满世界焦急找你的又是谁？当你生病，担心你、带你看病、照顾你的又是谁……看似普通的一声呼唤、看似简单的一顿饭、看似平常的一次抚摸……这里面都蕴藏着父母对你的爱！而你是否注意过这些看似平常的小事呢？”听完我这段话，孩子们沉默了，从他们的表情和动作中，我感觉到，他们在回忆他们曾忽略的那些琐事。

我趁机说：“哪位同学想起了爸爸妈妈曾为你做过的小事，在这件小事中，你感受到他们对你的关爱了吗？”有两名同学举手，我兴奋地叫起他们，让他们上台来做交流。

笑笑同学说：“有一次天气变冷了，妈妈让我多穿几件衣服，我不想穿，便趁妈妈不注意偷偷到了学校。可是，因为天气太冷，自己冻感冒了。害得妈妈跑到学校，把我接走，带我去看病。从这件事中，我体会到妈妈对我的爱。”

杨杨同学说：“有一次，天气本来很好，可是到下午时下起了雨。放学时，我在想着该怎么回家时，听到了爸爸的呼喊声，原来爸爸来给我送伞了。撑着小雨伞，我很幸福，我感受到爸爸对我的爱。”

听完两位同学的交流，班级里又热闹起来。

“我也有过……”

“和我想说的事情差不多……”

“老师，我也有！每天爸爸妈妈不管多累，总会辅导我的作业，我从这里也体会到他们的爱……”

在热闹中，有一双小手举了起来。我让大家安静。

“小梦，你有什么想说的？”

“老师，像我们这种爸爸妈妈不在身边的，该怎么说呢？”

听到这个问题，我愣了一下。其他学生有的表情悲伤、有的面带同情。的确，我有点忽略这些留守儿童的感受。当他们听着其他同学或多或少地说着与父母发生的温馨故事时，心里会怎样想呢？我本想转移话题，让他们说一说现在谁在照顾他们，这些人是怎样爱他们的。可是我觉得，我得让他们理解父母的无奈和难处，在理解的基础上，去爱自己的父母。于是，我说：“父母由于生活的需要，不得不与你们分别，到外地打工挣钱。但他们也总是抽出时间回来看你们。在这短暂的相聚中，有没有什么事情让你感受到父母对你的爱呢？”

小梦若有所思，“老师，我有！”我请她到前面，与同学们交流。

“我两岁就跟着爷爷奶奶了。五岁那年有一天爸爸妈妈回家看我。可我已经不认识他们了，见面时，我没有叫‘爸爸’‘妈妈’。等到了晚上，妈妈抱着我说：'女儿，你不认识我了吗？我是妈妈呀！'我才忍不住叫了声'妈妈'。后来，他们带我去浙江玩。在那里，他们工作再忙，也要坚持亲自给我做好吃的。我生日那天，他们买了个大蛋糕，我们一起吃，真的很幸福。今年，爸爸妈妈回来时，对我说，让我再等他们三年，三年后，他们就回来和我一起生活。可是，我真的不想等了，我好想跟他们说：'爸爸、妈妈，我爱你们，你们快点回来吧！'"

听完小梦的话，我情不自禁地流下眼泪，并去拥抱她。其他孩子也很感动，有的甚至哭了起来。

我控制了一下自己的情绪，说："天下没有不爱子女的父母，只不过，他们爱的方式不同。有的是听到烦的唠叨，有的是无微不至的照顾，有的是严厉的批评，有的是遥寄的思念……不管是哪种形式，我们都要能够体会其中的深情。面对爸爸妈妈深深的、浓浓的爱，我们应该怎么做才能回报他们呢？"

孩子们纷纷举手。

"听爸爸妈妈的话，不惹他们生气……"

"自己做好自己的事，不让他们操心……"

"好好学习，考个好成绩，让他们高兴……"

"帮爸爸妈妈做些力所能及的家务活，让他们不会太累……"

……

我相信，通过这节课，孩子们能更好地理解父母的辛苦，理解父母对他们的爱。但我也衷心希望做家长的也多去了解孩子们的情感需求，多与他们沟通，花更多的时间去陪伴孩子的成长。

小奖励胜过多批评

开封市魏都路小学　马丽杰

贺芳，一个可爱、天真的女孩子，平时很勤奋，做作业的速度是班里最快的，可就是太粗心，虽然做作业、考试都是第一个做完的，可第一名却总不是她。

每次交卷，我都说："拿试卷回去再检查一遍！"

她很无辜地看着我："我已经检查过了。"

"检查过了也要再检查一遍，这么粗心大意，我说了多少遍了，让你一个字一个字地检查，你就是听不进去。”说着我还重重地把她的试卷拍在桌子上。

可还是没有用，以至于我对她不能得满分的事实已经习惯了，也不再强求她检查了。

在这个学期的期末复习中，我对练习试卷的批改方式做了一些改变，学生做完试卷后，我公布讲评答案。学生在自己的试卷上对的打钩，错的就把答案涂掉，把正确答案改上。改完后统一到我这里盖一个奖章。由于是评改后直接抄上的，所以大多数同学都可以得到这个奖章，当然，芳芳也想领这个奖章，所以听得格外认真。

下课后，她高兴地跑到我面前，兴奋地比画着，有点语无伦次，“老师，您看，这次考试满分！”

看到她兴奋的模样，我知道这对她太有意义了！虽然是改过后的满分，但对于从来没有得过满分的孩子来说，这无疑是最高的奖赏。我决定给她一次小小的奖励，单独送给她一个漂亮的笔记本。

经过这件事情以后，我发现这个孩子的作业越来越工整了，甚至做完作业后不仅要自己检查几遍，还要同桌帮忙校对，争取得到更多的满分。终于，在期中考试中她得到了满分。

我震撼了，一次小小的奖励胜过无数次的批评。

课堂上的哭声

开封市西门大街小学　孙　璇

星期三，我讲了第23课《卡罗纳》，本文讲的是小男孩卡罗纳在遭遇失去母亲的巨大不幸时，身边的人真诚地理解他，热情地安慰他，默默地关爱他。

像平常讲课一样，学生初读课文了解课文大意后，我像以往一样入情入境地朗读课文，当读到卡罗纳回忆起母亲生前每天放学都来接她，每次考试时都千叮咛万嘱咐的情景时，我的声音哽咽了，眼泪也跟着不由自主地流了下来。正当我把学生们逐渐带到课文中的情境时，突然，一位学生大声喊道：“老师，马永恒哭啦！”这下可好，学生的注意力一下子被拉了过去。我看到马永恒同学竟伏在课桌上失声痛哭。他可是个性格开朗、坚强自立的孩子，今天这是怎么啦？怎么办？安慰他？随他去？我的大脑急速地运转着。我决定先不讲课，把情况了解清楚再说。听张振磊说，上周六永恒的姥爷去世了。因为他们都是住校生，平时吃住在一起，所以了解。说实话，当知道马永恒是因为这个原因在哭时，我心中很欣慰。孩子长大了，懂事了，有了对生活的各种体验，感受到了失去亲人的痛苦。我对全班同学说道："失去亲人的感觉是撕心裂肺的，这种生离死别的感觉你们有过吗？"同学们你一言我一语地开始讲述自己的亲身体会。我又接着说："失去亲人时最需要的是什么？"听了这话，已经有同学离开座位来到马永恒的座位旁安慰他，很真挚，很感人。有的说："别哭啦，你要坚强！"有的竟然能够借鉴课文中的语言说："你姥爷虽然已不在这个世界上了，但他能看见你，他依然爱着你……"有的孩子什么话也没有说，只是伸出双手握住了马永恒的手。

看到这些，我很欣慰，很高兴，虽然我没有完成这节课预设的内容，但孩子们得到了更多、更真实的体会。我想起北京大学校长周其凤说的：高考状元的素质不一定比一个农村孩子素质更高，农村孩子吃苦耐劳，尊重别人，知道感恩，这是比会背一些诗歌，多解一道数学题更高的素质。

孩子，我向你道歉

开封市禹王台小学　黄翠玲

俄国教育家乌申斯基曾说过："如果教育学希望从一切方面去教育学生，那么就必须首先也从一切方面了解学生。"的确，作为教师要想所有的学生对你多一份亲近、敬爱与信任，使每位学生都能得到你平等的关注，这就需要我们的老师躬下身来主动去亲近每一位孩子的心灵，用心灵深处的能源，照亮他们的精神世界。

那天是一节自习课，我走进教室，孩子们都在埋头写作业，只有永奇同学在那里发呆，看我走过来，才磨磨蹭蹭地打开铅笔盒，慢腾腾地开始写。"不舒服吗？"我拍拍他的肩膀，半嗔半怪地耳语："咋这么懒啊，还不赶紧写。"没想到，这句话似捅了个马蜂窝，他呼的一声站起来，把书往地上一摔，歇斯底里地吼道："我不懒，你凭什么说我懒！你凭什么说我懒！"孩子们被突如其来的喊声吓了一跳，吃惊地看着我们。我也愣住了：好大的火气啊，就算是我说错了，课堂上也不能这样吵闹啊，更何况三天两头不写作业，不是懒又是什么？真想声色俱厉地训他几句，灭灭他嚣张的气焰，可这个念头只一闪就消失了。唉，毕竟是我的无心之过，永奇又是个倔强的孩子，我哪能让他下不了台呢？这样默默地想着，我心里平静多了。看我没有言语，他反而更加愤怒了，眼睛里喷着火，大声吼："你必须向我道歉，你凭什么说我懒？"

看着他那张愤怒的脸，我大脑飞速转动着，几秒钟后，我有了对策。"好，孩子，我向你道歉，你确实不懒。"我一字一板地说道。他大概没有想到我真的会道歉，他微微怔了一下，情绪也稳定了一些。"你是咱班的劳动能手，无论平时值日还是周末大扫除，你都积极主动、不嫌脏不怕累，怎么能说你懒呢？运动会上你是咱班的主力，为了能为集体争光，你坚持练习跑步，刻苦训练，为咱班取得年级第一立下汗马功劳，又怎么能说你懒呢？所以，你不懒，一点都不懒。"我没有一丝一毫的勉强，真诚的话语打动了包括永奇在内的所有学生。他的脸色已经在我的肯定中阴转多云，又多云转晴。看到他把头低了下去，我决定到此为止，边走上讲台边正色道："刚才老师和永奇同学开了个玩笑，我相信永奇同学在各个方面都会给我们大家做出榜样的。"说完，我把目光悄悄投向永奇，映入我眼帘的是他奋笔疾书的身影。

课后我和他再谈起这件事时，他真诚地向我道歉，承认自己因为课间和同学吵架，心情不好，所以上课时才会大发脾气，请我原谅。最后，这个比我还高的大男孩，信誓旦旦地说："老师，其实我是挺懒的，你向我道歉，我服你了。"听完他的话，我由衷地笑了，为他幼稚坦诚的话语，也为我曾经的退让。

当一次"盲人"

开封市禹王台小学　王　慧

在日常教学过程中，经常会遇到一些突发事件。面对这种情形就应该根据实际情况，因势利导，使课堂教学收到良好的效果。

在《触摸春天》这篇课文中，有一段话是描写盲童安静在花丛中穿梭，作者写"她走的很流畅，没有一点磕磕绊绊……"当我以佩服的语气去讲解这一段时，学生们似乎不太理解，认识不到安静能做到这样多么不容易。我一时不知该如何说起。不理解这个细节，怎能完成对文章主题的理解呢？不行，这样肯定不行！但是，我知道，再像往常那样讲是不行了。

我顿了顿说："同学们，下面咱们把红领巾取下蒙在眼睛上，当五分钟的盲人，在教室里去做你想做的事。"同学们听了很兴奋，纷纷按我的要求去做，五分钟过后，教室里安静下来。我笑眯眯地说："同学们，在这次活动中，我们每个人都会有自己不同的体验和独特的感受。你现在最想说什么呢？"听了这话，同学们的话匣子一下子打开了。

"我想去图书角找一本故事书，在离开座位的时候，把凳子碰翻了，砸着自己的脚，疼死了，当盲人一点儿都不好玩。"

"我想去饮水机那里接水喝，因为眼睛蒙着，我开错了水管，手被烫了一下。"

我看了同学们一眼说："刚才就五分钟，同学们就感受到了那么多困难，而真正的盲人是一辈子都无法看到这个美丽的世界的。设想一下，他们的生活该有多难啊！"

此时，教室里出现了暂时的安静。当我重新讲解文中那段话时，我从同学们的眼神中读出了新的内容。

由于学生的理解能力不强，生活阅历有限，对一些事物的把握不可能一步到位，难免会出现一些认识上的偏差甚至错误。面对这样的情况，我们只有巧用教学机智，因势利导，创设情境，帮助学生过好这个关口，才能取得教育工作的成功。

"放"是为了更好地"收"

开封市禹王台小学　徐　朋

又是一个平平常常的教学日，本学期我校要对课堂教学做探索性研究，我对此非常重视。在上课之前我对教案进行了精心准备。为了让学生充分体验自主学习，培养学生探究问题、解决问题的能力，我准备在教学过程中把整个课堂都交给学生，让学生自主、合作、探究学习，想看一看孩子们自主、探究、合作学习的效果如何。我期待这节课。

分组讨论开始，一个组的组员为谁先发言争执起来："我先说。""不行，我先！"争得面红耳赤。争执的声音压过了其他小组的讨论。

我走到另一个组，一位同学如同见到了裁判，立刻对我说："老师，他说得不对，还不承认。”而那位同学却大声辩解：“我说得对。”

另一组中有一名同学呆呆地坐着。好像大家的讨论和他没丝毫关系，把玩着手中的铅笔纸屑，自娱自乐！

这种流于形式的讨论令我再也看不下去了，短暂的思考后，我认定这种表面的热闹讨论与提倡的自主、合作、探究学习方式相差甚远。真正的自主、合作、探究学习不是放任，而应该是在有目的的组织下进行。于是，我立即拍手示意学生停止讨论，并向他们强调，每个学习小组在交流讨论、合作学习时要有组织、有分工，必须让每个组员都知道自己的任务，例如：组长、记录人等。从而达到每个人都能参与并发表意见的目的。刚才在巡视时我发现有的小组有意见不一致的情况。我让学生提出各自的不同见解，并组织意见一致的同学进行问题梳理，再有理有据地与其他意见持有者进行辩论。

新一轮的合作学习开始了，这时的小组讨论交流明显比刚才秩序井然，从同学们的表情来看，不论是正在表达的，还是在倾听的，都投入了很多，讨论时间到了，有同学还在回答，学生回答得非常精彩。

积极倡导自主、合作、探究的学习方法，它要求老师在授课内容的确定、教学方法的选择、评价方式的设计等各方面都是有助于学生学习方式的形式，并不是放弃老师的指导作用，更不是浮于研究学习的表面，图个热闹，走一走过场。合作学习也应该因课而定、因人而异，应该靠老师的不断引导让学生不断地体验、领悟。方法与形式最终要服务于教育教学。

“老师，我不想这样凑整算”

开封市自由路小学　焦珊珊

今年我又一次教一年级，这已经是我第四次教一年级了。对于一年级的数学教材，有时上课不用课本也能照样上课。近段时间的主要教学内容是“100以内的计算”。教材内容虽有改变，但计算的算理和计算的方法并没有太大的更改。也许是我教一年级的次数有点多了，总认为自己对教材把握得比较到位，上课颇为顺风顺水，种种的教学突发意外都被我巧妙地处理，学生家长也是对我信服、信赖。就在我“喝茶闲适”“怡然自得”之时，一次课堂中学生对计算方法的质疑，使我对教材、《教师教学用书》、《课程标准》中关于计算的内容产生了新的解读。

春光明媚，花香扑鼻，种种外在环境的舒适都让我感到今天的数学课会上得很顺畅。课始，伴着孩子们甜甜的“焦老师好！”我开始了常规教学。孩子们从听算到开火车视算都只用了较短的时间，而且进行得很是顺利，我的心中自是一番得意，认为自己把学生的基本计算训练得很是到位。新授部分的解决问题，学生也准确地分析了题意并列出了算式，只差把计算方法按计划教授，这节课我就 OK 了。因为今天要学习“两位数加一位数的进位加法”，所以昨天就布置作业让学生今天带小棒学具。

在“小学具”“帮助我”的话语中，孩子们快速地拿出小棒，开始自己摆弄起小棒，研究计算“26+9”的方法。也就大约过了有 1 分钟时间，教室里扬起了快乐的童音，“焦老师，我研究出来了！”“焦老师，我也研究出来了！”……其实在前一段的教学中，我已经教学生了几种常用的、快速的计算方法，我心想：你们的研究结果也在我的掌握之中。我微笑着说：“谁来和大家分享你的巨大研究成果？”我的话音还没落，粉嫩的小手就纷纷出现在了我的眼前。最后一个小男子汉得到了第一个发表研究成果的机会。他挺着小肚子快步来到“演讲台”（也就是讲台，平时为了鼓励孩子们，我告诉他们：讲台是最杰出的人展示自己惊人研究结论的演讲台）。

小男子汉自信地说道：“我的研究方法是：数位法。同学们按照我的指挥来操作。先拿出‘2 个十和 6 个一’摆在左边，再拿出‘9 个一’摆在右边；然后把‘6 个一’和‘9 个一’合在一起是‘15 个一’；最后把‘2 个十’和‘15 个一’合在一起是 35。”坐着的孩子响应着他。小男子汉自信地回到座位上。我说道：“你们都和他研究的一样吗？谁能简单地说一说计算过程？”另一个韩版小帅哥补充道：“先算 6 加 9 得 15，再算 15 加 20 得 35。”此时，我嘴角找眼角，暗暗自美，心想：他语言简练、思路清晰，这节课的重点算是过了，只等下面稍加练习，教学任务就完成了。

“谁还有不同的研究方法？”我问道。“焦老师，我有。”一个小淑女用清甜的嗓音答道。小淑女优雅地来到“演讲台”，“我研究的是‘凑整法’。请同学们把 26 根小棒摆左边，9 根小棒摆右边；移动 9 根小棒中的 4 根到 26 根小棒中的 6 根小棒的旁边，得到 30 根；再用 30 加 9 根中剩下的 5 根，得到 35 根。我先算的 26 加 4 等于 30，再算 30 加 5 等于 35。”孩子们自发地送给她掌声，淑女自如地回到座位。我喜上眉梢，这节课的第二种计算方法也被孩子们自己解决了，难点通过。我的孩子们太棒了，条理清晰，表述准确，多多点赞。

正当我自鸣得意想进入到下一个教学环节时，一个平时很少发言的女孩举起了手。我想，她一定是想去卫生间。我向外摆了摆手，暗示让她上厕所，可她还是举着手；我又摆了摆手，她还坚定地举着手，无奈之下我叫起了她。“老师，我不想这样凑整算，我想凑十算。”女孩低着头但又大声地说道。我想：她一定是对“整”的理解有偏差。于是说道：“我们把10、20、30…90叫做整十数，所以‘凑十法’就是‘凑整法’。”孩子们中传来了低低的窃喜声。为了不伤害她的自尊，我急于让她坐下，可这次她却抬头说：“老师，我会用凑十算，不是凑整算。我把9凑成10，再用10加25等于35。也就是把26分成25和1，把1和9相加得10。”教室里安静了，转瞬静寂了。孩子们眼睛里闪烁着思考，闪烁着认可。孩子们对着她微笑，对着她赞许地笑。我说：“孩子们，这种方法不叫‘凑十法’，叫‘×××法’好不好？”“好！”她平静地坐下了。

下课后，我又反复地研读教材和教学用书，没有一丝“两位数加一位数进位加的凑十法”的踪迹。我十分庆幸课上让那个女生说出了自己的方法，我更庆幸她坚持把自己的方法表述出来。研读教材固然重要，研读学生才是教学的命脉。课堂是学生的课堂，不是教师习惯的课堂。教学应以学生为本，发展学生的个性，培养他们的创新意识。一个个看似微小的细节展现出教与学的巨大能量。

空白中的色彩

开封市自由路小学　王颖莉

曾经在一篇论文中看到“补白，作为一种阅读教学中的操作技巧，是指在教学实践过程中，对与课文有关但课文没有写或没有直接写的内容进行有针对性的补充、解释和说明，使教学内容更加周密、清楚、完整，从而提高教学效率，达到教学目标。”当时，并没有深刻领悟文章的内涵。没想到在教学《少年闰土》一课时，面对突如其来的状况，我利用作品中留下的“空白”，不仅启发学生展开合理的联想和想象，与作品展开对话，而且让学生明白了做人的道理。

和往常一样，初读课文之后，我引导学生思考“少年闰土给你留下怎样的印象”。学生根据我出示的插图，“初步介绍一下少年闰土”。学生很快从课文中的外貌描写和细节描写总结出闰土年少、健康、天真活泼、非常可爱的形象。有的说："闰土是忙月的儿子，家在海边，因为经常劳动，脸色是健康的紫红色。他是个农村孩子，所以见人很怕羞，但与同龄小伙伴却能很快熟悉，这一点和我们差不多。"有的说："闰土是个被家人疼爱的孩子。从取名和戴着银项圈可以看出。"有的说："闰土是一个见多识广的孩子，他知道很多事，文中的'我'却不知道，有很多是第一次听说，像看跳鱼、刺猹。"有的说："我觉得闰土是一个很重感情的孩子。从闰土与'我'分别时躲到厨房里不肯出门及走后托父亲带给我礼物就可以看出。"一切正按照我设计的教学过程有条不紊地展开着。突然，一个学生站起来，说："我觉得闰土是个幸运的孩子，有一个这么有钱有势的少爷和他做朋友。"我一下子愣住了，下意识地就想去批评孩子的拜金思想，但话没说出口，又咽了回去，在这个金钱至上的社会风气影响下，在一切向钱看的思想熏陶下，孩子有这样的思想也是可以理解的。如果我只是生硬地批评孩子，会让学生在现实和理想之间产生困惑：为什么书上讲的和现实中真实存在的不一样呢？如果回避这个问题，孩子也许会树立错误的人生观和价值观。

"有钱的少爷？"文中并没有对"我"这个形象的描写，我为什么不抓住这个契机，将文章补白，让孩子自己找到这个问题的正确答案呢？于是，我充满疑惑地说："这两个少年做朋友，难道只是闰土的幸运吗？大家对文中这个少爷形象有哪些了解？"聪明的学生赶紧去翻看课文，却发现课文只字未提，在学生迫切找寻答案的目光中，我水到渠成地抛出了自己的问题："同学们，你们能不能根据'我'的生活经历来想象一下'我'会是个怎样的形象？"学生一下来了兴致，纷纷推想"我"的形象，有的说："我觉得文中的'我'是一个头戴一顶瓜皮帽，身上穿一件丝绸小马褂的少年。因为电视上演的地主家的小少爷都是这样的打扮。"有的说："'我'脸色苍白，身体一定很不好，说不定一阵风就能把'我'吹倒，因为'我'整天呆在高墙大院中，连门都不出。"有的说："'我'肯定什么活也不会干，什么事情也不会做，手又白又嫩，说不定还有将军肚。"听后，我假装困惑地问刚才的那个学生："他不是个有钱的少爷吗？还有什么买不到的？可是听起来他过得并不怎么快乐呀？""这个——"看着学生张口结舌的样子，我并没有为难他，而是转换了问题："难道闰土拥有什么钱买不到的东西吗？我们进一步来学习课文，希望学完之后你会有答案。"接下来我就带领学生深入学习了闰土给"我"讲的五件事，讲完之后，我又把刚才那个孩子叫起来了："你现在觉得闰土和文中的'我'谁更幸运？”只见那个孩子不好意思地笑笑，说：“现在我觉得作为少爷的‘我’更幸运，因为闰土知道许多‘我’不知道的事情。像捕鸟呀，看瓜，刺猹呀，看跳鱼这些有趣的事儿。闰土的生活是那么自由自在，丰富多彩。他把这些事情讲给少爷听，给整天待在高墙大院里生活苦闷的‘我’，带来了许多快乐。他能有一个这样的朋友是真正的幸运。”“是呀，孩子们，钱买不来快乐，也买不来幸福。所以我们在追求我们的目标时，不能像社会上的某些人一样，一切向钱看，世界上还有比钱更重要的东西，那就是自由、快乐和友情。”看到提问的孩子和其他孩子一起，心悦诚服地点点头，我知道，这次的教育成功了。

孔子曰：“学而不思则罔，思而不学则殆。”“学”和“思”是一个紧密的结合体，不可分割。语文教学中巧妙运用“空白”艺术是学生学习认知规律的需要，课堂上的“留白”正是在学的同时构建一个“思”的平台。学生在课堂上通过对少爷这一形象的补白，让一个生活枯燥无味向往自由生活的少爷形象一下子丰满起来，显然，经过这一补白处理以后，学生无论对文章的内在逻辑和审美价值的认识，还是在语文能力提高等方面，都是“补白”之前所不可比拟的。这个课堂上一次偶然的契机，也让我明白了文本是一个动态的、开放的，蕴含着无限可能的独特存在，它作为一个独立的个体，渴求被理解，它向读者发出热情的邀请，召唤着读者对其空白进行填充和建构，而在这个与文本对话的过程中主体只能是学生，教师要给学生充分的时间和自由去亲自体验作品，让学生在与作品的对话中感受品味和思索。只有在学生需要帮助时，教师才可以用启发提问的方式方法给他们以启迪，引导他们深入文本世界，达成与文本世界的整合。让学生体味空白带来的“言有尽而意无穷”的美丽韵味，这正是我们教师在教学中所努力追求的空白中那一片绚烂色彩。

美术课上的“意外来客”

开封市自由路小学　张华丽

“丁零零”上课铃声响了，踏着轻快的铃声，我走到了教室门口，准备上美术课，没进教室，就听到了同学们大呼小叫的声音，还有几位慌慌张张迟到的同学。我走进了教室，站在讲台上，准备上课，可同学们还在交头接耳，好像没看见我似的，气氛和往常完全不同，几乎无法进行正常教学。“谁告诉我，班上发生了什么事情？”我大声问道，立刻，就有同学举手向我汇报，说班上的李潇潇（化名）同学在玩虫子。接下来，同学们七嘴八舌地说了起来，有的同学告诉我，他的虫子是课间从学校的花坛中捉到的；还有的同学说，他课间经常去花坛中捉小虫子。而此时的李潇潇低着头，身体紧绷，额头渗出了细密的汗珠，小眼睛时不时偷偷地紧张地看着我。看得出来，此时的潇潇既紧张又害怕，知道自己做错了事情老师要批评。在同学们七嘴八舌的汇报中，我大概了解了事情的全过程，潇潇和同学们，都紧张地注视着我，等待着看我怎样批评李潇潇同学。

此时，我真的很为难。我既要让同学们知道怎样遵守课堂纪律，又要避免和李潇潇同学发生正面冲突，以免伤了他的自尊心。同时，我也知道，对课堂上这些突发事件的处理也是对教师随机应变能力的考验，我到底该怎么办呢？

这时，我想起了首都师范大学美术学院尹少淳教授的一篇文章《美术好课之我见》，尹教授说：“一节好课，不是老师备好课，上好课，而是老师如何在无法预知的条件下去上好课，去更好地解决课堂中的突发问题，这样的课堂才是好的课堂，这样的老师，才是好的老师。”文章还向我们介绍了几种最为实用的方法。

我清了清嗓音，走到了李潇潇的面前，轻声问他：“潇潇同学，可以让我看看你的小虫子吗？”

其他同学都把视线转向了潇潇，潇潇非常舍不得地把虫子交给了我。我仔细一看，方方的小盒子中，几个小潮虫卷成了一团，在盒子里滚来滚去。

我装作吃惊夸张地大声说了一句：“啊，这些小虫子像小西瓜一样，好可爱！”

同学们和潇潇都吃惊地看着我，不知道我葫芦里到底卖什么药。

“同学们，谁能告诉我它的名字？”我提问道。

“老师，他的身体像个球，是不是叫球形虫？”

“老师，他的身体会卷，我猜是不是叫卷曲虫？”

“老师……”同学们七嘴八舌地说了起来。

这时，李潇潇同学站了起来，大声地说道：“你们说的不对，它的名字叫潮虫，还叫西瓜虫。”

我夸张地放大了表情，惊喜地看着潇潇说：“潇潇，你好厉害。”潇潇不好意思地挠挠头，轻轻地坐了下来，不过，这次，他把头仰得高高的，认真地在听我说话。

“同学们，我们今天就来画一画我们这位课堂中的‘意外来客’，好吗？”

同学们大声回答了我：“好。”都兴奋地鼓起了掌。

“潇潇，可以把小虫子借给我用一下吗？”

“嗯。”潇潇用力地、兴奋地点了一下头。

我把小潮虫拿在手中，引导同学们从各个角度去观察小潮虫。因为同学们对小潮虫都感兴趣，所以，大家发言也很踊跃。有的同学说小潮虫的头是半圆形的，有的同学说小潮虫的身体是椭圆形的，有的同学说它还有一对弯弯的触角，有的同学说它卷起来像个圆形，还有的同学说小潮虫一节一节的身体是梯形和长方形组成的，等等。学生们通过对小潮虫的观察和分析，很快就在作业本上画出了一只只花纹各异、造型生动的小潮虫。

最后，在我们欣赏作业的时候，我告诉了同学们：“这种小虫子，它的学名叫鼠妇，又叫潮虫、西瓜虫、团子虫或者地蚤婆。你们别看它长得不好看，它可是药材呢，我们喉咙疼、嘴巴烂的时候，把它进行处理晾晒之后，医生会把它当作药来给我们治病。因为它害怕阳光，所以最喜欢躲在阴暗、潮湿的地方，比如花坛的土里面，就是它们最喜欢安家的地方。同学们，今天是谁教会了我们画小潮虫的？”孩子们纷纷指向了我，我摇了摇头，把我的手指向了李潇潇。大家又是一阵掌声，潇潇站了起来说：“老师，我一下课就把它送回花坛，不让它见阳光，让它为更多的人治病。”

到此为止，我认为这件事情画上了圆满的句号，可是没几天，潇潇的老师碰见了我，告诉我潇潇最近特别爱看书，特别是和动物有关的，说他要像我一样，也要做一个动物学家。我暗暗捏了一把汗，幸好我碰到了一只我认识的小虫子，如果我不认识，那我能否还能成为他的榜样呢？看来，知识要学习得更全面些，只有这样，才能更好地去面对这些突发事件。

通过这件事，我也知道了如何更有效地解决课堂上的突发问题，也是一个可以引发大家共同思考的问题。作为教师，首先我们要学会理解，学会宽容，要以诚挚的态度和爱心去宽容学生的错误，要有与学生平等相处的心态，这样才有助于宽松的学习环境与民主氛围的形成，也是学生进行有效学习的保障；其次，美术教师在美术课的开发上可以进行大胆尝试，根据学生的兴趣和关注对象，因情景的发生和发展进行情景教学。在以后的教学中，我会继续寻找更多适合孩子的学习方式，多读书，做到学以致用，以自己的创造性教学启发孩子的心智，赢得学生的尊重和欢迎。

这次习作因“风波”而起

开封市自由路小学　张晓蕾

今天作文课准备让学生独立完成。即将上课，作业本已经发到了学生手中，我刚要说作文要求，数学老师刘老师表情严肃地推门而入。

“张老师，占用你几分钟，刚才收的钱不够，差八十元，我想核对一下。”

核对开始，下面的学生眼睛都睁得老大，唯恐念名字时漏掉自己的。最后竟有一组的八个同学站在了那里，同学们都投去惊讶的目光。

“老师，我交了！”

“我也交了！”

“早上真的交给组长了！”

这几个学生争先恐后地喊着，有的太激动脸涨得通红，有的喊得声音都变了，都在极力证明自己的无辜。教室此时也炸开了锅，抓耳挠腮的，窃窃私语的，还有的同学开始猜测是谁拿了这八十元钱。

“好了，先安静下来，我陪刘老师再去找找，看是不是掉哪儿了。”最后，刘老师在办公室的一大摞作业下面发现了一个纸包，正是那一小组的钱，里面八十元，一分钱也不少。

刘老师来到教室给同学们道歉，说是自己的疏忽引发了此次风波。学生们如释重负，尤其是那八个孩子，笑得尤为开心。看着热闹的教室，我灵机一动：“同学们，咱们今天的作文就以刚才发生的‘收钱风波’为内容好吗？相信每个同学都有许多话要说……”

不到一节课，学生们的作文就陆陆续续交上来了。“疑惑”“议论”“真相”“道德”……不管是收钱的组长，被丢钱的组员，还是周围的同学，都以自己的角度将此次风波淋漓尽致地呈现出来，再也没有学生说不知道怎么写了。真的是真情实感啊。

小学生的作文叫习作，是处在练笔的过程，只有紧扣生活，文笔才会有源泉。我们身边每天都发生着不计其数的新鲜事，学生的家庭生活、校园生活、社会生活本应该是丰富多彩的，但是学生大多充耳不闻、视而不见，作文时往往不知从何处下手。可见引导学生学会观察生活是习作的重要一环。而此次“风波”

正是一次很好的习作机会，学生刚经历完，有着最真实的体验和思考，学生太有话说了，所以都能顺利完成习作。

记得小学语文教学专家窦桂梅在一篇论文中谈道："让真实的作文在孩子的心灵里安营扎寨。"作文教学要让孩子知道，我口抒我心，我手书我口，就是我怎么想就怎么写，我怎么说的就怎么写。只要我们是语文老师，我们就应该让真实的生活、真挚的情感、真切的思想在孩子们的心灵里安营扎寨。巴金说得多好啊，写作就是无技巧的再现生活。我们就是要无技巧地教给孩子生活，也应该深情地告诉他们，生活就是作文。

另外，这次习作学生写得最成功的地方就是心理活动。说成功是因为它真实。同一件事，不同的人内心反应是不一样的。写作文要忠于自己的想法、反应，哪怕不一定正确。对作文来讲，那个不一定正确的想法才是最真实的想法。作为教师，在教学生睁大眼睛看外面的世界，听人的对话，看人的动作、表情、外貌的同时，更要注重让学生去关注自己内在的心灵世界，而这次习作学生做到了这一点。

现在看来，这场风波虽然搅了一潭静水，却激发了学生的习作热情，真是一次很好的体验呀！

风是有颜色的吗？

开封市群英幼儿园　晁　阳

语言课上"风是什么"是通过学习诗歌来了解风的。

风无时无刻都在我们身边，只要空气流动就会形成风。风是无色无味的，但我们能从感觉感受到风的存在。诗歌学习朗诵了两遍后，有这么一个思考性问题：小朋友见过风吗？风是什么样的？问题提出后，孩子们跃跃欲试举手发言。壮壮说："风是透明的，当我的头发被吹起来，风就在我身边了。"我表扬了一番后示意壮壮坐下。涛涛也举手："老师，风是没有味道的，当我看见红旗飘起来了，就知道风来了。"我又对涛涛的表达进行了赞美。这时候糖糖把小手举得老高，甚至都要从座位上站起来了，看来她有了好答案，于是我请她来回答，糖糖说："老师我觉得风是黑色的，而且有很多很多不同的味道。"她的回答出乎我的预料，也激发了大部分孩子的兴趣，只见他们开始在下边激烈地讨论了起来："就是就是，我觉得风是绿色的"，"我觉得是黄色的"，"我说风是红的"……就这样，孩子们七嘴八舌，原本安静的课堂，顿时炸开了锅。我急于要稳定住孩子们的情绪，便说："刚才糖糖说的对吗？我们上科学课的时候是怎么说的？风应该是无色无味透明的，我们抓不住也摸不着。"我为我最后的总结陈述而感到满意。可没想到，教室在安静了两秒钟后又起了风波，首先开腔的还是糖糖，她说："刮起龙卷风的时候我看见了黑色的风，那些风卷啊卷，把很多东西都卷起来，就看见了黑色的风！"她振振有词地说着。"就是，就是……"显然，很多孩子同意她的观点。这时，刚才回答问题的壮壮也说道："老师我觉得风是绿色的！"我问："是吗？"他依然坚定："当我闻到草的味道，闭上眼睛，就能感觉到绿色的风吹过。"多么美的一句话啊！是呀，平日里我们倡导的培养孩子的语言修辞、陈述表达，宣扬着解放孩子的思想，发挥其想象力，这节课的课堂效果不正是我们想要的吗？孩子说的很有道理呀！于是，百度搜索一下风的概念：空气流动就形成了风。但当我们感受风的时候，空气里夹杂了周边物体的味道，有淡淡的青草香，有花开的味道，有泥土的芬芳，还有充斥着各种美味食物的味道……那么，这个时候的风就不是无味的了，它混合着周围事物的气息，传到我们的鼻腔里，让我们切切实实感受到了风的存在。也正是这样，风在孩子们的眼中有了美丽的色彩！红的、黄的、五彩斑斓！孩子们眼中的世界要比成人眼中的精彩得多，他们看到的并不仅仅是事物的表象，还有自己的味觉、听觉和想象力的结合。这样的一个世界对于孩子们来说是多么精彩呀！

孩子们给我上的重要一课，知识是用来为人服务的，而孩子们的多元智能发展也正是课堂存在的真正意义。我们不该受客观事物的束缚，应该更多地关注到如何结合事物的本身去发展幼儿。于是，我对这节课开展了延伸活动，就是让孩子们大胆地说出自己对风的理解，孩子们众说纷纭，精彩至极！这不正是一首悦耳动听的诗歌嘛！这样一首来源于孩子对世界理解的诗歌，岂不来得更有意义，也更有教育价值吗！我想，这才是幼儿教育工作者所应该追求的。之后，我又开展了一系列关于风的活动，我们一起去操场上听风，看风吹草动，感受风掠过脸颊，画一画自己找到的风。

“小兔子是食肉动物！”

开封市群英幼儿园　贺一楠

有一次，我们上了一节科学课“食肉动物、食草动物和杂食动物”。活动中，请幼儿首先了解的是食肉动物，在课件展示了几种食肉动物（老虎、豹子、狼、鳄鱼、蛇）之后，我引导幼儿总结了食肉动物的特点，然后，我问：“除了这几种动物，你还知道有哪些动物也是食肉动物呢？”孩子们想了一下，纷纷举起手来发言，狗熊、鲨鱼、狐狸、狮子等都“出现”了，看到这些回答，我知道孩子们都理解了，就准备进行下一个环节。这时候，我看到丁丁还在高高地举着小手，于是我就问：“丁丁，你还知道有不一样的食肉动物吗？”丁丁站起来，大声地说：“老师，小兔子也是食肉动物！”

此言一出，课堂上一下就沸腾了，孩子们纷纷议论起来：“小兔子不是食肉动物！”“小兔子是吃青草的！”“小兔子不吃肉，怎么是食肉动物呢？”“你说错了，丁丁！”

看到这种情况，我先在心里否定“丁丁说错了”的想法，然后稳定孩子们的情绪，让他们安静下来。接着，我问丁丁：“丁丁，你为什么说小兔子是食肉动物呢？说说你的原因吧！”

这时候的丁丁，小脸儿涨得通红，正一脸委屈的表情，听我这样问他，连忙站起来，大声地说：“有一次，我喂奶奶家的小兔子吃草，它咬了我的手指头，把我的手指头都咬流血了，看，就是这个手指头！”丁丁一边说，一边高高地举起了一只小手，还把食指竖起来让大家看。听到丁丁的话，孩子们一下子沉默了，而我也明白了丁丁说“小兔子是食肉动物”的原因。

于是，我先请丁丁坐下来，问了这样一个问题：“现在，丁丁说小兔子是食肉动物，你们同意吗？”

孩子们想了想，大部分孩子表态：“小兔子咬了丁丁的手指头，它会吃肉，那小兔子就是食肉动物。”

有一部分孩子说：“虽然小兔子吃肉，但小兔子平时主要还是吃青菜和萝卜的，所以小兔子还是食草动物。”

这时候，浩浩站起来对我说：“老师，我知道了，小兔子又吃肉，又吃草，它是杂食动物。”

“嗯？”听到这个回答，我心里纠结起来，杂食动物是安排在下下一个环节的，现在该怎么评价，讲还是不讲呢？想了一下，我问浩浩：“又吃肉，又吃草的是杂食动物，那只吃草的是什么动物呢？”没等浩浩回答，孩子们就异口同声地说：“食草动物！”

“是这样吗？”我问孩子们，“那我们一起来看看吧！”

于是，我们就进入了下一个“食草动物”的环节。

有了关于讨论“小兔子是什么动物”的小插曲，在食草动物的认识、了解这一环节进行得就比较顺利，但在这个环节的小结部分，说到食草动物性格大都比较温和，通常不会主动攻击别人，但在它们觉得有危险的时候，也会变得厉害，要保护自己。听到这里，小美忽然举起手，说：“贺老师，是不是因为小兔子不知道丁丁是要喂它吃草的，它以为丁丁是来打它的，所以才咬丁丁的呀？”孩子们听到了这个问题，话题一下就又回到了丁丁和小兔子那里——

“嗯，小兔子一定是觉得丁丁是要打它的，它害怕了，所以咬了丁丁的手指头！”小齐首先表态。

“不是！小兔子看见我喂它吃草了，它都快把我手里的草吃完了才咬我指头的。”丁丁连忙解释起来。

“那是不是小兔子把丁丁的手指头当成草了啊？”彤彤皱着眉头说。

“不是不是，手指头跟草又不一样！”彤彤旁边的思思否定了这个说法。

“我知道了贺老师！”铭铭忽然站起来大声地说，“我知道了，因为小兔子是色盲，它分不清楚小草和手指头的颜色，所以，它觉得丁丁的手指头就是小草，它才想咬着吃呢！”

“对啊对啊！肯定是这样的！”铭铭的说法得到了大家的支持，我也认为这个说法有一定道理，于是我说：“大家都同意铭铭的说法吗？”

“同意！”同学们异口同声地回答。

“那么，除了小兔子，还有哪些小动物是色盲呢？”

“小蜜蜂！”（前段时间，我们刚上过一次《蜜蜂找花》的科学活动，介绍的就是关于小蜜蜂的色盲问题，这个活动让孩子们饶有兴趣地讨论了好长时间，关于“哪些动物是色盲”的话题也谈论了一周左右的时间。）

“小狗、小猫！”

“山羊！”

“牛、马！”

……

孩子们纷纷把自己前段时间发掘出的“色盲动物”一一说了出来。听到孩子们的回答，我很开心，看来，关于“色盲动物”的活动，是真的起到了作用呢！等孩子们回答完了，我首先肯定孩子们的发现：

“你们可真能干，找到了这么多色盲的动物呀！那这些动物中，食草动物多还是食肉动物多呢？”

“食草动物多！”孩子们回答。

“哦，那么，以后，如果小朋友再去喂这些动物吃草的时候，一定要注意，因为它们是色盲，可能会分不清楚你的小手和青草的颜色，所以可能会把你的手指头当成小草给吃了呢！”

“嗯！”孩子们听了，纷纷点头。

“我再去奶奶家，喂小兔子的时候，我就离它远一点儿！”丁丁说出了自己的办法。

“嗯，丁丁说得很对！那么，我们还有什么好办法，在喂小动物的时候，可以保护自己呢？”我觉得这个话题也有进行下去的必要，就提出了关于自我保护的问题。

“我们可以拔点儿长得很长的草，这样，小动物光吃草，就咬不到我们的手了。”波波说。

“把青草放到盘子里，再把盘子放到小兔子的家里，这样小兔子光吃草，就咬不到我们的手了。”成成说。

“老师，我还有个好办法！我们把小兔子直接放到草地上，让它自己在草地上吃草！”浩浩大声地说。

“嗯，我觉得这个办法也不错，”我接过浩浩的话说，“但是，当我们附近没有草地的时候，也要给小兔子准备小草吃，我觉得我们可以用成成的方法，会更安全一些。波波的方法也不错，但是再长的草也有被吃完的时候，万一小兔子吃完了还想吃，我们又还没来得及准备小草的时候，就比较容易出现危险，是吗？波波。”

“嗯。”波波点点头，说，“那就用成成的方法吧！”

“小朋友，你们同意吗？”我问其他的孩子们。

“同意！”

“那么，我们再来看看，除了食肉动物、食草动物，还有一种刚才浩浩说的‘杂食动物’到底有谁，好不好？”

“好！”

经过了这样的“小插曲”，虽然一节课下来，都四十多分钟了，但是，我和孩子们也得到了更多的收获。

而这一句“小兔子是食肉动物！”也让我记住了，在课堂上，当孩子出现了有悖常理的说法或是回答，一定不要否定孩子，要给孩子时间，耐心地听原因。当课堂上出现“跑题”的状况，更要随机应变，确保主题不跑的前提之下，多给孩子们一些空间，让孩子们把感兴趣的话题继续下去。而在这样的过程中，也许孩子们通过自己的思考、发现，把问题就给解决了！孩子们能把学到的各种各类的知识，进行自我总结和运用，不就是科学活动的最终目标吗？

悔棋风波

开封市群英幼儿园　侯若文

随着年龄的增长，知识经验的积累和对身边更多的事物的关注，孩子们会产生很多探索的欲望。升入大班后，孩子们对棋牌活动产生了浓厚的兴趣，尤其是五子棋。黑白分明的棋子，五个颜色一样的棋子排列一行就胜利的游戏规则，让孩子们痴迷。区域活动时间，大家最喜欢选择的游戏就是结伴下棋。

这天早上，天气很冷，孩子们只能在室内活动，子宸和东东一早上学就来到棋牌区活动，好像昨天两个好伙伴就约好了。下了四局棋，都是东东赢，子宸就生气不冷静了，在第五回合时，子宸移动了一粒已经走好的棋子，硬说自己现在连起来是五个棋子赢了。东东不愿意掰着子宸的手大声说：“你要赖皮，不害臊，刚才棋子明明放在这儿的，你反悔又移过来的！”子宸摇头晃脑争辩说，“我刚才放错了，我没有放上去，我很快又拿起来了。”东东红着脸气愤极了：“棋子只要放下去就不可以再动来动去，不能悔棋的，你这样不是男子汉，输不起！”子宸翻着白眼说：“你刚才又没说不可以动，你再说我还是男子汉，你说了没用！”东东是个做什么事情都非常认真、有规矩的男孩子，他的爸爸妈妈对他有良好的教育方法，所以那些违反规则、要求的事，东东从来不做。今天朋友的做法，让他很生气，很不能理解，所以东东气哼哼地找我评理了。

刚刚发生的一切我都知道，只是想静观他们两人在有了矛盾之后，是怎样解决问题的，想看看大班孩子在与人交往中有着怎样的心理活动和表现。他们两个都是我特别喜欢的孩子，聪明、勇敢、独立、个性强，家教环境好，今天发生了这么有趣的事情，所以我一直就在旁边关注着他们。见东东来搬救兵了，我微笑着问他："下棋之前你们有没有说好，下好的棋子不能动？"他摇摇头，又连忙说："瑶瑶上次说的，下好棋就不能再动了，我爸爸也说过下棋不能悔棋。"我又好笑地问他："原来和瑶瑶下棋之前你们说好不能悔棋的，这次和子宸下棋没有说，是吧？"东东点点头，我又问子宸："不管做什么事情，玩什么游戏都要有规则，而且大家都要遵守规则才能玩得开心，如果东东下好的棋也动来动去，你同意吗？"子宸低头想了想又不好意思地摇摇头说："今天我的运气太不好了，一盘棋都没有赢，都是东东赢，他不让我一盘。""今天你的运气可能不太好，没关系，我们有时间再好好练习练习，学习更多下棋的好方法，另外不管我们做什么都可能会遇到困难，会失败，但要敢做敢当，要勇敢，让自己做得再好一些，输赢并不那么重要，尤其是和朋友在玩的时候。"转身我又问东东："不要只想着输赢，好朋友之间要关心关爱，在朋友不开心、有困难的时候，谦让别人、宽容别人的人会拥有更多的朋友和快乐，你和子宸是最好的朋友，更要这样哦。马上就要大班毕业了，分别之后，两个人在一起的机会就少了，所以现在好好玩，快乐才是最重要的，你们说对吗？"他们俩你看看我，我看看你，东东拉着子宸的手说："那我们说好，谁也不能动，怎么样？"子宸点头答应："好的。"两人又高兴地下棋去了，东东边走边说："我再教你几个下棋的绝招吧，是我爸爸昨天教我的……"

记得孩子们来小班的时候，那么小，不懂什么道理，到现在长大了，懂事理了，看着两个好朋友重归于好，我也开心极了。幼儿成长的过程中，我也在不断地成长与积累，不断地转变教育理念，改变提升自己的教育手段和方法。在一日生活中，争吵是幼儿交往中不可避免的现象，是幼儿交往的一种方式。当一名幼儿发现另一名幼儿违反规则时，我们就会听到幼儿对是否遵守规则而发出争吵，规则是需要大家共同遵守的制度或章程。一部分幼儿在对于规则的理解和运用上会出现偏差，虽然理解了规则却因为无人监督或不情愿而没有遵守，另一部分幼儿则为了维护这个大家共同遵守的章程用言语争辩，这样便出现了争吵。幼儿正是在争吵中学会保护自己，学会约束自己，学会与人交往的必要经验；通过争吵，幼儿增加与同伴之间的交流，加深与同伴的感情；通过争吵，幼儿学会用清楚的语言表达自己对事物的看法；通过争吵，幼儿学会遵守规则，用规则来调节自己的行为；通过争吵，幼儿学会观察分析他人的交往行为和方法，掌握与同伴交往的技巧。而如果老师经常过早介入帮助幼儿解决问题，那就剥夺了幼儿参与交往的权利，也阻碍了幼儿交往能力的形成和发展，影响幼儿学习交往的过程，这不利于孩子的社会性发展。幼儿经过多次“战争”交往后，就会逐步学习和掌握一些交往办法，这就是幼儿交往能力的形成和发展的过程。教育活动的中心任务是，充分鼓励儿童参与活动，与同伴交往，形成良好的人际关系。同时，关注儿童社会性的发展。所以作为教师，应多为幼儿创造一些交往的条件，让幼儿在交往中去实践、去锻炼提高，不要关注幼儿或事情的“输”和“赢”，重在培养幼儿交往能力，让幼儿做一个“赢得了”又“输得起”的人。

海底植物大战僵尸

开封市群英幼儿园 张 瑶

在一次美术课上，让小朋友画海底世界。在传统的美术活动中，教师都是先提问，海底都有什么呀？让幼儿先回答，有绿色的海藻，有金色的小鱼，有凶猛无比的鲨鱼，有庞大的鲸鱼，可能还会有沉船和宝藏……然后在教学中，播放有关海底的图片课件、教具来让幼儿欣赏。有时会准备范画，教师示范如何在画纸上布图，根据幼儿所说的现场绘画，先画一些简单的，再慢慢添些复杂难画的。并且要求幼儿以此当做一个参照，以谁画的和老师教的最像为标准。

我告诉大家：“一定要画得丰富些，多画一些小鱼海藻之类的，再给他们穿上好看的五颜六色的衣服。”在讲完要求后，就让幼儿开始绘画。这个时候老师会巡回指导，看到有困难不会画的幼儿，会帮帮他。有个小朋友的画吸引了周围小朋友的围观，他们七嘴八舌地议论。“你画的是什么啊，难看死了。”……他被小朋友说得气呼呼的，还和小朋友争论。有人向我告状：“老师，辰铭他在乱画，你快看，他画得乱七八糟。”我一看，他不光在海底画上了小鱼，泡泡，还画上了许多的僵尸。

我听他的妈妈说过，每天放学一回到家他就自己打开电脑，不用别人教就能自己找到小游戏来玩，那段时间他迷上了植物大战僵尸这个游戏，该睡觉的时候还不肯放下电脑，常常因为这事还挨打。我看见他画的画第一反应也是很生气，大声批评他：“你怎么不按照我的要求来画，海里有什么东西啊，我们刚刚看了那么多的东西，我还示范了那么多东西，你不按照我教的来画，自己画的是什么呀？”可能原本他还想向我解释，我这样不问原因地一批评，看见他得意的神情一下子阴了下来，闷闷不响地低着头。我察觉到自己有些太激动了，便蹲下来耐心询问他：“告诉我，你画的是什么？能跟老师讲讲吗？”他指着一个一个地给我讲：“我把花朵种在了海底，周围画了许多的乌龟来当做墙，因为乌龟的壳非常硬，防止敌人来进攻，鲨鱼的牙齿很厉害，肯定能把僵尸一口吃掉，这个是水母，如果有敌人就让水母长长的须把敌人缠起来刺伤它，它就中毒死了，这是豌豆射手，可以投射豌豆……”辰铭讲得兴高采烈，把周围的孩子都吸引住了，小朋友安静地看着他的画，没有人再说话，连我都震惊了，一个孩子的想象力竟然那么丰富，在他的世界里把画编成了很有趣的故事。儿童时期正是想象力的萌芽期，我为什么要扼杀他的想象力呢。我认真地看着需要被认可的他，说：“辰铭，你的想象力真丰富，你画得非常好，你有自己独特的想法，是老师太急了，不应该批评你。”我请辰铭给全班孩子讲了他画里面的故事，小朋友听得很认真，都为他鼓掌。辰铭不好意思地笑了。我对全班孩子说：“画画就应该有自己的想法，你的画独一无二才是最漂亮的！”

是啊，传统的教学模式都是教师怎么画，幼儿就依葫芦画瓢，以模仿为主，然后提供单一的示范图片，等于直接告诉他答案，扼杀了幼儿潜在的想象力、创造力，忽略了他们的感受和自我表现力，这在无形中把幼儿束缚在一个框架里，导致幼儿的作品单一，缺乏个性，像一个个复印机一样，画出来的画都是一样的。一旦老师不再指导和范画，他们自己就不会画了。在实际教学中，很多老师只注重幼儿绘画的结果，而忽视了美术活动的过程。教师应该给予幼儿充分表现的空间，不要以成人的眼光去看待，去急着否定，应给予孩子解释说明的机会，耐心询问他们这样画的原因，总有他自己的小故事。允许个别差异及个性化的出现，多鼓励、多赞扬他们的奇思妙想，幼儿才会敢想、敢画，才会更有成就感和自信心。总之，一幅画的好坏不在于是否画得逼真，构图是否合理，而在于这幅作品是否体现真情和创造力。

幼儿的世界是一个充满幻想的世界，他们有自己的思维和想法，有一颗天真烂漫的童心，教师要尊重幼儿并和他们成为好朋友，感受他们不一样的想法和世界。

其实，我也想加入

开封市群英幼儿园 吴婷婷

前一段时间，我们进行了教学活动“各式各样的桥”，在活动中让孩子感受、欣赏了古今中外一些桥梁的发展变化，并且也让孩子动手用卡纸试着去研究怎样才能让桥梁的承重更大一些，大班的孩子对于这样的探索活动是非常感兴趣的。在延伸活动中，我让孩子们进入建构区用玩具尝试搭出各种各样的桥。

活动一开始，小彭就发挥自己的“组织特长”对大家说：“咱们来搭一座立交桥吧，有许多的路连接的。”他的想法得到了大家的赞同，于是，几个孩子忙着选玩具，并一起搭建起来。小朋友们都在忙碌着，只见小露站在一旁看着大家搭建，一副想参加又不好意思的表情。我问她：“小露，你怎么不去玩？”小露笑了一下，又不好意思地低下了头。

小露是个乖巧、可爱的小姑娘，平时不善于表达，在活动中缺乏自信，不敢表达自己的想法。我知道，她对自己不够自信，觉得不能胜任这一次的“工作”。于是我以“参观者”的身份参与到游戏中，欣赏孩子们搭建的作品，并问：“这儿建的是什么桥？谁是总负责？”小彭马上站出来说：“这是我和小朋友们一起建的立交桥，还没有建好。”我见他们忙着找合适的玩具又问道：“你们用的材料可真多，需要帮忙吗？”“好的，谢谢你。”几个小朋友异口同声地说。“你们再看看还有谁可以来帮忙？”我一边帮忙一边对小彭等几个小朋友说。大家一下子就发现了站在一旁的小露，大家都叫她，小彭还走过去拉住小露的手说：“小露，你来帮我们一起建大桥吧。”小露非常乐意地帮大家一起搬运起玩具来。

小露在参与到同伴建大桥的游戏中后，脸上露出一副非常愉快的表情，她积极地帮大家运玩具，不管谁提出需要，她都去帮忙，但她始终没有参与设计和搭建，只是一个快乐的“搬运工”。为了激发小露在游戏中的表现欲望，使其能表现自己的想法，我又以汽车司机的身份介入游戏。“你们建的桥很漂亮，但是有点窄，要是拓宽点儿，再多连接几条路就更好了，希望快点通车，我还要去看好朋友呢。”“可是我们只有两位建筑师，建不完怎么办呢？”小彭着急地说。“那你能不能再请几位呢，想想办法吧。”我提示他，一会儿，见小彭和几位小伙伴商量分工搭建，然后再将各自的桥连接起来。小露也不例外，接到了建桥的任务。开始小露搭了拆，拆了再搭，总是对自己搭建的桥没有信心，但是小彭完成得比较快，在小彭的帮助下，小露终于完成了搭建任务。借此机会，我请小朋友介绍作品，小露比开始时有自信了，愉快地向大家介绍她和同伴共同完成的立交桥。

小露由于害羞、胆小，不好意思主动参与到同伴的游戏中，但同时她又对同伴的游戏活动非常渴望。因此，我适时因势利导，引导其愉快地融入同伴的活动，拉近与同伴的距离，使其自然地加入同伴的群体，同时在与同伴的游戏中逐渐地培养其交往、合作等能力。幼儿的搭建技能需要在不断的锻炼中提高，因此，作为教师，要尽量在活动中为每一位幼儿创造参与、表现的机会，这样才能使幼儿技能得到锻炼和提高。小露通过在游戏活动中不断的参与，自信心有了一定的提高。

由于幼儿的个体差异，造成每位幼儿在游戏中有不同表现。如：有的幼儿技巧强、想象力丰富，一般在动手活动中成为“领军”人物，经常在活动中起带头作用；有的幼儿不爱表达、害羞，技能也稍差，在活动中有时处于“旁观”或“随从”的状态。作为教师，应该在活动中对幼儿认真观察，根据每位幼儿的不同表现和发展情况制订不同的教育策略，帮助幼儿弥补不足，取长补短，促进每一位幼儿健康、快乐地成长。

教师在关注能力较弱的幼儿时，对各方面能力稍强的幼儿也不能停留在满足上，应及时提出更高的要求，激发鼓励其大胆挑战，争取获得更大的成功。如：活动中的小彭聪明、爱交往、能力强，我可以在材料的提供上更丰富，促进其更好地创造、想象。对于大班幼儿来说，在建构游戏中，幼儿不仅能按照自己的想法去任意搭建，而且还能够进行有主题内容的搭建活动，幼儿具备一般的拼、搭、接、插等搭建技能，重要的是教师要在活动中引导幼儿进行更为丰富、具体、复杂的搭建内容，鼓励幼儿能大胆运用辅助材料来更好地完善建构内容，同时引导幼儿在游戏中与同伴合作，共同完成游戏。

教师还应注意发挥教育者的主导作用，清楚地意识到自己的职责，在幼儿活动时有目的地对幼儿施加积极的影响。对于大班的幼儿来说，在活动中与同伴的交往非常重要。而幼儿只有融入集体，才能自然地与同伴进行交流、交往并合作，同时通过同伴间的学习获得发展和提高。针对小露的害羞、缺乏主动交往的勇气，我适时地参与到活动中并积极引导。同时，教师不能仅仅作为纪律的维护者和规则的体现者，站在孩子活动以外去监督裁判其行为，而应注意挖掘活动中潜在的教育因素，充分实现和发挥各种活动的教育价值。比如，幼儿操作时为何皱着眉头？是否碰到了什么困难？当发现幼儿独立活动产生困难时，应给予适当的帮助，协助幼儿实现自己的构想，并使幼儿在原有水平上有所提高，只有这样，才能给幼儿更大的空间，在自由的气氛中达到学习的目的。

老师，我不想做！

开封市群英幼儿园　刘利利

音乐课上我们学习新歌《热爱森林吧！》，当歌词中唱到“啊！你看林海，在大地上延绵。”我教孩子们一边唱歌一边用小手表现林海做动作，我还不时地提醒孩子们把小手举高：“森林像大海一样，一望无际哦！”孩子们小手举得高高的，左右摆动着。只有铭铭和大家不一样，他表情平平，声音很小地唱着歌，小手不做任何动作。于是，我走到他身边生动地演唱加表演动作，想以自身的行为带动他，但无济于事。我又请其他几位敢于表现的小朋友为大家表演，想以同伴的榜样作用带动他。当再次表演时，他的小手依然不动，看来仍不见成效。我问他为什么不想参与活动，他说：“我不想做。”我就接着问他：“你觉得这首歌好听吗？”他点点头。我又问他：“你觉得这样好听的歌曲怎样表现才是最好的呢？”他眨眨眼睛想了想说：“老师说过，好听的声音，要有表情加上好看的动作，这样大家才喜欢。”他流利地说出“标准答案”，我却为之一震。这样一来我更加好奇和困惑：“那你为什么不愿意和大家一样加上好看的动作呢？”他说：“老师，我不想做！”我又问：“为什么呢？”他半天不说话，在我的一再追问下，最后他说：“老师，你说的不对，森林不是‘大海’。”他的回答让我很吃惊，这个“林海”一词我给幼儿讲过含义了，难道孩子还是不太理解？

活动后我进行了反思，我们的教学目的是让幼儿理解歌词，感受音乐，敢于大胆表现自己。对于铭铭这样的孩子，不理解歌词的意义，他就不能全身心融入到活动中，实现预期的教育目标。

其实幼儿任何一个“反常”行为背后都有一个能被体谅的“正常”理由。铭铭说出“我不想做”，这句话背后的原因我的确应该认真思考一下。作为教师，面对这样的情况应该对自身教育的方法进行反思。想一想自身的示范、讲解、演示是否将幼儿真正引入了歌曲的优美意境，激发了孩子的情感。我课后反思，觉得对于“林海”这样的词语，仅仅依靠语言是不能让孩子理解的，如果我能找来一些俯拍的森林图片，再用适合的肢体动作去表现，就可能让幼儿更好想象出“林海”的特点，或许就不会出现类似的现象。所以在以后的教育活动中，我会非常重视对于歌词的分析。

爱插嘴的孩子

开封市群英幼儿园　刘　阳

中班的孩子上语言课时都爱发言表达自己的想法，有时候说得热火朝天的，大胆发言是老师应该欣慰的事情，但是，在你总结重要部分的时候，个别孩子大声表达自己对上一页内容的看法，你的总结会被别的孩子忽略，他们的注意力会转到另一个孩子的身上，你还得再重新吸引孩子们的注意进行下一个环节，令老师颇为头痛。

我们班的浩浩就是一个上课爱插嘴的孩子，这天，在上一节有关浮沉的科学课上，我先把基础概念告诉了小朋友，什么是浮什么是沉，让孩子猜测什么东西能浮什么东西能沉的时候，浩浩站起来大声说道：“哼，这个我都知道，我在电视上都见了……”他就一直不停地说个没完没了，我说：“浩浩，你知道这些知识很好，证明你很爱学习，但是别的小朋友不知道这些知识，现在我要给他们讲，你也安静地再听一遍，看跟你学的一样不一样，好吗？”浩浩点点头，坐了下来。课堂继续，孩子先猜测自己觉得什么东西会浮起来什么东西会沉下去，在请幼儿自己验证自己结论的时候，有的孩子认为塑料会沉下去，浩浩又站起来情绪激动地说：“你说的不对，我知道塑料不能沉下去，我都看过！玻璃球会沉下去，木头会浮上来……”他把我准备的操作材料全说了一遍，一下子我感觉这堂科学课没有任何的意义了，孩子们没有验证就都知道了答案，顿时我都不知道该说些什么了。

但在这时，我转念一想，不如换个方式……我请浩浩坐了下来，说：“浩浩说得都很对，看来他对咱们这节课比较有研究，这样吧，我请浩浩上来当小老师，给大家讲一讲他在电视上看到的浮沉知识好不好？”“好！”我把浩浩请上来让他讲讲自己的想法，看到他满脸的兴奋及激动，我感觉他自己很是自豪与骄傲，小朋友也用羡慕的目光看着并认真地听着，我还为他准备了一些材料让他示范给大家看，看着孩子们都很认真地看着学着，我也很高兴。下课后，我找浩浩谈了话，告诉他下次应该怎么做，慢慢地浩浩知道发言前先举手，如果课上没有讲完的话可以课下找我，我们再沟通。

此次活动的效果是我没有想到的，课后我进行了反思，孩子爱插话应该是个性很张扬。幼儿处于这个阶段，老爱拿电视上、同学口中的话来显示自己所谓的“学问”，解决方法：不要一味地去训斥孩子，要因势利导，让其适时发言表达。同时也需告诉他插话是种不礼貌的行为。我们在进行课堂教学活动的时候一定要细心了解到孩子的个体差异。一方面是便于我们指导孩子；另一方面我们也可以利用孩子的资源进行教育。这样会起到事半功倍的效果。

妮妮自信了

开封市群英幼儿园　王　博

妮妮，女孩，五岁。她乖巧文静，性格内向，平时在幼儿园不善言辞，很少主动参加游戏活动。每天来幼儿园时，在父母的多次提醒下才会轻轻说出“老师好”三个字。上课从来不主动发言。在多次与父母的交谈中了解到，妮妮有一个哥哥，在家和哥哥一起玩耍时非常活泼，能说爱笑。那是什么原因使她在群体中不能自如表现呢？她真是那么胆小吗？为了弄清楚原因，我对她进行了观察，我想通过个案观察和个别教育改善妮妮的内向性格。

上课时，她总是安静地坐着，从不主动举手，我经常用目光暗示她，一次上课，她似乎理解了我的用意，慢慢地站起身子，说话的声音非常轻，压在喉咙底下，满脸通红。开学初的一次教学活动中，我组织孩子相互说说祝福的话，小朋友的参与积极性很高，妮妮却例外。我发现，好多次我的目光与她对视时，她揪揪衣服，但没有回避，反而像在等待我说些什么似的，紧紧地看着我。于是我趁机笑着对大家说：“妮妮也想好了祝福的话，我们请她上来说说吧！”这次，她倒是爽快地站了起来，慢悠悠地说了一段话：“我祝……快乐！祝……开心！”语句断断续续地，由于她说得很轻，大家都没听清楚，于是我把妮妮招呼到身边，搂着她，对她说：“妮妮最勇敢了，小朋友好想听你说，再大声说一遍行吗？”就这样，她在我的鼓励下，逐渐减缓了紧张、胆怯的情绪，用自然的声音说：“祝小朋友学习进步，快快乐乐，祝老师身体健康，每天都开心！”

虽然满脸通红,但她的发言赢得了一片掌声。妮妮不开口,大家都以为她不会说,她一开口可真是一语惊人呢!

在一次音乐活动进行“小弟弟，我来教你跳个舞”集体舞的演练时，开始我们发现妮妮的注意力总也集中不起来，唱歌表演时常常会走神。我试着用眼神提醒她，但没有好的效果。好几次我喊了她的名字，她才恍然大悟似的回过神来。此时，她会因为自己的动作、节奏与同伴不合拍而面露难色，有时又会出现以往那种胆怯、尴尬的状态。这种情况多次重复出现，妮妮越发不自信了。为了帮助妮妮改变这种心理状态，我把“小领舞”的角色分给她单独扮演，让她领导她的小舞伴来跳，很快她就投入到舞蹈表演中。在角色意识的伴随下，她集中注意力成功担任了“小领舞”，增强了表演的自信心。果然，妮妮很重视这个角色，也表现得非常出色。

从观察的情况来看，妮妮在学习活动方面缺乏主动性和勇气，而教师的点头、拥抱无疑给了她很大的鼓舞。在说说祝福语活动中，她实际上很会动脑筋，既考虑到祝福小朋友，又考虑到祝福老师。她是有话想说，可是她不敢大胆说出来。正是老师的及时鼓励让她感受到了老师的关爱，小朋友的关注，从而大胆地面对小朋友。

性格内向的妮妮，在我积极的引导和不断的赏识鼓励中开始变得自信起来。显而易见，孩子的情绪适时地受到感染，并产生情绪反应；而此时老师如果没能充分理解孩子，分析她走神的原因，一味地责备，可能会导致妮妮放弃克服缺乏自信心的诱因，失去学习的兴趣和动力。相反，教师让她担任“小领舞”角色的做法，赋予孩子责任心，使她带着一份责任感来引导他人，从而变得更加有自信心。不仅改变了她由被动学习变主动学习的态度，还使她敢于表现自我，达到了事半功倍的效果。

此外我经常鼓励妮妮多参加游戏活动，如：“请你猜猜我是谁”“传话”“丢手绢”“切西瓜”等，鼓励妮妮投入到游戏活动中，尽情地说，放松地玩，忘记胆怯和腼腆。福禄贝尔曾说过：“游戏给人欢乐、自由和满足。”这也充分说明了游戏对孩子个性的塑造起到的不可替代的作用。

经过一段时间的引导和教育，妮妮现在能大胆地在同伴面前说话和表演节目了。在亲子表演中,她排在了最显眼的位置，自信地展示了自己的舞姿。最近，在班级的故事大王活动中，妮妮表现大方，生动地讲述了《亡羊补牢》的故事，给我们一个惊喜!

妮妮的转变，离不开赏识教育对孩子的影响。当我们面对一位在幼儿园不爱说话，在家却能言善词的孩子时，我们应重视教师和幼儿之间积极、充分的情感交流，“不要吝啬我们的赏识”，为孩子创设一个鼓励、支持的学习环境，真正成为孩子学习活动的支持者、合作者、引导者。“亲其师而信其道”，从这一案例中充分体现出来。今后我将不断深入学习领会《幼儿园教育指导纲要》的精神实质，全面关注幼儿，使每一位幼儿都能生动活泼地发展。

音乐课上引发的“爱”的讨论

开封市群英幼儿园　王　睿

在学新歌《小企鹅》这一音乐活动中，课前我收集了许多可爱的企鹅图片和有关企鹅的一些资料，以增加孩子的知识面。活动的延伸部分，我们一起欣赏企鹅的图片。

当孩子们看到冰天雪地里成群结队的企鹅时都兴奋地叽叽喳喳议论起来，看来他们对企鹅产生了浓厚的兴趣。我则用昨天上网看到的资料向孩子们介绍说：“企鹅爸爸妈妈非常尽职尽责，他们大多数都是在冰天雪地里轮流用体温来孵育宝宝，而生活在南极个头儿最大的帝企鹅则是主要由帝企鹅爸爸承担孵蛋的工作，帝企鹅妈妈一直在海上觅食，找到食物后她会往冰面上游去，然后还要走很长一段路才能到家。回家路上，帝企鹅妈妈嘴里装满了食物，几乎路都走不动。帝企鹅妈妈得想办法在拥挤的几千只帝企鹅里寻找自己的家，它们从帝企鹅爸爸的声音中找到自己的家，并把满嘴的鱼都吐出来给它们吃。你看，帝企鹅妈妈对帝企鹅爸爸多好啊！”

“但是我看过黑猫警长里面螳螂妈妈还吃螳螂爸爸呢！”“那小螳螂就没有爸爸了！”“是啊，它多可怜啊！”……

孩子们七嘴八舌地讨论起来，“就是，我也看过这一集，螳螂妈妈就是凶手！”“真吓人，妈妈怎么还会吃爸爸呢？”

听到这里我不由得一怔，如何让孩子们理解自然界中这残忍的现象呢？《幼儿园教育指导纲要》中明确指出，要学会尊重、关心长辈和身边的人，能体会父母为抚育自己而付出的辛劳。我想不如在课堂上抓住这个契机给孩子们上一堂生动的关于爱的教育课。

“其实，在自然界中，生存是第一位的，只要利于物种延续，动物、植物、微生物，所有生命都不择手段。”看到他们一双双充满了疑惑和渴求答案的眼神，于是我转而向孩子们发出了提问：“帝企鹅妈妈跑那么远去捕食然后送回来给帝企鹅爸爸吃是为了什么？”“是为了让宝宝能早点生出来。”“对，就是因为帝企鹅妈妈对宝宝的爱，它希望宝宝能够早点平安地出生才会不畏严寒、辛苦和路途的遥远而这么做。但是你们知道为什么螳螂妈妈会把螳螂爸爸给吃掉吗？那也是因为对宝宝的爱！”“啊？怎么会呢？那小螳螂就没有爸爸了！”这时很多孩子都是一脸吃惊的表情。“其实，螳螂妈妈是因为在宝宝出生前没有食物吃，那样的话自己和宝宝就会被饿死，于是螳螂爸爸就牺牲自己，把自己当做食物，为的就是能让宝宝顺利地出生。不光是螳螂，还有一些蜘蛛、蝮蛇，都有这样的情况。虽然有些残忍，但是生物为了后代的繁育，为了自己的宝宝，哪怕牺牲自己，也在所不惜。”“哦，原来是这样的啊。”孩子们好像听明白了。

“除了动物，我们人类不也是这样吗？你们的爸爸妈妈爱你们吗？”“爱！”“想想看爸爸妈妈平时生活中那么关心、爱护你们，不希望你们受到一点伤害，还有在汶川大地震中，老师给你们讲过的妈妈保护孩子的故事，虽然有的动物做法听起来很残忍，但是爱孩子这一点却是我们人类和动物共同的天性。”“孩子们，爸爸妈妈那么爱你们，你们应该怎么去回报他们的爱呢？”孩子们又叽叽喳喳地讨论开了……“那好，我们一起来想一想可以为爸爸妈妈做些什么呢？”

课堂上的讨论似乎结束了，但是围绕“爱”的话题我想还没有结束，让孩子们懂得感恩父母长辈的爱，才能在他们幼小的心灵播撒下爱的种子，这将成为孩子们受益终生的财富。

树叶会浮在水面上，还是沉下去呢？

开封市群英幼儿园　徐　静

小班下学期有一节科学活动课，活动名称为“快来帮帮小蚂蚁”，活动的目标是在了解故事内容的基础上，大胆猜测哪些物体能浮在水上，哪些物体会沉下去，通过观察不同物品放在水中的现象，获得物体沉浮的经验，并认识浮沉标记“↑”“↓”，能根据沉浮标记简单分类；同时激发幼儿探索物体沉浮的欲望，能积极参与活动，大胆地表述自己在实践操作中的发现。

本节科学活动为两个课时，在活动的开始部分，我们抓住小班孩子的年龄和心理特点，以小班孩子喜欢的故事形式导入，教师讲述故事：今天天气真好，小鸭子一大早就来到池塘里游泳了，游来游去，玩得真开心，蚂蚁弟弟走到池塘边，对着小鸭喊："小鸭，小鸭，我们一起玩好吗？"小鸭说："好呀！你到水里来吧！"小蚂蚁皱起了眉头说："我不会游泳怎么办呀！"小鸭说："没关系，我有一个好办法！"说着小鸭就拿了一些可以漂浮在水上的东西，让小蚂蚁坐上去。这样它们两个就可以在一起玩了。故事讲完了，小朋友猜一猜小鸭子拿的可以浮在水上的东西会是什么呢？我鼓励幼儿大胆猜测，小朋友说了很多东西，有船，游泳圈，积木，树叶，玩具，纸，木棍，小勺，小碗等。

这时教师要把浮沉标记"请"出来，请幼儿认识这两种标记，并了解它们代表的意思，在认识了之后，教师会告诉幼儿："今天老师还把刚才小朋友猜想的东西变出来了，但是小蚂蚁不知道哪些东西可以浮起来，哪些东西可以沉下去。咱们一起帮帮它吧！"（教师拿出事先准备好的沉浮物品）让幼儿自由讨论后回答，老师根据幼儿回答进行分类。把浮起来的放在"↑"筐里，沉下去的放在"↓"筐里。分好之后我们就进入了动手实验阶段，验证自己的猜想是否正确，幼儿每人手拿一样东西，放到水里去试一试，看看自己拿的东西放在水里是沉下去还是浮起来了。幼儿实验时，教师要巡回指导，并帮助幼儿正确运用"沉"和"浮"来表述，鼓励幼儿把自己的实验结果告诉小朋友。

在巡回指导幼儿实验时，我来到了第五组观察孩子们的实验过程，我发现他们这一组有一片大叶子沉到了水底，我很疑惑，因为在准备这些材料时，我都一一进行了实验，树叶是会浮在水面上的呀！这到底是怎么回事呢？我又接着去观察其他组小朋友的实验，突然发现有一个小朋友的实验结果跟我的是一样的，他的树叶浮在水面上，同样的东西为什么实验的结果却是截然相反的呢？

接下来在请幼儿分享自己的实验结果时我专门请这两个小朋友说了自己的发现，小朋友也很疑惑，我调整了教学环节，请这两个小朋友到前面来再次实验，请所有小朋友观察，在他们操作时我没有任何干涉，结果发现这两个小朋友一个是直接把树叶放进去之后小手没有再去动树叶而是在静静地观察，而另一个小朋友则是放进去之后好奇地用小手往下按了按，树叶就慢慢地沉了下去。终于找到出现问题的原因了，我告诉小朋友为什么树叶会浮起来也会沉下去："那是因为小朋友用小手把树叶按到了水里，树叶吸收了一些水变得沉了，慢慢越吸越多就渐渐沉下去了。如果我们放进去之后不再动它，它是不会沉下去的。""小朋友们你们觉得能不能用小手去按呢？"小朋友们商量之后说："我们不应该用小手去按，而是要用眼睛去看他到底是会浮在水面上还是会沉下去。”在验证之后重新分类时，我问孩子们：“那我们到底该怎么分呢，树叶到底是应该放到浮起来的筐子里还是沉下去的筐子里呢？孩子们都觉得应该放在浮起来的筐子里，他们说小蚂蚁很小，没那么沉，不会把树叶给按到水里的。

听了孩子们的话我很赞同也很欣喜，因为这结果跟我在活动前预设的结果一致了，但是我也在心里反思，还是我在活动前没考虑周全，没有想到那个孩子会好奇地想去用手动一动，如果我考虑得够全面的话就不会出现这样的小插曲，如果我想到了就会在孩子们动手操作实验前把要求讲清楚，这样就不会出现意外状况。科学活动本身就比较严谨，这就要求教师在组织科学活动时要考虑得多一些，把各种可能都想到。《幼儿园教育指南》中也指出幼儿的科学学习是在探究具体事物和解决实际问题中，尝试发现事物间的异同和联系的过程。在本节科学活动中虽然出现了我没有预料到的状况，打乱了我的教学环节，但是却让孩子们发现了两种不同的现象，对孩子们来说也是不错的。幼儿的思维特点就是以具体形象思维为主，所以我们不能为了追求课堂秩序，或是完成教学任务而去对幼儿进行灌输，应该引导幼儿通过直接感知、亲身体验和实际操作进行科学学习。

长颈鹿到底有没有鬃毛？

开封市实验幼儿园　张　凯

最近我们班正在开展“动物大世界”主题活动，我和孩子们一起探索着各种动物的特征和生活习性。在探索的过程中，我发现有的孩子对动物的了解远远超过教师，其实，教师在和孩子们进行探究活动的过程中，在与孩子们互动交流中，一同汲取了活动经验和养分。作为一名幼儿园教师，我非常享受这种与幼儿共同成长的快乐与惊喜。

在开展“动物大世界”主题活动的整个过程中，有两件事情让我感触颇深。

在一次“长颈鹿”绘画教学活动中，发生这样一幕：活动开始时我请孩子们一起比较斑马和长颈鹿的不同之处，对于这两种动物，孩子们在前期的主题活动中已经有了了解和认知，所以在本次美术活动中孩子们参与的积极性很高，讲出了许多不同之处：长颈鹿的脖子比斑马长；长颈鹿有角；长颈鹿的花纹是一块一块的，斑马的花纹是一条一条的；花纹的颜色也不一样……

在孩子们尽情而自由地讨论之后，我出示了范例——长颈鹿的一家，正当孩子们大叫："好漂亮"时，金天又一边举手一边说："我又发现了不一样的地方，斑马有鬃毛，长颈鹿没有的！"

"哦,你又发现了……"还没等我讲完,奔奔又叫起来:"长颈鹿有鬃毛的！"

"没有的！"孩子们都叫了起来。"到底有没有？你们仔细看过长颈鹿吗？"

"没有的！""有的！"这时，孩子们出现了不同的观点。

一时间，教室里像炸开锅一样，孩子们各抒己见，喧闹不止。可是，我自己也不能确定长颈鹿到底有没有鬃毛，但是活动又没有结束，情急之下我就告诉孩子："现在，我们不能确定长颈鹿到底有没有鬃毛，那我们先别画鬃毛，等活动结束了，我们再一起去查查相关资料，如果长颈鹿有鬃毛，我们再画上去好吗？"孩子们一时间也没有更好的办法，都点点头同意了我的提议。活动就在疑问中继续进行下去，孩子们画的都是没有鬃毛的长颈鹿。

在集体教学活动中，教师的教与幼儿的学是一对矛盾的综合体。两者间存在着相互制约、自动调节的动态平衡关系。教师教得越多越满，幼儿学得必然越被动，在这种状态下，幼儿的学习空间从何而来？反之，如果教师退一步，被动一点，幼儿则进一步，主动一些。在"动物园里的动物"活动中，孩子们对长颈鹿的特征有过初步的讨论，所以在今天的活动一开始，我没有直接将长颈鹿的特征重复给幼儿听，而是借助幼儿对斑马和长颈鹿的已有认知，先请孩子们进行比较、讨论，调动了幼儿主动发现、主动学习的积极性，在比较和发现中，孩子们对长颈鹿的基本特征的认知有了进一步的巩固。所以，我认为在前面的环节，我和孩子的互动是成功的。

在师幼互动中，教师决不是简单的管理者、指挥者或裁决者，而是良好师幼互动环境的创造者、交往机会的提供者、积极促进师幼互动的组织者和幼儿发展的支持者、帮助者、指导者和促进者。教师只有对自己的角色进行正确的定位，才可能在实际中更多地关注幼儿的实际情况和主体发展，关注幼儿的发展需要。虽然，在出示范例时，我的意图是让孩子们发现不同的动态以及画面上事物之间的重叠，但是金天小朋友却从我的画上看出了"长颈鹿没有鬃毛"并引起了孩子们的争论。当时，我自己也是一愣，因为在准备范例时，根本没有考虑长颈鹿有没有鬃毛，而是凭自己的印象画出来的。作为教师的我对长颈鹿缺乏足够的了解。因为教师给予孩子们的指导应该是正确的、科学的，所以当孩子们在活动过程中发生争执时，我没有急于把孩子们拉回到我的预设中，更没有凭借感觉或印象对问题下结论，因为我觉得孩子们的争论是非常有价值的，在没有正确答案的情况下，作为教师的我们也没有权力要求孩子们服从老师，而应该鼓励孩子收集相关资料，运用多种方法和渠道找出答案，解决问题。老话说得好："授之以鱼不如授之以渔。"

在活动的第二天早晨，班上的棋棋和小刚各自从家里带来了长颈鹿的玩具。他俩一看到我，都急忙去拿自己的玩具来给我看。棋棋一边拿一边说："长颈鹿是有鬃毛的，不过是很短的！"可是，当小刚的玩具拿来时，他却说："长颈鹿是没有鬃毛的！"听到小刚的话，棋棋马上就急了："你说的不对！"

"你说的才不对呢！"就这样你一言我一语的，两个人的争论开始了。旁边围观的小朋友越来越多，渐渐地，大家跟着一起争论起来！这时，晓宇也急匆匆地找到自己的动物书来说："张老师你看，书上的长颈鹿是有鬃毛的，这里还写着'长颈鹿的脖子上有鬃毛……'"现在孩子们对长颈鹿是不是有鬃毛的争论是2∶1。不过小刚一直都不服气，一双眼睛炯炯有神地看着我，从他的眼神中可以看出，他在等待我的答案。我连忙解释道："你们都比老师记性好，回家查了资料，老师倒忘记了，应该给老师批评呀！不过你们找来了玩具，又查阅了图书，我该用什么办法找答案呢？""上网！"优优提示我。"好，那我们一起到科普网上查查资料吧！"于是，孩子们都争先恐后地围到电脑旁边，看我查资料。最后，孩子们从长颈鹿的照片和文字介绍中找到了答案。

孩子们收集资料以及争论的过程说明他们对昨天活动中出现的问题表现出了极大的学习兴趣。因为这个活动是幼儿自己需要的、自发的、主动的，在主题活动中探索的问题是他们真正想知道的，所以他们发现问题、寻找问题答案的途径都是自己想办法找到的，大家运用的方法各不相同。当幼儿通过自己的努力问题还是无法得到解决时，他们又急需另一种解决问题的方法，这时作为老师的我又考验了孩子们一把，请他们帮助我想一想还有什么办法可以解决问题。在这个小小的互动中，又拓展了孩子们收集资料的途径，同时使孩子们懂得：遇到困难要积极应对，只要肯动脑筋，就一定可以找到解决问题的好办法。

快乐的数学课堂，幼儿成为我的老师

开封市实验幼儿园　　李春枝

在一次数学课堂上，我精心设计了一节数学教学活动“有趣的骰子”，整个教学活动都是以骰子这个道具为载体，以游戏“掷骰子”贯穿始终，最终让幼儿在玩的过程中发现骰子的秘密，知道骰子上下两个面的数字总和是7的规律，进而学习7的分解组成。

我满怀信心走进课堂，利用一个自制的超大的骰子吸引了孩子们的眼球，每个孩子都兴高采烈地告诉我在飞行棋、走兽棋等各种游戏中他们都玩到过骰子，在我的调动下，孩子们了解了骰子的特点，骰子有六个面，六个面一样大，每个面上都有一个数字，分别是1到6，同时感知了正方体的概念等，这一系列的认知都是为接下来的环节服务的。

整个活动都在我的精心设计下平稳地进行着，于是，我们就开始了精彩的“掷骰子”游戏。我邀请小朋友来掷骰子，大家个个跃跃欲试，就在这时，我很神气地告诉孩子们，你们不管怎么掷骰子，我都能猜出藏在骰子下面的圆点是几个，孩子们一听就炸开了锅，纷纷说我吹牛，绝对不可能。于是，都急着要考验我，他们一次次地抛骰子，一次次地告诉我骰子上面的数，一遍遍让我猜，可是不管怎么样，我都可以准确无误地把正确答案说出来，这下可好了，我从孩子们的眼神中看到了佩服，看到了仰慕，心里美滋滋的，也就在此刻，我提出了疑问，为什么每次老师都可以百分之百地猜对呢？到底骰子里藏了什么小秘密呢？有的孩子说：“老师，是不是你玩得次数太多了，就把它们记到心里了？”有的孩子说：“因为老师的本领太大了，什么都知道。”……看着孩子们充满羡慕的神情，我即刻问道：你们要不要也来猜一猜，试一试呢？孩子们个个不甘示弱地说：要！

于是接下来的环节转换为孩子们掷骰子，孩子们猜答案，孩子们的兴趣更浓了，每个孩子还着急说出自己猜的理由。有的孩子说：我是瞎猜的。“是的，即使乱猜测，只要敢猜，有时也可以获得正确的答案呢！”……本来在这一环节，我的目的是为了调动孩子继续玩骰子，从而进入我的第三个自由操作环节，利用孩子们不断地观察、操作和记录，发现骰子上下圆点总和是7的秘密。就在这时，让我意想不到的事情发生了，有一位小家伙猜出了下面的圆点数，当我问他是怎么猜出来的，他神气地说：这还不简单，我把周围的数字都查一查，看看1—6少了哪一个数字，藏在下面的就一定是它了。这可把我惊奇坏了，于是孩子们都尝试着用这种方法进行猜测，个个都猜得很对！这可怎么办？孩子们没有按照我的预设环节往下走，7的分解组成怎么学习？骰子的秘密还要不要发现？就在那一刻，我的脑子迅速地运转，如何鼓励孩子们？又如何导入我的下一个环节呢？

这种方法是在设计教学活动前所没有预想到的，而孩子们成为了我的老师。就在那一刻，我兴奋地鼓励孩子们："你们的这种方法真是太好了，这是一种排除的方法，让我们知道正确的答案。虽然这种方法很好，但是在排除的时候，需要用很长的时间，而我呀，连看都不用看，你们告诉我上面的数字，我就可以直接猜出来了。""啊！"孩子们更惊讶了！于是我就转过身背对孩子们，以最快的速度回应了孩子们的每一次考验。这一下，骰子的秘密到底是什么？更加调动了孩子们参与的积极性，于是接下来的活动顺理成章地进行着，孩子们在不断玩骰子的过程中，摸索、发现、记录，最终在大家的共同努力下，发现了骰子上下面的圆点数量合起来是7的规律，孩子们特别兴奋。在活动的最后部分，我给孩子们准备了藏有不同总和规律的骰子，让他们相互猜测，在找到规律的基础上，进一步巩固了7以内各数的分解组成。

在整个教学过程中，从自信到忐忑再到欣喜，我意识到了作为一名教师，在课堂遇到突发事件，诸如本次数学活动中的具体情况，我们首先要保护的是孩子们学习的积极性和主动性，赞扬孩子们在各种活动中灵动的思维表现，站在孩子们的角度揣摩他们的思维过程，从而更加了解孩子们的学习方式、思维方式，从而指导自己的教学活动设计，而不应该单单站在教师的角度设计，当教师的预设和孩子们的发现发生矛盾冲突时，教师的主导要向后靠，在顺应孩子们思维发展的同时，灵活调整教育行为和教学方法。在本次活动中，我很佩服孩子们的智慧，他们在课堂上成为了我的老师，让我的思路更加开阔，可以说课堂中的学习也是师生互动、互学的一个过程。

美术活动中的范画该如何使用

开封市实验幼儿园 武 乐

今天我们的美术活动，是一节非常有趣的、培养幼儿创造性的添画活动。考虑到幼儿已经是中班上期了，有一定的绘画创作经验，所以，在给孩子们出示各种图形宝宝的时候，我就鼓励孩子大胆想象：“你看到了圆形，想到了什么？你觉得正方形像什么？”引导孩子们说出各种不同形状的事物。看到孩子们说得不亦乐乎，我就把孩子们的注意力转移到了本次活动的重点，在认识各种形状特点的基础上，添画不同的图形小人。为了不限制孩子们的想象和经验的运用，我设计的这次活动没有任何范画，就是想让孩子们充分发挥自己的已有经验和大胆想象来作画。

其实，这次的绘画内容非常简单，就是在幼儿原有的绘画经验基础上，用单线条来绘出不同的人物动作和动态。为了不让孩子们无从着手，我先在电子白板上以圆形为基准，画了一个正在跳绳的小人，简单的几笔线条，马上呈现出一个跳起来的小人。在孩子们热烈的掌声中，我说道：“其实你们也可以和老师一样，甚至画出比老师想的更好的动作！想一想，你还可以画出做什么动作的图形宝宝呢？”“奔跑！”“唱歌！”“跳骑马舞！”……孩子们的回答各不相同。为了帮助孩子们进一步掌握不同动作的绘画特点，我还特意让孩子们做一做，看一看这些动作应该用什么线条和图形来表示。

当我自信满满地让孩子们开始作画时，大多数的孩子都只是画出了不同的图形，可是怎么也画不出可爱的小人形象。刘烨煊说：“老师，我不会画！”接着，大家都喊起来：“我也不会画！”我就问：“你们觉得哪里不会？什么地方让你画不出来？”王若雨说：“我想到了唱歌的样子，可是我不知道该怎么画！老师没有画到白板上啊，我怎么画？”我愣了几秒，忽然觉得孩子们想象作画的能力是不是因为“范画”的影响而被扼杀了呢？为了能让孩子们继续绘画，我在白板上画出了他们想要画而画不出来的动作和动态，以便让他们有选择地来画自己喜欢的动作和动态。

事后我思考了好久，到底美术活动中该不该出示范画呢？如果出示范画，又该在什么时间什么环节来出示呢？

美术是一种造型艺术，是以线条、色彩、结构塑造形象的视觉艺术。以它的直观性、可视性、形象生动，对幼儿有很大的感染力。美术教育可以培养幼儿对美术的兴趣以及对大自然、社会生活、美术作品中美的欣赏力。它要求幼儿在观察物体的形状、颜色、结构等基础上，培养他们用绘画和手工充分表现自己对周围生活的认识和情感。因此，在小班时期，范画是一定要有的。因为幼儿的年龄特点，决定了他们的经验累积还很少，如果从小班美术活动开始，就不出示范画，一直让孩子自己画，那么孩子们没有参照物，绘画经验从何积累？不给他一定的参照物，他只会乱涂鸦。现在我们所使用的整合课程，很多时候都有美术活动在里面，每周至少有两个美术活动。只是这些活动并不是单一的美术活动，它和其他领域联系在一起，大部分涉及到各个层次、各个不同的领域，而多数是根据本次活动的内容，有目的地进行各种创造性的美术创作活动。到了中班上期，我也想着根据孩子们已经积累的绘画经验，尝试不给范画的绘画方式，由于没有了范画，没有了局限，或许孩子们的创造性能得到全面的发挥。但是，我发现中班上期的幼儿对技能技巧的掌握还存在一些不足，可以在学习一些线条、造型组合的时候，出示范画，而这些范例也应该是绘画的某一部分，帮助幼儿整合他已有的经验。不应该给予整幅的范画，那样会让孩子们的思维受到限制。很多时候老师并不能看出孩子画的是什么，为什么要这样画，但是我相信大部分的老师都是以积极、鼓励的态度来对待孩子们的作品。孩子们的思维能力得到了拓展，动手能力也得到了提高，而老师在组织活动上也少了许多环节，至少不是单一的美术活动。因为我们要始终遵循“让孩子拥有发现美、感受美、创造美的能力”的原则，不能扼杀孩子创造美的天性。

是“点”出来的，不是“孵”出来的

开封市实验幼儿园　黄彦彦

一次，我负责为本班另一位教师的一节音乐教学活动“小小蛋儿把门开”配班。整个活动，在创设的丰富情境中有序开展。首先，教师通过声音引出“小鸡”的主题，而后让幼儿用动作自由去模仿“小鸡”。其次，抛出问题“小鸡是从哪里来的”，引导幼儿展开一系列的讨论。大部分幼儿都说是鸡妈妈生出来的，接着教师操作多媒体课件，一只出壳的小鸡弹跳出来：“看，小鸡孵出来了！”

就在这时，我突然听见一个小朋友在下面嘀咕："是点出来的，才不是孵出来的。"听到这话，我心里不禁纳闷，他怎么会有这样的一个想法？但我们不可否认，这个小朋友说的一点错都没有，小鸡的确是"点"出来的，而不是"孵"出来的。教师点击白板，小鸡弹跳出来，教师创设的只是一个虚拟的情境，并没有真正地表现出"孵小鸡"的过程。不得不说，孩子的眼睛是雪亮的，他们比我们想象得还要"求真""务实"。我们在情境创设中可能只是一个简单的设计，甚至觉得只是微不足道的一"点"一"说"。不曾想幼儿在这随意的一"点"一"说"中，会有不同的想法，甚至去"尖锐"地反驳。

这说明幼儿的世界和眼光是不同于成人的，而且他们有了一定的生活经验和认知建构。所以，对于某些事物，他们有自己"独特的眼光和想法"，这很大程度上源于他们特殊的年龄特点和发展规律。所以，要想真正走近幼儿，必须站在幼儿的角度，了解幼儿发展的特点和规律，在幼儿已有的生活经验基础上，创设适宜的情境，这样才能让幼儿真正融入到该情境中，并最终获得有意义的发展。幼儿是以"直觉形象思维"为主，他们是真正地"眼见为实"，看到什么就是什么。而要想让他们透过"现象"去看"本质"，或是让他们略过过程而直接去假想结果，是有一定难度和不适宜的。

所以，我们必须重视情境创设的准确性和有效性。在创设情境时，不能单凭语言去给幼儿"说"出一个事实，而让幼儿看到的却只是一个虚拟的情境。这样，幼儿就无法理解教师所说的，或是对教师所说的产生怀疑。因为，他们有一定的生活经验，对于事物的认知也有他们自己的理解和建构。所以，当情境中呈现的与他们已有的经验和认知产生冲突时，他们要么重新建构，要么能大胆说出自己的看法和想法。所以，在教学活动中创设情境时，我们一定要了解幼儿的认知特点和原有生活经验，给予幼儿适宜而准确的新经验。

既然情境创设如此影响着教学活动，我们就有必要了解一下什么是情境创设。一般，情境创设是幼儿教学中的一种重要手段，它是为了能使幼儿更好地获取知识、经验以及丰富情感。所以，注重情境创设的有效性，创设有价值的教育情境是非常必要的。那么，何谓"情境"呢？《现代汉语词典》中解释为"情景；境地"。这就说明，教育情境是情与境的统一体。情，代表人及其所有行为、心理；境，则强调客观外界的构成和自然性。在日常教学中，我们有时容易融入情感，想给幼儿创造一个尽可能"愉悦"的环境，不经意间却又容易忽视创设情境的客观性、准确性。显然，缺乏科学准确的"情境"，忽略幼儿的发展特点和认知经验，仅仅只有情感是不行的，这样的创设只能说是"形式上的创设”，而不是“有价值、有效的创设”。

可见，在以后的教学活动中，提高情境创设的价值和有效性，是更好促进幼儿发展的一个关键。教学活动中设计的任何一个环节，都不能“随意而为之”，要逐步从注重形式走向注重内在价值，基于幼儿生活，贴近幼儿生活，努力为幼儿创设一个更为真实而适宜的情境。只有这样，才能最大可能地给幼儿一个真正发展的平台。让幼儿在这个平台上，建构自我的想法，积累新的经验，真正地实现自主、自我且有意义的发展。

跳出“情境”的现场

开封市实验幼儿园　贯　云

那年我带的孩子们上中班。一天，我在组织一次社会活动“互帮互助好朋友”。当时设计活动时我采用了情境创设法，希望用真实的情境把孩子们带入有趣的活动，也满心憧憬着课堂上的教学效果。

活动开始了，我告诉小朋友们，森林里的小动物们遇到了麻烦事，希望大家一起来想想办法。孩子们兴致高涨，纷纷举起了小手。设计的场景中有：小兔子的羽毛球挂在大树上了；小熊的皮球掉到大树洞里了；长颈鹿伯伯的铁钉子散落了一地等。

孩子们在我创设的故事情境中很自然地开始动脑想办法，他们的想法各具特色，积极应答的场面真是热闹极了。小宇说：“我愿意帮助小兔子，让小鸟用嘴巴把树上的羽毛球拿下来！”涵涵说：“我愿意帮助小熊，请小松鼠钻到树洞里把皮球拿出来！”乐乐说：“小猴子会爬树，可以帮助小兔子把羽毛球拿下来啊！”听着孩子们的回答，我真是满心欢喜，我创设的真实情境起到了很好的作用，激发了孩子们参与活动的兴趣，使课堂气氛活跃融洽。

正当我满心欢喜地准备进入下一个环节时，我突然看到西西举起了手，这个孩子平时很安静，上课时难得主动举手发言，我想：一定要抓住这个机会，让西西大声地表达自己的想法。我赶紧请他站起来发言，只见他站起来怯怯地说：“我自己就能帮小熊把树洞里的球拿出来。”听了他的答案，我一下子懵了，怎么从故事情境中跳出来了呢？我该怎么应答呢？我要不要把他拉回到想象的故事中呢？就在我的大脑快速运转的同时，西西走到我用纸做成的树洞中用手一下子把球拿了出来。哎呀呀！我的脑子此时一片空白，只见全班小朋友都在看着我，等待着我的反应。

我看着西西，他用询问的眼神看着我，等待着我给他的肯定。他的做法有错吗？这是孩子从自身出发想出来的办法，听起来顺理成章，只是从拟人化的故事情境中回到了现实生活。这个孩子的做法不对吗？不，他是对的，我要肯定他的想法，并肯定西西的做法，保护孩子积极回答问题的热情。

我微笑着把西西揽在怀里，看着全班的小朋友说："你们觉得西西想的方法行吗？"孩子们有的摇头，有的点头，似乎都在等着我最后的结论。我笑着对大家说："西西的办法很好啊！自己帮助小熊解决困难，他是一个乐于助人的好孩子，让我们一起送给他掌声吧！"孩子们纷纷拍响了小手，西西笑了，挺着小胸脯大步回到了自己的座位上。

后面的活动中，我把孩子们带进"真实的"情境，启发他们用自己的本领帮助遇到困难的小动物们，孩子们运用已有的生活经验，帮助小山羊想到了过河的好办法，用吸铁石帮长颈鹿伯伯捡起了洒落一地的小钉子。看到孩子们举起的小手，我想，我对活动的调整是对的，我对西西的肯定更是对的。

幼儿期是想象最为活跃的时期，想象几乎贯穿于幼儿的各项活动中。幼儿经常将实际生活变成想象活动，我们在一线工作的教师都会有同样的感受。比如，吃着饼干，忽然想到它是小船；洗着小手，想成下雨等。孩子们听故事时，想象随着故事的进程而展开，一幕幕的表象如同电影似的在头脑中活跃起来。作为幼儿园老师，要允许孩子想象，当他们不知该如何区分时，教师要把握时机，把握尺度，适当适时地加以引导。

孩子们是天真的，语言是稚嫩的，想法是大胆的，行动是真实的。要想让我们的教育行为更加生动有效，教师要深入到儿童中间，发自内心地尊重、理解、接纳孩子，接纳孩子们的年龄特点，接纳孩子们的不同见解，接纳孩子的失误与错误。教学是一种科学活动，老师是实践者、创造者，让我们用自己的智慧带着孩子们走向明天，走向未来。

在课堂活动中冷场后的反思

开封市实验幼儿园　朱伟峰

在幼儿园教学这12年中，我在大大小小的课堂上遇到过各种各样的孩子和各种突发情况，有的我能及时应对化解，但有的时候却搞得措手不及。虽然我们作为老师会认真备好每节活动，但是我们无法估计可能出现的问题，遇到问题怎么解决，结果的好坏一直都是我们老师最重视的。

针对前段时间在科学活动“动物的尾巴”中，我与幼儿的互动策略、互动效果，记录下自己最真实的感受，希望对我以后的教学活动有所帮助。

在活动中我想通过一段录像帮助幼儿梳理动物尾巴的作用并把有相同作用的动物尾巴进行归类。于是我问：“小朋友你在这段录像里看到了什么？”个别幼儿回答：“我看到尾巴。”个别幼儿在议论从画面中发现的新奇东西，其余幼儿比较茫然，接下来我继续追问：“你们看到这段录像里有我们没有讲过的动物的尾巴吗？”只有几个幼儿说：“我看到了狗摇尾巴表示高兴。”一名幼儿回答：“孔雀在遇到危险的时候它会开屏，它的尾巴上有很多像眼睛一样的图案会把敌人吓跑。”我赶紧说：“哦，这是录像里也没有看到的，那么谁还从录像看到了我们没有讲过的尾巴呢？”这时幼儿没有了回答。

我看气氛有些冷场，想了想又接着问：“那么谁还知道我们没有讲到过的动物尾巴的作用？”部分孩子开始有回应，但是多数孩子还是处于茫然状态。整个活动，大部分只有我一个人在说，极少幼儿进行回应，而活动中冷场占大部分时间。

活动结束后，我细细地回想造成与孩子们互动冷场的原因。其实，在此活动之前，对于动物尾巴的作用孩子们前期已经积累了相关的知识，这次我希望通过一段录像帮助孩子们巩固并拓展原有的知识，引导孩子们把动物尾巴按照不同的作用进行分类。但是从老师的提问、追问可以看出，设计的问题比较松散宽泛，让孩子们没有方向。而且所提的问题和环节的设计有所出入，不能为老师的预设很好地服务。从孩子们的回答及表现可以看出这段录像并没有更好地为教学活动而服务，反而影响了孩子们的正常思维，分散了注意力。

我在提问的时候没有紧扣这个环节所需要解决的问题，思路有点不清晰，比较随意。如果录像在比较清晰的情况下，我能这样问：你们看到的录像中哪种动物的尾巴和鱼的尾巴作用是一样的？再追问：哪些动物的尾巴可以用来做武器？这样的问题目的性就很明确，孩子们就能很好地顺着我的思路进行思考。

我又有一些困惑，我们在预设活动时，目标意识都比较强，但是在实际的活动当中会出现很多意想不到的问题，比如说环节的遗漏，或者是问题的遗漏及不严密，造成师生互动的冷场或答非所问。特别是一些年轻教师在组织集体活动时常常会遇到这类问题，这样一来对整个活动的宏观调控及和孩子之间的互动就会失去有效性，一个活动的流程就像脚踩西瓜皮滑到哪里是哪里，那么整个活动就背离了原本预设的目的。

在今后的教学活动中，我们在设定了提问后，还要多从幼儿角度出发，想一想他们会问些什么？这需要我们平时更多地关注幼儿，聆听他们的内心世界，这样在活动中即使幼儿会出现意外的回答和提问，我们也不至于束手无策，让课堂冷场。

在美术活动中培养幼儿的创造能力

开封市实验幼儿园　朱亚楠

新学期，我来到了菠萝班。自从接了这个班的孩子，我就很快和他们熟悉了。他们活泼可爱，动手能力强，自理能力也不错，但想象力和创造能力却需要进一步培养。最近，我组织了一次关于泥塑的活动——泥贴瓶子，活动结束后自己颇有感触。

活动流程是这样的：1. 教师以变魔术的方式激发幼儿的兴趣。2. 请幼儿选择自己喜欢的背景进行创作。3. 互相欣赏，互相评价。当孩子们在轻松愉快的音乐声中制作泥塑时，我忽然发现张坤小朋友趴在桌子上，我马上想到是不是他生病了，就赶紧过去，摸着他的头小声询问："你不舒服吗？让老师看一看。"张坤还是不吭声，旁边的小白义愤填膺地说："老师，都是他们说张坤没有按照老师的瓶子做，张坤才生气了。"原来是这样。我举起张坤的飞机说："大家看看，这架飞机做得多么逼真啊！张坤真了不起，和老师做的不一样。你想怎样做就怎样做，不需要和老师的一样，只要你自己喜欢就可以了。"我的话刚刚说完，就看到有许多孩子把自己原来照着老师做的一些泥塑都毁掉了，原来他们不是在按照自己的意愿做，而是在模仿我的作品。为什么会出现这样的事情呢，我回想：这个班小班时是一名年龄较大的老师带的，可能跟她原来的教学模式有关吧。活动结束了，我收到了好多不同的礼物，这些都是孩子们按照自己的想法制作而成的。

看着五花八门的作品，我不禁深深地感到传统教育的可悲。孩子们模仿教师的作品就像"邯郸学步"，不但掌握不了技巧，反而失却了儿童特有的生动灵性。模仿的特点是以训练技能技巧为主的范画教学，这种教学不要求幼儿开动脑筋，只要求他们亦步亦趋地按照教师的画法临摹。而评价的标准是与教师的范画相同或相似的程度。孩子自从上幼儿园的第一天，这种模仿就开始了。传统的教学模式扼杀了儿童稚拙而天真的绘画方式，强制幼儿写实的做法违背年龄特征，迫使幼儿过分地依赖教师，从而失去自主性；使幼儿丧失主动自我表现的自信心，在绘画中失却了自我，剥夺了想象的自由，扼杀了创造性。

那么，在美术活动中，教师到底该不该给孩子们出示范画呢？示范的过程到底要解决哪些问题呢？这是一个值得讨论的问题。我觉得示范是必要的，但示范要有一个度，怎样才能把握好这个度，就要依据活动的目标以及班上孩子们的特点来定了。教师示范，是解决一个程序问题，或者展示新的技能技巧，或给予孩子不同风格的作品让其欣赏。如，我班幼儿在美术活动"装饰裙子"中，我就为孩子提供了八幅不同图案的裙子，这不是让幼儿模仿，而是为他们展示更多的图案及画法，从而启发幼儿自己来装饰裙子。我们的一切教育活动都要重在支持幼儿自主活动，主动探索、操作和充分体验；创设多样的"问题情境"和"开放性问题"以激发幼儿思考和探究，调动与激励幼儿参与和不断学习的兴趣与积极性，在与环境、情境的积极、主动的相互作用中获得主动、有效的学习。

我想，作为一名一线的教师，每天和孩子们在一起，应该"授之以渔"，而不是"授之以鱼"，这样孩子会受益无穷的。让孩子把制作的过程变成创造过程，而不是模仿过程，帮助幼儿把智力技能与所掌握的符号结合起来，在头脑中进行转换，通过技能整合而变成自己的绘画能力和技巧，其效果远远胜于模仿来的技巧。

传统的教育模式在当今日新月异的变化中越来越不适应新的时代要求了，教师要及时改变自己所固有的思维模式，认识到教师的作用不是机械地教技巧，而是卓有成效地启发幼儿的创造性。幼儿自发生成的表现中有"珍珠"也有"瑕疵"。这就要求教师善于启发和诱导，发挥循循善诱的爱心、耐心和才能。

总之，在我以后的艺术教育活动中，我将改变自己原有的传统教育模式，在教学中融入新的理念，让孩子们从小接受良好的教育，遇到事情能用最快最简捷的方法来解决，这将使孩子受益终身。

“像神一样气”

开封市实验幼儿园　冯　伟

二月份，我上了一节语言活动课“鹅大哥出门”。本次活动是借班教学，和我一起参加活动的是分园大班的14名孩子。

这个班级比较特殊，其中有一个男孩叫同同，他是一位自闭症患者。

在第一个观看课件环节时，别的孩子都在认真看大屏幕，只有同同低着头，眼睛盯着地面，眼神呆滞，不知道在想什么。

我想：完了，这节活动同同好像不感兴趣。

不过我还是镇定自若，不动声色地接着提问：“什么叫神气？”经过短暂思考，孩子们七嘴八舌地说开了，气氛十分热烈。

我不时地看一下同同，他仍然眼睛一眨不眨地望着某个地方。我心里暗暗地叹了口气，脑子飞速地转着，怎样才能让同同也参与进来呢？

孩子们的讨论暂时告一段落，我看看同同，发现他仍然像置身事外一样。看来等着他主动是不可能了，我决定改变策略，主动出击。

正当我准备提问同同时，同同却抬起头，发出“哦、哦”的声音，我顿时心中一阵惊喜，我知道这是同同要发言的讯号。

同同站了起来：“像神一样气。”

大家顿时瞪圆了眼睛，都没明白同同在说什么。

正当大家鸦雀无声、一片茫然时，同同却像明白了大家的懵懂，马上又追加了一句：“神气就是像神一样气。”然后眼睛直直地盯着我。

暂时的停顿后我才恍然，同同一直在思考，原来他一直在跟随着我们。他一直和我们在一起。

活动室像炸开了锅，“像神一样气。”“他说像神一样气。”置疑声此起彼伏，有笑的，有拉同同坐下的。同同执着地看着我，眼神充满了期待与渴望。

我心中充满了犹疑，是该肯定还是否定？

经过瞬间的思考，我笑着对大家说："孩子们，每个人都可以发表自己的见解，你们认为同同这样说可以吗？"

我把评价的权利还给孩子。

一轮新的讨论展开了，有的孩子说同同说的不对，有的孩子说同同敢于大胆地发言就应该表扬。

课后，我对这节活动进行了反思。我想，纵然是孩子，他也有自己的想法，也有表达自己想法的强烈意愿。老师不就应该给孩子创造条件、创造环境，让孩子大胆表达吗？只有在平等、民主、宽松的环境中，孩子才能真正获得进步和发展。老师的职责不就是好好爱孩子吗？我会一直坚持的。

润物细无声

开封市教育幼儿园　韩莎莎

蒙特梭利实验班上午的课程主要由小组工作（教师演示）及个人工作（幼儿自主选择操作练习）组成。这和传统的集体教学区别很大，最关键的是孩子们每个人都会有一个属于自己的进度，他们能够成为学习活动的主体。但是这种主动学习的形式，使得教师和孩子之间的角色有着特殊的关系，教师如何在孩子的自主学习中，体现出一个教育者专业的引领，其时机和方法都是关键。

童童是一个小班的孩子，这件事情发生在刚开学不久。童童选择的是纺锤棒与箱的工作。他把纺锤棒一根一根地取出，套上橡皮筋，放在与数字相对应的箱中。直到把所有的纺锤棒都放入箱中。这些童童都做得很棒。看得出，他要准备结束这次愉快的工作了。这是童童第一次做这项工作，没有类似的经验。他把纺锤棒取出，放回原来的盒子。这时候，他发现了问题：装纺锤棒的盒子无法盖上（我们的配套教具大小合适，如果不把橡皮筋取下，盒子上的盖子就无法盖好）。童童开始了他漫长的探索，他将这些纺锤棒用力地向下压了压，重新盖盖子，还是不行，反复几次仍然失败，最后，他甚至把整个身体的重量都压在了盒子上，还是不能成功地将盖子盖好，就这样僵持了两分钟。童童似乎要放弃了，他眼睛里的专注开始流失，他开始留意旁边小朋友的工作……观察所收获到的信息以及对童童这个孩子的了解，我知道这个时候童童需要老师的帮助和指导，但是童童虽然年龄小，却是一个特别要强的孩子，什么事情都想自己做，上次小朋友帮他收油画棒就让他生了好大的气。于是我走到他的旁边，拿起装橡皮筋的空碟子，装作不经意地提醒他："童童，你的用具好像没有收好哦，不要忘了把小碟子也收起来！"童童马上拿起了空碟子，他的眼神一直盯着这个碟子看，似乎在寻找这个碟子的特别之处，终于，他的眼睛明亮了起来，他终于明白问题出在了哪里。童童兴奋地调整了一下坐姿，把纺锤棒全部取出来，把橡皮筋一一取下放在碟子里……当他把所有的事情做完以后，我听到他跟班上的哥哥姐姐炫耀："今天我没有让别人帮忙！"

整个教学过程，作为学习者，童童没有和同伴以及成人进行语言交流，在他自主进行探究的过程中，他也表现出认真专注、积极主动的学习品质，他愿意独立完成。但是，孩子由于年龄特点和学习经验的限制，许多时候，他们仍然需要教师的辅导。教师辅导能够帮助他们快速地汲取经验方法，但是，也会对孩子独立完成得到的自信心的满足有所干扰。每一个孩子都有独立愿望，他们也都希望能够体验到独立做完某件事后那种成功的满足感。这个时候，教师的高调指导无疑会阻碍孩子的社会性发展。因此，我们需要换一种思路，动一些脑筋，刻意创造出一种不经意，这种不经意有四两拨千斤的效果。在孩子看来，不是传授，不是帮助，更不是替代，只是教师随口的一句关怀，却能够帮助孩子找到解决问题的切入点，帮助他们解决实际问题。

授人以渔

开封市教育幼儿园　张菲菲

"哦，又要上美术课了！"当孩子们得知下节课要画画时都兴奋得不得了。

"老师，今天我们画什么呢？"辰辰迫不及待地问。

"今天我们画的是人，是小朋友一见到就想笑的人。"我笑眯眯地回答。

"是巨人。""是孙悟空。"……孩子们七嘴八舌地争论了起来。

"瞧，我们今天要画的就是……"待孩子们都坐定之后，我出示了范画，解开了谜底。

"啊！是小丑呀！真漂亮呀！"看到了老师精心准备、色彩鲜艳的范画，孩子们兴奋地欢呼起来。

"老师，这太难了吧，我不会画！"在高兴之余辰辰有些担心了。紧接着好几个小朋友也同时呼应。

“没关系，现在我就来教你们。大家可要听仔细，认真看哟！”于是我把小丑的绘画方法进行了细致的讲解与示范，直到看到孩子们充满疑惑的小脸儿都舒展开来。

轮到孩子们自己做画了，教室里鸦雀无声，每个人都在专心地完成自己的作品。勾线—涂色—添花，伴着钟表的滴答声，孩子们的作品陆续完成了，他们纷纷拿着自己的画向老师、同伴炫耀着。

我将孩子们的画一一挂在了展示区，然后同孩子们一同欣赏着。看到孩子们的画用笔流畅，用色大胆鲜艳，涂色也很均匀，我的心里也是美滋滋的。

“我和老师画的最像。”“我画的小丑和老师画的小丑就像双胞胎。”正在我得意之时，辰辰和馨馨的争吵声传了过来。在问明了他们的争吵原因，并进行了解决之后，我陷入了深深的思考：画得和老师一样的画儿真的是最好的吗？我们美术教学的目的就是把孩子培养成为优秀的临摹家吗？答案当然是否定的。因为在新的《幼儿园教育指导纲要》中明确地把儿童画定位为自主性绘画，即“教师在绘画活动中引导幼儿以自己的意愿，运用自己选择的绘画方式主动表现自我，不断创新的绘画活动。对儿童而言，他的绘画应该是自主性的活动，是不受教师干预的，享受思想和操作的自由。能够发挥能动性和创造性”。

在发现工作中的失误之后，我进行了深刻的自我反思，并思考了绘画活动的改进方法。从哪儿跌倒的就从哪儿爬起来，我决定对“小丑”这节绘画活动进行新的尝试。

在活动之前，我特意找了许多有关小丑表演的光碟和孩子们一起欣赏，并在小丑表演的过程中做了一些有意的暂停，停下来和孩子们一起观察小丑表演时的动作变化，共同分析小丑在做不同动作时身体各部位的位置变化，然后再来学一学。在这个过程中，孩子们始终充满了乐趣，时而因为小丑的表演哈哈大笑，时而对小丑进行惟妙惟肖的模仿。在看了精彩的小丑表演之后，我请孩子们讨论自己的感受，说一说自己最喜欢的小丑表演。“我喜欢看小丑表演抛球。”“我喜欢看小丑表演踩球。”“我喜欢看小丑表演倒立。”孩子们热火朝天地说开了，有的还不由自主地表演起来。于是，我又灵机一动，和孩子们玩了一个“小木偶”的游戏，让孩子们表演小丑木偶，从而进一步让孩子们感受不同的动作变化。就这样在做了充分的准备之后，我提出了新的绘画任务：把你最喜欢的小丑表演画下来。

这次提出绘画任务之后，孩子们的眼睛里少了先前的忧虑，多了自信的光彩，并表现出了迫不及待的心情，因为他们对这次的绘画内容都已经胸有成竹了。孩子们的作品完成之后，我们再次进行了展示。这次的作品不再是千篇一律，孩子们也都不再以“谁的画和老师的最像”为评价标准了，而是纷纷以自己的与众不同而感到骄傲。

第二次绘画活动的成功使我对以后的美术教学增添了动力，也让我尝到了作为“抛砖引玉”者的乐趣。其实在我们的美术教学中，有时并不需要过多的语言描述，我们老师要做的就是授人以渔，交给孩子们一些绘画所必需的本领，通过一些有效的手段和方法，让孩子们容易掌握又可以举一反三。帮助他们成为一个有能力、有思想的自主的绘画者。

我来教他吧

开封市教育幼儿园　牛亚敏

在蒙氏班工作有些年头了，平时很善于观察孩子们的一言一行、一举一动，近日又发现了一个案例：铭铭有很长时间都在语文区，看书、金属嵌板、汉字描写的工作乐此不疲。

铭铭今天又来到了语文区做汉字描写，童童看见铭铭又是写又是画，完成的作品很漂亮特别羡慕，也想做。（我们是混龄班，铭铭六岁半了，已经临近毕业，而童童五岁多）我告诉他做这个工作一定得把笔顺写对，而你们的橘子卡还没有演示过，你还不知道怎么写。这时候旁边的铭铭看到了就说：我来教他吧！我知道他已经在我的指导下能正确地描写上边的汉字，我想童童虽然还不会，但是从他平时的绘画握笔来看手部肌肉有很好的控制能力，书写的能力是有的。我就很高兴地说：好啊！让哥哥教你吧！于是，我给他选了一张简单的汉字描写作业，上面是“口、目”两个汉字。

铭铭一副大哥哥的样子，说：“看，要按着上边的笔顺写。你先看看我是怎么写的！”铭铭写得很慢，童童看得也很认真。

写完了，铭铭把笔递给童童说：你来写一遍，让我看看你写得对不对！只见童童写一笔，铭铭就鼓励着说：对！对！对！当写到第四笔的时候，铭铭说：不对，这一笔应该是这样的。说着又拿着笔给童童示范，讲完之后还告诉童童：书写汉字的时候要看着笔画顺序来写，不能写错！接下来他看着童童又正确地完成了一个字才放心地写自己的。在这个过程中铭铭没有丝毫的厌烦，而是始终用一种欣赏的态度和弟弟交流着。在接下来的时间铭铭始终关注着童童每个汉字的书写顺序。

在以后的几天里童童对书写一直有着极大的兴趣，很快掌握了如何正确书写汉字。

在这个过程中看着铭铭的一举一动完全是老师的翻版，我进行了深深的思考。

由于孩子个性、遗传因素、家庭背景、家庭教育的不同，存在个体差异。我们应该在认真观察、了解和分析的基础上，采取针对性的措施和教育。在孩子对某一事物感兴趣的时候给予他正确的示范，孩子就能很快掌握，也就是孩子在对某一事物发生兴趣的时候，我们给予孩子一定的指导，会有着事半功倍的效果。在童童书写敏感期提前到来的时候，我们及时提供这样的学习引导，是尊重了孩子身心的发展规律。

我们还可以看到铭铭在这个过程中始终扮演着老师，作为指导者的角色出现，铭铭的一言一行都表现出老师在日常工作中对孩子潜移默化的影响。这些都让我们看到要让孩子形成良好的社会情感和行为习惯，成人尤其是家长和教师要在日常生活中为孩子树立良好的榜样。

有趣的玩纸活动

开封市教育幼儿园　阮姣姣

在一次美工活动中，出于锻炼孩子们手部小肌肉的想法，我设计了“香喷喷的面条”的活动，希望孩子们在这次活动中能体验撕纸的乐趣。

我把准备好的报纸撕成小块，孩子们都非常好奇地问我：老师这是干什么？我们是不是团纸团啊？我没有马上回答孩子们的问题，只是让孩子们继续猜。最后，当我把撕好的纸条放进一个纸碗里，做出香喷喷的让人嘴馋的面条时，孩子们欢呼起来：“哇，这是撕面条。”我神气地告诉大家：刚才许多小朋友看到了老师用纸撕了一碗香喷喷的“面条”，现在邀请大家一起来撕面条。撕纸的时候我交代了撕纸的方法，要把纸撕成什么样，然后把纸发给每一个孩子，有的孩子迫不及待地开始撕起来。我观察了一下孩子们的表现，大部分孩子都能按照老师的要求撕成长条，于是我又对他们提出了新的要求，把纸撕成一条一条的，但是不要撕断。再一看，这个要求也没有难倒他们，这时我看报纸快用完了，于是就去隔壁办公室取报纸，这期间让配班的楠楠老师看着。

当我回来的时候，看到的是一幅喧闹的场景，大家把撕下来的纸团成团，当做武器扔来扔去，地面上有许多剩下的碎纸，整个教室乱成了一团。看到孩子们玩得高兴的样子，真不忍心打断他们，何不就此作为这次撕纸活动的结束和延伸呢？于是我也加入了他们的行列，我把孩子们召集在身边，告诉他们：其实纸团有很多玩法，可以向上抛接，可以滚着玩，还能怎么玩？顿时教室里又热闹起来，小朋友们积极地探索更多的玩法，时不时有孩子跑到我这来给我表演。我们玩了有十分钟的样子，看看大家都有些累了，我和楠楠就组织孩子们将纸团当武器，投向"敌人"（纸篓），孩子们赶紧到处找寻遗忘在地上的"武器"，刚才满地碎纸的教室一下子变干净了。

在课后反思的时候，我非常庆幸在活动中离开了一下，否则就不会有后面扔纸和玩纸的活动了。这次活动不仅让孩子们锻炼了手部肌肉，也锻炼了他们团、扔、抛接的动作和保护环境的习惯，更重要的是孩子们在活动中玩得非常开心，增进了孩子与孩子之间、老师与孩子们之间的感情。我真是很希望所有的老师都创造一些机会，让孩子们和老师一起"疯"一回。

新《幼儿园教育指导纲要》中明确指出，"提供自由表现的机会，鼓励幼儿用不同艺术形式大胆地表达自己的情感、理解和想象，尊重每个幼儿的想法和创造，肯定和接纳他们独特的审美感受和表现方式，分享他们创造的快乐。"在教育活动中，教师不是裁判不是权威，而是和孩子们平等的一分子，是孩子们的朋友和合作伙伴。正是和他们在一起"疯"、一起玩、一起面对困难、一起解决问题的过程中，分享他们的快乐，增进师幼互动。另外，教育者应善于发现幼儿感兴趣的事物、游戏和偶发事件中所蕴含的教育价值，把握时机积极引导。教育有法但教无定法，教师也应该根据孩子的接受情况适时灵活地改变教育方法，使教育活动的每一个环节都具有教育性，让孩子在快乐的玩中不经意间有更多的收获。

别让消极的评价激怒孩子

开封市金明幼儿园　王　芳

童童是我们班的小美女，但是脾气却不太好，常常一点儿小事就能把她激怒。造成她爱发脾气的主要原因，就是她的妈妈。童童的妈妈，是一个开朗、爱说笑的家长，她活泼的性格很容易与其他家长打成一片。也可能正是因为这样的性格特点，她说起话来往往不太注意，容易以消极的评价方式来评论孩子。一天放学，童童和几个小伙伴在教室门口玩耍，无意间便唱起了时下流行的《小苹果》，几个家长听了不由地笑起来，童童妈妈边笑边说："你唱的是什么呀，都没有调。"家长们听了，笑得更起劲了，可是孩子们却呆在那里，不知所措，童童憋红了脸大声喊："小苹果，小苹果。"喊完便满脸怒气地拉着小伙伴跑开了，而家长们则笑得更开心了。

在与家长朋友的日常沟通中，这样的例子很多。我发现很多成人不会使用积极的语言去教育引导幼儿，相反，他们经常会用消极的语言去评价孩子，这对幼儿的情绪影响极大，而且非常不利于幼儿情绪调节能力的培养，从而不利于幼儿身心健康发展。《3—6 岁儿童学习与发展指南》中提出："幼儿即使做得不够好，也应鼓励并给予一定的指导，让他在做事中树立自尊和自信。"以及"帮助幼儿学会恰当表达和控制情绪，成人要用恰当的方式表达情绪，为幼儿做出榜样。"成人的语言和评价在幼儿心目中尤为重要，因此，作为一名教师，我们有责任帮助家长用正确的教育方法及鼓励性的语言去正确引导孩子，帮助幼儿树立自尊和自信，帮助他们学会调节情绪，使幼儿能够全面和谐发展，开开心心成长。

于是，我决定帮助童童妈妈改变她现有的语言习惯，减少使用开玩笑式的消极语言的频率，同时要学会鼓励和赞扬孩子。首先，我和她共同阅读和学习了《3—6 岁儿童学习与发展指南》中健康、语言和社会三个领域的目标和内容，从理论上帮助她了解幼儿身心发展的特点和作为成人所应有的教育方法。其次，从自身出发，设身处地地思考自己的言行可能对孩子心理造成的影响。作为身心发育已经成熟的成人，我们仍然希望得到家人、朋友及领导对我们的肯定和赞扬，哪怕是一个微笑，一个鼓励的手势，一句简单的话，都能激励我们更有动力，把事情做得更好，更何况是孩子呢？有了多次的学习与沟通后，童童妈妈逐渐意识到自己无意间的调侃可能会伤害孩子的自尊心，不利于幼儿的发展。所以，为了孩子的健康成长，她愿意改变自己，给孩子做出好的榜样。

可是，想要改变已有的语言习惯是困难的。刚开始，童童妈妈总是不自觉地说出一些别人不愿意听的话。有一次，看到别人家的孩子穿了件比较有个性的衣服，就调侃："看这穿的！"她的本意是想说别人的衣服很特别，但是听起来总是让人觉得不舒服。还有一次，童童放学时得意地告诉妈妈，自己今天在幼儿园吃了三个馒头，可是童童妈妈却说："那有啥，我能吃十个。"满心希望得到表扬的童童霎时无比失望。我及时和童童妈妈沟通，其实孩子能吃三个小馒头非常了不起，她非常希望得到家长的夸奖，家长的鼓励能让她以后更积极地进餐。而家长这种消极的评价既打击了孩子以后进餐的积极性，又伤害了孩子的自尊心，所以必须改正。从这以后，童童妈妈特别注意自己的言谈举止，虽然不能一下子完全改正过来，但我能看到她为了孩子所做出的努力，童童也在妈妈的影响下，不再那么爱发脾气了。

一位教育专家曾说过：赞赏和激励是沐浴孩子成长的雨露阳光。每个孩子都渴望得到成人的重视和赞赏，作为家长要常常夸奖孩子，适度的赞扬能激发孩子的自信心。另外，成人是幼儿的一面镜子，只有成人正确地引导和示范，才能帮助孩子学会调节情绪，健康快乐地成长！

"老师，我没有打人"

开封市金明幼儿园　乔慧芬

一个阳光灿烂的午后，大厅里传来孩子们快乐的笑声。"沿线，手背后，小脚沿着线儿走……"这时，忽然有个宝宝跑到我跟前，一只胖乎乎的小手指着身后说："老师，哲哲打我的手。"我诧异地望了过去，只看到哲哲低着头一声不吭。我正要说话，忽然从前面和左侧同时飞奔过来两个小朋友，"老师，老师，哲哲也打我了，他还差点把我推倒呢。"看到宝宝泛红的手，我不由皱起了眉头，连忙走过去。我蹲下身来，轻轻拉着哲哲的小手，询问道："哲哲，你打小朋友了吗？"他的头更低了，一声不吭。嗯，看来他是默认了，"为什么要打小朋友呀？"这时，他更加沉默。当我问到第六遍时，哲哲稍稍抬了头，小声嘟哝着："我没有打人。"我心头的怒火噌地一下蹿起来，心中只有一个声音："他还这么小，怎么可以撒谎呢！"我气急之下狠狠地批评了哲哲，直到他的眼睛里泛起泪花，此时我的心不由地抽痛了一下，怒火逐渐冷却。我问自己，我是否太严苛了呢？

哲哲还是一位小班的宝宝，他很快忘了这不愉快的插曲，这件事却一直在我脑海中挥之不去。哲哲刚刚三岁半，对于是非对错并没有建立完善的概念体系。正如《3—6岁儿童学习与发展》中所指出的：人际交往和社会适应是幼儿社会学习的主要内容，也是其社会性发展的基本途径。幼儿在与成人和同伴交往的过程中，不仅学习如何与人友好相处，也在学习如何看待自己、对待他人，不断发展适应社会生活的能力。在社会关系建立的初级阶段，或许哲哲只是还没有学会用正确的方法来表达自己的感情，或许他"欺负"的正是他喜欢的呢？仔细想来，在哲哲的思想中，追赶、拍打也许只是他与小朋友们相处、交往的一种方式，他只是单纯地渴望着与小伙伴玩耍的快乐，他甚至还不懂得什么是欺负，什么是谎言。哲哲正是处在这段"摸着石头过河"的探索时期。

《幼儿园教育指导纲要》中指出，以关怀、接纳、尊重的态度与幼儿交往。耐心倾听，努力理解幼儿的想法与感受，支持、鼓励幼儿大胆探索与表达。我作为老师不应该先入为主地在思考分析中加入成人固有的观念，而是应该以接纳的姿态来倾听、理解和尊重孩子，力求更贴近幼儿心理特点，鼓励幼儿探索解决遇到的各种问题。我们只有蹲下身来跟孩子们平等对视，耐心地了解孩子的想法，孩子们才能有安全的归属感、愉快的体验和敢于探索的精神，最终获得健康的成长！

面对问题，我没有放弃，一直在思考：怎样培养哲哲与小伙伴正确的交往方法。终于，在一次户外活动的时间，解决问题的机会来了。当孩子们分组进行游戏时，哲哲选择了自制玩具——小荷叶。此时，孩子们正玩得开心，我突然发现哲哲开始用荷叶击打旁边小朋友——康康的胳膊。我正要上前制止，只见康康也以同样的方式击打哲哲。于是，我停下脚步，开始观察。康康长得比较结实，劲儿很大。我看到哲哲玩玩具开心的笑容慢慢地消失，眉头皱起来。我想时机到了，赶忙上前去制止。哲哲委屈地扑到我怀里哭了起来："老师，我跟康康玩游戏，他却打我……呜呜呜……""那康康是怎么打你的呢？"哲哲义愤填膺地拿起小荷叶模仿了一遍："就这样，这样！"我装作不解地问："那哲哲是怎么跟康康玩游戏的呢？"哲哲想了一下，说："我是这样跟他玩的……"说着，又模仿了一次。我装作迷惑的样子问："咦！你玩游戏的方法和康康打你的方法是一样的！为什么会这样呢？”哲哲思考了一下：“可是，他的劲儿可大了，我的胳膊都疼了！”接着，我问康康：“康康，哲哲说你打他了，你来说说情况吧。”康康无辜地扬起小脸，说：“我没有打他啊，哲哲来跟我用荷叶打着玩，我就跟他打着玩了。”哲哲点点头，不再说话。回到教室，我们班就此开了一个“我和我的小伙伴”主题班会，老师模拟孩子们交往互动的各种场景，请孩子们尝试发现其中哪些交往方式是正确的，哪些是错误的；如果你是场景中的小朋友，你会怎么跟小伙伴玩。其中，哲哲和康康都大胆发言，说出了他们之间发生的事情，并且想出了和小伙伴相处的新方法，班上的孩子们对他们的表现报以热烈的掌声。作为他们的老师，哲哲和康康能够转变与小伙伴相处方式的做事态度让我动容，让我欣慰。

有人说过：“儿童的心田是一块神奇的土地：播种思想，收获行为；播种行为，收获习惯；播种习惯，收获性格；播种性格，收获人生。”由这件事情我感觉到，当我耐心了解孩子们的童真想法时，才能真正明白孩子们的发展需要什么，才能够与他们站在同一条线上，一起画绚丽的第一笔色彩。

成功举办“展销会”

开封市金明幼儿园　王玲玲

进入大班后，我们开展了主题活动“各种用途的车”。幼儿通过亲子活动和科学分享活动了解了大量关于车的知识；在结构游戏中探索了一些有代表性的车的插接技巧；在艺术活动中绘画车……幼儿一日生活的各环节中都能听到、看到对车的讨论，表达氛围非常浓厚。在此基础上，我适时组织开展了结构游戏——汽车展销会。“展销会”中有“小设计师兼推销员”，他们用创意积木设计、创作、推销车；有“小顾客”，每人拥有“五元”资金，根据自己的喜好购买车。

李哲涵和闫帅臻两位“小设计师”合作设计了一辆造型独特的观光车，在“展销会”上，李哲涵充满信心地将他们合作的车标价10元，并热情推销。“小顾客”尧尧一眼就喜欢上了这辆观光车，但是因为手里的资金不够恋恋不舍地离开了，然后走到我面前说：“老师，把这钱还给你，这么少，没有用。”话语中充满伤心、失望与不满。正在这时，“推销员”李哲涵大声欢呼：“老师，我们的车子卖了10元！10元！”激动、快乐的表情洋溢在他的小脸上。此时的尧尧急得眼泪都快要掉出来了，我拉着尧尧的小手走到了李哲涵面前了解情况，原来，另外两名“小顾客”吕博晨和杨浩进行合作，凑了10元钱买走了观光车，而此时，他们两个人正开心地欣赏买到的“商品”。尧尧看到了这一切，似乎明白了什么，表情像是在思考着什么，又进入了游戏区。这时“展销会”已经接近了尾声，孩子们都纷纷与同伴分享自己的收获，可能是那辆观光车的魅力太大，尧尧始终没有买其他自己喜欢的车。在这段时间里，我也观察到吕博晨和杨浩两人的状况：只是在共同欣赏、观察买到的车，显然玩得并不是特别开心。我了解到了原因：一辆车两个人拥有，怎么玩？吕博晨和杨浩两个人没有找到解决问题的办法。

“展销会”中这些孩子的表现引发了我一些思考。由于生活环境及生活中成人教育策略的原因，很多幼儿在面对问题后，往往是家长替代或者教师帮助孩子完成，很少真正引导孩子面对问题、分析问题、寻找出解决问题的办法，久而久之，幼儿容易养成思维的惰性及单一思考问题的方式，而不会积极地面对问题，调整思路，有效地解决问题。怎样提高幼儿解决问题的能力，促进幼儿的社会性发展？我当天下午查找了“脑科学”“幼儿心理学”及“幼儿教育学”相关资料，找到了一些理论依据和教育理念：解决问题是思维活动的主要表现形式，也是思维活动的主要目的。人类的思维活动在大多数情形下都是解决问题的过程。这种思维能力的提升是人类终身需要的。解决问题有以下几个基本要求和步骤：（1）将注意过程集中到所要解决的问题上。（2）对所要解决的问题进行抽象推理。（3）形成必要的合适的解决方案和策略。（4）灵活地依据问题的不同而改变策略；对效果进行评估，进而对策略做出相应的修正。

第二天，我再次组织幼儿举办了“未来汽车展销会”，在第一次“展销会”的基础上进一步激发幼儿的创作能力，也想通过这次活动解决第一次“展销会”出现的问题。我先请小朋友们说一说昨天参加“展销会”的收获和想法。在讨论中，尧尧、吕博晨和杨浩可能是因为想到昨天的不开心并没有说出自己身上发生的事情，我只好以假设方式说出了一个问题情境：想买自己喜欢的车，如果钱不够怎么办？全体孩子的注意力都被吸引过来，纷纷献计献策说出解决问题的办法，大致有以下几种：在买车时要还价；可以两个人合作买一辆车；每辆车都有特殊的本领，买不到贵的可以买便宜的；等等。接下来我提出了第二个问题：两个人合作买了一个，怎么玩？孩子们又唧唧喳喳地说：可以你玩一会儿，我玩一会儿；可以一起玩，你把车子推给我，我把车子推给你……很多合理的建议我及时进行了肯定。问题是否解决了？尧尧、吕博晨和杨浩这些孩子是否能够将这些解决问题的技巧真正地掌握呢？在“未来汽车展销会”进行的过程中，我看到了这样的情况：尧尧用有限的“资金”通过讨价还价买到了自己喜欢的车，其他“小顾客”们讨价还价、合作买卖、合作玩耍的情境，让我感觉到每一位孩子都从中真正体验到了乐趣，“展销会”终于举办成功了！

反思“展销会”的举办过程，我体会到，根据幼儿兴趣点在结构游戏中发现幼儿感兴趣的事物和偶发事件中所隐含的教育价值，把握教育时机，提供适当的引导，以幼儿为主体，将来源于幼儿的问题引导幼儿自己讨论、解决，能有效促使提高幼儿解决问题的能力，促进幼儿社会性的发展。这符合《幼儿园教育指导纲要》精神：社会学习具有潜移默化的特点，尤其是社会态度和社会情感的学习，往往不是教师直接“教”的结果，幼儿主要是通过在实际生活和活动中积累有关的经验和体验而学习的。另外，我想以此案例为主题召开一次家长会，请家长在生活中也要关注孩子解决问题的能力，可以有意识地创设情境让孩子进行锻炼，在锻炼孩子的过程中家长要注重观察，之后也可以与孩子一起讨论，参与评价。相信教师、幼儿、家长三位一体的有效互动一定能够进一步促进幼儿社会性的发展。

宝宝，老师也不会，你能帮帮我吗？

开封市金明幼儿园　刘　漪

每周我们都要开展乐习活动，通过活动孩子能够学会很多的本领，无论是在认知方面，还是技能方面都会有很大的进步。但是，每次的活动多多少少会出现一些小的插曲。

今天的活动是模仿——茶缸。首先第一个环节是通过对作品的观察，请孩子们发现作品的外观像什么，运用几种组件插接而成，如何连接在一起的。在第一环节，孩子们的情绪稳定，状态积极。但是面对第二个环节，模仿插接，就出现了一点小小的问题。

“老师，我不会，你能帮帮我吗？”杨笋语的声音打破了教室的宁静，一部分孩子抬头看她，也有一部分孩子仍然坚持低头插接。我以最快的速度出现在杨笋语的面前，看着垫子上凌乱的玩具，我有点儿生气，但是看着孩子一脸的茫然，一肚子责备的话语也不知怎么出口了。

我该怎么办？直接告诉她怎么插接？还是……

“宝宝，老师也不会，你能帮帮我吗？”稳定了一下自己的情绪，我微笑着对杨箪语说，孩子的表情瞬间变为吃惊。

“我刚才把茶缸拆开之后，就组装不成了，我该怎么办呢？”我做出伤心的模样，杨箪语的表情似乎出现了一点儿同情的神色，她渐渐将目光投向了黑板前的那个完整的“茶缸”。

观察了片刻，一个插接方式、组件排列正确，但是组装却不太紧实的“茶缸”，出现在了我的面前。我淡淡地笑了一下，正准备离开的时候，却听见杨箪语小小的声音：“老师，你的茶缸还没有插好呢！”

转回身来，我看到了她有些怯怯的表情，看着我手中的玩具。我顿时明白了孩子的想法，便又蹲下来说：“宝宝，老师不会，你能帮帮我吗？”

点点头，杨箪语轻轻地“嗯”了一声，便拿起我的组件，认真地组装起来。当凌乱的组件变成一个完美的“茶缸”出现在我面前时，我看到了杨箪语脸上自信的笑容……

《幼儿园教育指导纲要（试行）》中指出：幼儿园教育应尊重幼儿身心发展的规律和学习特点，充分关注幼儿的经验，引导幼儿在生活和活动中生动、活泼、主动地学习。执行教育计划的过程是教师的再创造过程。教师在教育过程中应成为幼儿学习活动的支持者、合作者、引导者。

很多时候孩子需要的只是我们给予他们更多的信任和支持。孩子们虽然有时候对自己不够自信，但是也同样不喜欢做弱者，更加容易同情弱者。当我们处于需要帮助的位置，很多时候孩子便能够自信起来，选择面对困难然后去帮助别人。

很多时候孩子的软弱只是我们没有给予孩子足够的支持与信任，没有给予孩子成为强者和领导者的机会。当我们能够放下自己高高在上的架子，让孩子处于教导的位置，放手让孩子尝试并且成功之后，孩子的一些活动便将出现更为完美的结果。

逗引孩子要适度

开封市金明幼儿园　王文燕

这是我进入小（一）班担任教师工作的第一周。一天中午吃过饭后，我带领小朋友们在操场上散步。

圆圆站在队伍里低着头，嘴巴里嘟囔着："手掐腰、脚沿线，一步挨着一步走。"隔壁班的徐老师伸出她的食指对着圆圆说："圆圆，看，我手里有一根魔法棒。变变变，我要把圆圆变走，离开小（一）班、变成小（二）班的小朋友！"圆圆捂着耳朵、摇着头说："我不是，不是，我是小（一）班的。"然后她嘴巴一噘、抱起双臂转过身去。徐老师紧接着，一边朝这边走来一边用手指指着圆圆："看我的魔法棒！变变变，哈哈，圆圆变成小（二）班的啦！"圆圆摇着头争辩着："我不是，不是，哼嗯……"徐老师加紧步伐跑过来，像是要抱住圆圆一样。圆圆见状竟然迅速跑出我们班的队伍，冲向操场的一个角落。这时，徐老师加紧"攻势"伸开双臂，一副不把她"变"走不罢休的架势，朝圆圆逃离的方向追去，嘴里不停地说着："仙女棒，变变变……"就这样，在操场上出现了这样的场景，圆圆在前边大踏步地跑啊躲啊，徐老师在后边追啊撵啊，那场景像极了老鹰抓小鸡。圆圆哭着喊着，她的脸急得红彤彤的，徐老师却笑着闹着："魔法棒，变变变，你就是小（二）班的，就是就是就是……"圆圆最终没有逃掉，她被徐老师一把抱住，嘴里一直喊着"啊啊，我不要，不要……"两个手臂紧紧地抱在一起。看着宝贝儿的可怜样儿，我"求"徐老师放过了她，又请我们班的另一个老师在旁边安抚了圆圆一会儿，她临睡觉的时候还问："老师，魔法棒别把我变走。"当我答应她的要求之后，她才安然睡去。

与班级老师沟通之后，我了解到圆圆已经4岁半了，婴儿时期曾经得过轻微的面瘫，经过矫正现在已经痊愈。因为她曾经生病的缘故，家长对她呵护备至，孩子睡觉了，全家人在家中蹑手蹑脚；孩子手指尖上长了倒刺皮，洗手就改成用湿毛巾擦手；孩子看白雪公主动画片，猎人即将出现时家长会提前将她的眼睛和耳朵捂上……为防止圆圆受到不必要的伤害，在她上幼儿园之前很少让她与其他小朋友接触，导致圆圆对外部世界的感知多以童话故事为主，社会化程度很弱。圆圆进入幼儿园后，不会自己穿衣吃饭、不会自己上床睡觉、听不懂游戏规则……所以老师们对她照顾有加，经常帮助她做一些事情。不过，她好像并不觉得不会做这些事情是件很困扰的事情，每天都很快乐，和周围的每一个人都能聊得来，所以老师们特别喜欢她。

从案例中圆圆的行为反应来看，圆圆的心理年龄相对实际较小。由于心理特点，圆圆才会将童话和现实混淆。当徐老师逗圆圆玩耍用手指代替魔法棒时她相信了，当徐老师说她有魔法，圆圆也相信了，当徐老师说会用魔法棒将圆圆从小（一）班变到小（二）班时，圆圆百分之百地确定魔法棒的威力，她的第一反应是撒腿就跑。当圆圆被徐老师抱住时，她紧张地喊叫着，她当真了，害怕了，是没有归属感的表现。圆圆在被逗引的过程中，我从她哀求的眼神、慌乱的脚步以及语无伦次的喊叫声中看到了紧张和恐惧。还好我和另外一位老师"营救"了她。

像徐老师这样逗引孩子的情况在我们的日常生活中屡见不鲜。多数情况下，孩子被逗得面红耳赤、抓耳挠腮，逗引的人和围观的人看到孩子的样子哈哈大笑，然后再哄哄孩子。当孩子破涕为笑时，围观的人们再一次发出爽朗的笑声……在幼儿园里，逗引孩子的情况也多有发生，可是逗引孩子的限度在哪里？如何逗引不会影响孩子的健康发展？

孩子，你终于笑了

开封市金明幼儿园　杨　硕

虽然仅仅工作几个月，但在和孩子们的相处中，我却被一件小事深深地触动了。一天，我正在进行教学活动，小朋友们学得可带劲了，大家都在做书本上的小练习。我不停地在班里来回巡视，不时地看看这个，瞧瞧那个，看看哪个小朋友做得最认真最好，又可以得大红花了。当我走到一个小男孩身边时，他的异常表现引起了我的好奇。好像生怕我看到什么一样，只见他用小胳膊用力地遮挡住自己的书，刚刚学会握笔姿势的小手却在轻轻地抖动，那张稚嫩的小脸一直向下深埋。他是一个内向的孩子，难道是怕做错了被我批评？我的脑海中出现了一连串的问号，但就像什么也没发生一样，我转过身离开了。这时，我听到一声轻轻的叫声："杨……老师……"那声音真的好小好小，我转过身来，只见他双手捧着书本给我看，然后低下了头，还不时地搓着小手，那张可爱的小脸涨得红扑扑的。我有这么可怕吗？就算做错了，我也不会批评你的，我默默地想着接过他的书。尽管他做得不是很正确，却做得很用心很认真。我是不是该鼓励他一下？于是，我告诉所有的小朋友，他做得很认真，老师也要奖励他一朵大红花。我对着他笑了笑，竖起大拇指表扬了他，并用力地在他书本上印了一朵漂亮的大红花。他害羞地笑了，大声对旁边的小朋友说："老师给我印了朵大红花。"课后，我把他叫到身边，指导他把做错的题又重做了一遍。

后来的日子里，我特别关注他，没事总和他说说话，还经常在音乐活动上挑选一首他熟悉的歌曲让他唱给小朋友听，大家为他鼓掌，为他喝彩。美术活动上我总是在他的画纸上画一朵红红的大红花……现在，这个可爱的小男孩有了很大的变化，原本不爱讲话的他会主动和小朋友交流了，原本不爱动的他如今会和小朋友们一起做游戏了，他还会时不时地对我笑着说一句："老师，我喜欢你。"孩子，你终于笑了！老师真为你感到高兴！

刚刚走入工作岗位的我，经历了很多的辛酸和委屈，能让我感到高兴的就是看见孩子们那天使般的微笑，每一位孩子的微笑都是我工作中的动力。在以后的工作中，我会给孩子们创设一个更自由、更宽松的环境。关注爱微笑的孩子，更要关注那些不爱微笑的孩子，让笑容在每一位孩子的脸上绽放。

小蝴蝶，我在给你希望

开封市金明幼儿园　赵　红

当暖暖的春风轻轻吹起，当南飞的大雁重返家园，我才发现亮丽的春天已悄然而至。为了使幼儿感受这美丽的季节变化，我们便带着孩子们来到户外开始寻找和欣赏这美丽的春天，在寻找的过程中，最让孩子们兴奋的是那早早开出的"探春花"，小小的一缕缕白花，淡淡的一丝丝清香很快就把孩子们吸引过来。这时一句兴奋的话吸引了所有看花的孩子和老师："呀，这有一只死掉的蝴蝶，还有好多蚂蚁呢！"孩子们闻声而至，都好奇地凑了过去，只见一个孩子用手捏着蝴蝶的一只翅膀兴奋地叫着，最后又把死掉的小蝴蝶重重地摔在地上，接着一个孩子一脚踩了过去，又接连用力跺了几脚。看到眼前孩子的举动我很气愤，刚刚想上前阻拦，却突然发现在离小蝴蝶不远的地方，我们班的袁硕在双手合十，默默地对着小蝴蝶，一会低头一会抬头，还虔诚地说着什么，我走过去问他："孩子，你在干什么呢？"只见孩子很难过地说："我很难过，小蝴蝶死了，我在给它希望呢！"这时身边的凡凡听到了我们的对话，也赶忙从地上捡起落下的叶子和小草，一点点撒向小蝴蝶的身体说："小蝴蝶我来给你治病吧，你冷不冷啊，给你盖点被子吧！"班中别的孩子看到这两个小伙伴的举动后有的纷纷效仿，有的却转身离开了……

回班后我对刚才那些对小蝴蝶毫无同情心的孩子感到很难过，面对这样的情形，面对和他们朝夕相处的动物朋友，孩子们并没有表现出应有的爱心与悲伤，我不禁觉得有些惋惜。于是我决定和孩子们进行一次认真的谈话，我们一起回忆了小蝴蝶给我们带来的欢乐：美丽的外形、动人的舞姿，还有我们学到的那些科学知识，可是转眼间可爱的小精灵变得冰冷，永远地沉默了。我们还一起讨论了小蝴蝶死去的原因，最重要的是对孩子们进行了爱心教育和感恩教育，并把刚才袁硕和凡凡的举动与小朋友们进行了分享，最后我们全班的孩子又为小蝴蝶开了一个"悼念会"，为小蝴蝶，祈祷希望它能飞到天堂，永远快乐……活动结束后，再次面对孩子们天真无邪的脸庞时我不禁思考：当我们只专注于不断培养幼儿各种能力及知识储备的今天，我们是否忽略了对于孩子而言最为重要的到底应该是什么？知识，能力，还是健康的身心呢？

当此事发生之后，我进行了总结和反思。我很庆幸！庆幸在我看到孩子们没有表现出应有的爱心与同情时，我及时挽救了孩子们的爱心，及时对孩子们的行为进行了教育和引导。设想，如果我对孩子的这种行为视而不见，就失去了一次对他们进行情感教育的最佳时机。

研究发现，在我国城市独生子女中由于家庭成员结构不完满和教养教育方式不当等原因，形成了诸多的人格缺陷：诸如以自我为中心、攻击性强、比较孤独、独立性差、交往合作能力差、缺乏爱心等。加之当前幼儿教育中存在对感恩教育、习惯养成教育等不同程度的缺失等因素，严重制约了独生子女良好社会化品质的形成。

为较好地解决幼儿在情感方面的缺陷，我和班级老师加大了对幼儿情感方面的教育，并进行了一系列大胆尝试，比如：做好家、园沟通，让幼儿每天为爸爸妈妈做一件力所能及的事情，另外我还请孩子们为幼儿园的小动物带好吃的并与小朋友们分享交流。我们还利用故事、谈话等多种形式开展了互帮互助等活动加强对幼儿情感方面的教育。我们力图从爱的教育入手，有计划、系统性地为幼儿创造一个整体的教育环境，完善情感教育机制，促进幼儿良好的社会性品质和整体素质的全面、和谐发展。

通过此案例我得到许多的启示，首先，教师要意识到自己对幼儿活动时的反应及引导方式在某种程度上决定了幼儿的发展。其次，教师要及时采取正确的教育措施，促进幼儿良好的社会性品质和整体素质的全面、和谐发展。最后，在幼儿的成长过程中，父母的教育至关重要，我们应该让家长认识到这一点，充分调动家长的积极性，做好家园共育工作，促进幼儿全面发展。

鹦鹉的嘴巴

开封市金明幼儿园　张燕燕

今天我们开展了“我和小鸟做朋友”的区域活动，在本次活动中，我们为孩子们创设了泥工区、阅读区、粘贴区、手工区等区域，孩子们可以自由选择自己喜爱的区域来参与活动。

老师首先对今天的区域活动进行了简单的讲解，而后孩子们便开始选择各自喜欢的区域进行活动。

正当孩子们专注地投入在自己的区域活动当中时，我突然看到活泼好动的孙晗晞正左顾右盼地找着什么，于是我走到她的身边进行观察。

晞晞参与的是“手工区”活动，只见她手中拿着自己的半成品——一个竖放在桌子上的饮料瓶，瓶盖上平平地盖着一张废旧光盘，饮料瓶中间斜斜地粘着两个长长的纸片（看来这就是她做的鸟儿的翅膀），整体看上去这件作品的外形着实过于简单而且不够形象，我便假装好奇地问了句：“晞晞，能告诉我你做的是什么鸟吗？”“这是我做的鹦鹉！”她一边东张西望，一边心不在焉地回答我的问题，听到她的回答我确实有些惊讶，我心想：“这孩子还真有想象力，这作品怎么看也不像鸟啊……”她到底知不知道怎么做啊？我甚至开始怀疑她是否知道自己要做什么！

我想：我应该帮她明确一下自己下面要做的事。便问她：“你的鹦鹉怎么没有头啊？”谁知她竟指着那光盘说：“这就是它的头啊！”我顿时不知该如何评价和指导她了。不过很明显，她确实不知道接下来该怎么做，我想了想对她说：“那你给鹦鹉添上个嘴巴吧？”她很快说：“是啊，我是在找它的嘴巴，要是有一个东西能连在它里面就行了……”她一边认真地说着一边指着光盘中心的圆孔。我虽然不知道她想象中的鹦鹉是什么样子，但是还是帮她撕了一块硬纸卷起来扎在圆孔里面，我看着这个造型奇怪的“鹦鹉”，觉得她想的还真是有意思！但我还是准备让她看看鹦鹉的图片再来改善自己的作品，可正在这时，她把瓶子一下放倒了，还在光盘上画上了两只可爱的眼睛，这时，刚才还让我觉得可笑的“鹦鹉”突然有了几分神似，也可爱了许多！我突然明白了，原来她做的是一只正在飞翔的鹦鹉啊！

想象力是孩子思维的翅膀，古今中外的事例证实，凡是想象力丰富的孩子，大都有强烈的责任感和好奇心，有学习研究的热情，也表现出顽强的意志力，而且勤奋乐观，还有较强的独立性，所以，伟大的爱因斯坦说得好：“想象力比知识更重要！”

我想：好在我尊重了孩子的想象力，没有执意让她一早就放弃自己最初那看似滑稽的半成品，否则这只可爱的“鹦鹉”可能就永远不会问世了，而孩子也失去了能够展示自己原创作品和表现内心情感的机会。《幼儿园教育指导纲要》在艺术领域的指导要点中明确指出：幼儿的创作过程和作品是他们表达自己的认识和情感的重要方式，应支持幼儿富有个性和创造性的表达，克服过分强调技能技巧和标准化要求的偏向。其实，很多时候，孩子的想象力真的是成人无法想象的，所以，面对孩子没有完成的作品，成人千万不要过早地否定，要给孩子时间去完善和修正，当孩子遇到困难的时候，成人也应该先了解他们需要什么，不要觉得孩子的想法奇怪就一下推翻他们，试着帮助他们解决问题，也许就会遇到“柳暗花明又一村”呢！

子虚乌有的大狮子

开封市金明幼儿园　刘　洋

今天要带小朋友上一节非常有趣的阅读课，读本讲述的是一群小动物之间发生的故事。为了提高孩子们的阅读兴趣，也为了给活动的开始做一个很好的铺垫，我特意在活动的开始部分设计了一个讨论环节，想让孩子们通过讨论积累一些经验，帮助孩子们更好地学习理解故事的内容。

活动一开始，我就让孩子们相互之间说一说自己家里都喂养了哪些小宠物。话题一打开，孩子们就讨论得不亦乐乎。在我巡视讨论的情况时，发现平时不怎么积极发言的熙熙却突然变得异常活跃。这时，我有意让熙熙到前面给小朋友讲一讲他家的小宠物。心想这次熙熙在下面和小朋友讲得那样兴奋，一定是家里养了他喜欢的小动物，我要让熙熙好好地表现一下，等熙熙讲完以后我一定要给他一个大大的夸奖！于是我信心满满地请熙熙站起来回答。熙熙一听我让他回答问题，更是兴奋地跳了起来，还没站稳就急着说道："我家养了一头很高很大的狮子，会抓老鼠，还会和我一起玩游戏，是爸爸从北京带回来的。"熙熙的回答顿时让我和班上的小朋友们目瞪口呆，可熙熙的脸上却洋溢着得意的表情。就在我还没有缓过来神，不知道下面该怎样来应对熙熙的回答时，班上有几个调皮的小朋友就开始嚷起来："老师，我家有大老虎。""老师，我家也有大狮子。"瞬间班上的小朋友都笑成一团。在一旁的我顿时火冒三丈，心想熙熙的回答就是在胡编，你们还跟着他一起起哄，胡说一些子虚乌有的东西，你们就等着一个个挨批评吧！可就在我想张口严厉批评熙熙时，却发现熙熙好像并没有意识到自己说了谎话要被批评，而且他看到小朋友都被他吸引了，脸上得意洋洋的。看到这里我更是生气极了，心想本来好好的活动，一开始让他搞得乱七八糟……就在我的脑子还在飞快想该如何批评熙熙时，只听见熙熙大声嚷道："老师，你不信吗？我家真有，不信你放学和我一起回家。我家的大狮子可厉害了。"看到平时和老师说几句话就会脸红的熙熙，今天却这样自信地站起来看着我，似乎很想得到我对他的肯定。看着熙熙那种焦急而又期盼的眼神，我突然不忍心去批评熙熙了，而是特别想给孩子一个肯定、一个鼓励。可是熙熙编出来的事物实在是子虚乌有，我怎么去鼓励他？肯定他？此时的我百感交集，就在我又一次不知所措时，熙熙轻轻地又说了一句："老师，是真的！"比起刚才那句嚷出来的话，这次熙熙的话却显得不自信了很多，他似乎感觉到了我的怀疑与愤怒。看着熙熙那双渴望的眼睛，我想，如果当着很多孩子的面去拆穿他的这种谎言，熙熙的自尊心一定会受到伤害。我还是到下课后再单独找机会和熙熙谈一谈，也许比直接批评他更好。于是我轻声地对他说："是吗？熙熙，那好，老师放学和你一起去看一看。"就这样熙熙在大家关注的眼光下坐到了自己的座位上，熙熙脸上的表情也由紧张重新变回到了开心的模样。而我在下面的课程进行中也更多地关注到了熙熙的表现。我惊奇地发现，从前不怎么专心的熙熙在这节课中却表现得特别认真。

课下我翻阅了一些书籍，这才了解到孩子通过自然的途径得不到自己想要的东西时（如关注、表扬、礼物等），孩子就可能想到一个"捷径"——说谎。现在我终于明白为什么说完谎后的熙熙会变得特别的得意与自信，因为平时表现不怎么突出的他，常常被大家忽略的他，在那一刻得到了老师和所有小朋友关注。

我很庆幸自己当时没有因为熙熙子虚乌有的回答而去严厉地批评他，我更庆幸自己愿意去相信孩子，给孩子一个渴望被关注的机会。接下来，我会引导熙熙如何用正确的方法去得到老师和小朋友的关注，我也更愿意相信熙熙一定会做得很好。其实在很多时候我们并不是很了解孩子的内心世界，我们应该多静下心来“聆听童声、透视童真”，以一种关怀、接纳、尊重的态度与幼儿交往，耐心地倾听，努力地接受孩子的想法与感受，多听听孩子的心里话，多去了解孩子，不要让孩子纯洁的心灵受到创伤，给孩子一个健康的成长环境。

座 位

开封市金明幼儿园　边佩瑶

今天又是科学活动，每一位孩子都特别开心。我也早早就准备好了科学活动所需的教具。活动开始，我拿出了事先准备好的“小蝌蚪”对孩子们说：“小朋友，今天老师请来了一些小客人，让我们看一看是谁。”孩子们一听班里来了新朋友，个个小眼发亮，眼睛紧跟着老师的一举一动。当孩子们看到拿出的玻璃缸中一个一个黑黑的蝌蚪游来游去时，特别兴奋。这时，坐在旁边的瑶瑶大声地说：“老师，黑黑的那是什么？看不清。”瑶瑶话刚落，就听见另一位小朋友也大喊：“老师，我也看不见。”“我也看不见。”为了使活动继续进行，我马上对瑶瑶说：“来，坐到这里。”我把瑶瑶的座位调到了中间，并说：“现在这个位置能看清了吧。”瑶瑶看着我点了点头。于是，活动继续进行，我问小朋友：“那你们知道小蝌蚪长大会变成什么吗？”“会长成青蛙。”“对，那它是怎样从蝌蚪长成青蛙的？”孩子们一个个摇着头说：“不知道。”于是，我又开始讲青蛙的生长过程，在讲述的过程中，我发现平时活动中思维活跃的瑶瑶，一直缺乏兴致。为了调动瑶瑶的积极性，讲完后我第一个提问了平时爱发言的瑶瑶：“瑶瑶，请你说一说，青蛙是怎样从蝌蚪长成青蛙的？”平时语言表达能力较好的瑶瑶站起来后却支支吾吾半天也没说出什么。我又陆续请了几个孩子说一说，可孩子们站起来有的说：“开始我没看到，现在我不知道。”有的想说又说不出来，有的是言之无物。这时我似乎感觉到了并没达到预期的效果，便草草地结束了本次活动。

《幼儿园教育指导纲要》中指出，要创设与教育相适应的良好环境，为幼儿提供活动和表现能力的机会和条件。本次活动的重点是要幼儿简单地了解青蛙的生长活动。活动一开始，我用实物“小蝌蚪”马上引起了孩子们的兴趣。想不到活动中由于瑶瑶提出原来的位置看不见，随着其他孩子附和，差点使活动无法进行。实际上活动前环境的创设上幼儿的座位也是环境中的一项，座位应利于幼儿科学观察小蝌蚪，这样就不会在座位虽作出调整后影响瑶瑶的参与性、积极性，同时也不会影响到最后的讲述环节。此后我在环境的创设上作出了调整，科学活动的座位进行了重新的排列，更利于幼儿的观察。幼儿在与蝌蚪相伴的一周里观察它们的生长变化并从中对这个小生物产生了熟悉感。这样我又再次进行了本次活动，这一次由于环境与教育的良好结合，不仅使幼儿很快被带入主题，而且在短时间里激发了幼儿的活动兴趣，位置的重新排列解决了幼儿看不见蝌蚪的问题，调动了幼儿参加活动的积极性和主动性。

另外，在初次活动中当幼儿表述不出来时，我草草结束了活动。实际上这时完全可利用一些丰富的操作材料去激发幼儿，帮助幼儿表达。二次活动中我准备了色彩鲜艳的关于青蛙生长过程的图片，利用数学中的排序，使幼儿在打乱生长过程的情况下自然地排出正确的青蛙生长过程。有了操作，孩子们的积极性得到了明显提高，他们在排列顺序的过程中探索。幼儿在探究操作中通过看看、摸摸、做做等活动自己去感受、体验和发现。通过思考和适当的方式形成想法，在交流中梳理头脑中的信息及探究过程与结果。这一次孩子们都能讲述出青蛙的生长过程，而且孩子在讲述中乐于表达，乐于讨论。教育家布鲁纳说：“知识是在孩子们的探究之后，在孩子们的讨论中形成的。”幼儿在过程与结果的表达和交流中，逐渐懂得语言的重要性并形成准确的表达方式。孩子们在对青蛙生长过程的正确排列和表述的同时也对青蛙的生长过程有了自己更深刻的理解。这也延伸到了活动外的其他领域。户外孩子们一起玩游戏“青蛙抓害虫”，不仅锻炼了他们的体质，也潜移默化地在游戏中使幼儿懂得青蛙是人类的好朋友，我们应该保护它们。孩子还通过歌曲《小青蛙》、绘画《青蛙》表达自己喜欢青蛙的情感。

反思中成长，反思中收获，一个小座位，一组小图片使我感觉到活动前环境等准备的重要性。我在今后活动的开展上应吸取这次的经验，在活动准备及环境创设上不怕麻烦，多思考，认真研究教学的策略，有针对性地进行科学活动，让每位幼儿都能在良好的教育环境下“玩中学，做中学”，在快乐中成长！

“坐便盖”引起的思考

开封市世纪星幼儿园　方红霞

和平时一样，每天我都会到班上走走看看，把握一下老师的工作状态，观察一下孩子们活动时的情绪，以便于发现问题及时解决。

今天当我走到小（二）班门前时，“啪啪啪”的声音刺耳且难听，这声音来自盥洗间。我加快脚步走了进去，只见几个孩子在排队小便，其中一个坐便器旁站着两个孩子，正高兴地玩坐便器的盖子，“啪”的又一声，当时我脑子“噌”的一下，正准备去批评、制止他，可是看到孩子天真的眼神，兴奋的小脸上带着愉悦的满足感，于是我慢慢蹲下身子，问：“为什么这样放坐便盖子呀？”孩子笑着说：“这个很像我们老师上课教我们打的舞板！”另一个孩子抢着说：“舞板一打也是啪啪地响！”“噢……”我佯装惊讶和心疼，赶紧用手抚摸着盖子：“可是，它不是舞板，这样重重地把它放下来，它一定很疼吧！舞板用手拍出来的声音很好听的，这是坐便盖，这样狠狠地摔它，它一定很难受的。”这时，周围的孩子们也围了过来，其中一个孩子说：“是呀，舞板比它小，打出来的声音也比它好听！”我赶紧边做边说：“下次再用它时，要这样轻轻地把它打开，轻轻地把它放下，这样它会很舒服，也就不会发出难听的声音了。”这时刚才那个玩坐便盖的孩子学着我的动作，很懂事地说：“老师，我也会轻轻地放，你看。”边说边小心翼翼地用小手比画着。看着他认真的样子，我欣慰地笑了。

这时的我灵机一动，想到小班正在开展区角进行自主性教学活动，就马上用神秘的口气问孩子们：“咱们班上是不是有表演区呀？来，孩子们，咱们一起到表演区去看看吧，那里面有你们喜欢的东西。”在表演区域里，有老师为孩子们准备的很多制作材料，我就让孩子们用瓶盖子、小竹板、小盒子、玻璃瓶、小石子等废旧的物品相互碰撞敲击出各种有趣的声音，并打出不同的节奏，孩子们在一起交流着、相互演示着、模仿着……这时的孩子们兴奋极了，也专注极了。这样的引导既满足了孩子模仿的心理，又扩大了孩子想象的空间，更激发了孩子探究的欲望，从而达到玩中学、学中玩的目的。

回到办公室，我久久沉浸在刚才发生的那一幕幕中，其实很多时候孩子的意外举动都是有一定原因的。刚才的那个孩子他也不是故意想要摔坏坐便盖的，而是想模仿老师打舞板的动作和声音。三岁的孩子，模仿是他们的天性。我想，如果当时我批评了那个孩子，无形中就扼杀了孩子模仿的那一点点童真。我用拟人化的方法，抓住时机正确引导和教育，不仅仅可以满足孩子的心理需求，同时也收到了良好的教育效果。

“不行，我就喜欢小厨房”

开封市世纪星幼儿园　陈志梅

自幼儿园自主区域游戏开展以来，越来越多的孩子喜欢上了这段快乐时光，积极参与，自由选择，自主游戏，快乐学习。在游戏开展中，我主要观察的对象是大一班的孩子图图。图图最喜欢“小厨房”里的“糕点师”这个角色，总是在小厨房里做出各色点心，然后开心满足地和小伙伴分享劳动的果实。

第一天，图图径直走向小厨房，就开始了工作。他先拿起打蛋器，还用餐巾纸擦了擦，想了想又去拿鸡蛋，准备把鸡蛋打开之后放入打蛋器里，谁知鸡蛋在打开的瞬间掉在了桌子上，他就用手去抓，手上沾满了生鸡蛋液也没抓起来，这时，他有点着急地跺了一下脚。又迟疑了一会儿，用餐巾纸把掉在桌子上的生鸡蛋擦干净后，再次去拿鸡蛋开始第二次尝试。这一次，图图小心了许多，先把鸡蛋在桌子上轻轻地敲开裂口，对准打蛋器把鸡蛋壳掰开，鸡蛋就流到了容器里，又把掉在里面的碎鸡蛋壳用手捏了出来，这个动作顺利完成后只见图图的嘴角开心地上扬。于是，图图拿起搅拌棒把鸡蛋拌匀，一下，两下……嘴里还自言自语说我在做蛋挞。接着他取来了蛋挞托，继续做着蛋挞。在这个过程中，其他小伙伴有的来来往往做着其他事，有的大声唱歌，有的在交谈，但是图图一直都很专注于做蛋挞。等到自主游戏快结束时，图图就把蛋挞端到餐厅的台子上进行展示，然后到美工区找到标签和笔，写上了6。这时我走过去问：“图图，你这蛋挞是要卖6元吗？怎么比原来的贵1元呢？”图图自信地告诉我说：“因为我今天做得特别好吃而且新鲜。”

第二天，图图又选择了“小厨房”的工作。这一天他做的是小汤圆，在整个过程当中，有失误也有困难，但是图图都想办法克服了，还寻求了老师的帮助。中间我也走过去问他：“你的汤圆都有什么馅呢？”他竟没有理会我，专注地继续着。

第三天，图图由于在卫生间的迟疑，选择区域游戏的时候，班上的其他孩子基本上都在场地里开始玩了。他还是径直走向“小厨房”，想继续前两天的工作，可是“小厨房”里已经没有胸卡了，而且人已经很多，进不去了。这时，只见他皱着眉头，双手很着急地搓着，然后和正在小厨房里的一个孩子说：“你能不能让给我，今天让我到小厨房。”图图这样的要求被小伙伴拒绝了，他更是着急了，表情也更加沉重了。我赶紧走过去跟他说：“图图，今天小厨房进不去了，我们能不能换个其他的游戏呢？”听到我这样的问话，图图近似哭又近似喊地说：“不行，不行，不行。”图图连声的否定语气震撼了我，让我深深感受到他今天想进小厨房的决心，我决定问问他理由，然后帮助他达成心愿。图图告诉我说：“我就是喜欢在小厨房里玩，本来我今天想做饼干的，做完了饼干我就可以让妈妈晚上来接我的时候，看看我做的所有点心了”。原来图图有自己的计划和想法。

图图小小的年纪就有着这样做事专注的优秀品质，他有想法，有计划，做起事来善始善终，多么可贵的学习品质呀。我带着感动搬来一张桌子放在小厨房的旁边，蹲下来拉着图图的手深情地说：“孩子，你在这里做小饼干可以吗？”图图听了后脸上顿时洋溢起笑容，非常开心地说了声：“谢谢老师。”就开始动起手来，我知道，图图内心的渴望和想法得到了满足。

由此，让我深深地思考，我们在观察幼儿区域自主游戏的过程中，老师们会经常“自作主张”“自以为是”地引导幼儿不能总在一个区域内游戏，要选择一些较为复杂的智力游戏等，往往忽略了孩子做事有自己的专注力和计划性，要了解幼儿的心声和心理需求，为孩子创造和提供最佳时机，才能有效促进幼儿的自主学习，为孩子一生的发展奠定基础。

红烧肉

开封市世纪星幼儿园　张　娜

自课题“校长在学习共同体的角色定位”开展以来，作为负责幼儿园卫生保健工作的园长，我不断地思考，如何做好自己的角色定位，如何引领教师做好幼儿良好行为习惯培养的工作，在一次巡视班级幼儿就餐时，一个真实的案例给了我一次很好的教育机会。

一个月前的一天，我到大一班看孩子们吃中餐，走进班级就看到老师已经把丰盛的午餐盛放在餐盘中，孩子们的中餐很丰富，有海带红烧肉、冬瓜虾仁、干果菠菜，红烧肉的肉香飘满教室，我不禁说了一句："今天中午的红烧肉好香啊。"这时候一名叫帅帅的男孩儿看着我说："我不吃肥肉，我一吃就吐，我小时候就是一吃肥肉就吐。"边说边把碗里的肥肉挑到桌子上，班上的老师似乎已经习惯他的行为。此时我感受到帅帅小朋友对肥肉的抵触，我对他说的话没有发表评判，我看着他说：你小时候吃肥肉会吐，现在你长大了，知道肥肉也是有营养的，它会帮助我们让皮肤生长得很好，所以可以吃掉肥肉，因为它也在帮助你长大呀！这时候他像是在思考，但是好像并没有完全理解。有一些孩子急忙说：老师，我喜欢吃红烧肉，我也喜欢吃肥肉。于是，我问孩子们：你们想长大吗？孩子们齐声说：想。

我继续问道：你们小时候吃很少的饭，现在吃很多的饭，所以你们的身体在慢慢地长大。你小时候不喜欢吃的食物，现在明白这些食物有营养对身体有益，就学着去吃，这也说明你在长大。如果你小时候吃得很少，现在还吃得很少，你还能够长大吗？孩子们齐声说：不会。通过我的问话，许多孩子仿佛明白了其中的关系。许多孩子忙对我说：老师，我爱吃肉，我不挑食。那天中午我看到孩子们吃饭吃得特别高兴，班上的饭全部吃光，班上老师对我说：今天是孩子们吃得最多最快的一次。

吃完饭以后班上的椅子有些乱，我就对孩子们说，我想请两个孩子来帮忙整理椅子，这时候刚才说不吃肥肉的帅帅跑到我面前说要整理椅子，我故意说：你没有吃肥肉没力气，你歇会儿吧。他一听忙说：老师，我刚才已经吃肥肉了。我装着吃惊的样子问他：真的吗？他说：真的，曹老师都看到了，我吃了，我没有吐，我长大了，我有力气了。我心中暗喜并不动声色地说：噢，看来你是准备长大了，好吧，请你这个男子汉搬椅子吧！帅帅兴奋极了，高兴得像个战士飞快地跑去搬椅子。看着帅帅兴奋的背影，今天关于吃肥肉的思想转变也许会打破他一些局限性的思维，他的人生也许会因为这件事的启发而有所不同。

行为的改变和完善是思想和行为成长的渠道，我也希望通过对话引发孩子对自身行为的一种思考，同时也提示教师关注幼儿行为背后的一份教育契机。

“我非要这么做”

开封市世纪星幼儿园　蒋丽华

情景阅读是孩子们最喜欢的阅读方式。这天，我精心准备了中班语言活动“小狐狸的枪和炮”，信心满满要和孩子们一起享受最快乐的阅读时光。

活动开始我首先以《Bingo》舞曲为背景，在每个乐句的最后一拍孩子们用手势打枪，让孩子们结伴玩耍打枪和躲避枪弹的游戏。目的在于让孩子们感知乐句的同时提高孩子们参与活动的积极性。这个游戏的规则是：配合枪声打枪。我鼓励孩子们：“看谁是打得很准的神枪手。”立刻，孩子们都积极争做“神枪手”。

可是，悠悠却全然不听音乐的提示，嘴里“叭叭叭”地一会儿对着窗户外面神秘地“扫射”，一会儿还向老师和同伴那里乱打一通。

一遍游戏结束后，我问：“谁是神枪手？”许多孩子高兴地站出来说：“我！”悠悠也站了出来高声说：“我！”其中几个小女孩已经具备分辨能力，纷纷说：“悠悠乱打！”我明确地对悠悠说：“是的，没跟着音乐，所以你打得不准。”悠悠懊恼地低下了头。我想接下来他会用心地、有节制地遵循游戏规则的。

可是当再玩的时候，悠悠依然“叭叭叭”地乱打一气，且全然不听我的劝告，还振振有词地说：“神枪手就是这样的！”

我耐心地提醒他：“我们今天的游戏‘神枪手’不是这样的……”他竟然霸道地打断我的话：“我不，我就要那样玩！这样玩过瘾！”

为了愉悦的课堂氛围不受破坏，“多一事不如少一事”，我决定选择顺从他。但转念一想，如果在这样的集体教学活动中，我认同了悠悠的违规那等于在否定那么多孩子的守规，这显然也是不公平的。

于是，我便转身招呼其他孩子：“那我们玩我们的。”其他孩子便继续结伴玩着“神枪手”的游戏。这样一来，我看到悠悠方才“无所顾忌”的神情仿佛被瞬间“瓦解”，若有所思地看着同伴游戏。

接下来的活动，没有了悠悠的“搅局”，其他孩子共享游戏的快乐。游戏结束后是阅读活动环节，我看到悠悠安安静静地坐在自己的座位上，在故事中凝神，在提问后反思，体验着阅读带来的快乐。我想，通过刚才的小风波，悠悠从老师和其他孩子的回应态度中学会遵守一定的游戏规则，学习聆听别人的感受，学会顾及别人的存在，以后会更好地享受与同伴协作、共同游戏的乐趣。

反思班里一些“怪怪”行为，我发现任性的孩子不知道该怎么听取大家的感受，自我的孩子不明白如何才是顾及别人的存在，抱怨的孩子不清楚怎样才能享受团队协作……这些孩子大多都不太知晓在集体中自己应该有的样子。

因此，对待这些孩子的“怪怪”时刻，我们不应如履薄冰战战兢兢，而应该拿出以我们厚实的专业素养做支撑的诚挚的专业态度。如果我们遇到这样情况的时候选择得过且过，顺从孩子的选择，那么他们永远也不可能长大，永远也无法明白那些他们所不明白的事理，也就不理解对与错、黑与白，更不必说做出一种他们真正想要的选择了。所以，作为一个幼儿园老师，我们更重要的是要教会孩子一种处事的态度，让他们在今后的人生道路上以健康、自信的方式去行走。在孩子们的成长历程中，不论陪伴他们时间的长短，我们都不能成为过眼云烟。

“老师，我不睡觉”

开封市世纪星幼儿园　　宋绘娟

俗话说，“春困秋乏夏打盹儿”，所谓“打盹儿”，就是短时间的睡眠，一般指的就是午睡。午睡有利于孩子的健康，尤其对幼儿的身体健康起到了一定的作用，然而，午睡对于我们班的一位小朋友来说，却显得有些困难。

晨晨是这学期才来的新生。由于她爸爸、妈妈都是医生，工作繁忙，没有更多的时间照顾孩子，晨晨跟着外婆的时间比较多，虽然外婆也是懂教育的老师，但是因为隔代亲的缘故，过分溺爱孩子、依恋孩子，造成晨晨独特的性格。她每天来到幼儿园，也不怎么哭闹，但是一到吃完午饭漱口时，她就会皱着眉头，眼圈红红的。紧接着就是嚎啕大哭，整个教室就只有她的哭声了，每当这时，我就会蹲下来和她讲道理，可是她只能停止哭闹几分钟，散步结束之后又再次爆发。嘴里还不停地说着：“老师，我不想睡觉，我想睁着眼睛，我想看故事书。”我总会给她一本故事书让她自己看着，然后耐心地给她说，等我吃完饭了就来拍你睡觉。好几天都是拍了好长时间也没有睡觉。后来我发现一直哄她反而睡不着，没有关注她反而睡着了，但是这几天又反复了。

有时候，我也曾想不顾孩子的想法，逼迫她入睡，但这样的念头很快被打消了，因为我不想因为我的疏忽，培养一个不健康的幼儿。经过观察分析，我发现晨晨存在午睡障碍主要有两方面的原因：一是生理原因，二是心理原因。幼儿从家庭走进幼儿园，他们依恋的父母及亲人、熟悉的家庭环境和以自我为中心的生活习惯一下子消失了，取而代之的是陌生的老师、陌生的小朋友、陌生的幼儿园和陌生的集体生活。这种巨大的变化使他们有一种被抛弃的恐惧感，心理失去平衡，从而感到不安、不愉快，产生分离焦虑。

为了使晨晨克服午睡障碍，我开始尝试采取开展快乐的游戏教育活动，帮助幼儿熟悉老师、小朋友、班集体和幼儿园。我让班里年龄大点儿的、交往能力强的女孩子带着她玩儿。无论是室内活动还是室外活动，都是如此。帮助她建立对同伴的依恋和信任，同时带给她一些安全感。室内活动时，让她和这些孩子坐在一起，洗手、入厕、漱口时让这些孩子拉着她的手，慢慢地她的焦虑减轻了，看到果果和有有她们两个人的时候她会很开心地笑，有时候还会说果果是她的好朋友。快到午睡的时候，我开始为她创设和谐、愉快的午睡环境，克服她睡前的焦虑心理。晨晨作为两岁半的孩子，自我服务能力有限，我便及时地给予帮助，提醒或帮助她睡前小便，解决脱衣、铺被等困难。然后，通过放优美、平和的音乐,用舒缓的音乐和旋律来感染她,潜移默化地稳定她的情绪。接着，我便扮演家长的角色，轻轻拍着她入睡，使她深深地感到，老师喜欢我，老师和妈妈一样好。慢慢地，晨晨基本上克服了午睡障碍，哭闹现象没有了，午睡不再是她心里的负担了，在柔美的音乐声中，在老师的轻拍下，午睡成了幸福的事情。

不同的幼儿有不同的生活习惯，我想我应该努力倾听孩子的心声，于是我得到了孩子灿烂的微笑与信任。提倡午睡，对幼儿的发育成长是很有益的，然而强迫午睡反而会造成幼儿的心理问题，对其成长不利。捕捉每个孩子的不同，用爱去呵护、用心去照顾，孩子成长中的每个问题都能迎刃而解。作为老师，虽然辛苦，但收获的是孩子灿烂的微笑，是孩子纯洁的心灵。我想，这是我作为一名幼儿教师最大的幸福。

美丽的线条

开封市医院前街幼儿园　杨继霞

美术活动是孩子们的最爱，但传统的绘画教学都是以彩笔画、蜡笔画等形式进行的，久而久之孩子们失去了绘画的兴趣。我想，如果让孩子们尝试油画棒和水粉相结合进行作画，也许更能激发孩子们的绘画兴趣，于是我就设计了一次美术活动——油水分离画“美丽的线条”。

因为是中班下期，孩子们有了一定的绘画基础，能画出丰富的线条，但运用水粉进行涂色，而且还是红、黄、蓝三种颜色，这是第一次尝试，孩子们的作品能产生红、黄、蓝三原色组合的色彩吗？说实在的，我心里也没底。

活动的开始部分，我以变魔术的方式引起孩子们的兴趣：“看，这是一张白的图画纸（上有用白色油画棒画的线条），老师一会儿能让它变出好看的图画来。”我拿出水粉笔，蘸上颜料，在白纸上一涂，出现了一幅漂亮的图画。孩子们的兴趣一下子被调动了起来，有的孩子喊：“太漂亮了！”有的孩子说：“老师，你是怎么变出来的，教教我们吧！”于是，我把油水分离画的方法讲解给孩子们听：首先用白色的油画棒在图画纸上画出你喜欢的线条，接下来只要刷上颜色，画过油画棒的地方颜料刷不上去，线条就露出来了，这就是“油水分离画”，因为油画棒是油性的，而水粉颜料溶于水，油和水不互溶，所以当颜料遇见油画棒时，就自然脱离开了。为了让幼儿更深入了解油水分离画，我制作了课件让幼儿欣赏，当孩子们欣赏到这样的一幅画：“上面有丰富的线条，底色出现了五颜六色的水粉颜色”时，我提出疑问：老师只给你们准备了红、黄、蓝三种颜色，怎么才能让它们变出许多美丽的颜色呢？孩子们纷纷举手回答：“红色和黄色在一起能变成橙色。”“黄色加蓝色能变成绿色。”……我们一起来试一试吧！孩子们已经迫不及待了。

这时我放了轻音乐，巡视绘画情况。孩子们很快画出了各种线条，有直线、有曲线、有螺旋线等，我及时提醒孩子们，把线条加粗加重。孩子们画着还自言自语：“我画的是电话线。”“我画的是格子布。”……我问邵奕雯：“你画的这是什么呀？”“这是长城，长城可长可长啦！”“嗯，想得好，画得真棒！”我及时给予了肯定。听了我的表扬，邵奕雯特别高兴。

大部分孩子都已画好，并开始涂色了，孩子们在轻柔的音乐声中很认真地画着、涂着，我也在慢慢地巡视着。当我转身来到第二组时，看到唐子辰小朋友拿着水粉笔正发愁呢。我说："孩子，你怎么不涂色呢？大胆地涂，别害怕！""老师，我害怕颜料把我画的线条给盖住了。""没事，颜料遇到油画棒就会分开的，你试一试吧！"在我的鼓励下，唐子辰小心翼翼地拿起水粉笔，当他看到水粉没有遮住线条时，高兴地大叫："线条露出来了，线条露出来了。"他用水粉笔蘸上红色，在纸上涂着，每当下面的线条露出来，他都显得异常兴奋，我及时进行引导："孩子，你在红颜色上再涂上黄颜色试一试。"他拿起蘸有黄色的水粉笔往红色上一涂，漂亮的橙色出现了，他兴奋地跳了起来："老师你看，变成橙色了，太神奇了！"我接着说："你再试一试，看还能变出其他的颜色吗？"他在我的鼓励下，变得更大胆了，每当看到两种颜色结合变出第三种颜色时，他都显得非常兴奋。

在我们平时的美术活动中，经常会出现个别的孩子无从下笔，甚至有的孩子害怕画画，不想来幼儿园。遇到这样的情况，我们应该鼓励孩子，给孩子以自信心，要经常用鼓励的语言"你的进步可真大""你画得太棒了"等来激励孩子，了解并倾听孩子艺术表现的想法或感受，领会并尊重孩子的创作意图，不只是简单地用画得"像不像""好不好"等成人的标准来评价幼儿的作品。

我真庆幸当自己看到唐子辰不敢下笔时没有责备他，而是耐心地了解原因并加以引导。孩子的个体差异是客观存在的，面对个体差异的唯一办法是关心、平等地对待每一个孩子，走进孩子们的心里，使每个孩子都能得到全面健康的发展！

后　记

课堂教学案例对于推动课程改革具有巨大的潜在价值，它能够有效地调动广大教师参与新课程改革的积极性，使教师由课改中被动的接受者和模仿者变成主动的变革者和创造者；同时还可以置教师于具体的教学情境之中，激活教师的教学智慧，诱发新的教学灵感，创造新的教学经验，为教师从事实践性研究营造一个良好的环境和氛围。2006年我们曾经申报了全国教育科学规划课题“新课程课堂教学案例开发的研究与实践”并进行了研究，揭示了课堂教学案例对于推动课程改革所特有的潜在价值，并探讨了深入开发课堂教学案例价值的操作流程，为新一轮课程改革开辟了一条理论与实践结合的途径。前期研究中还有一些需要进一步探讨的问题：前期研究是在实验学校进行的，作为一项开发研究课题，如何在更大范围内推广，以实现其社会效益，我们的前期研究尚未涉及。因此，我们又对新课程课堂教学案例开发的策略进行了研究，本书正是我们这一课题的结晶。

本书由杜复平策划与统稿，由牛洛江、王振存、戴军审稿，各章编写人员如下：第一章“绪论”由牛洛江、杜岸政、陆水东撰写，第二章“教师教育理论修养与课堂教学案例开发”由杨会萍、申明展、宋立虎、可凌超撰写，第三章“教师教学反思能力与课堂教学案例开发”由石丽君、刘俊杰、张海英撰写，第四章“学校管理与课堂教学案例开发”由杜岸政、吕中伟、魏增林撰写，第五章“学习共同体构建与课堂教学案例开发”由杨会萍、冯东辉、宋祥山撰写。第六章“优秀课堂教学案例选编”由杨好勤、孟静、杨会萍、程振华、王立新、贺芳、焦红辉等人征集、修改与校对。

本成果在编研过程中，得到了开封市科技局、开封市财政局的大力支持，得到了课题组顾问、原开封一师副校长牛洛江先生与河南大学王振存副教授、开封文化艺术职业学校戴军副教授的悉心指导，得到了课题组成员单位领导和教师的大力支持，在此致以诚挚的感谢。

我们在研究、编写本成果的过程中，虽然力求科学、准确和严谨，但由于经验不足和水平局限，对相关的问题研究不够，分析不到位、不全面，在内容方面还存在不少缺陷和不足，诚恳希望得到广大读者的批评、指正。

编者

2016 年 5 月